法学前沿问题实务探析

——广东金轮律师事务所20周年论文集

FAXUE QIANYAN WENTI SHIWU TANXI

伍伟良 主编

厦门大学出版社
XIAMEN UNIVERSITY PRESS
国家一级出版社
全国百佳图书出版单位

序

龙著华[*]

自1995年从事兼职律师始，我便在广东金轮律师事务所（以下简称“金轮所”）执业；时至2015年，我已与金轮所相伴走过了20个年头。廿载寒暑砥砺漫漫，金轮所始终坚持对公平正义的追求，而这正是我一直坚守在这里的原因。

20年来，我有幸见证了金轮所的发展壮大与上升之路。1995年5月，经广东省司法厅批准，广东金轮律师事务所正式挂牌成立，成为广州市最早一批合伙制律师事务所之一。犹记得当年金轮所的第一个办公场所是在五羊新城，当时属于开发初期的高档新区。之后，伴随着律所人员数量和业务规模的不断扩大，金轮所几经迁徙：环市中路，广州大道中，至2009年迁入广州珠江新城，在寸土寸金的中国第三大中央商务区拥有了一席之地；之后，在CBD之中又历迁津滨腾越大厦9楼、保利中盈广场16楼，如今因再次规模扩张而迁至保利中景大厦25楼，可谓“步步高升”。

20年来，金轮所始终关注社会动态，不断以精益求精的态度钻研开拓，在各个法律实务领域都积累了大量的实践经验，并对法学及其实践前沿有着独到的见解。金轮所秉承“专业、诚信、优质、高效”的服务理念，为了实现建设“专业化、团队化、公司化、国际化”的综合性律师事务所的发展目标，组建了房地产及建筑工程、金融资产、公司法、行政法、刑法、婚姻家庭法、知识产权法、涉外等8个专业团队。本书入选的28篇文章，反映了金轮所的整体研究实力和学术视野，研究对象涵盖了金融、企业、土地开

---

* 作者系广东外语外贸大学法学院教授、副院长，广东金轮律师事务所兼职律师。

发、建筑工程、知识产权、环境、医疗、司法程序等多个领域的法律问题，无不体现出金轮律师随着法律及社会变迁而作出的深刻思考。

初秋如期，风清云高；珠水如常，西源东往。二十年前，恰金轮出世，引人注目，有缘人共襄救世理想；二十年后，逢金轮少年，风华正茂，同行者共著法治文章。二十年很短，于金轮而言只是万里法治之路的启程；二十年很长，对金轮人来说已是生命里最恒久的烙印。藉此20周年所庆之际，承蒙厦门大学出版社的鼎力支持，金轮所组织编写了此书，希望借此促进理论与实务之间的交互融合，促进律所事业更快更好地发展。相信本书的出版，一定能够为繁荣金轮所的学术研究、推动新时期律师事业的发展作出应有的贡献。

是为序。

2015年9月10日

目 录

珠三角民间借贷纠纷的司法应对

龙著华* 田丽苑** 吴静煌***

摘要：民间借贷在满足珠三角地区中小企业融资需求、促进经济社会飞速发展的同时，出现了法律适用不统一、事实认定难、对高利贷行为制裁力度不足、民刑交叉、案件调撤率低等问题，影响了民间借贷的健康发展。应在借鉴境外经验的基础上，明确民间借贷放贷人准入的条件与程序，协调建立民间借贷信息征集与风险预警制度，完善高利贷责任追究制度，完善民间借贷受害人救济制度，加大民间借贷案件调解力度。

关键词：珠三角 民间借贷纠纷 司法应对 规制制度

* 龙著华，男，广东外语外贸大学法学院教授，广东金轮律师事务所兼职律师。

** 田丽苑，广东外语外贸大学法学院 2014 级民商法硕士研究生。

*** 吴静煌，广东外语外贸大学法学院 2015 级民商法硕士研究生。

一、珠三角民间借贷[①]纠纷的基本情况与特点

(一)珠三角民间借贷纠纷的基本情况

中国裁判文书网(http://www.court.gov.cn/zgcpwsw/)发布的珠三角各地区法院审理案件的裁判文书显示,从2012年至今,珠三角各地区法院民间借贷案件的结案数量呈大幅增长态势(见表1)。从2012年民间借贷涉诉案件总结案量的530件,到2013年的7994件,再到2014年的15056件,分别以14.08%和88%的增长率不断增加。2015年半年多以来的结案量就达到了3265件,仅广州地区各法院的结案量也达到了1035件。

表1 珠三角各地区法院2012年1月1日—2015年8月10日民间借贷案件结案数[②]

(件)

地区/时间	2012/1/1—2012/12/31	2013/1/1—2013/12/31	2014/1/1—2014/12/31	2015/1/1—2015/8/10
广州	72	1393	4254	1035
惠州	1	84	169	38
佛山	43	1231	3623	893
江门	0	142	665	184
肇庆	0	24	237	98
深圳	365	1067	2791	500
珠海	25	158	535	92
东莞	23	897	1465	71
中山	1	124	1317	354
总计	530	7994	15056	3265

① 本文所称的民间借贷,包括自然人、法人、其他组织之间及其相互之间进行资金融通的行为。

② 根据中国裁判文书网发布的珠三角地区各级法院审理案件的裁判文书统计而成。

(二)珠三角民间借贷纠纷的主要特点

1.系列案件逐年递增。近年来,珠三角各地区法院受理的民间借贷案件中,同一人在多个案件中作为原告起诉,或者同一人在多个案件中作为被告的系列案件逐渐增多。个人专业放贷及担保公司大规模融资并非法拆借的现象频频发生。在司法实践中,这些案件往往呈现出如下特点:(1)捆绑式诉讼,原告或被告为同一民事主体。(2)使用格式化文本。许多借条、合同采用内容相同或类似的格式化文本,许多是事先打印好的,使用时仅需填入不同的姓名、名称和金额。(3)放贷规模越来越大,许多借款人借用他人名义借贷,导致借贷事实难以查清。

2.职业化现象日趋明显。经过前些年的发展、发酵,珠三角的民间借贷出现了一些新的变化。其中一个比较突出的变化就是,从过去的消费性借贷为主转向经营性借贷为主,资本的逐利性功能日渐加强。受此影响,众多典当行,寄售公司、民间借贷代理公司、抵押贷款中介公司、投资管理、咨询、担保公司等,也以各种名目竞相参与,其中不少甚至处于无证放贷经营状态。

3.借贷利率畸高,隐性利率大量存在。早在1991年,最高人民法院《关于人民法院审理民间借贷案件的若干意见》明确规定:民间借贷的利率可以适当高于银行的利率,但最高不得超过银行同类贷款利率的4倍。在司法实践中,民间借贷约定的利率大多数均超过了该规定,一些法院受理的民间借贷案件中,月息一般为4～5分,预期年化收益率均超过60%。① 为了规避法律,债权人有的将利息计入本金计算复利、预先将利息在交付款中扣除、约定高额罚息;有的在借据上只载明借款数额,不区分本金和利息,用借据这一合法形式掩盖高利贷的实质。

4.借贷方法隐蔽性强。由于现行金融管理政策和规章禁止非金融机构企业之间的借款,因此,直接以借款合同形式表现出来的企业借贷关系比较容易受到关注和否定,也正因为如此,非金融机构企业之间的借款,多表现为联营、委托理财、债券买卖、货物买卖、融资租赁、投资、补偿贸易等相对比较隐蔽的方式,②合同形式与双方真实的借贷关系相差甚远,将正常商业交易与民间借

---

① 广东省深圳市罗湖区人民法院课题组:《民间借贷纠纷审理实务研究——罗湖区民间借贷纠纷案件的调查报告》,载《人民司法》2011年第23期。

② 详见龙著华:《一般有效,里外无效:非金融机构企业之间借款合同效力的应然安排》,载《社会科学》2011年第11期。

贷相混同，欺骗性极强。

5. 债务人、担保人应诉率低。一般情况下，在民间借贷关系中，证据材料相对比较简单，双方当事人之间的权利义务非常清晰、确定，因此，当民间借贷纠纷诉至法院时，债务人、担保人一般都会选择不出庭，有些债务人、担保人甚至不提交证据材料、也不进行答辩，法院缺席审理的情形较多。更有甚者，少数债务人、担保人离开原居住地，电话停机，法院往往只能选择公告送达，严重影响了司法效率。

6. 虚假诉讼屡禁不止。近年来，一些市场主体为了实现不正当目的，制造了大量虚假民间借贷诉讼。譬如，深圳某法院审理的薛某诉姚某民间借贷纠纷一案中，被告共拖欠原告 1500 万元，但原告提交的证据显示仅有 18.1 万元是通过银行转账式支付的，其余的巨额款项均以现金方式支付。承办法官认为无法排除出借巨额款项的合理怀疑，结合原、被告本人均未出庭，被告的配偶亦不配合诉讼的情况，法院最后认定原告出借 1481.9 万元存在明显疑点，因此对该部分不予支持。一审判决后，原、被告均未提出上诉。[①] 类似不能排除虚假诉讼怀疑的案件层出不穷。究其原因，主要的一点是当事人试图利用司法强制性来实现其非法目的。这些问题的存在不仅浪费了司法资源、严重损害了司法信誉，而且影响了民间借贷的健康发展及正常秩序。

二、我国民间借贷规制的立法现状

(一)制度构成及其主要内容

各界人士把民间借贷戏称为“灰色金融”，认为我国对民间借贷缺乏相应的法律规制。实则不然，我国有关民间借贷活动的法律规制，为数众多，择其要者包括：《民法通则》《物权法》《担保法》《合同法》《公司法》《刑法》《非法金融机构和非法金融业务活动取缔办法》等法律法规，《关于贯彻执行民法通则若干问题的意见(试行)》《关于如何确认公民与企业之间借贷行为效力问题的批复》《关于人民法院审理借贷案件的若干意见》《关于审理联营合同纠纷若干问

① 广东省深圳市罗湖区人民法院课题组：《民间借贷纠纷审理实务研究——罗湖区民间借贷纠纷案件的调查报告》，载《人民司法》2011 年第 23 期。

题的解答》等司法解释，以及《贷款通则》等部门规章。

长期以来，我国法律对于合法的民间借贷关系给予了明确的保护。譬如《民法通则》第90条规定："合法的借贷关系受法律保护。"《物权法》第64条规定，私人对其合法的收入、房屋、生活用品、生产工具、原材料等不动产和动产享有所有权；第68条规定，企业法人对其不动产和动产依照法律、行政法规以及章程享有占有、使用、收益和处分的权利；第171条规定，债权人在借贷、买卖等民事活动中，为保障实现其债权，需要担保的，可以依照本法和其他法律的规定设立担保物权。《担保法》第2条规定，在借贷、买卖、货物运输、加工承揽等经济活动中，债权人需要以担保的方式保障其债权实现的，可以依照本法规定设定担保。《合同法》第196条规定，借款合同是借款人向贷款人借款，到期返还借款并支付利息的合同，而没有把借贷行为明确界定为金融业务，也没有明确规定只有金融机构才可以对外提供借款。《中华人民共和国公司法》第149条第3项规定："董事、高级管理人员不得有下列行为……（三）违反公司章程的规定，未经股东会、股东大会或者董事会同意，将公司资金借贷给他人……"①

对于公民之间、公民与法人之间的借贷，最高人民法院通过一系列司法解释进行了鼓励与规范。譬如1991年最高人民法院《关于人民法院审理借贷案件的若干意见》以司法解释的形式允许民间借贷的有偿性；《关于人民法院审理借贷案件的若干意见》[法（民）发（1991）21号]第1条规定，公民之间的借贷纠纷，公民与法人之间的借贷纠纷以及公民与其他组织之间的借贷纠纷，应作为借贷案件受理；《最高人民法院关于如何确认公民与企业之间借贷行为效力问题的批复》（1999年1月26日）规定，公民与非金融企业（以下简称企业）之间的借贷属于民间借贷。只要双方当事人意思表示真实即可认定有效。

① 在没有限制解释的前提下，此处的"他人"当然应解释为包括自然人、法人以及非法人组织。从该规定出发，借助于反对解释的方法，我们完全可以得出这样一个结论，即公司董事、高级管理人员只要不违反公司章程的规定，经公司股东会、股东大会或者董事会的同意，将公司资金出借给其他企业，该借款合同应当是合法有效的。

但是,受金融抑制政策[①]的影响,对于非金融机构企业之间的借贷,金融监管机构与最高人民法院则明确持否定立场。譬如中国人民银行发布的《贷款通则》(1996 年)第 73 条规定,行政部门、企事业单位、股份合作经济组织、供销合作社、农村合作基金会和其他基金会擅自发放贷款的;企业之间擅自办理借贷或者变相借贷的,由中国人民银行对出借方按违规收入处以 1 倍以上至 5 倍以下罚款,并由中国人民银行予以取缔。最高人民法院的系列司法解释也基本上持否定态度,《关于审理联营合同纠纷案件若干问题的解答》(1990 年 11 月 12 日)第 4 条第 2 项明确规定,名为联营实为借贷,违反了有关金融法规,应当确定合同无效。除本金可以返还外,对出资方已经取得或约定取得的利息应予收缴,对另一方处以相当于银行同期贷款利息的罚款。《关于企业相互借贷的合同出借方尚未取得约定利息人民法院应当如何裁决问题的解答》(1996 年 3 月 25 日)规定,对企业之间相互借贷的出借方或者名为联营、实为借贷的出资方尚未取得的约定利息,人民法院应依法向借款方收缴。《关于对企业借贷合同借款方逾期不归还借款应如何处理问题的批复》(1996 年 9 月 23 日)规定,企业借贷合同违反有关金融法规,属无效合同。对于合同期限届满后,借款方逾期不归还本金,当事人起诉到人民法院的,人民法院除应按照最高人民法院法(经)发[1990]27 号《关于审理联营合同纠纷案件若干问题的解答》第 4 条第 2 项的有关规定判决外,对自双方当事人约定的还款期限届满之日起,至法院判决确定借款人返还本金期满期间内的利息,应当收缴,该利息按借贷双方原约定的利率计算。

《刑法》则主要针对民间借贷中的一些严重违法行为进行了规制,《刑法》第 175 条规定的高利转贷罪,“以转贷牟利为目的,套取金融机构信贷资金高利转贷他人,违法所得数额较大的,处三年以下有期徒刑或者拘役,并处违法所得一倍以上五倍以下罚金;数额巨大的……”。第 176 条规定的非法吸收公众存款罪,“非法吸收公众存款或者变相吸收公众存款,扰乱金融秩序的,处三年以下有期徒刑或者拘役,并处或者单处二万元以上二十万元以下罚金

---

① 美国经济学家爱德华·肖(Edward S. Shaw)、罗纳德·麦金农(Ronald I. Mckinnon)认为,金融变量与金融制度对经济成长和经济发展来说,并不是中性的:它既能起到促进的作用,也能起到阻碍的作用。关键取决于政府的政策和制度选择。许多发展中国家都存在着错误地选择金融政策和金融制度的现象,其表现主要是政府当局对金融活动的强制干预,人为地压低利率和汇率,导致金融体系与实体经济皆呆滞不前的现象,这就是所谓的“金融抑制”。

……”。

瑕不掩瑜，现行民间借贷规制制度虽然存在不少缺憾与不足，但应当承认，这些规范性文件在保护、促进民间借贷健康、有序发展的过程中发挥了不可替代的作用。

(二)制度的不足

1. 规定过于分散，系统性弱

有关民间借贷的规定，散落在《民法通则》《合同法》《非法金融机构和非法金融业务活动取缔办法》等法律法规，《关于贯彻执行民法通则若干问题的意见(试行)》《关于如何确认公民与企业之间借贷行为效力问题的批复》《关于人民法院审理借贷案件的若干意见》《关于审理联营合同纠纷若干问题的解答》等司法解释，以及《贷款通则》等部门规章中，涉及民间借贷的具体规范为数众多，但过于分散、原则，严重影响了法律的引导性、可操作性，影响了民间借贷当事人对民间借贷制度的稳定预期。

2. 规定内容单一、平衡性不足

三十多年来，我国立法机关以及相关监管机构先后出台了一系列规范性文件，设计了民事、行政、刑事等多种制裁形式，司法部门也经常出重拳制裁民间借贷中的违法、犯罪行为，其目的是共同的，即力图实现对民间借贷的有效规制。然而，民间借贷的实践却总是提醒我们，现行民间借贷制度的供给与民间借贷关系需求之间的匹配度不高。究其根本，是因为现行制度设计与安排出现了偏差，即重事后监管，轻事先指导；重制裁，轻救济。从应然的角度看，一个完整的民间借贷制度，应是一个融准入、监管、救济、制裁等内容于一体的有机体系。

3. 规定之间存在冲突、协调性差

首先，司法解释与法律之间存在冲突，譬如《最高人民法院关于审理借贷案件的若干意见》(以下简称《若干意见》)第 8 条规定：借贷双方对有无约定利率发生争议，又不能证明的，可参照银行同类贷款利率计息。而《合同法》第 211 条第 1 款规定：自然人之间的借款合同对支付利息没有约定或者约定不明确的，视为不支付利息。

其次，民事法律、司法解释与行政法规之间存在冲突。譬如依照《合同法》第 211 条第 2 款、《若干意见》第 6 条的规定，民间借贷合同只要是双方的真实意思表示，约定的利率不超过银行同期贷款利率的 4 倍，就属于合法的民事行为，但依据《贷款通则》第 21 条、《非法金融机构和非法金融业务取缔办法》第

4 条的规定，却是涉嫌构成非法吸收公众存款的违法行为。

三、珠三角民间借贷司法规制存在的主要问题

（一）法律适用不统一

如上所述，由于现行民间借贷规制制度存在的缺憾与不足，多数法院对非金融机构企业借款合同的效力持否定态度，但是，相关法院在法律适用上的多样性以及判决理由阐述上的非同一性，颇耐人寻味。

对于直接以借款合同形式表现的、名实相符的非金融机构企业之间的借款合同，有的法院直接沿用“解答”“批复”规定，以其违反国家有关金融管理法规为由而将其认定为无效合同；[①]有的法院适用《合同法》第 52 条第 4 项之规定，以该类借款合同损害社会公共利益为由将其认定为无效合同；[②]有的法院则通过适用《民法通则》第 58 条第 1 款第 5 项之规定，将借款合同确认为无效合同。[③]

对于变异的、名实不符的非金融机构企业借款合同，有关法院的处理同样具有非同一性。譬如对于名为联营实为借贷的合同，多数法院直接援引《关于审理联营合同纠纷若干问题的解答》第 4 条第 2 项的规定将其确认为无效合

---

① 北京市一中院（2002）一中民初字第 8282 号判决书认为：关于借款合同的效力，因 JS 公司属非金融机构，其不具备发放贷款的经营范围，因此其与深圳 LB 公司签订的借款合同违反了我国有关金融法规，应确认无效。北京市第一中级人民法院（2000）一中经终字第 1861 号判决书也认为：投资公司系非金融机构，其与 GT 公司签订的借款合同违反国家金融管理法规，为无效合同。除有特别注明之外，本文中案例均来自北大法律信息网。

② 重庆市第一中级人民法院（2005）渝一中民初字第 540 号判决书认为：企业间的资金拆借，扰乱了国家金融秩序，不利于国家对金融市场的有效监管，从而损害了社会公共利益。依照《中华人民共和国合同法》第 52 条第 4 项之规定，损害社会公共利益的合同应属无效。

③ 参见海南省海南中级人民法院（2005）海南民初字第 1 号民事判决书。

同，有的法院则笼统地以双方的借款合同违反了有关金融法规为由，确认合同无效；[①]对于以委托理财形式表现的非金融机构企业间借贷，多数法院以《合同法》第 52 条第 3 项关于“以合法形式掩盖非法目的的合同无效”的规定，将其认定为无效合同；有的法院则以《合同法》第 52 条第 3 项、第 4 项为依据确认合同无效。[②]

同时，由于上位法优于下位法的特点，珠三角地区的相关办法规定往往在与法律规定相冲突时，无法被适用，例如，《广东省小额贷款公司管理办法》规定小额贷款公司发放贷款的上限为五百万元，但该规定与我国法律、行政法规的强制性规定有相悖之处，由此也影响了借款合同的效力，导致无法建立合法的民间借贷关系。

（二）事实认定困难

在司法实践中，事实认定方面的困难主要表现在两个方面：一是法律关系性质认定困难，二是债权数额认定困难。在法律关系认定方面，主要存在两类难以准确定性的民间借贷案件。一类是以其他法律关系掩盖民间借贷关系。如一些职业的放贷人以高息吸引民间资金，但出具的合同却是公司的入股文书，当利息无法兑现时，借款人则以公司经营亏损，不予分红为由拒不承认双方之间形成了民间借贷关系。[③] 另一类是以民间借贷关系掩盖其他法律关系，如境内钱庄将钱款汇至境外公司，境外公司作为投资款汇入境内借款人，借款人完成外资企业注册后，借款人提取资本金被银行拒付，双方转而通过法院调解、执行绕开资本金的监管，实际是以民间借贷之名行抽逃资本金之实，且具有很强的欺骗性。在债权数额认定方面，当事人为了逃避高利贷责任各出奇招，有的将利息预先在本金中扣除，或将未归还借款的利息计入本金，重新出具借条计算复利；有的约定巨额违约金、其他费用；有的收取债务人支付

---

① 最高人民法院(1997)经提字第 1 号民事判决书认为：SD 公司与 YL 公司签订联合经营协议，系名为联营，实为企业之间的借贷协议，违反了国家金融管理法规，原审确认为无效协议是正确的，判决由 YL 公司返还 100 万元借款本金并赔偿占用该款项期间的利息损失是适当的。参见李国光：《经济审判指导与参考》(第 1 卷)，法律出版社 1999 年版，第 401 页。

② 参见最高人民法院(2005)民二终字第 29 号民事判决书。

③ 刘平海：《关于民间借贷纠纷案件审理的难点与对策分析》，载《法制博览》2015 年第 3 期。

的利息不打收条，加大了法院查明事实的难度。①

(三)对高利贷行为制裁力度不足

在民间借贷中，风险的形成和爆发往往与利率过高有关，在珠三角民间借贷领域也不例外。虽然最高人民法院《关于人民法院审理借贷案件的若干意见》第 6 条、第 7 条明确规定，民间借贷的利率最高不得超过银行同类贷款利率的 4 倍(包含利率本数)，超出此限度的，超出部分的利息不予保护。但该规定对民间借贷利率的约束力非常有限，近年来，约定利息远远高于银行同期贷款基准利率 4 倍的现象越来越多。广东一些法院受理的民间借贷案件中，月息一般为 4～5 分，预期年化收益率均超过 60%。② 因为在相当多当事人看来，如果约定了 4 倍之上的利率，其最坏的法律后果就是“超出部分的利息不予保护”，当事人仍可收回本金以及 4 倍利率以内的利息，也无须承担任何刑事责任。受此影响，一方面，法院对高利贷基本上持听之任之的态度，仅仅是不保护其 4 倍以外的利率；另一方面，实务中当事人约定的利率普遍超出法律保护的范围，并不断爆出新高，民间借贷的风险被人为放大。

(四)民刑交叉案件中对债权人保护不足

人民法院在受理和审理民间借贷纠纷案件中，发现当事人涉嫌集资诈骗或非法吸收公众存款犯罪的，就出现所谓“民刑交叉”问题。在既往的司法实践中，法院在处理类似案件时存在的两种做法对债权人不利。

一是在实体上对借款合同效力的认定，有些法院认为刑法属于强制性法律规范，当事人的行为如果构成犯罪，即意味着其行为同时也触犯了法律的强制性规定，根据《合同法》第 52 条第 5 项之规定，违反法律、行政法规的强制性规定的，将借款合同认定为无效合同。③

二是在程序上，由于民间借贷案件涉及大量债权人，案件的复杂性、敏感

---

① 杜万华等:《建立和完善我国民间借贷法律规制的报告》，载《人民司法》2012 年第 9 期。

② 广东省深圳市罗湖区人民法院课题组:《民间借贷纠纷审理实务研究——罗湖区民间借贷纠纷案件的调查报告》，载《人民司法》2011 年第 23 期。

③ 譬如“湛江龙福企业有限公司与杨志军借款合同纠纷案”[(2011)民申字第 1559 号]中，二审法院即持此观点，认定黄元福以龙福公司和该公司法定代表人的名义向杨志军借款 139 万元的行为已经触犯《刑法》，构成单位合同诈骗罪，根据《合同法》第 52 条第 5 项之规定，双方之间的借款合同因违反法律而无效。

性都很高,“先刑后民”的观点在许多法官或者律师中颇有市场。这种做法对债权人的影响更大,以非法吸收公众存款案为例,如行为人获得款项后转贷给他人,此时该款项仍有追回的可能,出借人据此向人民法院提起诉讼。但由于涉案款项系通过非法集资所得,许多法院便依据“先刑后民”的习惯思路裁定不予受理案件或将案件中止审理,导致出借人投入的款项陷入无法追回的风险之中。

(五)案件调撤率低

民间借贷纠纷在进入司法程序时,通常已经存在债务人资不抵债或者不愿还款等阻碍债权实现的情形,在这种情形下,被告消极应诉或不应诉的情况屡见不鲜。同时,由于民间借贷纠纷当事人尤其是债务人、担保人流动性大,当债务人、担保人无力还款或者不愿还款时,不仅不会应诉,反而会玩失踪,致使有的法院民间借贷案件中缺席判决率高达50%以上。[①] 另外,被告的缺席,还导致了案件调解、撤诉难上加难,与普通民事一审案件约70%的调撤率相比,民间借贷案件的调撤率则要低得多,仅为40%左右。[②]

四、完善珠三角民间借贷司法规制制度的设想

(一)明确民间借贷放贷人的范围、准入条件与程序

长期以来,我们奉行金融抑制政策,将民间金融排除在正规金融体系之外,民间金融得不到有效规范、引导与保护。现今涉及民间借贷的具体规范为数众多,但过于原则,甚至相互冲突等,严重影响了法律的引导性、可操作性,影响了民间借贷当事人对民间借贷制度的稳定预期。从金融法制供给的角度看,一些重要的金融立法如《中国人民银行法》《银行业监督管理法》《商业银行法》《证券法》等等主要适用于正规金融,关于民间金融的专门立法尚付阙如。笔者认为,应尽快出台《放贷人条例》,从三个方面完善对放贷人准入的规范:

---

① 杜万华等:《建立和完善我国民间借贷法律规制的报告》,载《人民司法》2012年第9期。

② 杜敏等:《民间借贷纠纷案件问题探究及应对之策》,载《人民司法》2012年第11期。

一是明确规定非金融机构的企业也可称为放贷人，肯定非金融机构的企业在民间借贷中的合法地位。二是提高放贷人的注册资金标准，以保障放贷人有可持续的经营能力。由于放贷人“只贷不存”，对资金流量要求很高，因此其注册资本应当高于《公司法》的一般规定。中国人民银行、银监会 2008 年 5 月联合发布的《关于小额贷款公司试点的指导意见》（以下简称《意见》）规定有限责任公司类的小额贷款公司的注册资本不得低于 500 万元，股份有限公司类的小额贷款公司的注册资本不得低于 1000 万元，我们认为这个要求过低，可借鉴《证券法》第 127 条之规定，将最低注册资本分别调整为 5000 万元、10000 万元。三是细化对申请人资格进行审查的条件与程序，以尽可能地净化放贷人市场。美国纽约州法律规定，申请放贷人牌照需经历严格而复杂的“背景审查”程序，申请人需要提交的资料多达 11 项，包括信贷历史记录、过去 10 年的民事诉讼和破产诉讼记录、犯罪记录、教育经历、从业经历等等；合伙人、股东、高管、董事等还需要通过提交指纹程序，审查有无犯罪记录。在我国香港地区申请放债人牌照，也要经历严格的审查程序，即首先由警方调查申请人有没有黑社会背景，证实“身家清白”后才交法庭审理，经审查通过后才能获得牌照。

（二）进一步健全民间借贷纠纷防范和解决机制

首先，要切实贯彻“调解优先、调判结合”的原则。对于一方当事人众多的案件、可能引发工人讨薪等群体性事件的案件、出借人与借款人之间情绪严重对立的案件以及判决后难以执行的案件等，要充分借助政府部门、行业组织、社会团体等各方面力量，加强与人民调解、行政调解的程序对接，形成化解矛盾的最大合力，努力促成当事人和解。对于可能影响社会稳定的案件，及时与政府及有关部门沟通协调，积极配合做好相关预案工作，切实防范可能引发的群体性、突发性事件。

其次，要注意防范、制裁虚假诉讼。要依法全面、客观地审核当事人提交的全部证据，从各证据的“三性”方面进行综合审查判断。对形式有瑕疵的“欠条”或者“收条”，要结合其他证据认定是否存在借贷关系；对现金交付的借贷，可综合借贷发生的原因、时间、地点、款项来源、交付方式、款项流向以及借贷双方的关系、经济状况以及当事人陈述的交易细节经过等因素综合判断。发现有虚假诉讼嫌疑的，要及时依职权或者提请有关部门调查取证，查清事实真相，并依法追究行为人的法律责任。

(三)完善高利贷责任追究制度

民间借贷行为是民事主体作出的、以处分相应财产为内容的民事行为,当事人依法享有相当的意思自治权。但是,任何权利都是有边界的。当民间借贷主体的行为超越了有关法律设定的权利边界时,当事人就要承担相应的法律后果,从责任形态看,该后果包括民事责任、行政责任以及刑事责任。在民间借贷的实践中,当事人约定的利率之所以频频突破"四倍"的红线、屡创新高,和现行责任追究制度的刚性约束不足有关。最高人民法院在《关于人民法院审理借贷案件的若干意见》第6条中虽然明确规定:民间借贷的利率可以适当高于银行的利率,最高不得超过银行同类贷款利率的4倍(包含利率本数)。但违法行为最坏的法律后果就是"超出部分的利息不予保护",当事人仍可收回本金以及4倍利率以内的利息,而无须承担任何刑事责任。为了有效遏制民间借贷中的高利贷行为、强化责任追究制度的威慑效力,我们必须借鉴美国、中国香港等地的经验,完善我国的高利贷责任追究制度。①

(四)强化民刑交叉案件中的债权人保护

首先,在实体上,应将行为的刑事违法性与民间借贷合同的效力区分开来。最高人民法院《关于正确适用〈合同法〉若干问题的解释(二)》第14条明确将《合同法》第52条第5项规定的"强制性规定"解释为,是指效力性强制性规定。但不少法院认为某一民间借贷行为一旦被认定为犯罪行为,那么该行为必定违反了效力性强制性规定,所涉及的民间借贷合同也一定无效。但是,构成犯罪与违反法律、行政法规的(效力性)强制性规定之间不存在必然的联系,即犯罪行为与合同行为不一定构成重合,行为人的行为构成犯罪并不意味着该行为就一定同时违反法律、行政法规的(效力性)强制性规定,进而影响借

① 最高人民法院最近颁布的《最高人民法院关于审理民间借贷案件适用法律若干问题的规定》借鉴境外经验实行了差异化利率规制制度,规定:借贷双方约定的利率未超过年利率24%,出借人请求借款人按照约定的利率支付利息的,人民法院应予支持。借贷双方约定的利率超过年利率36%,超过部分的利息约定无效。借款人请求出借人返还已支付的超过年利率36%部分的利息的,人民法院应予支持。但是,该解释并未明确规定当约定利率超过年利率36%时一律构成犯罪,应当受到刑事责任追究。

款合同的效力。[①] 合同效力的认定应尊重当事人的意思自治原则，只要订立合同时各方意思表示真实，又没有违反法律、行政法规的强制性规定，就应当确认合同有效。

其次，在程序上，应根据个案的具体情况处理好“民”“刑”之间的关系。长期以来，不少法官形成了“先刑后民”的办案习惯，遇到民间借贷涉嫌非法吸储或者非法集资的案件，不注意个案的具体差异，往往以所谓“先刑后民”为借口裁定驳回起诉，或者中止审理。其实，在我国的诉讼法基本理论以及立法层面，都没有关于“先刑后民”的明确规定，而在相关的司法解释中，“先刑后民”仅是协调刑民交叉案件的方法之一，它和“刑民并行”和“先民后刑”的处理方式平行列于同一位阶，并未给予其一般原则的地位。因此，不应将“先刑后民”视为标准，更不应绝对化，将其奉为金科玉律，而应具体案件具体分析，在“先刑后民”“刑民并行”和“先民后刑”三种方式中选择适当的处理方式。如果民间借贷虽然涉嫌或构成非法吸收公众存款罪，合同一方当事人可能被追究刑事责任，但不影响民间借贷合同以及相对应的担保合同的效力的，合同相对人依然可以根据借款合同主张权利。[②]

(五)协调建立民间借贷信息征集与风险预警制度

各级审判机关应注意及时发现、整理民间借贷纠纷的新情况、新问题，协助民间借贷监管机构建立风险管理技术平台，建立民间借贷信息征集与发布系统。这个系统至少应包括以下三个方面的内容：(1)建立民间借贷信息库，监测并收集资金来源与规模、资金投向、盈利状况、利率水平、借贷期限、借款形式、担保形式、借款偿还情况等信息，尤其是民间借贷利率的变动情况，应予以重点关注。(2)建立风险评估机制，对民间借贷风险评估的方法可以借鉴国务院国有资产监督管理委员会 2006 年印发的《中央企业全面风险管理指引》对风险评估的有关规定，即运用定性和定量方法相结合，通过风险辨识、风险

---

① 在“吴国军诉陈晓富、王克祥及德清县中建房地产开发有限公司民间借贷、担保合同纠纷案”(《最高人民法院公报》2011 年第 11 期)中，终审法院认定：本案陈晓富涉嫌非法吸收公众存款罪，涉嫌犯罪的当事人单个借贷行为不构成犯罪，只有达到一定量后才发生质变，构成犯罪，即犯罪行为与合同行为不重合，故其民事行为应为有效。本案原审被告陈晓富触犯刑律的犯罪行为，并不必然导致借款合同无效。

② 最高人民法院最新的相关司法解释持此立场。根据《最高人民法院关于审理民间借贷案件适用法律若干问题的规定》第 6 条、第 8 条的规定，借款人涉嫌犯罪或者生效判决认定其有罪，出借人起诉请求担保人承担民事责任的，人民法院应予受理。

分析、风险评价三个步骤来完成风险评估。定性方法可采用问卷调查、集体讨论、专家咨询、情景分析、政策分析、行业标杆比较、管理层访谈等。通过使用风险计量模型、数理模型等先进工具对风险进行定量分析，以求预判风险的可能发展趋势。(3)建立信息发布机制，即根据监测的数据以及评估结果，将包括风险在险价值(VAR)、客户违约概率(PD)、违约损失率(LGD)及预期损失(EL)等信息向社会公众公示。

(六)完善民间借贷受害人救济制度

在实务中，虽然出现了一些地方行政机关、法院依照有关规定对民间借贷受害人进行民政或者司法救助的先例，但由于在国家制度层面，有关民间借贷受害人救济方面的规定基本付诸阙如。要根本解决债务人因负担过重跑路导致借款关系链条断裂，以及债务人、担保人消极应诉甚至是不应诉等问题，应当大力完善民间借贷受害人救济制度。目前可推行的措施包括：一是民间借贷互助保险，二是适度扩大法人人格否认制度在民间借贷的适用。

所谓互助保险，是由特定区域、行业的人基于共同需要组成的，以互助合作为纽带、以分散风险为目的的保险形态，它肇始于欧美发达国家，具有“两低一非”的特征，是社会保险、商业保险之外的重要保险形态。其基本运作模式是，在国家的指导与扶持下，由民间借贷关系的当事人作为发起人，缴纳一定数量资金或者法律许可的其他财产作为注册资金，设立互助保险公司；公司可在法律核准的范围内从事经营活动，以实现资产的增值；当发生因约定的风险造成的损失时，互助保险公司向受害人提供一定的救助。

同时，应注意到在民间借贷实务中，有的人为了逃避债务，设立若干家公司，并完全控制这些公司的运营，即采用“一套人马、若干牌子”的关联公司模式。然后以其中一家公司的名义向他人借款，但并未将所借款项用于本企业的经营活动，而是被转入其他关联企业。当债务到期后，借款人往往只剩下公司空壳，缺乏有效的责任财产与债务清偿能力。如债权人请求某关联企业以其财产用于清偿债务，被请求方往往以自己是独立法人、债的效力具有相对性等理由予以抗辩。我国《公司法》第 20 条第 3 款规定：公司股东滥用公司法人独立地位和股东有限责任，逃避债务，严重损害公司债权人利益的，应当对公司债务承担连带责任。学界普遍认为该规定确立了法人人格否认制度，但从该条的字面意思看，它只适用于公司股东与公司人格混同的情形，对于关联公司人格混同这一类行为却未有明确的规定。为了最大限度地保护民间借贷受害人的合法权益，人民法院应适度扩张法人人格否认制度的适用范围，将法人人格否认制度的适用扩展至关联公司之间①,并进一步细化组织机构混同、财产混同和经营业务混同的认定标准。

五、结束语

可以预见,作为正规金融的必要补充,民间借贷势必将长期存在,在经济迅速发展的珠三角地区,更是如此。在梳理事件中存在问题的基础上,有针对性地完善司法规制制度以及相应的规制措施,不仅可以提高珠三角地区的司法规制水平、强化司法活动的权威性,而且有利于进一步规范民间借贷秩序、解决中小微型企业的融资困难,促进珠三角地区经济社会的可持续发展。

参考文献

[1]广东省深圳市罗湖区人民法院课题组:《民间借贷纠纷审理实务研究——罗湖区民间借贷纠纷案件的调查报告》,载《人民司法》2011 年第 23 期。

[2]龙著华:《一般有效,里外无效:非金融机构企业之间借款合同效力的应然安排》,载《社会科学》2011 年第 11 期。

[3]刘平海:《关于民间借贷纠纷案件审理的难点与对策分析》,载《法制博览》2015 年第 3 期。

[4]杜万华等:《建立和完善我国民间借贷法律规制的报告》,载《人民司法》2012 年第 9 期。

[5]杜敏等:《民间借贷纠纷案件问题探究及应对之策》,载《人民司法》2012 年第 11 期。

① 值得高兴的是,最高人民法院 2013 年 1 月 31 日发布的第 4 批指导案例中第 15 号案例(徐工集团工程机械股份有限公司诉成都川交工贸有限责任公司等买卖合同纠纷案)对人格混同的关联公司损害债权人利益的情形,扩展适用了法人人格否认制度。法院在裁判理由中援引了《公司法》第 3 条第 1 款"公司是企业法人,有独立的法人财产,享有法人财产权。公司以其全部财产对公司的债务承担责任"及第 20 条第 3 款,判决关联公司对外部债务承担连带责任。

土地合作开发合同解除后预期利益裁量微探

陈联书*

摘要: 可预期利益补偿的目的不仅在于公平地保护权利受损者的利益,还有着鼓励交易、提高效率等社会利益。在土地一级开发这一复杂的背景下,在土地合作开发合同解除后考虑对预期可得利益的支持程度上,不仅应该根据合同履行情况及各方守约情况、结合客观原因进行认定,更要兼顾土地发包者和承包者的利益,促进双方有效率地合作,减少以后的纠纷。因此,可得利益赔偿应在合理范围内给予适当的支持。

关键词: 土地开发合同　合同解除　预期利益

一、案例导入

1992 年 12 月 19 日,发包人甲公司与承包人乙公司签订了建设工程施工合同一份,合同约定:由甲公司提供建设用地,乙公司负责 A 大厦的投资、建设以及办理投资、建设的有关手续。合同签订后,乙公司因资金问题,与丙公司进行了有关投资、建设 A 大厦的合作。甲公司同意增加丙公司作为合作的

* 陈联书,女,广东金轮律师事务所律师。

伙伴，三方于2000年12月28日签订了补充协议书，约定：甲公司负责提供建设场地，由乙、丙公司负责承担A大厦的投资、建设以及办理投资建设的有关手续。在合同履行过程中，丙公司出现了资金短缺无法继续施工的问题，甲公司诉至法院，请求解除与乙、丙公司签订的合同，并要求乙、丙公司支付违约金，A大厦归甲公司所有，而由甲公司对A大厦的实际投入向乙、丙公司进行补偿。

此案中，法院对于甲公司有权解除合同并且由甲公司向乙、丙公司对未完成的A大厦项目进行经济补偿并无争议，但对于甲公司是否应该对乙、丙公司的预期可得利益的损失进行补偿，则产生了很大的分歧。

二、对预期可得利益的不同观点

《合同法》第97条虽然明确规定在合同解除后，行使解除权的合同当事人享有损失赔偿请求权，但并没有规定具体的赔偿范围。因此，对合同解除后预期可得利益是否需要赔偿就产生了以下几种观点。

反对预期可得利益的观点认为：合同解除后，损失赔偿的范围不应包括可得利益损失。学界对预期可得利益不予支持的主要理由有：合同解除后的法律后果，就是恢复到合同缔结前的状态，体现合同解除的溯及效力，而可得利益只有在合同完全履行的情况下才会产生。由于守约方已经行使了合同解除权，合同无须再行履行，自然也就无所谓可得利益的计算和赔偿问题。如果再要求可得利益的赔偿，则两者之间显然存在着矛盾。① 另外，根据《民法通则》和《合同法》的有关规定和损失赔偿理论，合同解除后的损失赔偿首先包括因恢复原状而发生的损害，恢复原状作为合同解除的首要责任，如果恢复原状不足以弥补受害方损失的，如因订立履行合同等实际支出的费用，可借助于损失赔偿予以补救。这些费用主要为因返还财产支出的必要费用，为订立合同或履行合同而造成的财产实际损失等，亦即所受损失等。但解除合同的损失赔偿不包括可得利益损失的赔偿。而且，如果在守约方并没有履行合同的主要义务的情况下，允许守约方解除合同的同时，要求违约方须向守约方赔偿可得利益的损失，显然有悖于民法的公平原则。这种观点是法院的主流观点，正是

① 崔建远：《解除权问题的疑问与释答》，载《政治与法律》2005年第4期。

基于这种观点，在上述案件中，法院对于乙、丙双方要求甲方赔偿可得利益的要求并不予以支持。[①]

支持预期可得利益的观点认为：合同一方违反合同义务，另一方根据合同行使解除权的，守约方有权要求违约方赔偿可得利益的损失。其理由主要在于，可得利益作为一种期待利益，即未来可获得的已预见收益，它虽然在合同履行后才能实现，但是它在合同生效后即依法产生并受合同的保护，合同解除虽然使当事人恢复到合同订立前的状态，但是解除的合同是有效的合同，合同解除使期待利益受到损害，可得利益无法实现，但有效合同的当事人有权得到救济，受到损害的期待利益包括可得利益也有权得到救济。这也应该是合同解除与合同无效的法律后果在赔偿范围上的区别。[②] 一般来讲，获取可得利益是订立合同的主要目的和根本目的，所以违约责任通常要求赔偿期待利益包括可得利益的损失。在赔偿了期待利益的损失之后，受害人就达到了合同如期履行一般的状态，即使合同解除使当事人恢复到合同订立前的状态，获取可得利益——订立合同的根本目的仍能得到实现，这也是违约救济的功能和作用。

以上两种观点都各有理由，在司法实践中除了以上两种观点以外，还存在第三种观念，即支持部分的可期待利益的观点，支持这种观点的学者就进一步提出了对预期可得利益的范围应如何进行裁量的问题，他们主要就围绕着怎样以科学合理的办法确定赔偿的确切范围进行了讨论。笔者也赞同这种观点，具体理由将会在下面论述。

三、预期可得利益赔偿规则的司法适用现状反思

笔者为考察我国预期可得利益赔偿的司法实践状况，收集整理了全国各地各级人民法院审理的涉及可得利益赔偿的土地合作开发合同损害赔偿案例。对这些案例的统计结果表明：人民法院对与土地合作开发合同的预期可得利益赔偿的支持力度主要是根据案件的实际情况予以定夺的。

---

① 郦煜超、顾春泉：《合同解除后可得利益是否需要赔偿》，载《中国律师》2008 年第 1 期。

② 王利明：《预期违约制度若干问题研究》，载《政法论坛》1995 年第 2 期。

(一)人民法院对预期可得利益不予支持的司法适用

在笔者收集的涉及土地合作开发合同的预期可得利益赔偿的案例中,人民法院认为当事人请求的可得利益不具有确定性从而不支持其诉讼请求的占绝大多数。相比较而言,以可得利益不具有确定性为由不支持当事人可得利益赔偿请求,是司法实践中常见的情况。

表 1

案件名称	裁判理由
陕西西岳山庄有限公司与中建三局建发工程有限公司、中建三局第三建设工程有限责任公司建设工程施工合同纠纷案	虽然被告违约,但是原告也存在一定的过错或原告违约在先,故对可得利益主张不予支持。
珠海市建筑工程总公司西区工程处与被申请人珠海经济特区科利化工股份有限公司、珠海经济特区东信房产开发公司及一审第三人珠海市金湾区三灶镇市政管理服务中心合作开发房地产合同纠纷案	对于西区工程处主张的可得利益,在房屋没有建成的情况下主张可分配房屋的价值,就必须计算出其应当支付的投资成本。西区工程处所应分得的房产价值少于其应当承担的成本,其主张可得利益没有依据。
烟台友谊置业发展有限公司与山东金帝科信息工程有限公司、烟台北明运业有限公司、烟台艺林房地产有限公司合资、合作开发房地产合同纠纷案	原审判决根据金帝科公司的过错程度、案涉协议的实际履行情况、友谊公司履行少部分义务等因素,裁量由金帝科公司赔偿友谊公司 400 万元的可得利益损失,并无不当。友谊公司主张以案涉项目的销售利润为基础计算其 1.2 亿元的可得利益损失,依据不足,本院不予支持。
富平县九州实业有限责任公司与被申请人渭南市汽车运输(集团)有限责任公司合作开发房地产合同纠纷案	《意向合同》当时未能实际履行系渭南汽车公司的原因造成。但九州公司的主要义务为出资建成房屋,这是其可以获得利益预期的前提。而九州公司尚未出资建设房屋,不应存在房屋建成后可以获得利益之预期。因此,二审判决驳回九州公司有关渭南汽车公司赔偿房屋建成后预期收入的诉讼请求。
上海宝达诚实业有限公司与上海和盈投资有限公司合资、合作房地产开发合同纠纷案	被告关于应赔偿全部可得利益的 50% 的主张,因整个合作开发项目并未实际全部履行,故本院亦难以支持。

由表1可以看出,人民法院对预期可得利益不予支持的理由主要集中在几个方面:一是预期利益的请求人自身存在过错的原因;二是预期利益的请求人并未实际或未完全履行义务的原因;三是支撑预期利益的依据不具有确定性的原因,而这也成为法院不支持预期可得利益的最主要的原因。

(二)人民法院对预期可得利益全部予以支持的司法适用

在笔者收集的涉及土地合作开发合同的预期可得利益赔偿的案例中,人民法院对当事人请求的预期可得利益予以全额支持的占少数。由此看出,对于绝大多数案件中当事人提出的过度的预期利益的请求,法院往往会慎重予以支持。

表2

案件名称	裁判理由
内蒙古凯基置业有限公司与内蒙古医科大学附属人民医院合资、合作开发房地产合同纠纷案	本案中,凯基公司将联建合同中约定应交付给人民医院的凯基大厦地下一层对外出租、地上部分对外经营,其因该违约行为所获得的租金收益及经营利润,应当认定为人民医院因凯基公司的违约行为造成的损失,一审判决凯基公司返还人民医院上述租金及经营利润正确,二审法院对此予以维持。
桂林市临桂金龙房地产开发有限公司与王志文房地产开发经营合同纠纷案	金龙公司申请再审也承认其转让项目获取1600万元收益。依照双方签订的《合作开发协议书》,该收益应由金龙公司和王志文各占50%。因金龙公司违约,王志文请求金龙公司赔偿800万元的违约损失,二审法院予以支持并无不当。

由表2可以看出,人民法院只有对于同时"具有预见性"和"具有确定性"的少数的案件才会对其全额的预期可得利益的请求予以支持,否则在当事人不可预见或者预期利益的依据不确定的情况下,法院往往会对预期可得利益进行酌情认定。

(三)人民法院对预期可得利益部分予以支持的司法适用

最后,在笔者收集的涉及土地合作开发合同的预期可得利益赔偿的案例中,不得不提的是人民法院对于当事人请求的预期可得利益予以部分支持的案件在司法实践中也是占了很大的比重的。特别是在现阶段，人们对预期可得利益的熟知度和认可度日益增长的环境下，人民法院在司法适用过程中也逐渐呈现出对于预期利益加强保护的态度。

表 3

案件名称	裁判理由
北京五环双新工业有限公司与北京中赛国信科技发展有限责任公司合作开发房地产纠纷案	综合考虑中赛国信对技术研发投入、项目合作投入及项目的预期收益，同时考虑五环双新在之后的开发中有较大的开发收益等因素，酌定五环双新赔偿中赛国信3000万元的经济损失。
甘肃荣成房地产开发有限公司与被申请人兰州日报社合资、合作开发房地产合同纠纷案	首先，预期利益具有不确定性，荣成公司亦未能举证证实日报社因违约而获取的利益额度；其次，由于荣成公司实际投入较小，故在将预期利益作为认定涉案违约金数额综合因素时，应与其实际投入相对应。
河南广通利来塑胶有限公司与安阳市家源房地产开发有限责任公司合作开发房地产合同纠纷案	根据房地产开发行业的特点、联合开发合同的履行情况，并参考联合开发合同约定建设项目完成后广通利来公司收回土地投资成本数额、利润分成比例以及双方所主张的该项目完成后各方可得预期利益数额，酌定家源房产公司向广通利来公司支付补偿款500万元并无不当。
庹希全与永清县泉城房地产开发有限责任公司房地产开发经营合同纠纷案	鉴于双方对协议不能履行均有责任，同时考虑到庹希全并未实际开发该项目，从公平原则出发，酌定由泉城公司赔偿庹希全预期开发利润损失的40%。
重庆索特盐化股份有限公司与重庆新万基房地产开发有限公司土地使用权转让合同纠纷案	调整违约金时应当考虑预期可得利益。但在确定违约责任时，预期可得利益应与合同履行情况对应考虑，新万基公司资金并未投入，因此相比其已经按照合同约定履行全部义务后而发生的违约情形，应有所区别，所以予以部分支持。

由表3可以看出，人民法院对预期可得利益予以部分支持的主要原因是：一方面是考虑到预期利益的请求人对于开发前期的投入和预期收益的期待权，另一方面又因为考虑到预期利益的不确定性，不能完全否决也不能完全认可的情况下只能酌情认定，还有一方面正是因为考虑到预期利益应该与合同

履行情况相对应,所以对预期利益的数额的认定以合同履行的进度为限,这种考虑在司法实践中呈现出了逐年增长的趋势。

四、支持部分预期可得利益的理论基础

在土地一级开发这一复杂的背景下,完全不支持预期可得利益和完全支持预期可得利益都有其不适当之处。笔者认为,在考虑对预期可得利益的支持程度上,应该根据合同履行情况及各方守约情况、结合客观原因进行认定。而在对预期可得利益的支持程度的考量下,以下几点需要重点考虑:

(一)双方的合作背景

在土地一级开发中,由于利润颇大,双方的合作基本上都是建立在对预期利益的考量上。本案中乙、丙公司也是看中建设工程建成后的巨大利润才会在合同初期实际投入资金与甲公司合作。就公平的角度而言,甲公司在未支付相应对价的情况下无权全部占有上述收益。甲公司解除合同的行为使乙、丙公司的预期利益无法实现,间接损害了该公司的权益。因此,甲公司应适当对乙、丙公司的预期利益进行补偿。但是补偿的范围还是可以继续商榷的。

(二)可得利益赔偿的预见性

《合同法》第 113 条中规定,损失赔偿额应当相当于因违约所造成的损失,包括合同履行后可以获得的利益,但不得超过违反合同一方订立合同时预见到或者应当预见到的因违反合同可能造成的损失。这个“但”书提出了违约责任中对于预期可得利益的赔偿程度问题。

合同法中规定的预见性有三个要件:一是预见的主体为违约方,而不是非违约方。在实践中,人们往往会将预见的主体颠倒为非违约方。在法律如此设立的目的是给予违约方适当的保护,限定违约方的赔偿范围。二是预见的时间为合同订立之时,而不是违约之时。法律保护的是在合同订立时双方对“合同被适当履行”的期待。三是预见的内容为立约时应当预见的违约的损失,预见不到的损失,不在赔偿范围之列。实践中,对第三个要件的误解尤其深重,往往将在订约时违约方不可能预见到的损失认定为“应当预见到”的范围。这样的结果无疑会导致可得利益赔偿规则的滥用,加重违约方的赔偿责任。

(三)部分限制原则

1. 损益相抵规则

所谓损益相抵,又称为损益同销,指受损方基于损失发生的同一原因而获得利益时,则在其应得的损害赔偿中,应扣除其所获得的利益部分。损益相抵规则在罗马法中就已存在,其特点是:(1)它是确定损害赔偿额的重要规则。根据这一规则,如受损方因违约获得一定的利益,则应当将所获得的利益部分从损害赔偿额中扣除,可见这一规则旨在确定受损方因对方的违约行为所遭受的"冷损失"。(2)受损方所遭受的损害和所获得的利益是基于同一原因产生的,即都是因为违约方的违约行为所导致的。[①] 因此,在案件中要具体分析双方因合同的解除而造成的损益,公平相待。

2. 减轻损害规则

减轻损害规则是我国《民法通则》第 114 条关于违约损害赔偿的限制性规定,同样适用于可得利益损失的赔偿。根据该条的规定,违约行为发生后,受损方不得就其本可采取合理措施予以避免的损失获得赔偿。根据该规则,受损方在违约方违约并造成损害后,如果有能力采取合理的措施防止损失的扩大,而没有采取,或采取了不合理措施,那么,其就扩大的损失部分不得向违约方主张赔偿。因此,在案件中也需要具体问题具体分析,如果对方在明知损失不可避免的情况下没有采取相关措施,那么就要运用减轻损害原则,具体确定赔偿数额。

3. 过失相抵规则

过失相抵规则,指受损方对违约损失的发生或扩大亦有过失时,可以减轻或免除违约方的赔偿责任。所谓过失相抵,并不是指受损方的过失与违约方的过失相互抵销,而是指基于公平与诚实信用原则,如果受损方对损害的发生或扩大也有过失,那么,就不应让违约方承担全部赔偿责任,否则,就等于将基于受损方之过失所引发的损害转嫁予违约方。[②]

据学界的观点,过失相抵规则并不是可以随意适用的,其适用必须具备两个条件:首先,受损方有过错,其过错包括故意和过失两种形态;其次,受损方

---

① 杨立新:《〈侵权责任法草案〉应当重点研究的 20 个问题》,载《河北法学》2009 年第 2 期。

② 曾世雄:《损害赔偿法原理》,中国政法大学出版社 2010 年版,第 260 页。

的过错行为促成损害的发生或扩大。也就是说，受损方的过错行为与违约方的违约行为共同作用造成了损害结果的发生，此时，便可适用过失相抵规则，根据受损方的过错程度，减轻或免除违约方的赔偿责任。①

五、结语

可预期利益补偿的目的不仅在于公平地保护权利受损者的利益，还有着鼓励交易、提高效率等社会利益。在本案的土地一级开发案当中，更要兼顾土地发包者和承包者的利益，促进双方有效率地合作，减少以后的纠纷。因此，可得利益赔偿应在合理范围内给予适当的支持。缺少对预期可得利益的适当支持，以后遇到与本案相类似的案件的时候，承包者可能就不愿意投入过多的金钱，因为在土地建设的过程中不可确定的阻碍因素过多，合同不是一定可以存续下去的。如果不支持预期可得利益，承包者未必会冒这样的风险进行投入，而这势必会影响我国的土地合作建设进程。

因此，笔者认为，在考虑对预期可得利益的支持程度上，应该具体问题具体分析，结合合同订立的背景、履行情况、双方过错等原因进行认定，并且也要考虑到对往后相似案件的影响。本文中，笔者酌情支持预期利益的实现。

参考文献

[1]崔建远:《解除权问题的疑问与释答》，载《政治与法律》2005 年第 4 期。

[2]王利明:《预期违约制度若干问题研究》，载《政法论坛》1995 年第 2 期。

[3]杨立新:《〈侵权责任法草案〉应当重点研究的 20 个问题》，载《河北法学》2009 年第 2 期。

[4]中国高级法官培训中心:《首届学术讨论会文选》，人民法院出版社 1990 年版。

[5]王利明、崔建远:《合同法新论》，中国人民大学出版社 1992 年版。

[6]王利明:《违约责任论》，中国政法大学出版社 1996 年版。

[7]曾世雄:《损害赔偿法原理》，台湾三民书局 1996 年版。

---

① 袁素娟、吕士威:《论预期可得利益》，载《河北理工大学学报》2006 年第 4 期。

论房屋承租人优先购买权

潘文何*

摘要：我国的《合同法》对房屋承租人优先购买权作出了规定，但是，由于该规定过于粗疏，在司法实践中难以形成统一的判断标准，削弱了该制度自身效能的发挥。随着《最高人民法院审理城镇房屋租赁合同纠纷案件司法解释》的颁布，虽然房屋承租人优先购买权的行使在一定范围内有了相对统一的判断标准，但是，该规定却实质上架空了房屋承租人的优先购买权，导致房屋承租人优先购买权实质上无法主张，形同虚设。因此，本文首先分析了目前我国房屋优先购买权制度存在的不足，并在分析了房屋优先购买权的权利性质的基础上，对房屋承租人优先购买权的立法完善提出构想，力求使房屋承租人优先购买权能够得到更好的应用。

关键词：房屋承租人　优先购买权　权利性质

* 潘文何，男，广东金轮律师事务所专职律师。

第一章　我国房屋承租人优先购买权制度的立法现状以及存在的不足

第一节　立法现状

关于承租人享有对所承租房屋的优先购买权的权利，最早见于1988年最高人民法院颁布的《最高人民法院关于贯彻执行〈中华人民共和国民法通则若干问题的意见(试行)〉》第118条的规定，依据该规定，出租人出卖其租赁房屋的，应提前3个月通知承租人，承租人在同等条件下，享有优先购买权。如果出租人未按此规定出卖房屋的，承租人可以请求人民法院宣告该房屋买卖无效。

目前，对于房屋承租人的优先购买权，在法律、法规层面[①]，除我国《合同法》第230条作出了明确的规定外，并无其他法律、法规层面的有关立法规定。依据我国《合同法》第230条的规定，出租人出卖租赁房屋的，应当在出卖之前的合理期限内通知承租人，承租人享有以同等条件优先购买的权利。

由于合同法关于承租人优先购买权的规定过于粗疏，在司法实践中难以形成统一的判断标准，为进一步解决房屋承租人优先购买权在司法实践中存在的问题，最高人民法院在2009年颁布了《最高人民法院审理城镇房屋租赁合同纠纷案件司法解释》，对房屋承租人优先购买权作出了进一步的具体规定，具体涉及的条文如下：

第二十一条　出租人出卖租赁房屋未在合理期限内通知承租人或者存在其他侵害承租人优先购买权情形，承租人请求出租人承担赔偿责任的，人民法院应予支持。但请求确认出租人与第三人签订的房屋买卖合同无效的，人民法院不予支持。

第二十二条　出租人与抵押权人协议折价、变卖租赁房屋偿还债务，应当在合理期限内通知承租人。承租人请求以同等条件优先购买房屋的，人民法院应予支持。

第二十三条　出租人委托拍卖人拍卖租赁房屋，应当在拍卖5日前通知

① 本文所称的法律法规，特指依据《立法法》的规定所制定的法律、行政法规。

承租人。承租人未参加拍卖的，人民法院应当认定承租人放弃优先购买权。

第二十四条 具有下列情形之一，承租人主张优先购买房屋的，人民法院不予支持：(一)房屋共有人行使优先购买权的；(二)出租人将房屋出卖给近亲属，包括配偶、父母、子女、兄弟姐妹、祖父母、外祖父母、孙子女、外孙子女的；(三)出租人履行通知义务后，承租人在十五日内未明确表示购买的；(四)第三人善意购买租赁房屋并已经办理登记手续的。

第二节 目前立法存在的不足

虽然合同法对于房屋承租人优先购买权作出了规定，从法律层面确立了承租人优先购买权作为一项重要的民事法律制度原则，但是，由于有关的规定过于简单粗疏，导致在司法实践中难以形成统一的判断标准，司法实践中产生了诸多的问题。在《最高人民法院审理城镇房屋租赁合同纠纷案件司法解释》颁布后，通过司法解释的方式，部分解决了司法实践中缺乏统一判断标准的问题，但仍缺乏对房屋承租人优先购买权完整、体系的规范，长此以往，一方面有司法解释代替立法之嫌，另一方面也不利于立法技术的完善。

具体而言，笔者认为目前我国关于承租人优先购买权制度的立法存在以下不足：

一、未具体规定承租人优先购买权的适用范围

任何一项民事权利制度，都应当有明确、具体的适用范围，否则，不利于减少在法律适用过程中的权利冲突，无法达到定纷止争之效果，反而可能因为立法技术的不完善，导致权利之间的冲突。对于房屋承租人优先购买权的适用范围，即在何种情况下，承租人享有优先购买权或不享有优先购买权，目前立法未作出系统、完整的规定，如对短期租赁、不定期租赁的情况下，承租人是否享有优先购买权，因未有明确的规定，在司法实践中存在着较大的争议。

二、对于出卖人的通知义务规定不完善

根据《合同法》第 230 条的规定，对于出租人应该“通知”的内容是什么？是出卖的意向，还是出卖的实质条件？单纯从法条来看，是无法确定的。根据订立合同的方式，对于通知的是出卖的意向还是实质条件，将产生不同的法律后果，直接影响到承租人、出租人以及第三人的利益：如果是意向，出卖人的意思表示是要约邀请；如果是实质条件，出卖人的意思表示是要约，要约一经承

租人承诺，合同即告成立。

三、对“同等条件”具体标准的规定不明确

由于合同订立的复杂性，在房屋买卖合同订立时，一般包括标的条款、数量条款、价格条款、支付条款、交付条款、违约条款等等，而其中的内容又往往较为复杂。如支付条款涉及分期付款的情况下，往往涉及对买受人的信用判断，不同的买受人，信用判断的结果是不一样的。故此，何谓“同等条件”，则直接影响到承租人优先购买权的行使与否，也直接影响到出卖人和意向的第三人的利益。

基于同等条件本身的复杂性，难以通过直接、简单的规定予以明确，笔者认为应以作出一般的原则性规定为宜。但目前的立法，未对同等条件作出较为明确一般的原则性的规定，使司法实践缺乏相对统一的判断标准，不利于民事主体形成稳定的预期，使承租人优先购买权制度这一民事法律制度未能发挥其应有的效用。

四、没有对优先购买权的行使期限作出完整的规定

权利必须有明确的边界，否则，一方面导致权利处于不确定状态，影响法律秩序的稳定，另一方面也容易导致权利人滥用权利，损害其他人的合法权利。对权利的行使期限作出具体明确的规定，是定义权利边界的方法之一。目前法律法规层面的立法，未对承租人行使优先购买权的期限作出明确的规定，但《最高人民法院审理城镇房屋租赁合同纠纷案件司法解释》第 24 条第 1 款第 3 项中作出了一定的规定，但该规定是不系统、完整的。如：在出租人的通知仅仅是一种出卖意向的意思表示的情况下，是否应当强制要求承租人必须对此作出明确的意思表示，该司法解释则未予以明确。

五、没有完善解决存在多个优先购买权情况下的竞合问题

在财产流转过程中，如果存在多个民事权利义务均指向同一个标的的时候，权利竞合的产生则在所难免，如在房屋租赁存在次承租人的情况下，理论上，承租人和次承租人都享有优先购买权，在这种情形下，将产生优先权竞合的问题，但目前立法没有明确的规定，如何处理，司法实践中争议也较大。

六、在房屋承租人的优先购买权被侵害后，缺乏有效的司法救济

笔者认为，任何一项民事权利，无论规定得多么完善，如果在这些民事权

利受到侵害后，无法获得有效的司法救济，那么这些权利只是空中楼阁，只不过是文字上的权利。目前的承租人优先购买权法律制度，在房屋承租人的优先购买权被侵害后，由于司法救济的缺失，承租人的优先购买权无法确实得以落实，进而也导致优先购买权制度并未能起到作为一项法律制度应有的效果。特别需要注意的是，最高人民院颁布的《最高人民法院审理城镇房屋租赁合同纠纷案件司法解释》之第 21 条的规定，实际上根本性地改变了合同法对于承租人优先购买权的规定，导致了房屋承租人优先购买权的名存实亡。①

总体而言，目前立法对房屋承租人优先购买权的有关规定，不成体系，不完整，存在诸多漏洞，反而导致了在实践中的纠纷不断，特别是《最高人民法院审理城镇房屋租赁合同纠纷案件司法解释》第 21 条关于承租人优先购买权被侵害后的救济规定，与合同法有关规定的精神相违背，本质上是以司法解释的形式作出了与法律相冲突的规定，实在有违立法之本意。

第二章　我国房屋承租人优先购买权制度的存在价值

第一节　房屋承租人优先购买权的概念和法律特征

一、定义

在传统的民法理论中，优先购买权，通常也称为先买权，②是指特定的权利人，在特定的买卖关系中，在财产所有权人出卖其财产时，在同等条件下，依法享有优先于其他人购买的权利。优先购买权作为民事法律体系较为重要的一项法律制度，中外立法均有相应的法律规定，在我国，最早可追溯到唐宋。③随着社会经济和法律制度的不断发展，从中又衍生出各种类型的优先购买权，房屋承租人优先购买权即其中的一种。

---

① 根据该司法解释第之规定，在承租人优先购买权受侵害后，无论何种情况，在司法救济上，均不支持承租人的主张购买的请求，与立法本来的宗旨不符。

② 王利民：《物权法研究》，中国人民大学出版社 2002 年版，第 342 页。

③ 孔庆明：《中国民法史》，吉林出版社 1996 年版，第 256 页。

具体来说，所谓的房屋承租人优先购买权，指的是在房屋租赁关系的存续期间，在出租人出卖其出租房屋时，在同等的条件下，承租人依法享有的优先于其他人购买的权利。

二、法律特征

房屋承租人优先购买权作为一项民事权利，其具有以下基本的法律特征：

1. 权利的基础和来源，是基于房屋租赁关系这一特定的基础法律关系产生的。房屋承租人优先购买权的基础和来源，是基于租赁关系产生的，如果没有建立租赁关系或租赁关系无效或租赁关系归于消灭，就不存在房屋承租人优先购买权。房屋承租人优先购买权，只在其基础的法律关系存在，即租赁关系的存续期间才存在。

2. 是一种专属的权利，是一种具有身份性质的权利。通常情形下，房屋承租人优先购买权只能由特定的主体即承租人享有，非承租人不享有该权利，该权利不能单独转让、赠与、继承。

3. 是一项实体权利而非程序性权利。区分一项权利是实体权利还是程序权利，主要看该权利的设定对当事人之间的法律关系是否产生实质性的影响，如果能导致当事人之间的法律关系的直接变动，则是实体权利，反之，则是程序性权利。房屋承租人优先购买权的行使，限制了出租人对于买受人的选择，一定程度上直接限制了出租人对房屋所有权的行使，将直接导致出租人与承租人租赁法律关系的变动，故房屋承租人优先购买权是一项实体权利。

4. 是一种有条件的购买顺序上的优先权。承租人优先购买权的本质是一种购买顺序的优先权，权利人并没有任何购买条件上的优惠，出卖人仅是在交易对象的顺序上受到限制，一般而言，其房屋变现的价值并不会因优先购买权的存在而受到严重的实质性的损害。

5. 是法律基于特定目的而设置的限制权，是一种民事特权。该制度存在的结果，必然会对租赁物的所有人对物的处分权和第三人的公平购买的机会产生限制，是一定程度上对意思自治原则的挑战。对出卖人而言，在承租人行使优先购买权的情况下，必须接受承租人作为交易对象，而对第三人而言，则打破了机会平等的格局。

第二节　房屋承租人优先购买权的权利性质

一、研究房屋承租人优先购买权性质的意义

任何的一项法律制度，在通常情形下，除了反映一定的社会生活外，还应具有一定的内在逻辑结构，权利性质，是一项法律制度内在逻辑结构的体现和反映，其决定着行使权利的法律后果，也直接影响着围绕该权利建立的一系列的具体制度，所以，分析一项权利的法律性质，具有现实的重大意义。

现代民法是以权利为中心构建的法律体系，根据民法基本理论，同一项法律权利，根据不同的分类方式或标准，可作出不同的分类。通过民事权利的分类，可以从不同的视角去认识、了解和揭示权利的内在特征和逻辑结构，进而促使围绕该权利建立的一系列的具体制度具有某种的内在逻辑，有利于建立体系严密、完整、没有冲突相互协调的法律制度。故对于房屋承租人优先购买权的权利性质分析，必须牢牢把握住这点，否则，从不同视角提出的不同观点，可能并不矛盾，但也不全面，进而无法准确了解、认识和揭示权利所具有的内在特征和逻辑。

二、房屋承租人优先购买权的权利性质

对于房屋承租人优先购买权的权利性质，一直存在着较大的争议，但主要的观点有物权或债权学说、形成权或请求权说以及期待权学说等几种，在对房屋承租人优先购买权的权利性质进行研究时，大多数论点均将该几种学说并列起来研究，并肯定其中某一种学说，但笔者认为，不应当将前述几种学说并列起来进行研究房屋承租人优先购买权的权利性质。

根据民法理论原理，根据不同的分类方式和标准，民事权利可分类为以下几种：以权利根据为标准，可以分为公权和私权；[①]以权利之标的是否具有财产价值，可以分为财产权和人身权，其中，财产权分为物权和债权；以权利之作用为标准，可以分为支配权、请求权、形成权、抗辩权；以效力所及范围为标准，可以分为绝对权和相对权；以权利之相互关系为标准，可以分为主权利和从权利；以权利与其主体之间的关系为标准，可以分为专属权和非专属权；以是否

① 梁慧星：《民法总论》，法律出版社1996年版，第63页。

具备全部成立要件为标准，可以分为既得权和期待权；以权利效力目的为标准，可以分为基础权和救济权。可见，根据民事权利的分类标准，同一项民事权利，总能找到其在民事权利体系中的地位。

按民事权利分类标准，物权、债权和支配权、形成权、期待权等并不是同一层面的分类标准，如将物权、债权与形成权、支配权或期待权进行并列论述显然是不当的。根据民事权利分类标准，物权和债权是关于财产权的分类，而财产权只是上述分类的一种。支配权、形成权、期待权和财产权才是同一层面的分类标准。我们研究承租人优先购买权的权利性质，最终是为了适用法律，是希望通过建立和完善相关的法律制度，有法可依，减少在法律适用过程中的冲突，进而达到定纷止争之法律效果，否则，脱开这一目的进行所谓的法律性质研究，为了单纯或自圆其说的研究而研究，不但显得毫无意义，也无法解释现实法律制度所面临的现实社会的复杂性。

笔者认为，依据民法理论原理，根据民事权利的分类标准，从本质上看，房屋承租人优先购买权应属于债权。

（一）持物权说的主要观点或论点

其一，优先购买权是具有对抗第三人的权能，具有对世权的性质特征；其二，优先购买权是一种法律规定的法定权利，体现了法律对特定民事主体的保护，符合物权法定原则的特征。笔者认为，虽然物权说的观点具有一定的合理性，但是，房屋承租人优先购买权不是物权：

1. 物权，指的是权利人依法对特定的物享有直接支配和排他的权利，物权的权利客体是物，但房屋承租人优先购买权不具有直接对物发生作用的支配作用，其权利客体不是物，而是法律关系。

2. 其不具备物权法定的特征。认为房屋承租人优先购买权具备物权法定特征的观点是混淆了物权法定的概念：其一，通常而言，权利一般都是基于相关的法律规定产生的，但法律规定的权利不一定是物权；其二，所谓的物权法定，是指物权的类型、内容及创设方式，均由法律直接规定，禁止任何人创设法律没有规定的物权和不按法律有关物权内容及创设方式的规定创设法律已作出规定的物权，[①]就房屋承租人优先购买权而言，法律并无规定禁止当事人之间作出约定或修改，显然承租人优先购买权并不具备这样的特征。

---

① 彭万林：《民法学》，中国政法大学出版社2007年版，第197页。

3.将承租人优先购买权定性为物权，不符合优先购买权的本质，也不能准确反映其内在的逻辑结构，而且很难在物权法体系结构中予以正确定位。

4.财产权的静态状态表现为物权，在运动状态中又表现为债权，房屋承租人优先购买权反映的是权利变动的运动状态。房屋承租人优先购买权是财产权，物权和债权反映着社会经济生活中最基本的财产关系。主体对特定的物享有物权是交换的前提，交换的过程则表现为债权，而交换的结果往往会导致物权的转移。

（二）从本质上说，房屋承租人优先购买权是债权

1.房屋承租人优先购买权作为一种实体权利，作为一种财产权，不存在既不是物权，又不是债权的情形。在民法中，物权和债权是两大基本财产权，在生产领域，人和物的结合表现为物权，在交换领域，财产在不同的主体之间交换则体现为债权，财产权的静态体现为物权，在运动状态下体现为债权，房屋承租人优先购买权体现的是财产权运动的状态。

2.房屋承租人享有的是在购买顺序上的优先权，这种优先购买法律关系的发生是在特定的权利义务主体之间，他是对人权，不是对世权。承租人不能直接支配租赁房屋，其优先购买权的得以实现，有赖于出租人的配合，其需请求出租人为特定的行为。

可见，承租人优先购买权具备债权的基本属性，应当属于债权。

第三节　我国房屋承租人优先购买权制度的存在价值

对于房屋承租人优先购买权制度，有部分观点认为应该取消，主要理由如下：

其一，房屋承租人优先购买权，是通过限制财产所有权人的财产处分权来实现的一种权利，对财产的所有权人作了不合理的限制，是对契约自由和意思自治的挑战。承租人优先购买权，本质是一种顺序上的购买的先买权，通过对购买顺序的限制，保障了承租人购买的先买机会，但是，却导致出租人必须接受承租人作为交易对象，直接限制了出租人选择交易对象的权利，偏离了私法自治，合同缔约自由之原则，是对所有权的不合理的限制。

其二，在财产流转的过程中，房屋承租人优先购买权的存在，妨害了交易的公平和效率。

财产流转过程是一个复杂的寻找交易对象、发现交易价格的过程，买卖双方均需要花费相当的时间、精力进行考察、协商谈判，故在财产流转过程中，买

卖双方均需要为此承担相当的缔约成本。因房屋承租人优先购买权的存在，在租赁房屋的卖方与潜在买方达成完全的意向后，此时的最终决定权却不在买卖双方，如一旦承租人主张优先购买权，则意味着第三人因此付出的所有努力和成本将化为泡影，而在这样的一个交易过程中，承租人基本上无须付出任何的努力和成本，只是坐享其成，如此，显然对第三人不公平。在存在房屋承租人优先购买权的情形下，基于对结果的不可控的判断，一般而言，第三人显然缺乏足够的动力积极与出租人进行协商谈判，使得财产所有权人在寻找交易对象时的困难增加，进而影响交易效率，而潜在交易对象的减少，显然将影响财产所有权人实现利益最大化。特别是房屋作为一项重大的资产，除了满足日常的居住、使用功能外，还具有投资的增值、保值作用，且随着商业地产快速的发展，房屋所有权人的财产所有权和使用权分离的情况越来越明显，承租人优先购买权的存在，将会严重影响财产流转的效率。

其三，在租赁关系存续期间，买卖不破租赁的原则，使承租人基于对租赁物的信赖利益，已得到充分的保障，承租人优先购买权在事实上并不具有实现稳定社会经济秩序的功能和目的。

在租赁关系的存在期间中，承租人对租赁物具有的信赖利益，法律通过设立买卖不破租赁原则，已充分保障了承租人的权益，也已经充分体现了法律的平衡和公正功能。但因为承租人优先购买权的存在，将会使出租人、承租人和第三人之间产生利益冲突，有冲突自然就会有危害，出租人、承租人和第三人，出于各自利益最大化的动机，均会穷尽办法规避或利用优先购买权，纠纷的产生就在所难免。

其四，随着中国经济的长足发展，现代建筑构造特征、用途和买卖方式的多样化，使房屋承租人优先购买权的行使日趋复杂，给司法保护造成了困难，进而也大大增加了社会成本。

现代建筑，一改以往功能单一、结构单一的形式，向多层，多功能、多区位的方向发展，与此相适应的是，在所有权模式上也趋于多样化。如承租人在行使优先购买权时，会发生与共有权人的冲突；建筑物部分区域的承租人在出租人整体出卖建筑物时，发生整体优先购买和拆零优先购买权的矛盾等等。

笔者认为，虽然房屋承租人优先购买权制度，存在着一定的不足，但是作为一项立法政策的选择，其仍然是具有相当的价值基础的，主要理由如下：

第一，承租人优先购买权虽然在一定程度上限制了财产所有人的处分权，但是该限制是基于尽量维持已有的法律关系而进行合理的限制，并无严重妨害出租人的所有权，并无偏离私法自治、合同缔约之自由的基本原则。

权利的概念，是相对于义务人而言的，所以，任何一项权利，包括所有权，都是有相应的权利边界的，所谓的权利边界，即对权利的限制。如在房屋所有权中，基本原则是，房屋所有权人不得将房屋用于违反公序良俗的用途，如将房屋作为犯罪场所使用等。作为立法政策的选择，表面看起来，房屋承租人优先购买权在一定程度上限制了财产所有人的处分权，但这样的限制，是明确房屋所有权的权利边界的一种手段，是为了保障承租人基于基础关系产生的对其占有使用的财产持续、稳定地继续使用该财产的权利，对保障经济秩序的稳定发展，具有积极的意义。

第二，承租人优先购买权不必然会损害房屋财产所有权人的权益。在优先购买权中，承租人享有的是一种购买顺序上的优先权，只是一种机会上的权利，并没有任何的优惠，只要对权利的行使作出清晰的、公平的、可执行的规定，可以避免可能给房屋所有权人带来的负面影响。

第三，有利于维持原有秩序的稳定，进而降低因财产所有权变动带来的成本。承租人租赁了租赁物后，已经实质占有、使用着租赁房屋，在承租人主张优先购买权的情况下，原有的法律秩序基本上不产生变化，更符合法律所追求的法律秩序稳定的应有之义。此外，承租人优先购买权也有利于尽量做到物尽其用。承租人在租赁房屋时，主要是通过使用租赁物，满足其使用需求，一般而言，承租人相对于潜在购买人，其与物的联系更为密切，更能发挥物的使用功能。

第四，设立房屋承租人优先购买权法律制度，符合社会认识规律，具有促进社会和谐之功能。

笔者认为，任何事物或任何一项法律制度，总是利弊共存的，虽然我国目前的房屋承租人优先购买权制度在实践中存在着一定的不足，但是该不足是由于我们的立法技术过于简单、粗糙所造成的，我们不应该简单地以实践存在的不足，从根本上否认该制度所具有的价值基础，只要对其作进一步的完善，就能够公平地考虑、平衡财产所有权和房屋承租人优先购买权之间的冲突，做到公平与效率的平衡。

第三章 完善房屋承租人优先购买权制度的构想

第一节 完善优先购买权适用范围的规定

从立法技术来讲,明确、完善优先购买权的适用范围可以通过两种方法进行:一种是通过设置积极条件,即规定一般适用范围的原则;另一种是设置消极条件,通过法律限制,明确规定排除适用优先购买权的情况。合同法规定了一般适用的原则,即对于在租赁合同关系的存续期间,出租人出卖租赁房屋的,在同等条件下,承租人可主张优先购买权,但未规定消极条件的情况。笔者认为,对于消极条件的规定,应从以下几个方面进行完善。

一、对出租人将租赁房屋出卖给具有近亲属关系、邻里关系的买方时,应排除优先购买权的适用

1. 在具有近亲属关系、邻里关系的买卖关系中,一般而言,交易条件方面会有一定的优惠,由于承租人优先购买权只是给予承租人在购买顺序上的优先,而不是购买的优惠权,如果承租人得以按同等条件购买,一方面与立法本意不符,另一方面,也极易迫使出租人与该等买受人进行串通而规避承租人的优先购买权,从而破坏法律的正常调整功能。

2. 在近亲属关系、邻里关系中,买卖双方之间互为了解,具有较为充分的信任基础,这种信任关系,往往也会体现在合同的具体条款中,如付款的时间、方式,房屋交付的时间、方式等等。在承租人可能主张优先购买权的情形下,出租人则未必愿意以同样的条件进行交易,在这种情形下,如果不排除承租人优先购买权的适用,无疑会提高交易成本和降低交易效率。当然,在具体立法考虑中,这部分也可通过否定为同等条件的方式进行调整,但是,这样会令“同等条件”的定义复杂化,不利于对“同等条件”形成清晰、准确的判断,容易因此产生纠纷。

3. 在出租人将房屋出卖给具有近亲属关系、邻里关系的买受人时,排除优先购买权的适用,也符合中国社会伦理传统,有助于促进社会的和谐。

在司法实践中，根据《最高人民法院审理城镇房屋租赁合同纠纷案件司法解释》第24条第1款第2项的规定，已明确规定了出租人将房屋出卖与近亲属时，如果承租人主张优先购买权的，人民法院不予支持，但对具有邻里关系的情况下，未作出规定。

二、对于承租人为短期租赁、不定期租赁的情形[①]，应当排除承租人优先购买权的适用

1. 房屋承租人优先购买权，是承租人在同等条件下享有购买机会优先的一种机会选择的权利，该权利的实现，是通过对出租人的交易对象的选择权的限制来实现的，究其本质，是对房屋所有权人的处分权行使的一种限制，其限制了房屋所有权人完全按照自己的意愿自由选择交易对象出卖自己财产的权利。房屋承租人优先购买权的设置，在承租人行使权利的情况下，直接导致出租人必须接受承租人作为交易对象，客观上减少了出卖人的潜在交易对象。[②]在买卖关系中，潜在交易对象的多寡，势必对交易价格产生影响，进而可能影响出卖人收益最大化的权利。

2. 房屋承租人优先购买权的行使，不仅涉及出租人对租赁房屋的自由处分权的限制，对参与购买的第三人也会产生影响。在存在房屋承租人优先购买权的情况下，第三人无论与出卖人达成的交易条件如何，无论付出了多大的努力，但最终能否缔结合同，并不完全取决于出卖人和第三人的意思表示，并且，还需要一定的时间等待承租人决定是否行使优先购买权。合同的缔结过程本身就是一个复杂的交涉过程，买卖双方均需要花费相当的时间、机会成本，但由于第三人对承租人是否行使优先购买权的不可预知，一旦承租人行使优先购买权，第三人付出的所有努力，将付诸东流，使第三人的时间成本和机会成本大幅度上升，从这个角度来讲，在立法政策选择时，需要对房屋承租人的优先购买权和第三人的公平购买权利作相应的平衡。

3. 承租人优先购买权作为一项立法政策的选择，毫无疑问具有相应的价值功能。具体而言，其价值功能主要体现在不损害其他人利益的前提下，尽可能地维护、稳定已经建立起来的法律关系，以促使其起到物尽其用的效果。在

---

① 对于何为短期租赁，可参考《合同法》第215条的规定，确定6个月以下的期限为短期租赁；不定期租赁，指未采用书面形式或未约定租赁期限的情况。

② 袁锦秀：《优先购买权法经济学分析》，中国民主法制出版社2006年版，第265页。

短期租赁、不定期租赁的关系中，一般而言，承租人与租赁房屋的关系并不是非常紧密的，并没有形成较为持续、稳定的使用事实状态，承租人基于租赁关系产生的信赖利益，并不十分强烈。房屋承租人优先购买权制度的设立，目的之一是为了保障对于形成了持续、稳定使用事实状态的房屋得以物尽其用，尽量减少因产权关系变动所带来的冲突，其更多的是从公平角度进行考量的。

综上所述，排除在短期租赁、不定期租赁关系中适用优先购买权，更符合房屋承租人优先购买权应有的价值功能，使公平与效率处于相对平衡的状态。

三、在采用拍卖方式处分房屋时，应当排除承租人优先购买权的行使

《最高人民法院审理城镇房屋租赁合同纠纷案件司法解释》第 23 条规定，出租人委托拍卖人拍卖租赁房屋时，在出租人提前通知了承租人的情况下，如果承租人未参加拍卖的，人民法院视为承租人放弃优先购买权，但该规定并未明确完全排除优先购买权在拍卖中的适用。根据该司法解释，如果承租人参加了竞拍，同等条件下，是否仍可以行使优先购买权？显然，该司法解释对此未作出明确的规定。

根据《拍卖法》第 3 条的规定，拍卖是指以公开竞价的形式将特定物品或者财产权利转让给最高应价者的买卖方式。拍卖制度的设立，一方面，有利于解决出卖人寻找交易对象的问题，另一方面，也有利于出卖人实现经济利益最大化。如果房屋承租人优先购买权在拍卖程序中行使，明显是弊大于利。在采用拍卖方式处分房屋时，价格将是唯一的决定标准和因素，进而有助于实现出卖人经济利益的最大化，这是拍卖制度的根本价值基础。如果在拍卖程序中，在拍卖后再由优先购买权人决定是否行使购买权，则拍卖将徒有虚名，失去信用，破坏拍卖制度的价值基础，从而影响不动产卖家利益的实现。①

或许有人会担心排除房屋承租人优先购买权在拍卖中的行使，会导致出卖人故意采用拍卖的方式规避承租人主张优先购买权，笔者认为这种担心是没有必要，也没有逻辑的：一方面，选择拍卖方式进行出卖，需承担一定的拍卖费用，并不是每个出卖人均愿意承担这种出卖成本的，并且，在拍卖过程中，有可能流拍，出卖人可能需要承担流拍所带来的风险；另一方面，选择采用哪一

① 叶知年：《对不动产先买权若干问题探讨》，载《福州大学学报（社科版）》1998 年第 2 期。

种方式处分房屋，应当是所有权人的应有权利，有关的法律法规也未对此作出禁止性规定；再者，优先购买权的本质是给予优先购买权人在购买顺序上的优先权，是给予优先购买权人一种购买机会的优先权，并不是赋予优先购买权人一种实质上的优惠，如果优先购买权人确实希望购买，则他同样也应当参加竞买。所以，在拍卖中，优先购买权人的地位应当与其他竞买人无差别，如果优先购买权人希望取得拍卖房屋，就应当积极主动地参加竞买，以积极主动的方式争取实现其目的，这样，即维护了拍卖的根本制度，又保护了出卖人的合法权益。

第二节　完善出租人出卖租赁房屋时的通知义务的规定

一、规定出租人在有出卖租赁房屋意向时，应当书面通知承租人，承租人收到出租人的通知后，应当以书面方式明示是否主张优先购买权，否则，视为承租人放弃优先购买权

一般而言，出租人出卖房屋的过程，是一个从萌发出卖意向、寻找交易对象，达成交易条件至签署买卖合同的复杂过程，在通常情况下，出卖房屋是重大财产的处置行为，出租人出卖租赁房屋时，不会在突然的情况下作出出卖的决定并迅速找到合适的交易对象。规定出租人在有出卖租赁房屋意向时应当通知承租人，且承租人在收到出租人的通知后，应当明确表示是否主张优先购买权，这样安排，如果承租人希望购买的，可以给予承租人更为充分的考虑和准备的时间，有利于进一步保障承租人的优先购买权得以落实，但如果承租人根本就不主张的，则可以保障出租人自由行使处分权，促使实现出租人利益最大化，如此安排，也更为有效地平衡了财产所有权人的处分权和承租人优先购买权的权利冲突，提高财产流通的效率和维持交易秩序的问题。

二、规定出租人负有真实、完整地将出卖条件通知承租人的义务，该通知是为要约

在承租人明示了将来行使优先购买权的情况下，在出租人与第三人达成了交易条件的一致意见后，出卖人即有义务将真实、完整的出卖条件通知承租人，根据合同订立的方式，该通知即应视为出租人对承租人发出的“要约”，一旦承租人承诺，买卖合同即告订立。

笔者认为，规定出租人在将真实、完整的出卖条件通知承租人时，该通知为要约，可有效避免房屋承租人优先购买权流于文字权利：在此情况下，一旦承租人承诺，出租人与承租人就租赁房屋买卖就订立了合同，双方之间形成了房屋买卖的合同关系，在该情形下，如果出租人又将租赁房屋出卖与第三人，侵害承租人的优先购买权时，承租人可以通过主张继续履行合同以落实优先购买权，如此，能有效落实房屋承租人优先购买权被侵害后的司法救济。

第三节　完善优先购买权的行使期限的规定

一、应当规定购买权人的优先购买权的行使期限

1. 因房屋承租人优先购买权的行使与否将直接影响到出租人能否与第三人订立买卖合同关系，在此情况下，为使不同的法律关系得以尽早地确定，以减少因房屋承租人优先购买权的存在而产生的交易秩序不稳定状态，进而促进正常的财产流转，保护出租人与第三人的合法权益，房屋承租人优先购买权应当在合理的期限内行使。① 笔者认为，法律不应当保护躺在权利上睡懒觉的人，规定了房屋承租人优先购买权的行使期限，可以促使优先购买权人积极行使权利，有利于交易秩序的稳定。

2. 房屋承租人优先购买权，一方面是法律规定的基于一定的价值判断，对特定主体的一种特别保护，但另一方面，这种保护是通过在一定程度上限制了财产所有权人的处分权来实现的，规定优先购买权的行使期限，能够避免优先购买权人滥用权利，损害所有权人和第三人的权益。

二、房屋承租人优先购买权的行使期限

在司法实践中，根据《最高人民法院审理城镇房屋租赁合同纠纷案件司法解释》第 24 条第 3 款的规定，对于出租人履行了通知义务后，承租人在 15 日内未明确表示购买的，承租人主张优先购买权的，人民法院不予支持。笔者认为，规定的优先购买权应在 15 日内以积极的方式行使，是适宜的：其一，基于房屋承租人优先购买权是通过一定程序限制财产所有权人的处分权来实现的，故优先购买权的行使期限不宜过长；其二，规定 15 天内行使，不至于使承

① 许尚豪、单明：《优先购买权制度研究》，中国法制出版社 2006 年版，第 320 页。

租人因时间不足导致无法作出决定，也有助于避免因行使时间过长，导致第三人的机会成本过大，损害第三人的合法权益，使不同权利人之间的权利过分失衡。

笔者认为，对于出租人的通知为出卖意向的意思表示时，应当规定承租人在15日内必须对此予以明确表示是否将主张或放弃行使优先购买权的意思表示，如果承租人不作出明确的意思表示的，即视为承租人放弃优先购买权，主要理由是：其一，房屋承租人优先购买权本质上是通过在一定程度上限制房屋所有权人自由处分的权利得以实现的，在立法时，应当尽量减少因此给出租人带来的影响或不利益，以平衡保护房屋所有权人自由处分的权利和承租人的优先购买权；其二，承租人占有、使用着租赁房屋，其对租赁房屋有着充分的了解，如此规定，可有效促使承租人积极主动地行使权利，避免因承租人滥用优先购买权导致房屋所有权人的利益遭受损失；其三，一般对于大部分承租人而言，其极有可能由始至终均无主张优先购买权的意愿，如此规定，有利于出租人充分行使其处分权，有利于保障承租人利益的最大化，有利于减少冲突，维持法律秩序的稳定。

第四节　明确“同等条件”的含义

对于同等条件，存在着“绝对同等”和“相对同等”两种学说。

绝对同等说要求房屋承租人，优先购买权人，提供出卖人，与第三人完全一致的购买条件，才能行使优先购买权。如果从同等条件规定的目的来看，其目的在于维护出卖人利益，限制优先购买权人滥用权利，从这个角度考虑，绝对同等说具有合理性。[①] 但是，如果适用绝对同等说，在实践中，出卖人往往可以轻易规避承租人优先购买权，进而使优先购买权制度形同虚设，而且，要求所有的交易条款完全一致，实际中也是不可能和不必要的，因为有些条款是涉及出卖人的根本性的或重大的利益，有些条款则不涉及出卖人的利益。如果采取绝对同等主张，一定要相同条款才可以行使优先购买权，则是对权利人的过分限制，不符合法律规定优先购买权的宗旨。[②]

相对同等学说认为，优先购买权人购买条件与其他买受人条件大致相对，

① 袁锦绣：《优先购买权法经济学分析》，中国民主法制出版社2006年版，第106页。

② 王利明：《物权法研究》，中国人民大学出版社2002年版，第360页。

即视为同等条件。该观点因对同等条件的认定没有一个相对具体统一的认定标准，导致适用时伸缩性较大，在司法实践中往往难以操作，也不利于形成统一的判断标准。

笔者认为，对于何为同等条件，应考虑从以下几个方面作出规定：

1. 承租人主张购买的标的和数量条件是否与出租人的出卖条件相同。只有在承租人主张购买的标的和数量条件与出租人的出卖条件相同时，才可能认定为符合同等条件。如在出租人将租赁房屋和其他的标的物整体予以出卖(如在出租人将租赁房屋与屋内的家私电器一同整体出卖时)，如承租人主张将房屋和其他标的物拆分单独购买，在这种情况下，即不符合标的和数量条件要求，承租人的主张不是同等条件下的主张。

2. 出租人主张购买的价格条件是否与第三方相同。显而易见，价格条件涉及出卖人的根本性利益，如果价格条件不同，优先购买权人所享有的就不是购买顺序上的优先权了，而是优惠权，只有价格条件相同，才符合同等条件的要求。

3. 支付条件是否相同，但如果出卖人允许第三人分期付款，由于不同的交易对象，涉及的信用判断是不同的，在这种情况下，非经出卖人同意，优先购买权人不得主张分期付款，或者应当提供相应可靠的担保，方视为同等条件。

4. 救济条件是否相同。合同缔结后，通常到实际履行有一定的时间差，而违约责任，是买卖双方在交易失败后救济权利的综合体现，特别是对于出卖人而言，一旦买受人失约时，将付出较大的机会成本，规定违约条件相同，也有利于避免承租人滥用承租人优先购买权。

第五节　完善优先购买权冲突的规定

在司法实践中，常会遇到多个享有优先购买权的权利人都主张房屋优先购买权的情形，在此情况下，权利冲突则在所难免。优先购买权冲突的情形主要有房屋共有权人与房屋承租人优先购买权之间的冲突、合租人之间的优先购买权的冲突以及转租人与实际承租人之间的优先购买权的冲突。

一、房屋共有人与房屋承租人优先购买权的冲突

根据《物权法》第108条的规定，按份共有人转让其享有的共有的不动产，其他共有人在同等条件下享有优先购买的权利，故此，如果在同一房屋同时存在按份共有和租赁关系的情况下，在按份共有人转让其享有的份额时，房屋共

有人享有的优先购买权和房屋承租人优先购买权的冲突在所难免。在司法实践中，根据《最高人民法院审理城镇房屋租赁合同纠纷案件司法解释》第 24 条第 1 款第(1)项的规定，如果房屋共有人和房屋承租人均主张优先购买权的，共有人的优先购买权更优于承租人的优先购买权，笔者认同这种判断逻辑：

1. 从和财产的紧密度和利害关系来看，共有人作为共有财产的所有权人，其和共有财产的紧密度和利害关系比承租人更为密切，共有人的优先购买权比承租人的优先购买权更为优先，有利于财产关系的稳定，也符合一般的认识规律和常理。

2. 从主体关系来看，一般而言，共有关系具有强烈的人合特征，共有人之间大多有血缘、亲属、邻里、朋友等关系。规定共有人的优先购买权比承租人优先购买权更为优先，更符合社会情理和基础。从另一个方面而言，考虑到共有关系产生的一般规律(具有强烈的人合特征)，如果支持承租人的优先购买优于共有人的优先购买权，在占有、使用、收益共有财产时，极有可能会增大共有人之间的冲突，不利于财产的充分使用。

3. 从权利产生的时间来看，一般而言，一般都是先有共有关系，再有租赁关系，在有权利冲突的情况下，保护在先权利，显然更具有正当性。

由于房屋共有人和承租人享有的优先购买权是基于不同的基础法律关系产生的，笔者认为，在优先购买权的行使期限以及定义何为"同等条件"时，均应采用相同的标准，否则，将无法得出房屋共有人的优先权更优于房屋承租人的优先权是更合理的判断。

二、合租人之间的优先购买权冲突

在有多个承租人共同承租同一租赁房屋时，理论上，对于租赁房屋，每个承租人均享有优先购买权，在这种情况下，笔者认为应按以下原则处理：

1. 任何的承租人只得对合租的房屋整体主张优先购买权，非经出卖人同意，不允许承租人对合租的房屋主张部分的优先购买权。

2. 如果合租人均主张优先购买权的，先由承租人之间在限定的时间内自行协商决定，否则由出租人决定由哪一个承租人主张优先购买权。这种方式，通过改变优先购买权主张的方式，有利于减少冲突，提高财产流转的效率。

部分观点认为，在合租的情况下，在租赁房屋可以分割的情况下，如果合租人分别主张就其租赁的部分行使优先购买权的，应支持合租人分别就其租赁部分主张优先购买权。笔者认为，任何的立法均应具有实践的可操作性，否则，还不如不立，如允许共同承租人在就其所租赁的部分分别主张优先购买权，因实践中难以确定各部分的价格，这种观点不具有可操作性，是不可取的。

三、转租人与实际承租人的优先购买权冲突

如在转租未获得出租人同意的情况下，根据《合同法》第 224 条第 2 款的规定，出租人可以解除合同。故此，在出租人主张解除合同的情形下，由于基础法律关系的灭失，转租人、次承租人或实际承租人均不具有优先购买权。但在承租人合法转租的情况下，根据《合同法》的规定，理论上承租人、次承租人或实际承租人均享有优先购买权。在此情况下，当转租人、实际承租人均主张房屋优先购买权时，存在优先购买权冲突。笔者认为，应当支持实际承租人的优先购买权更优先于转租人。

1. 优先购买权设立的价值功能之一，是为了稳定现有的法律关系，避免因法律关系的变动影响承租人对物的使用，支持实际承租人的优先购买权，即支持、实现保持占有人对物的关系稳定。

2. 承租人既然将租赁物进行转租，即意味着其对物的占有、使用没有实际承租人密切，支持实际承租人的优先购买权，更符合优先购买权设立时物尽其用的价值功能。

反对或否认实际承租人的优先购买权更优先于承租人的观点认为，实际承租人与出租人没有直接联系，笔者认为，这种观点是不正确的。在合法转租的情况下，转租行为是经过出租人认可的，就算出租人与转租人的租赁关系终止，转租的租赁关系同样约束出租人，出租人不得基于单方的意思表示终止该转租租赁关系，故在出租人和实际承租人之间，同样存在着信任和信赖关系。

第六节　完善优先购买权被侵害时司法救济的规定

根据《最高人民法院审理城镇房屋租赁合同纠纷案件司法解释》第 21 条的规定，在房屋承租人优先购买权被侵害时，人民法院只支持承租人请求出租人承担赔偿责任，不支持承租人请求确认承租人与第三人签订的房屋买卖合同无效的请求，按照该规定，虽然可以简单有效地解决在司法实践中承租人优先购买权被侵害引发的纠纷，但是，采用简单的一刀切思维的处理方法，实际上导致了房屋承租人优先购买权形同虚设：

第一，根据该规定，不管出租人与第三人签订的买卖合同处于合同成立或实际履行的任何阶段，无论如何，不管出于任何原因，只要出租人不打算将租赁房屋出卖给承租人，不论承租人如何主张，承租人均无法实现购买的可能。

第二，出租人侵害承租人的优先购买权，是属于侵权行为，在侵权行为中，中国的司法实践遵从的是无损害无赔偿的原则，不支持惩罚性赔偿。在实践中，承租人实际上往往无法完成遭受损失的举证责任，轻微的侵权法律责任后果，对出租人基本不构成约束或威慑，如此，实际上是放任了出租人侵害房屋承租人优先购买权，侵权行为发生就在所难免了，反而可能导致纠纷的大量产生，大大削弱了房屋承租人优先购买权法律制度应有的法律效果。

第三，该司法解释实际上是作出了与合同法规定相冲突的规定，严重损害了法律的严肃性和权威性。

基于该司法解释的规定将导致房屋承租人优先购买权行使的实际落空，实际上违背了合同法的立法本意，该规定对于承租人优先购买权被侵害后的司法救济原则的规定是不可取的，笔者认为，在房屋承租人优先购买权被侵害时，可以按以下原则完善对承租人的司法救济：

1. 在出租人与第三人未办理完毕房屋转让的登记手续前，应当支持承租人行使优先购买权的主张。

从法律性质上讲，出租人与第三人订立的买卖合同和出租人主张优先购买权，均同属于债权，债权平等，不存在哪一个的效力高低问题，一般而言，原则上应支持合同先订立的一方的债权，但是，承租人的优先购买权是基于法律的特别专门规定，是国家立法政策的价值选择的体现，支持房屋承租人的优先购买权，更符合立法本意，此外，也有助于避免导致承租人的优先购买权被实际架空，流于文字权利的弊端。

2. 在第三人善意购买租赁房屋并已经办理了转让登记手续的情况下，第三人已经取得的了对房屋的所有权，第三人对房屋享有的是物权，在此情况下，根据物权效力高于债权效力的原理，此时，如果承租人主张优先购买权的，则不应当支持。

结　语

在肯定房屋承租人优先购买权制度的价值基础的同时，本文认为，我们应当进一步完善该制度，以适应日新月异的社会变化，这也是法律制度与时俱进的客观发展要求。

关于房屋承租人优先购买权理论，争议较多的是其法律性质。笔者通过系统论述民事权利的分类，得出将优先购买权作为物权、债权和支配权、形成权、期待权放在同一层次进行研究是不准确的结论,是没有认识到民事权利分类的现实意义,并通过分析,得出房屋承租人优先购买权本质上是属于债权的结论。

房屋承租人优先购买权在本质上,是对所有权和意思自治的限制,而现代经济更加关注财产在流转中的增值和交易上的安全,因此,又有必要对这种民事特权进行合理的限制,将其定位为债权,也是应有之义。此外,通过完善房屋承租人优先购买权的适用范围,本质上是对其对外效力进行的合理限缩。

在分析了目前房屋承租人优先购买权制度存在不足的情况下,通过在对房屋承租人优先购买权理论进行分析探讨后,笔者提出了完善房屋承租人优先购买权制度的构想,以期为我国房屋承租人优先购买权制度的完善提供一点参考意见,以充分发挥房屋承租人优先购买权法律制度应有的效用。

参考文献

一、著作类

[1]梁慧星:《民法总论》,法律出版社 1996 年版。

[2]孔庆明:《中国民法史》,吉林出版社 1996 年版。

[3]孙宪忠:《德国当代物权法》,法律出版社 1997 年版。

[4]王泽鉴:《民法学说与判例研究》,中国政法大学出版社 1998 年版。

[5]史尚宽:《债法总论》,中国政法大学出版社 2000 年版。

[6]蔡福华:《民事优先权新论》,人民法院出版社 2002 年版。

[7]王泽鉴:《民法概要》,中国政法大学出版社 2003 年版。

[8]饶宏斌:《房屋买卖与租赁纠纷》,中国方正出版社 2005 年版。

[9]袁锦秀:《优先购买权法经济学分析》,中国民主法制出版社 2006 年版。

[10]许尚豪、单明:《优先购买权制度研究》,中国法制出版社 2006 年版。

[11]王利明:《物权法研究》,中国人民大学出版社 2007 年版。

[12]杨立新:《最高人民法院审理城镇房屋租赁合同纠纷案件司法解释理解与运用》,中国法制出版社 2009 年版。

二、期刊类

[1]王荣珍:《论优先购买权制度的发展与实践》,载《信阳师范学院学报(哲学社会科学版)》2002 年第 5 期。

[2]许尚豪、单明:《优先购买权竞存问题研究》,载《政法论丛》2007 年第 4 期。

[3]熊琰:《房屋优先购买权中的利益衡量》,载《重庆工商大学学报(社会科学版)》

2007 年第 2 期。

[4]许尚豪、阚英:《论优先购买权价值功能与法理基础的统一性》,载《政法论丛》2008 年第 2 期。

[5]魏小星、乔默之:《房屋承租人优先购买权的立法完善》,载《湖北第二师范学院学报》2008 年第 3 期。

[6]史浩明、张鹏:《优先购买权制度的法律技术分析》,载《法学》2008 年第 9 期。

[7]赖淑春:《优先购买权的法理分析及在秩序程序中的适用》,载《法学论坛》2009 年第 3 期。

[8]于晓丽、高云鹏:《房屋承租人优先购买权合理质疑》,载《政法论丛》2009 年第 2 期。

[9]雷楚莹:《房屋承租人优先购买权的制度缺陷及理论重构》,载《广西政法管理干部学院学报》2011 年第 3 期。

有限责任公司股权激励的法律问题分析

朱本霞*

摘要：有限责任公司股权激励由于其现实需要，实践中大量存在，并由此引发系列法律法规层面及司法实践层面的问题，针对存在的人数限制、激励股份来源、激励对象及实现、所得税等问题，进行法律法规及司法层面的分析，为妥善设置有限责任公司股权激励方案提供参考，以期进一步完善有限责任公司股权激励制度。

关键词：股权激励　有限责任公司　法律问题分析

在资本市场较为成熟的国外，股权激励是公司较为常用的一种经营办法。员工通过股权激励制度将身份转换为公司股东，公司通过股权激励制度将公司的收益与员工的切身收益结合起来。一方面，股权激励措施可以激励员工为获取更多股份收益努力提高公司的业绩；另一方面，可以防范员工的道德风险以及一些短期行为造成公司的损失，近年来，国内股权激励的方式也越来越普遍，一些公司在设立阶段已考虑进行股权激励方案。

* 朱本霞，女，广东金轮律师事务所律师。

一、股权激励的概念

(一)股权激励的概念

我国目前在法律、法规、部门规章层面对股权激励并没有一个明确的定义,只在一些部门规范性文件中对股权激励有所规范。2006 年 1 月 1 日实施的《上市公司股权激励管理办法》(以下简称《实施办法》)第 2 条规定"本办法所称股权激励是指上市公司以本公司股票为标的,对其董事、监事、高级管理人员及其他员工进行的长期性激励。上市公司以限制性股票、股票期权及法律、行政法规允许的其他方式实行股权激励计划的,适用本办法的规定",以及 2006 年 9 月 30 日由国资委发布并实施的《国有控股上市公司(境内)实施股权激励试行办法》第 4 条规定"本办法所称股权激励,主要是指上市公司以本公司股票为标的,对公司高级管理等人员实施的中长期激励"。上述规范性文件仅对上市公司的股权激励进行定义,有限责任公司的股权激励并没有涉及,参照上述规范,笔者认为,股权激励可以界定为公司以本公司的股份为标的,对公司高级管理等员工实施的中长期的激励计划。

(二)股权激励的模式

经过上市公司的长期实践,股权激励主要有几种主要模式:股权期权、绩效股票、限制性股权、业绩股票、延期支付、虚拟股权、股票增值权等。在《公司法》的规范下,有限责任公司实施股权激励的一种常用模式是大股东通过一定程序等将其持有的股份股权转让给员工,或公司成立时由大股东、高级管理人员代表或组建专门的持股公司持有用于股权激励的股份。

二、股权激励的司法现状

(一)全国股权激励相关纠纷的基本情况

笔者统计了中国裁判文书网及Openlaw[①]发布的各地区法院审理的案件,梳理了2012年至今全国法院股权激励案件的结案趋势(见表1)。从2012年股权激励相关涉诉总结案量22件,2013年38件,2014年88件,分别以65%和137%的几何增长率不断增加。

表1 全国法院2012年1月1日—2015年8月31日股权激励案件结案数

(件)

地区/时间	2012/1/1—2012/12/31	2013/1/1—2013/12/31	2014/1/1—2014/12/31	2015/1/1—2015/8/10
全国	23	38	88	45

(二)全国各地区股权激励相关纠纷的基本情况

根据中国裁判文书网及Openlaw发布的各地区法院审理的案件显示,从2012年至今全国各省法院股权激励案件的结案分布情况(见表2)。从2012年以来股权激励相关涉诉案件结案最多的地区依次为上海、北京、广东、浙江、江苏,占全国结案总数的77%,案件相对集中,这与这些地区经济发展也是相匹配的。值得注意的是,海南、辽宁等省涉及的案件较少,但类型均为刑事,如擅自发行股票、公司、企业债券罪。由此可见,有限责任公司规范的股权激励制度何其重要,如不能规范适用,可能面临巨大的刑事风险。

① 考虑到中国裁判文书网各地进行司法文书公开时间不一,为减少误差,结合Openlaw查询文书结果,去除重复的案件后统计的结果。

表 2　全国各省法院 2012 年 1 月 1 日—2015 年 8 月 31 日股权激励案件结案分布情况

（件）

序号	地区/时间	2012/1/1—2012/12/31	2013/1/1—2013/12/31	2014/1/1—2014/12/31	2015/1/1—2015/8/10	合计
1	最高院		1	2		3
2	上海	13	11	24	10	58
3	北京	1	1	20	14	36
4	广东	1	4	12	4	21
5	浙江	3	3	6	4	16
6	江苏	2	1	3	3	9
7	湖北	1		5	1	7
8	安徽		1	4		5
9	山东			4	1	5
10	河南		1		3	4
11	四川		1	3		4
12	陕西		1	1	1	3
13	天津			1	2	3
14	湖南	2				2
15	福建			1	1	2
16	河北		1			1
17	重庆		1			1
18	海南			1		1
19	云南			1		1
20	辽宁				1	1

(三)股权激励相关纠纷类型的基本情况

我们统计了 2012 年至今全国各地区法院股权激励相关案件结案的主要案由分布情况(见表 3)。主要为公司相关纠纷、劳动相关纠纷和合同相关纠纷,占全部案件类型的 80%。劳动相关纠纷占全部案件类型的 33%,合同相关纠纷占全部案件类型的 13%,公司相关纠纷占 34%,其中公司相关纠纷主要为股权转让纠纷和股东资格确认纠纷,占全部纠纷类型的 20%。可见,如股权激励计划实施如未能顺利实施,反而对公司的劳动关系甚至是股权关系造成一定的冲击,不利于公司健康稳定的发展。

表 3　2012 年至今全国各地区法院股权激励相关案件结案的主要案由分布情况

序号	案由	2012/1/1—2012/12/31	2013/1/1—2013/12/31	2014/1/1—2014/12/31	2015/1/1—2015/8/10	合计
1	劳动相关	6	10	37	11	64
2	合同相关	2	4	13	6	25
3	股权转让	2	5	9	5	21
4	股东资格确认	4	1	3	9	17
5	决议相关	2	0	2	2	6
6	其他公司相关	2	3	15	3	23
7	其他	5	15	9	9	38

三、有限责任公司股权激励的主要法律问题

(一)股东人数限制问题

根据《公司法》第 24 条的规定:“有限责任公司由五十个以下股东出资设立。”公司进行股权激励的对象较为广泛,包括管理层、技术骨干、甚至是普通员工,然而有限责任公司进行股权激励,股东人数限制是不得不考虑的问题。

(二)激励股份来源问题

根据《上市公司股权激励管理办法(试行)》第11条的规定:“拟实行股权激励计划的上市公司,可以根据本公司实际情况,通过以下方式解决标的股票来源:(一)向激励对象发行股份;(二)回购本公司股份;(三)法律、行政法规允许的其他方式。”但是,现行公司法等法律规范并未对有限责任公司实现股权激励的股份来源进行明确的规范。有限责任公司进行股权激励必须解决股份来源问题,否则如同无源之水,难以进行。

(三)激励对象和实现问题

首先,有限责任公司股权激励计划成败的关键在于是否选择了对的激励对象,如激励对象的选择不当,可能适得其反,引发优质员工的不满,甚至造成人才的流失。其次,股权激励比例过高可能引发大股东丧失公司控制权问题以及公司决策意见分散问题。最后,股权激励对象取得何种形式的股权,仅为分红权还是全部股东权利等,均涉及股权激励方案设计及顺利实施的问题。

(四)所得税问题

一方面,股权激励的员工一般还是比较看重实际能够取得的权益的数额,先行的税收征收规范,员工收取股权激励按照工资、薪金收入计个人所得税,则员工最高需缴纳45%的个人所得税。另一方面,企业实施股权激励计划是否有营业税方面的减免对企业亦是重要的成本支出。故有限责任公司在设计股权激励计划时不得不将此作为一个重要的因素予以考虑。

四、有限责任公司股权激励的司法实践分析

(一)多种方式探寻突破股东人数限制

在实践中,若有限责任公司需要实行较为广泛的股权激励机制,股东人数超过50人的,一般采用间接持股的股权激励方式,即享有股权激励权益的员工不直接以有限责任公司的股东身份持股,而是间接地通过其他载体持有股权并享有股权权益。在实践中通常有以下几种方式:

1. 设立专门的员工持股公司

有限责任工作在进行大规模的员工持股计划时，可以考虑由参与股权激励的员工设立有限责任公司，专门用于持有和管理员工股权。这一模式的优点为目标公司的股权较为集中，避免股权分散带来的股东会等决策的效率低下，但设立专门公司间接持股也不得不考虑双重征税问题，持股成本较高。

在早期，中国证监会对存在通过设立有限责任公司（壳公司）持股的 IPO 申请的审核中，有限责任公司视同为一个股东。然而，根据目前中国证监会的发行审核标准，对于在发行人股东及其以上层次套多家公司或单纯以持股为目的设立的公司（壳公司），壳公司不再视同为一个股东，一直要追溯到壳公司后面的自然人股东，且自然人股东人数应合并计算。[①] 深圳市 2001 年 1 月 11 日发布了《深圳市公司内部员工持股规定》，允许员工以持股公司名义间接持有目标公司的股份。员工可以通过持股公司间接办理工商登记。此外，江苏、上海等地方也出台了相类似的规定。

2. 以职工持股会或工会名义持股

职工持股会是公司员工共同设立，代公司员工持有和管理公司股份，并在员工的授权范围内代理行使股东权利并履行股东义务的组织。随着民政部门不再办理职工持股会的社团法人登记，[②]2000 年 12 月 11 日，中国证监会也暂不受理工会作为股东或发起人的公司公开发行股票的申请。[③] 在司法实践中一般的有限责任公司亦更难通过职工持股会或工会的名义进行持股。

（1）委托持股

委托持股是指，实际股东通过约定的方式，以他人名义代为持有公司股份，并代理行使股东权利和履行股东义务。相比较前述两种方式，委托持股方式成本较低，操作简便，在实践中多通过员工代表持股方式进行，即委托某一

---

① 邱永红：《论上市公司名义持股的法律问题——最新监管政策、司法实践和立法动向》，http://www.chinacapitallaw.com/article/default.asp? id=4415，下载日期：2015 年 9 月 5 日。

② 《民政部办公厅关于暂停对企业内部职工持股会进行社团法人登记的函》，http://www.zjmz.gov.cn/il.htm? a=si&id=2c9146841f5f9116011fac1f339b07bb，下载日期：2015 年 9 月 5 日。

③ 中国证券监督管理委员会：《关于职工持股会及工会能否作为上市公司股东的复函》，http://biz.sse.com.cn/cs/zhs/xxfw/flgz/regulations/listedco/listed20000211a.htm，下载日期：2015 年 9 月 3 日。

自然人高管代为持有员工股权激励对象的股权。

在代为持有股权过程中，如何保证隐名股东的股东权利问题亦存在问题，一方面，委托一般为单方法律行为，具有极大不稳定性；另一方面，受托人如亦为公司股东则难免存在利益冲突问题。

进一步的，委托持股亦存在不能对抗第三人的问题，如受托人擅自处理代持股权，委托人往往主张股权转让或质押无效较难得到支持，如受托人在婚姻存续期限内代为持股的，离婚时也较易引发财产分割的纠纷。在实践中亦有大量股东提出股东资格确认之诉及撤销股东会决议之诉以及离婚诉讼。

(2)信托持股

在实践中，亦有考虑信托方式进行持股，信托持股是指员工将本公司股份委托给信托公司管理和运作，股份登记在信托机构名义之下，由信托机构按委托人的意愿进行管理或者处分，委托人享有股票的收益权。

信托制相较而言较为规范，然而，根据《信托公司集合资金信托计划管理办法》等规范的出台，对合格投资者设立了较高的门槛，合格投资者必须满足如下条件之一："(一)投资一个信托计划的最低金额不少于100万元人民币的自然人、法人或者依法成立的其他组织；(二)个人或家庭金融资产总计在其认购时超过100万元人民币，且能提供相关财产证明的自然人；(三)个人收入在最近3年内每年收入超过20万元人民币或者夫妻双方合计收入在最近3年内每年收入超过30万元人民币，且能提供相关收入证明的自然人。"然而，股权激励计划的对象员工通常无法达到前述门槛，也给选择这个模式持股设置了无法逾越的障碍。

综上所述，由于《公司法》对股东人数的限制，导致有限责任公司在股权激励时只能间接持股，而这些间接持股的方式均存在一些法律上的障碍或法律风险，相应地成本也较高。

(二)多种方式的激励股份来源分析

从理论上来说，有限责任公司股权激励的股份来源主要有以下几种方式：

1.股东直接股权转让的方式

股东直接用所持股权进行股权奖励，直接转让所持股权，理论上不存在法律障碍。但这通常为控股股东或大股东为自己的利益而实施，控股股东或大股东的利益并不等同于公司的整体利益，一旦大股东利益与公司利益或小股东利益存在冲突之处，股权激励对象往往会采取有利于大股东的利益而损害其他方的方式，为此《股权激励有关事项备忘录2号》规定"股东不得直接向激励对象赠予(或转让)股份”。虽然此为对上市公司的规范，对有限责任公司亦有一定的参考意义，在实践中亦不乏因股权激励股东提出股东会决议撤销之诉的判例。为避免损害小股东的利益，全体股东按比例向股权激励对象转让股份也是一个办法，但如何保证股权激励对象能按照激励协议约定取得相应的股份，亦是需要考虑的问题。

2.增资扩股的方式

现行《公司法》并未对有限责任公司增加注册资本进行限制性规定，只是要求通过股东会 2/3 表决权通过即可。虽然向股权激励对象进行增资扩股原则上是在有限责任公司现有股东让渡优先认购权并认可其所持股份被摊薄的前提下进行的，但是如现有股东认可此种模式，做大有限责任公司这块蛋糕，此种模式可以达到公司、原有股东以及债权人三方共赢的目的。

3.预留股份的方式

2013 年 12 月 28 日修改后的《公司法》取消了注册资本实缴的期限限制，对首次出资额以及最低注册资本均取消了限制。这样的规定使得公司在成立时可以预留部分股份用于员工的股权激励。但公司设立时需有明确的股东，故该部分股权仍需采用代持或其他方式先行登记。

4.股权回购的方式

根据新《公司法》第五章股份有限公司的股份发行和转让第二节第 124 条的规定:“公司不得收购本公司股份。但是，有下列情形之一的除外:……(三)将股份奖励给本公司职工;……公司依照第一款第(三)项规定收购的本公司股份，不得超过本公司已发行股份总额的百分之五;用于收购的资金应当从公司的税后利润中支出;所收购的股份应当在一年内转让给职工。”但该规定仅为股份有限公司回购股份的法律依据，有限责任公司并不适用。在司法判例中，原则上对有限责任公司回购或持有本公司股权持效力否定态度。[①] 故此方式的法律可能面临无法进行登记且不受法律保护等现实困境。

(三)多方面考虑股权激励对象选定和方式设定问题

有限责任公司的高级管理人员如董事、经理、监事，本身可能已经是股东，

---

① 深圳市福田区人民法院，(2013)深福法民二初字第 5521—5532 号民事裁定书，载中国裁判文书网，http://www.court.gov.cn/zgcpwsw/gd/gdsszszjrmfy/szsftqrmfy/ms/201406/t20140607_1382972.htm，下载日期:2015 年 9 月 1 日。

对于此种情况，应当充分考虑其他股东的意见，相关股权激励方案应当通过股东会或董事会等公司权力机构来确定。

对于股权激励方式，无论是期权还是业绩股权方式，主要都是两种方式，一种是实际股权未发生变动的，比如干股分红或增值利益，此种方式一般股东同意，通过公司与激励对象签订相关协议方式约定一定比例的分红收益或增值收益分配方式即可；一种是实际股权发生变动。如果采用后一种方式设定股权激励方案的，涉及的法律关系相对复杂，且原股东股份亦可能发生变动，需综合考虑多种因素而定。

（四）现行税收政策分析

根据2009年国家税务总局发布的《关于股权激励有关个人所得税问题的通知（国税函[2009]461号）》，个人所得在上市公司股权激励所得按照“工资、薪金所得”计税，依法扣缴其个人所得税。根据2012年国家税务总局发布的《关于我国居民企业实行股权激励计划有关企业所得税处理问题的公告（2012年第18号）》，原则上上市公司用于股权激励的支出可作为“当年上市公司工资薪金支出，依照税法规定进行税前扣除”。然而，有限责任公司实行股权激励对于公司和员工如何计税，并无明确规范，实践中多参照上述规范计收。由于我国个人所得税起征点较低，对于实现员工股权激励计划的对象一般均为收入相对较高的高管、骨干人员，对于员工来说个人所得纳税比例相对较高，如何节税亦是其重要的考虑因素。

五、有限责任公司股权激励立法及司法建议

首先，有限责任公司在人数限制规定上，可以考虑放开对职工持股会的组织登记制度，可以允许员工通过持股会等组织团体集中持股权益，同时又规避了双重征税的问题。

其次，对于股权的来源问题，我们建议，有限责任公司用于股权激励的股权可通过回购的方式，可以在时间和比例上予以一定的限制，比如一年内必须转由员工持股，比例不得超过30%。这样公司用于股权激励的成本可以于公司财务上予以处理，减轻相关税费，也避免了大股东承担股权激励的相关成本，造成大股东利益与小股东利益或债权人等利益相冲突。

再次，对于激励对象及方式的选定，建议公司根据公司的发展需要，因地

制宜地选择分红还是全部股东权益转移的方式，也可结合期权方式，随着时间的推移，取得的权益或股份的比例有所增加。

最后，对于员工股权激励所得收益，建议给予相关税收优惠，可以参照劳务收入计征 20%的所得税，或者根据劳动者实际工作年限进行分摊，减轻劳动者和企业的税赋，刺激企业有活力地健康成长。

综上所述，有限责任公司目前实行股权激励的途径及相关法律法规及规范相对不够完善，如何从制度层面平衡各方利益，最大限度地发挥股权激励制度给公司及各方带来最大化效益，需要我们立法及司法进一步完善相关规定及规范，促进股权激励制度的进一步推行。

参考文献

[1]吴玉娟:《有限责任公司实施股权激励的法律问题及对策》，载《法制与经济》2011年第 5 期。

[2]李公科:《有限责任公司股权激励法律问题概要》，载《现代商贸工业》2014 年第 22 期。

[3]王瑞:《非上市企业股权激励解析》，载《法制与社会》2015 年第 6 期上期。

[4]丁建臣、马鑫媛、李相南:《公司股权激励相关法律规制研究文献综述》，载《河北经贸大学学报》2015 年 9 月第 5 期。

[5]宋哲:《股权激励是公司治理的润滑剂》，载《法人》2011 年第 3 期。

[6]《关于我国居民企业实行股权激励计划有关企业所得税处理问题的公告》，载《会计师》2012 年第 7 期。

[7]苏坤:《管理层股权激励、风险承担与资本配置效率》，载《管理科学》2015 年第 5 期。

[8]朱国锋:《有限责任公司股权激励法律问题研究》，华东政法大学 2013 年专业硕士论文。

浅析有限合伙型私募基金法律风险问题

郑肯原*

摘要：私募基金作为一种融资手段，是对已有的传统融资手段的补充，其完善了融资制度及市场，对经济的发展起到了积极的作用。有限合伙型私募基金是私募基金中的一种模式，由于有限合伙自身灵活、便于操作的特点，在实践中，多有以有限合伙的形式运作私募基金的情况。然而，因在实际运作有限合伙型私募基金的过程中存在着不规范的情况，使有限合伙型私募基金及其从业人员面临着刑事责任风险、民事责任风险、行政责任风险、行业处分风险，由此，应对有限合伙型私募基金的概念及规制、面临的法律风险种类及原因、法律风险防范措施进行分析，以便于有限合伙型私募基金的健康发展，从而达到以私募基金促进经济发展的目的。

关键词：有限合伙　私募基金　法律风险

* 郑肯原，男，广东金轮律师事务所律师。

一、有限合伙型私募基金的概念及规制分析

(一)有限合伙型私募基金的概念

中国证券监督管理委员会公布施行的《私募投资基金监督管理暂行办法》第2条规定:"本办法所称私募投资基金(以下简称私募基金),是指在中华人民共和国境内,以非公开方式向投资者募集资金设立的投资基金。"由此可知,私募基金指的是在中华人民共和国境内,以非公开方式向投资者募集资金设立的投资基金。在此定义中,需要重点理解非公开方式募集资金的含义。非公开方式募集资金是与公开方式募集资金相对应的概念,根据《中华人民共和国证券投资基金法》及《私募投资基金监督管理暂行办法》的相关规定,可以从募集资金对象的数量、募集资金的方式及对象两个方面界定非公开方式募集资金的含义,即募集资金的对象不超过200人、不通过公众传播媒体或其他方式向不特定对象推介的为非公开方式募集资金。

有限合伙是在企业中"至少有一人或以上者,拥有对合伙事务的全面管理权,并对商业的债务承担无限责任,他们称为普通合伙人;而其他有限的合伙人,对商业的债务无须负个人责任(除了投入的资金以外),实际上对合伙业务没有管理权"的企业。可见,在有限合伙中,实际存在着普通合伙人与有限合伙人分别对合伙企业债务承担无限连带责任和有限责任的两种形式。① 由此可见,有限合伙是合伙中的一种模式,受合伙制度中人合性特征的规制,其入伙、退伙、合伙财产、合伙事务管理等合伙事宜,均需要按照合伙制度的规定执行。

有限合伙基金采取有限合伙企业的组织形式设立,由普通合伙人和有限合伙人组成,其中普通合伙人由有良好投资技能的专业管理机构或个人担任,行使合伙事务的执行权,根据基金管理协议负责合伙企业的经营管理,对基金的债务承担无限连带责任;有限合伙人则作为资金的投入方,不直接参与基金

① 晓宇:《论在我国设立有限合伙企业形式的必要性和可能性》,http://article.chinalawinfo.com/ArticleFullText.aspx? ArticleId=2938&listType=0,下载日期:2015年9月2日。

的经营管理，根据基金合伙协议享受合伙收益，以其认缴的出资额为限对基金的债务承担有限责任。[①] 由此可知，有限合伙型私募基金是不同的投资者，根据其不同的资源，按照各自的目标而集合在一起的资金密集型组织。在该组织中，执行事务合伙人一般作为基金的管理人，按照设定的程序及目标运作资金投资，而各投资人根据合伙协议的约定及合伙企业法的规定享有利益、承担风险。

(二)有限合伙型私募基金的法律规制

有限合伙型私募基金既有有限合伙企业的性质，又具备私募基金的性质，其性质决定了其既受《中华人民共和国合同法》《中华人民共和国民法通则》《中华人民共和国合伙企业法》等一般性法律的规制，同时也受到关于私募基金的相关法律、规范性文件的规制，以下主要对与私募基金有关的法律、规范性文件进行列举说明。

在法律层面上，《中华人民共和国证券投资基金法》对私募基金进行了相应的规制，主要规定了以下六个方面的内容：一是规定合格投资者制度；二是规定非公开募集基金应当由基金托管人托管；三是规定基金管理人的登记和基金产品的备案制度；四是规定非公开募集基金禁止进行公开性的宣传和推介；五是规定基金的投资运作、收益分配、信息披露等内容由基金合同约定；六是规定非公开募集基金管理人达到规定条件的，经核准可从事公募基金管理业务。[②]

由于《中华人民共和国证券投资基金法》的相关规定较为抽象，同时，《中华人民共和国证券投资基金法》赋予中国证券监督管理委员会制定合格投资者的标准、《中央编办关于私募股权基金管理职责分工的通知》规定由中国证券监督管理委员会具体管理私募基金事宜，在此情况下，中国证券监督管理委员会制定并施行了《私募投资基金监督管理暂行办法》，《私募投资基金监督管理暂行办法》在《中华人民共和国证券投资基金法》的基础上对私募基金进行了规定，主要对基金管理人、基金产品的登记、备案，合格投资者的定义及认定、私募基金的募集方式、私募基金的运作等进行规制。

---

① 范晓娟：《论有限合伙基金的"安全港"规则的突破》，http://article.chinalawinfo.com/ArticleFullText.aspx? ArticleId=77690&listType=0，下载日期：2015 年 9 月 2 日。

② 《中华人民共和国证券投资基金法释义》，http://www.npc.gov.cn/npc/flsyywd/jingji/node_22994.htm，下载日期：2015 年 9 月 4 日。

针对私募基金管理人及基金产品的登记备案事宜，中国证券投资基金业协会制定了《私募投资基金管理人登记和基金备案办法》《关于改进私募基金管理人登记备案相关工作的通知》《私募基金登记备案相关问题解答（一）、（二）、（三）、（四）、（五）、（六）》等文件对登记备案事宜进行了指引。针对基金销售、销售支付、份额登记、估值核算、信息技术系统等业务，中国证券投资基金业协会依据《中华人民共和国证券投资基金法》《证券投资基金管理公司管理办法》《私募投资基金监督管理暂行办法》《证券投资基金销售结算资金管理暂行规定》《证券投资基金销售业务信息管理平台管理规定》《私募投资基金管理人登记和基金备案办法（试行）》等制定了《基金业务外包服务指引（试行）》《基金业务外包服务指引（试行）相关问题解答（一）》等文件对相关事宜进行了指引。

由以上分析可以知道，对于私募基金业务，国家分别从法律层面、部门规章层面、行业协会指引性文件等进行了基本的规制。

二、有限合伙型私募基金法律风险的种类及原因分析

（一）有限合伙型私募基金法律风险的种类

有限合伙型私募基金属于私募基金中的一种模式，私募基金所面临的法律风险，有限合伙型私募基金也同样面临，为了了解私募基金的法律风险，笔者在中国裁判文书网以私募基金为关键词进行了搜索，同时，在中国证券监督管理委员会官方网站及中国证券投资基金业协会官方网站，对私募基金所涉及的行政处罚问题及行业处分问题进行了搜索，主要情况如下：

1. 在中国裁判文书网中以私募基金为关键词，设定2014年1月1日至2015年7月29日为搜索时间段，得出的与私募基金的运作有关的判决文书总共有64篇，其中，涉及刑事责任的判决文书为46篇，涉及民事责任的判决书为18篇，具体的比例如图1：[1]

① 根据中国裁判文书网发布的裁判文书统计得出。

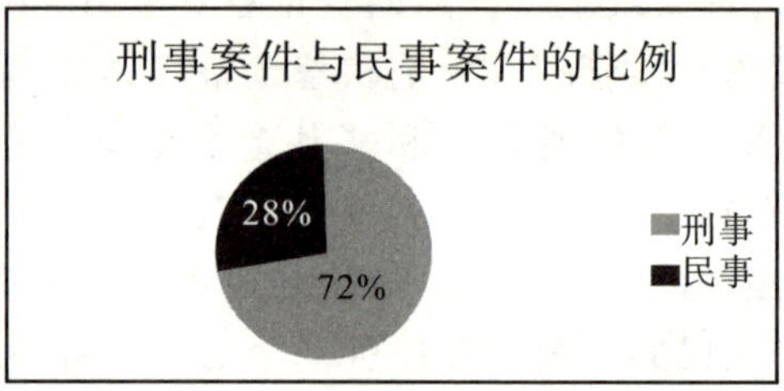

图 1

通过对所获取裁判文书的进一步分析，在刑事责任方面，主要涉及的罪名为非法吸收公众存款罪、集资诈骗罪、非法经营罪，但以非法吸收公众存款罪为主；在民事责任方面涉及的纠纷类型主要为基金公司与投资者的民事纠纷、基金公司与融资方的民事纠纷、基金公司内部争议的民事纠纷，但主要以基金公司与投资者的民事纠纷为主，具体情况如图 2：①

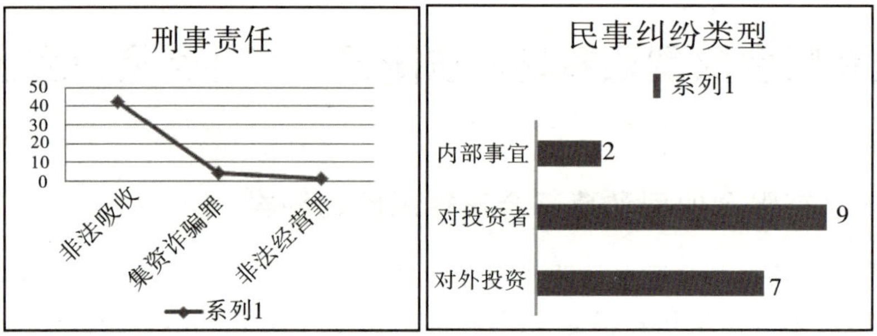

图 2

2. 在中国证券监督管理委员会官方网站及中国证券投资基金业协会官方网站中，设定 2011 年至 2015 年为搜索时间段，得出的行政处罚和行业处分的文书为 14 篇，其中，涉及行政处罚的文书为 7 篇，涉及行业处分的文书为 7 篇，具体的比例如图 3：

通过对获取的行政处罚及行业处分文书的进一步分析，在行政处罚方面，主要针对内幕交易及利用未公开信息进行交易的行为，作出警告、罚款、取消从业资格、市场禁入等行政处罚；在行业处分方面，主要针对未经备案擅自经

① 根据中国裁判文书网发布的裁判文书统计得出。

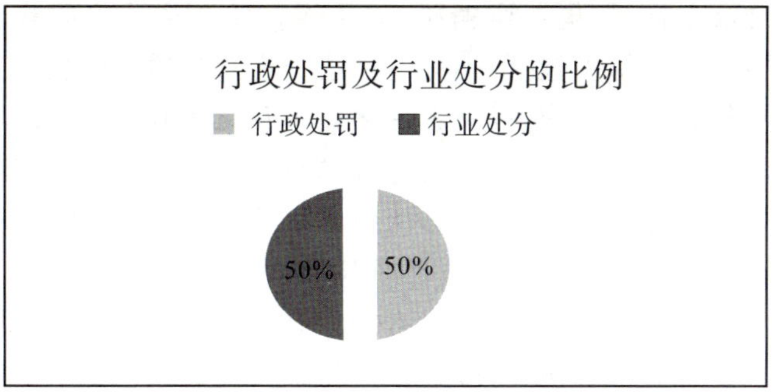

图 3

营、违反杠杆率规定进行操作、未如实报告应当报告的事实、被证监会调查等事实及行为，作出暂停备案、加入黑名单的行业处分，具体如图 4：①

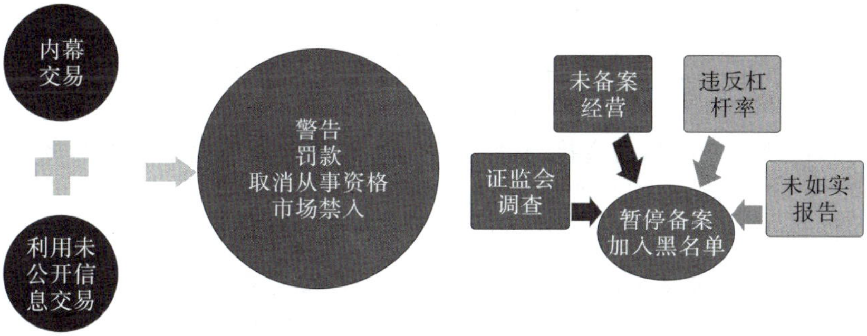

图 4

由以上从中国裁判文书网、中国证券监督管理委员会官方网站、中国证券投资基金业协会官方网站对私募基金所涉法律责任的查询可以知道，包括有限合伙型私募基金在内的私募基金面临的法律风险包括：刑事责任风险、民事责任风险、行政责任风险、行业处分风险。

（二）有限合伙型私募基金法律风险的原因

1. 有限合伙型私募基金法律风险的直接原因

（1）刑事责任风险的直接原因。有限合伙型私募基金所涉及的罪名主要

① 根据中国证券监督管理委员会官方网站及中国证券投资基金业协会官方网站发布的处罚、处分文书统计得出。

为非法吸收公众存款罪、集资诈骗罪、非法经营罪。从获取的裁判文书分析，构成上述犯罪的共同特点包括：不具备募集资金的资质、通过公开宣传的方式向不特定的对象募集资金、向投资者许诺保本及高额利益、实际向社会吸纳大量资金并无法偿还。另外，涉及集资诈骗罪的还涉及虚假宣传并编制虚假投资对象、以非法占有为目的等特征。从中可以看出，构成上述犯罪的共同特点为有限合伙型私募基金面临刑事责任风险的直接原因。

(2)民事责任风险的直接原因。有限合伙型基金所面临的民事责任包括基金公司与投资者的民事纠纷、基金公司与融资方的民事纠纷、基金公司内部争议的民事纠纷。从获取的裁判文书分析，造成上述民事纠纷的共同特点主要是基金管理人未履行其应当履行的职责，导致违约情况的出现，基金管理人未履行其应当履行的职责包括：未履行尽职调查义务、未履行落实担保手续义务、未履行筹集资金义务、未履行合同审查义务等。另外，在涉及基金公司内部争议的民事纠纷方面还涉及基金合同设置不合理、内控机构不完善等特征。以上总结的造成有限合伙型私募基金民事责任的共同特点，为有限合伙型私募基金面临民事责任风险的直接原因。

(3)行政责任风险的直接原因。有限合伙型私募基金面临的行政责任形式包括警告、罚款、取消从业资格、市场禁入等，中国证券监督管理委员会作出上述行政处罚主要基于内幕交易及利用未公开信息进行交易的行为。可见，对有限合伙型私募基金的行政处罚基本集中在证券投资基金类型，证券投资基金的基金管理人利用其自身所掌握信息的优势为自己谋利。由此可以知道，有限合伙型私募基金面临行政责任风险的直接原因为基金管理人利用其作为管理人的优势地位，违规操作，为自己谋取利益。

(4)行业处分风险的直接原因。有限合伙型私募基金面临的行业处分包括暂停备案、加入黑名单等，中国证券投资基金业协会作出的行业处分主要基于：未经备案擅自经营、违反杠杆率规定进行操作、未如实报告应当报告的事实、被证监会调查等。其中值得注意的是，凡涉及被证监会调查的，无论证监会正在调查的事实是否已得出结论，并是否已作出相应的处分结果，中国证券投资基金业协会均会先行给予行业处分。由以上情况可以知道，有限合伙型私募基金面临的行业处分的法律风险的直接原因为基金管理人违背中国证券投资基金业协会行业规范。

2. 有限合伙型私募基金面临法律风险的深层次原因

(1)利益驱动原因。分析有限合伙型私募基金所面临的法律风险的直接原因，无论是何种法律风险，都离不开利益驱动的原因，特别是基金管理人的利益驱动。因此可以说，之所以出现相应的法律风险，是由于未能以正确的方式面对相应的利益诉求。

(2)法律意识不强原因。私募基金的从业者属于金融从业者之一，金融从业者的固有特性让其较为重视产品的研发，但却忽略所研发产品的法律属性；较为重视产品的运作，但却忽略运作相关产品的法律程序。基金管理人法律意识不强为有限合伙型私募基金面临法律风险的深层次原因之一。

(3)市场不完善原因。一方面，在私募基金领域，存在小、乱、散的现象，有大量不具备风控能力、不具备私募基金运作能力的不完善私募基金在市场上存在，为了获取相应的利益而违规操作；另一方面，投资者的投资渠道并不完全畅通，有高风险、高收益需要的人群，以及部分有理财需要但又无法进入正规理财门槛的人群没有投资渠道，只能投资于不完善的私募基金，由此可见，市场不完善也是有限合伙型私募基金面临的法律风险的深层次原因之一。

三、有限合伙型私募基金的法律风险防范分析

有限合伙型私募基金面临着刑事责任风险、民事责任风险、行政责任风险、行业处分风险，以上风险的发生，小则可能造成在行业内被通报批评，影响商业信誉，大则将面临刑事责任指控，可能身陷囹圄，因此，必须重视有限合伙型私募基金的法律风险防范。

(一)有限合伙型私募基金从业者在从事业务过程中不能有非法的意图和侥幸的心理

通过对中国裁判文书网获取的案例分析可见，被追究刑事责任的有限合伙型私募基金从业人员，部分在开始从事私募基金业务时即存在非法意图，只是以私募基金为名，为自己谋利；部分在开始从事私募基金业务时存有侥幸的心理，认为自己的行为没有危害性，在没有任何计划、准备且没有履行任何法律程序的情况下即自行开展所谓的私募基金业务。无论是存在明显的非法意图，还是存在侥幸的心理，最终均被司法机关认定为“知道或应当知道”的故意，从而被责以刑事责任。因此，在从事有限合伙型私募基金业务的过程中，不能有非法的意图和侥幸的心理，需要认真的论证、分析，做好充分的准备，在涉及法律方面的问题时，须事先征询律师等法律职业人员的意见。

(二)有限合伙型私募基金从业人员开展业务前必须履行登记或备案手续

从中国裁判文书网的案例分析可见,司法机关在认定私募基金从业人员构成犯罪时,均认定其未获得从事金融业务的资质即从事金融业务,扰乱市场秩序。所谓名不正则言不顺,《中华人民共和国证券投资基金法》《私募投资基金监督管理暂行办法》均对基金管理人及基金产品有登记或备案作出要求,因此,在开展私募基金业务前必须先进行基金管理人的登记,在基金募集完毕后,必须对基金产品进行备案,防范因没有资质开展金融业务,而被认定为扰乱市场秩序的法律风险。

(三)有限合伙型私募基金从业人员在开展业务时注意基金投资者的人数不能超过法律规定的上限

《中华人民共和国证券投资基金法》《私募投资基金监督管理暂行办法》以是否超过 200 人作为公开募集及非公开募集的界限。另外需要注意的是,针对有限合伙型私募基金,《私募投资基金监督管理暂行办法》要求单只私募基金的投资者人数累计不得超过《证券投资基金法》《合伙企业法》等法律规定的特定数量。而《合伙企业法》对有限合伙企业的人数做了原则性的规定,除了法律另有规定外,有限合伙企业人数的上限为 50 人。公开募集与非公开募集对是否构成刑事犯罪具有重要的影响,为了避免被认定为公开募集,需要注意投资者人数的控制。

(四)有限合伙型私募基金从业人员在开展业务时不能通过公众媒体或其他方式向不特定的对象推介

是否通过公众媒体或其他方式向不特定的对象推介也是区分公开募集与非公开募集的界限。有限合伙型私募基金的从业人员需要克制自己的行为,在现实中,部分有限合伙型私募基金从业人员为了扩大自己的业务,通过公开募集的方式开展业务,最终可能面临刑事责任的处罚,得不偿失。非公开募集需要注意的是募集对象的特定化、宣传方式的私密化,对象的特定化及宣传的私密化的界限一般以接受的人数及公众是否可以通过公开的渠道接受相关信息进行区分。

(五)有限合伙型私募基金从业人员在开展业务时不能许以保本、高额回报等承诺

有限合伙型私募基金从业人员是否对投资者许以保本、高回报承诺,或者许以虚假承诺,是司法机关认定该行为性质的其中一个标准,对投资者许以保本、高回报承诺,或者许以虚假承诺的,多数情况下被司法机关认定为扰乱市场秩序的行为,为了防范相应的法律风险,有限合伙型私募基金从业人员应当避免对投资者许以保本、高回报等承诺。

(六)有限合伙型私募基金从业人员在开展私募基金业务时必须依法履行其应当的职责

私募基金从业人员在开展私募基金业务时,有其法定义务及约定义务,法定义务方面包括审查合格投资者义务、履行风险提示义务、建立风险防范机制义务等,约定义务包括尽职调查义务、信息披露义务、资金管理义务等,无论是属于法定的义务还是属于约定的义务,有限合伙型私募基金的从业人员均必须予以履行。

以上为对有限合伙型私募基金法律风险防范的部分建议,此部分建议并不能囊括所有的风险防范措施,有限合伙型私募基金的从业人员应当根据自身的实际情况,依照相应的法律、规范性文件的规定开展业务,总而言之,依法履职为有限合伙型私募基金防范风险的最佳途径。

四、结束语

私募基金作为一种重要的融资手段,其在中国的发展空间巨大,但机遇与挑战总是并存在一个事物上的,私募基金在为从业者提供一定的机遇的情况下,也给从业人员带来了一定的挑战及风险。由于有限合伙型的私募基金存在着有限合伙及私募基金两种性质,且此两种制度在实务上较为新颖,相应的配套制度也有待完善,因此需要对其概念、风险等事宜进行分析、理解。在实践中,正确理解有限合伙型私募基金的概念,了解其风险,有助于有限合伙型私募基金从业人员开展业务,从而为市场经济的发展贡献正能量。

参考文献

[1]晓宇:《论在我国设立有限合伙企业形式的必要性和可能性》,http://article.chinalawinfo.com/ArticleFullText.aspx? ArticleId=2938&listType=0,下载日期:2015 年 9 月 2 日。

[2]范晓娟:《论有限合伙基金的"安全港"规则的突破》,http://article.chinalawinfo.com/ArticleFullText.aspx? ArticleId=77690&listType=0,下载日期:2015 年 9 月 2 日。

我国不动产证券化浅析

郑飞虎*

摘要:发端于美国的不动产证券化是当今国际金融发展的新趋势,不动产证券化为不动产投资发起者提供了新的融资渠道,也为普通投资者设计了一个崭新的金融投资工具,在降低资产沉淀以及满足现代社会物尽其用两个方面起到了非常积极的作用。本文对不动产证券的发展历程和意义作了回顾和阐释,并就我国目前开展不动产证券经济方面的可行性进行了分析,最后提出我国开展不动产证券化的制度构想。

关键词:不动产证券化　不动产投资信托　抵押贷款

一、不动产证券化的发展历程及其意义

"不动产证券化是指将由不动产能够得到的收益作为担保来发行有价证券。在德国民法理论中早有权利证券化的说法,此所谓证券即指有价证券。"①美国是不动产证券化开展得最早也是最成功的国家,早在1960年的美国内地税法中就规定了不动产投资信托(Real Estate Investment Trust,简称

---

* 郑飞虎,男,广东省金轮律师事务所律师。

① 关涛、樊静:《不动产证券化的民法原理》,载《中国法学》2002年第5期。

REIT)制度(我国经济学界一般将其翻译为房地产投资信托),由于当时美国内地税法赋予不动产投资信托与证券共同信托基金以及和投资公司相同的税收优惠,即在符合一定的条件下不动产投资信托视为免税主体,且分配予股东或收益人之收益可扣抵税收所得,仅在投资阶段加以税收,而没有双重征税。该税收优惠极大地刺激了美国不动产投资的发展,并于 1968 年至 1974 年银行利率管制时期达到高峰。真正意义上不动产证券化的浪潮发端于美国政府支持并参与的住房抵押贷款二级市场。1970 年,隶属于美国政府的政府国民抵押协会(Government National Mortgage Association,简称 GNMA)首次发行了以住房抵押贷款为担保的抵押担保证券,开创了将不动产予以证券化的先河。时至今日,美国仍是目前资产证券化交易量最大的一个国家。依据至 2003 年底的资料,美国相关抵押基础债券及资产基础债券(mortgage-related securities and asset-related securities)交易量分别为 51000 亿美元及 17000 亿美元,平均每人每年交易量为 23000 美元,而不动产投资信托(REITS)的交易量为 2300 亿美元。平均每人每年交易量为八百美元。需要说明的是,美国法律上不动产投资信托制度,在司法实践中并不以信托组织为限,也有公司或合伙组织。简而言之,不动产投资的组织形式包含了公司型、信托型与合伙型,证券化的形式包含收益凭证和股票等。

作为亚洲最发达的国家,日本的资产证券化是从金融资产证券化开始的,1980 年代泡沫经济破灭以来,其不动产市场陷于十数年的长期低速,在 1998 年 6 月通过《特定目的的公司资产流动法》允许一般投资人通过特殊目的的公司方式进行不动产金融资产证券化活动,即日本所谓的"资产流动型"制度。其后,再修正《资产流动化法》,引入特殊目的信托制度,与原先特殊目的公司制并行。因此,目前日本对于不动产金融资产证券化的法律组织形式兼采公司制与信托制。至于不动产投资方面,日本近年来通过《证券投资法人及证券投资信托法》,引入"公司型"投资信托制度,与原先日本证券信托投资制度采取"契约型投资信托"制度,二者双轨并行,并开放证券投资信托人及证券投资信托选择投资适当的不动产标的进行专业投资管理,即所谓的"资产管理型"不动产证券化制度。2000 年 5 月再修正"证券投资法人及证券投资信托法"为"投资法人与投资信托法"。演变至今,日本不动产证券化的组织形态兼采公司型及信托型投资架构,导入投资大众资金进入不动产市场。

自从 1970 年美国发行国民政府抵押债券以来,不动产证券化已经成为国际金融领域的主要发展趋势之一,这是因为"有些发达国家希望通过不动产证券化来实现对土地经济价值的充分挖掘,并已进行了许多成功的实践"[①]。不动产证券化发展如此迅猛是与其功能密不可分的,一般而言它主要有以下几个方面的意义。

(一)不动产证券化有助于发起者汇聚资金,转移资产流动性风险

不动产投资与开发需要相当的专业知识和庞大的资金储备,不动产证券化为发起者提供了除传统融资方式以外的一种新的方式。在传统的不动产开发中,一方面社会闲散资金增加,另一方面不动产开发资金短缺,故此银行信贷资金过去一度成为不动产开发的主要资金来源,在不动产产业发展中扮演了非常重要的角色。但银行信贷这种传统的融资方式会从两个方面增加筹资成本:一是受银行和金融制度完善程度的限制,筹资速度较慢,而且信贷资金可能会被中断,推迟或调整;二是它是有偿筹资方式,必须按照贷款合同的条件还本付息,而且遇到贷款利率调整时,专业银行原则上不承担利率高至于不动产资金收益率相同,还必须继续使用信贷资金,使筹资成本相应提高,影响到不动产开发的实际收益。通过不动产证券化,开发商作为证券化发起人可以在不增加企业债务负担的前提下以比较低的成本吸收众多的社会资金,将资产流动性风险转移到众多投资者身上,在及时取得销售收入的同时又改善了自身的资产负债比例结构,提高了资产的收益率。

(二)不动产证券化为中小投资者提供了投资渠道

社会投资大众多以股票、外汇、基金等投资金额较小的金融商品作为主要的投资对象。由于不动产投资数额高,资本回收期长,需要相当的专业知识和庞大的资金储备。一般小投资者进入该领域是非常困难的。推行不动产证券化则为这些公众带来了诸多益处。首先,由于资产信用的确定性和信用增级的保障,给投资者提供了一种高质量、低风险的投资工具;其次,规范的证券信用评级,既减少了投资者分析评估投资对象成本的支出,又有利于对投资对象的风险进行及时的监控;再次,形式多样、品种繁多的资产担保证券既提供给投资者多样化的选择空间,满足了不同的投资需求,又使投资者获得了较高的流动性。综合而言,不动产证券化将不动产投资单位细化,使中小投资者也可以进入在以前只有实力雄厚的财团才可以进入的投资领域。

---

① 关涛、樊静:《不动产证券化的民法原理》,载《中国法学》2002 年第 5 期。

(三)不动产投资有利于提高商业银行资产的流动性,分散和化解金融风险

首先,不动产证券化可以将银行的"死资产"改变为活资产,增强资产的流动性,不动产贷款期限一般较长,流动性差,容易形成呆账风险,推行不动产证券化,可以解决银行房地产贷款期限不对称的矛盾,对不良贷款进行转移、隔离和集中处理,有助于银行对呆账进行调整,从而提高资产的流动性,降低流动性风险;其次,可以改善银行的资产负债结构,改良银行的资产质量;最后,可以提高资本的利用率,有助于商业银行拓展资金来源和增加中间业务收入。

此外,"由于不动产本身具有高价值性和不可移动性,故不动产抵押和开发经营者,承担着沉重的经营风险,将不动产权利拆分并转换为多个股权和小额债权后,原权利人的风险被分散于单个持股人,打破了不动产经营的这一瓶颈"①。

二、我国开展不动产证券化可行性和必要性分析

近年来世界范围内证券化的历史表明,这一发轫于美国的金融技术不仅在美、日等发达国家广泛应用,包括中国在内的广大发展中国家和地区都在积极地运用这种新的融资手段来达到改善金融结构,沟通资本供需双方的经济目的。特别是对我国人多地少的情况来说,有效挖掘不动产的经济价值具有很大的意义。然而,以住房抵押贷款为核心的不动产是否应该开展证券化取决于多方面的因素。这些因素中经济条件是不动产证券化的基础。就经济条件而言,我认为目前我国已经具备了进行不动产抵押贷款的初步条件。

(一)不动产(住房抵押贷款)规模巨大且质量优良

我国目前经济运行状况良好,城镇居民消费的恩格尔系数不断下降,住房消费已经启动,而且随着金融体制改革的不断深化,住房抵押贷款数量不断上升而且质量很高。2004 年底全国个人住房贷款余额为 1.7 万亿,同比增加了

① 田土城:《不动产证券化初探》,载《郑州大学学报(哲学社会科学版)》2004 年第 2 期。

4000亿，而且据权威人士估计，从现在到2050年，随着我国城市化水平的上升，城镇人口将达到9.6亿，按人均住房面积达到36.4平方米计算，每年需新增住房3亿平方米，50年间净增150亿平方米。按现价计算，平均每年需要住房资金6000亿至7000亿元人民币，50年共需住房资金30多万亿元。如果没有一个发达的金融市场的支持，缺乏抵押贷款的证券化，没有任何模式可以为我国住房建设和消费提供如此大规模的长期资金。

而且在我国银行目前的贷款中，住房抵押贷款是坏账率最低、违约率最低的资产之一。以工行北京分行为例，该行发放的26707笔住房贷款中，在2000年12月份时，连续违约13个月的为57户，连续违约46个月的仅有1户。而工商银行广州分行该业务的坏账率低于0.6%，每家商业银行都把它视作优质资产和新的利润增长点，将抵押贷款业务作为重点发展的业务之一。如此大规模的优质信贷资产为证券化提供了有力的信用支撑。

(二)不动产证券化存在巨大的市场

我国房地产市场已经发展为包括房地产开发、住房金融、保险等多方位、功能齐全的市场体系。个人购买商品房的比重逐步上升，为住房贷款抵押的证券化提供了大量的潜在市场参与者，也对住房抵押贷款证券化提出了更加迫切的要求。首先，住房抵押贷款的证券化可使直接融资与间接融资形成互动，最终建立起以直接融资为主的现代金融市场体系，这与当今国际金融证券化的发展趋势也是一致的。其次，住房抵押贷款证券化有利于形成全国统一的金融市场，使资金实现更广阔范围的优化配置。再次，住房抵押贷款证券化有利于繁荣金融市场、培育市场主体，加快我国金融市场与国际接轨的步伐。最后，该品种的证券化也有利于扩大内需，根据世界银行模型和国家计委研究所的测算来推算，每1亿元的住房抵押贷款证券化能带动5亿元以上的国内需求，国家也应该对该业务予以支持。

(三)不动产证券化存在降低金融风险的需求

从商业银行的角度来看，开展证券化有助于其改善负债结构、降低风险，2003年我国的房地产投资超过1万亿元，2004年更是持续增长，房地产信贷在银行信贷的比例由2000年的6%增长到2003年的21%。而在现行的融资体制下，房地产项目的全部流程几乎都离不开银行信贷的支持，有学者统计目前银行系统中与房地产相关的大约有六类贷款：第一类是土地开发贷款，金额大约为2000亿；第二类是对开发商的贷款，金额大约为9200亿；第三类是对建筑施工企业的贷款，估计在2000亿左右；第四类是对个人的住房抵押贷款，金额为1.9万亿；第五类是混入个人消费贷款的装修贷款，估计在数百亿的规模；第六类是政策性住房贷款，大约为2800亿。累计起来，我国银行业对房地产的金融支持大约在3.51万亿。如此大规模的信贷资金如果出现问题，后果不堪设想，从我国银行信贷资产结构特点和发展趋势来分析，在我国商业银行的资产结构中，信贷资产一直都占非常大的比重。发达国家商业银行存贷比一般不超过50%，而我国目前仍在70%以上。其中住房抵押贷款所占份额逐年大幅递增，这种较高的信贷资产占比导致我国银行资产的流动性较低。通过资产证券化将这一巨大资产盘活，对于改善商业银行的经营具有重大的意义，因此，银行出于降低信贷风险的考虑，对大量住房抵押贷款进行证券化的操作也具有强烈的意愿和需求。

(四)不动产证券化存在大量的资金支持

社会大量闲置资金有待最佳资源配置。经过改革开放20年的发展，我国目前资本市场的投资主体不断增强，投资基金、社会保障基金、住房公积金、证券投资基金等陆续进入资本市场并且资金数量日趋增大。2002年我国的保险业保险费达到3053亿元，社会保障基金的收支总量为7300亿元，住房公积金累计为4011亿元，证券投资基金也达到了817亿元。此外，由于储蓄利率的降低，广大居民也正在寻找更好的投资方式。如此庞大的资金闲置显然没有达到资源的市场最佳配置。

三、我国开展不动产证券化的制度构想

不动产证券化作为新的金融工具，涉及金融体系的方方面面，是一种严谨而复杂的金融工具，因此，应根据其特点，作出相应的制度安排，有效解决好各种客观条件的约束，使得其一开始就走向规范化发展的道路，具体来说，包括：

(一)完善法律法规体系以及制定上市流通的准则和细则

不动产证券化要顺利推出，必须健全完善的法律法规体系，对从业者的组织形式、资产的组合、受益的来源和分配等作出严格的规定，以规范其操作。明确审批、监管机构：出于现行的证券化业务的监管主体不太明确，因此可以考虑成立一个综合的监管机构，负责制定相关的政策、法规等管理制度，并负

责指导、监督及实施。因为证券化的流动性还有赖于二级交易市场的建立，在有条件的情况下，最好是能够上市交易，因此有必要制定它的上市标准和细则。包括：证券化标的物本身应具备的条件：不动产投资招股说明书、不动产评估报告和重大信息披露等等。

（二）扩大机构投资者的投资范围

允许包括商业银行、保险公司、养老基金、人寿保险基金等机构投资者购买不动产证券，不仅可以解决其市场约束问题，而且可以为其创造更有利的发展环境。

（三）建立规范的中介机构

中介机构在不动产证券化中起到了灵魂的作用，从证券的发起、验资、募集、上市到债券的设计、承销、审计都有赖于证券公司、会计师事务所、律师事务所、评估机构、信用评级机构等中介机构的运作。我国的中介机构发展时间短、资本实力不够雄厚，又缺乏不动产证券化的运作经验，而国外的中介机构在这些方面可以弥补国内的不足，而且通过合作，一方面提高了不动产证券化产品的国际声誉，有利于发行和融资；另一方面，在合作中有利于国内中介机构学习国外的先进金融技术和管理水平，增强自身的规范性、国际化程度。因此，在初期可以考虑引进国外的相关机构进行合作。

（四）调整利率结构

在适当的条件下实施利率市场化。统一现行会计制度和税收制度，制定与不动产证券化相应的会计处理制度，对表外处理、合并报表和受益、损失的确认等方面的会计处理作出明确的规定。

（五）培育投资者和不动产证券化专业人才

不动产证券化在我国属于新生事物，虽然其有非常多的优点，但是如果投资者不能理解，其就也失去了生命力，因此不动产投资者的培育就非常重要。可以采取以下一些措施：一是以证券市场发展为契机，加强对不动产证券宣传和教育的力度，提高投资者素质，引导其理性地投资。二是制定关于机构投资者投资不动产的管理规范，对投资的范围、深度、方式等作规定，最大限度地发展我国的机构投资者。三是更多地吸引海外投资者，带动国内的投资市场。可以考虑在大型不动产项目开发中面对海外投资者发行不动产证券，一方面可以筹集海外资金，扩大融资渠道；另一方面，可以满足海外投资者投资国内市场，分享收益的需求，且还可以由此引进国外先进的投资、管理经营理念，有助于我国房地产市场和资本市场的规范发展。

参考文献

[1]关涛、樊静:《不动产证券化的民法原理》，载《中国法学》2002年第5期。

[2]田土城:《不动产证券化初探》，载《郑州大学学报(哲学社会科学版)》2004年第2期。

论侵犯环境相邻权的赔偿责任

何肖洁*

摘要:对环境相邻权的保护在我国民法中虽然已有一定的体现,但是,我国现有法律制度对环境相邻权的保护仍存在一些问题,主要集中在损害赔偿责任上。通过对照国外的立法,针对在环境相邻权赔偿制度方面的缺陷,集中探究赔偿责任的权源、学说、运作机制,以期使相邻不动产权利人受到侵犯的环境相邻权获得圆满救济。

关键词:环境相邻权　环境保护　赔偿责任

一、环境相邻权及其民法保护

(一)"绿"化的现代民法相邻权

1."绿"化的相邻权理论

现代社会的技术发展以及城市人口集中化现象使得相邻关系中对于"损害"的认定有了不同,特别是在非财产损害中。人们对物的利用方式和范围不断推陈出新,相邻关系规则随之变化,非财产损害也呈现了多样化的方式,以

* 何肖洁,广东金轮律师事务所律师实习律师。

电波、光、热、噪声等不可量物侵扰为典型。

台湾学者王泽鉴在其《民法物权》第一册《通则・所有权》一书中，介绍了台湾地区关于不动产相邻关系的法律规定，对于邻地损害防免义务的规定，他特别提到，除了传统的工商业活动、建筑、开掘、预防建筑物倾倒等邻地损害防免义务外，台湾地区新增了一条物权法律规定以适应现代社会的发展，即建造建筑物等行为若妨害电信的接收也视为对相邻不动产权利人的损害。[①]

此次台湾地区的物权编修订是为适应社会进步的需要、弥补公益保护和法律规范的不足，因此很大程度上体现出了注重社会法益并以利用为中心的特点，顺应了物权社会化的发展趋势，其中就以增订的“邻地所有人电信接收之改善请求权”为典例。台湾前“最高法院”院长钱国成在归纳物权编修改内容时就使用了“立体的相邻关系”一词加以概括。电信接收阻碍可视为妨害了对物的利用，由此引起的非财产损害者可要求邻地所有人予以改善。

邻地损害防免中的“损害”表现为对邻人人身、财产的安全、生活的舒适的损害或危险。侵犯相邻权行为的认定也不以造成现实的结果为前提，只要构成危险即可。对于由光、热、噪声、烟气等不可量物造成的生活舒适性的降低等损害或人体致害的危险性，可认定为损害，有权请求排除之。这种由扁平化的财产利用保护为中心的相邻关系转化为“立体的相邻关系”保护模式，展现出了极大的环境亲善性，是私法社会化的趋势之一。

2. 法律实践关切环境利益的倾向性

法律实践突显出对环境利益的关切，表现在两个方面：

首先体现在相邻关系规则的发展历程。从罗马法时代到19世纪末这一时期，作为私法的民法的规则完全适应相邻关系调整所需，无须公法介入，其主要内容为相邻不动产之间平面化的利用。19世纪末20世纪初，这一时期的相邻关系规则体现出以公共利益为重的特点，对相邻不动产的利用由平面利用向立体利用转化。后随着区分所有权法（自律法）的发展，现代社会已形成了以公法、私法和自律法共同调整相邻关系的局面。

从平面利用到立体化的调整，从追求财产的最大利用到侧重整个社会的物尽其用，从私法单独调整到公法、私法和自律法共同调整，相邻权规范伴随着相邻权理论的发展，不断适应和调整着变化的社会矛盾。科技的迅猛发展

---

① 王泽鉴：《民法物权——通则・所有权》，中国政法大学出版社2001年版，第217页。

和人口集约化的趋势，使得侵犯相邻权的方式更为多样化，伴随着人们环境意识的提高，现今的相邻关系规则也在发生着变化，其突出表现的一点就是关切环境利益的倾向性。

我国2007年颁布并实施的《物权法》于第二编“所有权”中专列一章规定“相邻关系”。虽然总共只有短短9个条文，但是较于《民法通则》第83条的总括性规定，《物权法》相邻关系制度有了明显的进步。尽管与国外的民法相关条文数相比，我国《物权法》的条文数略少，内容也高度概括，但其9个条文中有2条的内容是与环境权益相关切的：不得妨害通风、采光和日照以及相邻不动产之间的污染防止义务，一定程度上反映了我国物权法“绿”化的趋势。

其次，法律实践对环境利益的关切还表现在容忍义务与环保理念的结合上。

德国学者冯·图尔对容忍义务的解释是：某人有义务不提出某种反对或异议，之所以称为“容忍”，关键在于这种反对或异议是其原本有权提出的，如果本身就不能提出反对，就不能称之为容忍了。

各国民法中常见的容忍限度标准一般为是否具有合理性或有无构成损害，在对此容忍限度进行判断时，还会参考当地通行的习惯。对于如何确定容忍限度，目前有日本学者提出的“忍受限度论”和德国学者提出的“客观标准说”作为主流学说。

概括来看，日本学者的“忍受限度论”以多重因素来实际考量具体案件中的容忍限度，可归结为公益因素、地域因素、加害方因素（如行为目的、过错程度）和受害方因素（是否主动接近侵扰、损害程度等）。而德国学者主张的“客观标准说”则是以普适性为基准，从理性正常人的思维出发，但也不排斥特殊情形下的变通性，如特殊人群的忍受限度与常人的标准有别。

由此可见，现代民法在确定容忍义务的限度时，不再局限于以邻里社会生活的和谐和狭小空间的最大化利用为目的，而是随着技术和经济的进步，结合公法规则，注重公益和私益的统一，以“人”为本，以理性正常人的思维或双方、地域的情势为出发点，制定灵活适宜的容忍限度。这其中，带着强烈公益色彩的环境利益也随着人们环保理念的增强而与容忍限度相融合，私法规则在某种程度上反映了现代社会对环境保护的要求。

（二）环境相邻权的界定

1. 环境相邻权的提出

随着私法规则与环境保护相结合发展趋势的出现，部分民法学者提出了环境相邻权的概念。而这一概念的提出，离不开环境权大讨论以及环境利益作为事实利益得到法律保护的研究背景。

联合国环境大会在1972年通过的《人类环境宣言》中正式确定了环境权的概念。[①] 此后，与之相关的理论研究及学术成果层出不穷，我国也有不少关于环境权的论著，然而这些研究在环境权是否可以成为一项独立的权利、享有权利的主体是谁、其性质如何等问题上无法得出一个较为统一、让人信服的结论，因此还不可能上升为一项独立、确定的法律权利，更无法在实践中的司法裁判中予以说理、引述。在民法领域中，环境权目前仍属于理论上的应然权利。然而，权利的本质表现为利益。虽然环境权无法上升为法律权利，但是这并不妨碍各国对污染和破坏环境的行为进行法律规制，上世纪六七十年代，现代意义的环境法产生，使得环境利益作为一项事实利益，得到了切实的保护。

除环境法外，我国民法相邻关系制度也将环境利益作为一项事实利益予以私法上的保护，并依据环境污染的扩散性、累积性、复合性等特点，突破"相互毗邻"的传统相邻关系规则，在所有权利用最大化的考量之上，兼顾人们对环境清洁、生活舒适、身体健康的要求。这也是世界上大多数国家的做法。

但这不仅不足以体现环境保护的重要性和特殊性，也未突出对环境利益的重视。对此，学者们提出了环境相邻权的概念，下文会述及。

2. 环境相邻权的定义

环境相邻权的概念，多见于环境法研究学者的著作中，而在物权法研究领域，多肯认相邻关系对环境保护的意义，而未使用"环境相邻权"这一称谓。

在物权法研究领域，主要有两种观点：一是将其视为邻地损害防免责任中应避免的一种损害或损害之虞。比较有代表性的是史尚宽先生在其《物权法》[②]一书中，于论述"土地相邻关系"中的"邻地损害之防免"时，提出了不可量物及其类似物之侵入、液体固体之侵入、邻地地基动摇或危险及工作物损害之防免、工作物危险之预防请求。在这之后，我国的相邻关系研究成果对其有所超越，但依旧以这一论述为基础。二是将不可量物侵害和日照妨害等问题归至类型化的相邻关系中。如陈华彬在其《物权法》[③]一书论述"相邻关系"时分为"土地相邻关系"和"建筑物相邻关系"两部分重点论述，就把日照妨害和

---

① 韩磊：《环境相邻权研究》，黑龙江大学2014年博士论文。

② 史尚宽：《物权法论》，中国政法大学出版社2000年版，第87～117页。

③ 陈华彬：《物权法》，法律出版社2004年版，第304～312页。

不可量物侵害问题归置于“建筑物相邻关系”中讨论。崔建远教授所著之《物权:规范与学说——以中国物权法的解释论为中心》[①]中,在分析相邻关系的类型时,把通风采光日照的相邻关系、不可量物侵入的相邻关系与相邻通行关系、相邻不动产损害之避免等并列,组成相邻关系类型化的内容。

上述观点虽并未使用“环境相邻权”的概念,但论及了不可量物侵害、日照采光通风妨害等环境相邻权的问题。许多物权法研究领域的著作是在对相邻关系规则的研究中,承认私法相邻法在环境保护问题上的意义。

在环境私法的研究领域,有不少学者提出了环境相邻权为一种新型民事权利的观点。代表学者为吕忠梅。吕忠梅教授曾就“环境保护相邻权”有专门的论述,认为环境保护相邻权可作为一项独立的权利并定义了环境保护相邻权,指出该权利的特点有:相邻范围进一步扩大、权利内容相对广泛、权利客体具有生态性、权利利益的多元性、权利具有复合性等。[②] 王清军则使用“环境相邻权”的称谓,并将其定性为:“环境相邻权是一项财产权利和人格权利相结合的复合性权利、是公法私法和习惯共同调整的复合性权利。”[③]焦富民赞同吕忠梅教授的观点,使用了“环境保护相邻权”的概念,认为“环境保护相邻权概念既着眼于环境权的保护,又具有相邻关系权利与义务相结合的特点,是现代社会相邻关系与环境保护相融合而形成的一种新型权利”[④]。同时研究了德国的不可量物排放制度、法国的“近邻侵扰”和英美的“私人侵扰”制度,指出对“侵害”科学界定的重要性以及相邻方应有补偿请求权的完善建议。此外,在吕忠梅教授的“环境保护相邻权”定义的基础上,还有“环境相邻权”“相邻环境侵权”的类似权利指称。

笔者认为,私法相邻法虽具有保护环境的功能,但侧重点应是保护私人的环境利益,而且传统的相邻权理论不能完全涵盖相邻不动产权利人所享有的环境利益,因此,使用“环境相邻权”的称谓更妥。笔者以为,环境相邻权是基于环境保护的要求,为衡平不动产利用行为引起的相邻不动产权利人之间有

---

① 崔建远:《物权:规范与学说——以中国物权法的解释论为中心》,清华大学出版社2011年版,第443～456页。

② 吕忠梅:《关于物权法的“绿色”思考》,载《中国法学》2000年第5期。

③ 王清军:《环境相邻权的法理学分析》,载《适应市场机制的环境法制建设问题研究——2002年中国环境资源法学研讨会论文集》。

④ 焦富民:《环境保护相邻权制度之体系解释与司法适用》,载《法学》2013年第11期。

关财产利益、人身利益以及环境利益的冲突，而由法律规定的相邻不动产权利人之间权利义务关系的总称，是环境权益投射于相邻权而产生的一项复合性权利(严格来说它是一种私权，但也隐含着环保法等一些公法内容，本文是从私权的角度出发进行的规范分析)。同时，虽囿于物权法定的原则，不可随意由当事人意定创设，但环境相邻权的提出不在于创设一项新的物权种类，而是在学理讨论中，对于隐含了私人环境权益、社会公共利益以及环境保护要求的这类相邻权的总称。由此在环境相邻权概念的前提下，研究与其相适宜的赔偿责任，为环境相邻权的保护制度提供理论基础。

(三)环境相邻权的民法保护

1. 环境相邻权的二元保护格局

随着一系列环境公害事件的发生以及人们环境保护意识的提高，环境相邻权也由仅依赖于私法保护的一元格局发展成公法相邻法和私法相邻法共同保护的二元格局。由于公法和私法保护的范式并不相同，一为预防型的保护，一为抑制型的保护，因此，一项权利获得完满的保护离不开公法和私法的共同调整，环境相邻权亦同。

传统的相邻关系规则一般由私法调整，公法相邻法是伴随着 19 世纪末工业革命引起的工业发展、城市化进程而出现的。这些诸如建筑标准法、环境保护法等具有公法性质的相邻关系规则，弥补了私法相邻法保护的不足，从社会的整体规划和科学配置来解决私法规范所无法解决的环境保护问题。因为环境利益的保护具有一定的公益性，而且环境破坏的不可逆性决定了最有效的环境保护方式就是提前预防，所以公法相邻法的预防型保护作用不容小觑。此外，环境相邻权的公法保护为属人型的保护，较之要求不动产相毗邻的私法保护来说，既是一种补充又是一种扩张。

相邻关系本来就是为解决了私法上的冲突而由法律规定的相邻不动产权利人之间的权利义务关系，一般通过私法调整。在工业革命之前，相邻不动产权利人之间的权利冲突通过私法就可以得到充分的调整，无须公法的介入。而从另一个层面来说，相邻权纠纷的本质就是权利边界的问题，民法作为权利法，自然有着天然的适配性。当环境相邻权受到侵害时，私法相邻法规定了排除妨害请求权与损害赔偿责任予以受害人充分救济。由于物权的保护方式较之行政规范等公法相邻法有着维权方式简单、救济及时、成本低廉的特点，因此在实践中，是最基本、最常见的环境相邻权保护方式。

2. 运用民法机制保护环境相邻权

环境相邻权保护的二元格局，并不意味着公法相邻法和私法相邻法在保护环境相邻权的实践中不会产生冲突，为解决这一冲突，有私法优位说、公法优位说以及双轨制的理论观点。然而不管采哪种观点，就历史的发展历程来看，环境相邻权的私法保护是最基础也是最传统的保护方式。在一般观念里，提到相邻权的保护首先想到的就是私法相邻法，而相邻权概念的产生也来源于私人之间的权利冲突。可见，环境相邻权本质上作为一种私权，最根本的还是仰赖于私法的保护。

作者认为，公法相邻法是属人型的保护，解决的是建筑主与私人间的权利冲突，从某种层面上来说，也属于私法上的冲突。环境相邻权的概念虽涵盖了一定的公益性，但突出强调的却是不动产权利人的环境私益，正是通过环境相邻权的保护来避免“共有物的悲剧”。因此，在环境相邻权保护的研究中，如何运用民法机制保护环境相邻权才是根本所在，也是本文写作的基调。

二、环境相邻权保护中的赔偿责任

（一）环境相邻权保护制度的比较和考察

1. 我国保护环境相邻权的法律制度

现代相邻关系规则承载着一定的环境保护功能，对此，我国在立法上也予以确认。与环境相邻权相关的《中华人民共和国物权法》第 89 条①和第 90 条②分别规定了不动产相邻权利人不得妨害通风、采光、日照和环境污染防治的义务。

与传统的相邻关系规则相比，《物权法》第 89 条和第 90 条的规定已经超越了传统相邻关系的范围与界限，突破了“相互毗邻”的限制，在兼顾物的利用最大化的同时，更多地照顾了环境便宜的需求，结合社会的环境保护客观要求，确立了我国对环境相邻权的私法保护制度；但这两条规则在法律适用中仍有不少问题，这也成了学者批评的重点。

---

① 《中华人民共和国物权法》第 89 条：建造建筑物，不得违反国家有关工程建设标准，妨碍相邻建筑物的通风、采光和日照。

② 《中华人民共和国物权法》第 90 条：不动产权利人不得违反国家规定弃置固体废物，排放大气污染物、水污染物、噪声、光、电磁波辐射等有害物质。

主要的论点如下：一是从法律规定的内容来看存在缺失，第89条涉及的是相邻不动产权利人之间环境的消极性妨害（如通风、采光等），第90条对应的是不可量物的积极性妨害，并没有涉及环境相邻权的观念性妨害（如丑陋建筑损害美感）。且第89条只规定了"建造建筑物"这一种妨碍通风、采光、日照的情况，而对于树木、造景、广告牌、防盗网等其他可能导致消极性妨害的情况未作规定。

二是《物权法》作为确权的法律规范，虽事实上确立了不动产权利人的环境相邻权，但在表述上使用的是"不得违反"的模式，而根据物权法定原则很难显现出对环境利益的法律肯认。且因未使用"有权禁止"或"有权请求"的行为模式，所以在实践中难以裁判法律责任，相邻权受害人也无法将其作为提起救济请求权的参考，需要转换成裁判规范才便于法律的适用。

三是使用"国家规定"作为侵害的标准，没有开放、科学的侵扰标准。"国家规定"产生的是公法责任，不能当然地作为私法行为标准问题。

四是"零或全部"的思维模式和侵害排除规定无法满足环境相邻权的保护需求。传统的相邻关系规则是典型的物权调整方法，要么排除侵扰，要么完全忍受这种侵扰，并未规定赔偿金这一中间救济机制，在以"国家规定"作为责任边界的前提下，更是无法实现双方当事人利益的平衡，具有很大的局限性。

从我国整体的环境立法氛围来看，不论是环境保护的公法规则还是环境保护的私法责任，都过于强调公民保护环境的义务，私法规则也采用"不得违反"的公法表述方式，而非"有权禁止之"的权利法表述方式。因此，在环境相邻权的私法保护上，仍存在与环境保护的诉求不符、难以操作的法律规则也不足为奇。

2. 域外保护环境相邻权的法律制度

在环境相邻权保护上，英美法系国家以侵扰制度为代表，但因大陆法系的相邻关系规则较之不存在物权概念的英美法系的侵扰制度对我国环境相邻权的保护制度构建更具参考性，所以下文只对大陆法系国家的相邻关系规则进行分析。

(1)德国的不可量物侵害制度

德国相邻关系规则，主要以不可量物妨害制度为中心。德国针对公法相邻关系和民法相邻关系分别作了区分规定，主要由《联邦公害防治法》第 14 条[①]与《民法典》第 906 条[②]规定构成。

依照第 906 条对不可量物侵害防免的规定，是否造成“重大”侵害对当事人的权利义务影响甚大：不可量物侵害未造成“重大”的妨害时，受害人有绝对的容忍义务，并不得要求金钱补偿（德国法不区分补偿、损害赔偿，法律中交叉用之）；一旦不可量物排放行为被认定为对受害人造成了重大侵害，受害人可请求排除侵害，并可请求赔偿其所受损失。可见，“重大侵害”概念的判断标准是立法的重点所在。第 906 条的规定将公法所制定的极限值和标准值引入，不仅使得不可量物妨害“重大性”这一不确定性概念得以客观化和具体化，而且实现了公法与私法的判断标准的统一，有效避免了公法与私法的冲突。

然而，公法上的极限值或标准值并不是唯一并且确定的标准，在实际的案件审理中，并不是每一个遵循标准数值的不可量物侵入都未造成重大损害，也不是超过了标准数值就一定会受有严重的侵害，“于是，德国联邦最高法院在判决中提出了把‘理性的一般人’作为一个侵入是否构成民法典第 906 条意义上的重大性的标准，考量的两个主要因素为：评价和与场景关联的衡量”[③]。

虽然不可量物侵入的“重大”与否影响了当事人的权利义务，但是在“重大”损害下，当事人的请求权仍然受到限制。金启洲先生就详细分析和总结了这些对排除妨害请求权的限制，主要为：一是按照当地通常性的使用或是加害人的行为在经济上无期待可能性的情形；二是对于取得公法上许可的加害人，

---

① 德国《公害防治法》第 14 条规定：“未有特别私法权源，不得基于来自邻地之妨害性影响之理由，对于取得确定许可之营业设备，请求营运停止，而仅得请求设置除去妨害之除害设备。但其设置，于技术水准无实施可能，或经济上具有困难者，则仅得请求损害赔偿。”

② 德国《民法典》第 906 条规定：“(1)土地所有人不得禁止煤气、蒸气、臭气、烟气、煤烟子、热、噪音、震动以及从另一块土地发出的类似干涉的侵入，但以该干涉不妨害或仅不显著地妨害其土地的使用为限。在通常情况下，法律或法令所确定的极限值或标准值不被依这些规定算出和评价的干涉所超出的，即为存在不显著的妨害。依《联邦公害防止法》第 48 条颁布并反映技术水平的一般行政规定中的数值，亦同。(2)在重大妨害由另一块土地的当地通常的使用引起，且不能被在经济上可合理地期待于这类使用人的措施所阻止的限度内，亦同。土地所有人须据此而容忍某一干涉的，如该干涉超过可合理地期待的限度而侵害其土地的当地通常的使用或它的收益，则土地所有人可以向另一块土地的使用人请求适当的金钱补偿。(3)不准许以特别管道进行侵入。”

③ 金启洲：《民法相邻关系制度》，法律出版社 2009 年版，第 100～102 页。

适用公法相邻法的要求，仅能要求改善设施、加装防治设备；三是公法上的主权行为或对当地居民生活有重大影响的企业，也不得向其请求营业禁止；四是排除妨害的花费过于高昂，反而使加害人受有损失的情形。[①]

同时为了不显失公平，针对因法律强制而必须容忍不可量物侵害的相邻权人，德国法基于私法上的特别牺牲补偿请求权精神（下文详述）规定了“相邻法上的补偿请求权”，以债权责任替代排除侵害请求权。

（2）法国的近邻妨害制度

法国民法典有关相邻权的内容是以役权制度来构造的（规定在“法定地役权”中），但民法典的役权制度只能解决传统相邻关系中的通行、排水等相邻关系问题，无法协调现代社会中的相邻环境侵权冲突，于是近邻妨害制度作为一种侵权行为责任制度而被完整创设了出来，即糅合了物权请求权而创设的“新”的侵权责任。此外，还采用了“新”的侵权行为认定标准，即邻人的通常容忍义务。对于在通常应该忍受限度内的妨害，邻人有义务容忍之；超出通常邻人忍受限度的妨害，即认定为近邻妨害，承担侵权责任，加害人的预见可能性和积极预防行为也不能免责。

在近邻妨害责任的承担形式上，将损害赔偿与营业禁止区分开来，以金钱赔偿为中心，在例外情形下限制排除妨害请求权的适用，主要的限制因素有：公法的行政许可行为，生存利益或公共利益的维护，加害者的侵害过程，利益衡平原则的适用。“其中，金钱赔偿实行全部赔偿原则，既包括财产损害，也包括精神损害；既可要求赔偿现实损害，亦可要求对将来损害的赔偿。排除妨害包括全面排除妨害与部分的排除妨害（如对工场的营业活动在一定时间内予以禁止）。”[②]除金钱赔偿与营业禁止之外，法国还存在着命令加害者改善营业设施的中间救济形式，但其不属于部分排除妨害的行为，而是将其视作“原状恢复”的一种形式来构成。

与德国不同的是，法国的近邻妨害制度是包含观念妨害（如娼家之营业）和消极性妨害（如通风、采光）的。近邻妨害责任因独立于民法制度之外，所以其构成并不要求不动产以“毗邻”为限，“凡妨害所能侵入的空间都包括在内”。在实践中，近邻妨害纠纷往往与不动产紧密相连，所以法国的近邻妨害制度常与德国的不可量物妨害制度相比较。

---

① 金启洲：《民法相邻关系制度》，法律出版社 2009 年版，第 19 页。

② 金启洲：《民法相邻关系制度》，法律出版社 2009 年版，第 140 页。

(二)赔偿责任是保护环境相邻权的重要补充

从上文观之,德国的不可量物侵害制度与法国的近邻妨害制度从法律沿袭到制度环境再到责任认定标准,似有很多不同:前者通过所有权的排除妨害理论来保护环境相邻权,后者则通过设立“新”的侵权责任机制来解决近邻妨害;但经仔细对比后会发现德、法两国在环境相邻权保护制度的内容上有着高度的一致性,主要表现在:

首先,在认定责任时,都以正常人的容忍限度作为判断标准。德国的不可量物侵害责任构成要求满足“重大性”这一要件,而重大与否是通过理性一般人的标准来判断的。法国的近邻妨害制度则规定了“通常的”近邻间容忍义务,只有超出一般人通常的容忍限度才成立侵权责任。

其次,基于情势的考量和利益衡平的目的,都对排除妨害请求权作了诸多的限制,共同的限制因素有:(1)获有行政许可的企业或场地;(2)营业禁止会对民众生活或公共利益有重大影响的企业或场地;(3)排除妨害所需的费用大大超过妨害所产生的利益时。

再次,德、法在对妨害排除请求权予以限制的同时,都对其设立了替代性的救济形式,即损害赔偿请求权。虽然二者的请求权理论基础不同:德国采强制牺牲说,法国视为近邻妨害的侵权责任;但是以债权请求权作为物权请求权的替代这一救济途径却是求同存异的。

综观上文,物权请求权虽然作为第一性救济手段能最大限度地保护所有权的完满,但是在环境相邻权的保护上,因为现代社会的相邻权规范的目的不仅仅在于追求物的最大化利用,还作为利益冲突法在私法社会化的背景下体现出一定的环境保护要求,所以以回复所有权圆满的物权请求权为主的保护手段在实践中会过于僵化,额外增加企业活动的外部不经济性,也无法调和复杂的不可量物侵入问题,这是我国《物权法》对环境相邻权的保护困境。

三、侵犯环境相邻权之赔偿责任的理论基础

(一)平衡正义理念下赔偿的正当性

1. 赔偿责任的理论沿袭隐含着平衡正义理念

各国在制订以协调相邻各方利益冲突为目的的相邻关系规则时,通常会

设立带有补偿性质(与惩罚性相对)的赔偿金条款,以期实现相邻不动产所有权人因物权请求权被限制而引起的损害之填补。这其中,以德国的理论最具代表性和借鉴性,将重点论述之。

德国的相邻关系规则是建立在"所有权限制"的理论基础上的,"其理论发展轨迹经历了'情势限制理论'——'相邻共同体关系'理论——'私法的强制牺牲理论'——'损害补偿金'制度理论的几个过程。"①

情势限制理论脱胎于"所有权承担义务"的精神。"情势"在相邻关系规则中表现为"场所的惯常性",因不动产与其"情势"(如位置、地理环境、风景、自然等)息息相关,由此产生了利用不动产时应顾及情势的社会性义务。但仅以场所的惯常性作为判断标准可能会使受害人负有过多的容忍义务,特别是随着大规模工业活动的出现,基于场所惯常性来认定妨害使得受害人可能在蒙受重大损害的同时却无法取得损害赔偿请求权,于是德国学者又提出了相邻共同体关系理论。这一理论的核心在于将相邻不动产所有权人视为紧密联系的共同体,共同负有相互的法律义务,即加害人在期待可能性的限度内应采取一定的侵害预防措施,当加害人负有损害赔偿义务时,受害人应将赔偿金用于防止侵害的措施上。即使如此,加害人造成的妨害仍然是重大的,则受害人不再负有容忍义务。

然而,上述理论并不能解决现代社会不可量物妨害的复杂问题,特别是在大工厂和居民之间并无地位的可换性。但工业活动对社会经济发展的推动作用也不容小觑,必须予以合理的容忍。为了以更灵活、更符合实际需要的保护手段保护环境相邻权,德国法基于私法的"强制牺牲"理论规定了"相邻法上的补偿请求权",理由在于法律规定限制了一方当事人的不动产所有权或利用权,视为付出了私法上的"牺牲",称之为"强制牺牲",亦即"特别牺牲",因此法律规定其可向相邻关系的另一方当事人请求补偿。

从上述的理论沿袭来看,不论采何种理论,平衡与正义理念始终贯穿其中。正义是以"所有权限制"为基础的相邻关系规则的最高追求,然而,在划分权利界限、确立侵权责任大小时却是以平衡理念为指导的。

2. 平衡正义理念下的损害填补

现代社会是一个风险社会,科技的发展和紧密联系的相邻环境更加大了环境侵害的风险。伴随风险而来的是经济的快速增长,为此相邻权规范将其

---

① 陈洪:《不动产物权冲突研究》,载《私法》2002 年第 1 期。

视为社会发展必须容忍的风险，但这并不意味着受有损害的被害人无法获得救济，这也是德国相邻关系规则设立补偿请求权的原理所在。就环境相邻权的保护而言，赔偿责任成为相邻各方利益冲突协调手段的最好归结，“其核心价值是法律的公平、正义的实现以及安全、效率观念的维持，并以民法的‘禁止权利滥用’和‘利益衡量’原则为指导”[①]。

为了协调这两者的矛盾以实现平衡正义，各国的通常做法是提高排除妨害请求权适用的条件，同时设立较低门槛的损害赔偿责任。其设计路径有两种：一种是不区分排除妨害责任与损害赔偿责任，两者融合为特殊的相邻关系责任。如法国的近邻妨害制度是将侵害排除责任融入以损害赔偿为主的侵权责任中，例外情形下适用排除妨害责任。而瑞士民法则规定只要有客观的加害事实就成立排除妨害责任和损害赔偿责任，即属于危险责任。另一种设计则区分侵害排除责任与损害赔偿责任。如德国法偏重于侵害排除的救济方法，以公法极限数值为参考，超过者视为重大侵扰可请求排除妨害，同时将法律规定对侵害排除请求权的限制视为“强制牺牲”，因而产生特别的损害赔偿责任。台湾地区的“民法”则规定侵害排除责任以客观的妨害事实为构成要件，损害赔偿责任以未尽到相当的邻地损害防免之注意义务为要件。

上述的设计路径，体现了各国对于环境相邻权保护的态度和价值观念的差异，但无一例外地设立了与传统相邻关系规则有别的损害填补规则，并且都呈现出赔偿责任认定标准客观化的特点。这背后依然离不开平衡正义理念的支撑。

与之相比，我国《物权法》第 89 条的法律规定和第 90 条的法律规定就只强调了损害填补的正义性，而忽略了损害填补的平衡性问题，不能不说是一种遗憾。如何在各种利益冲突之间取得平衡正义是损害填补规则的难点所在。我国现有的法律规定针对纷繁复杂的环境相邻权纠纷，以“不得违反”的表述方式仅简单地归置了一种损害填补的情形，难以实现平衡正义理念下的损害填补，有改善的必要。

（二）通过债之给付弥补物权调整方法的局限性

1. 物权调整方法在环境相邻权保护中的不足

从最初只有《民法通则》的一个条文予以原则性规定，到《物权法》专章共

① 吕忠梅：《论环境物权》，载《人大法律评论》2001 年第 1 期。

9 条的法律规定，我国的相邻关系规则在逐渐地发展与完善。然而，现有的相邻关系制度受以物权调整方法为中心的范式所限，仍未满足环境相邻权保护的特殊性要求。

环境相邻权是一项复合性的权利，其不仅仅具有财产权的属性，而且还具有人格权的属性。现代相邻关系规则不能仅追求物的最大化利用，还应对人们在相邻环境中的人格利益、环境利益予以保护。

然而，绝对权请求权的保护方式并不能完全解决复杂的环境相邻权纠纷，理由在于：一是环境利益作为事实利益，只能通过法律的具体规定予以肯认保护，借由人格权的“权利外衣”展现出来，使得环境相邻权的权利构成复杂，冲突利益的数量更多，也更需要特殊的保护方式。二是在环境相邻权案件中，常见的行为模式是通过生活环境中的某种介质来侵害相邻不动产权利人的权益，但这种侵害有着复杂的原因机理和化学反应，受多种因素的影响，也有着程度不一的致害性和危险性，难以在范式化的法律规则中准确反映，需要更具调和性的保护方式，仅仅依靠僵硬的物权保护手段是不够的。

且环境相邻权纠纷中交织着财产利益、人身利益、环境利益和公共利益之间的各种冲突，这些利益在法律上并无优先适用顺序，只能在具体的案件中通过利益衡量作出法律选择。而相邻关系规则作为利益衡平法，自然而然地在环境相邻权保护中具有融洽性。

2. 以债之给付实现更具调和性的保护制度

“物权调整方法功能有限，有时不免有失公允，权利义务失衡，则赋予受害方以债权，以债之给付填补其损失而达到利益平均目的，不失为一好途径。”①

如前所述，我国对环境相邻权的保护使用了“全输或全赢”的责任认定方式，这种“是与非”的物权调整方法在环境相邻权纠纷中具有很大的局限性。为消除物权保护方式的僵化与局限性，更具调和性的债权责任是最佳补充，通过金钱赔偿之损害填补而使环境相邻权中激烈的财产利益、人身利益、环境利益间的冲突获得“利益平均”。可见，扩大损害赔偿责任是保护环境相邻权的需要。

由于通过债之给付来弥补物权调整方法的局限性，即在特殊情形下限制环境相邻权利人排除妨害请求权的适用，并赋予其替代性的损害赔偿责任，此时，受害人获得赔偿的理由有二：一是对其所受损害的填补，二是对其扩张的

---

① 张鹏：《相邻关系的民法调整》，载《法学研究》2000 年第 2 期。

容忍义务予以一定的补偿。在环境相邻权纠纷中,多表现为在不动产内享有的洁净、舒适、安康的生活环境受到不利影响,具体表现为一种身体上的不适或精神上的不适。这些不适或不快是无法通过金钱的给付得以完全受偿的,甚至难以用数值来衡量,因此,排除妨害应当是首要的、最佳的保护手段。这就意味着,通过债之给付来弥补物权调整方法的局限性仅能在有限的法律规定的情形下适用,并且需要结合法官的情势判断。

常见的限制排除妨害请求权的情形有:(1)获有行政许可的企业或场地;(2)营业禁止会对民众生活或公共利益有重大影响的企业或场地;(3)排除妨害所需的费用大大超过妨害所产生的利益时。只有在这些一味适用排除妨害责任既容易造成相邻双方权利义务失衡,又不是社会效果最佳的利益冲突解决办法时,才可以通过债之给付实现更具调和性的保护制度,设立替代性赔偿的中间救济方式。

通常这一替代性赔偿的设计路径有两种:一种是奉行严格法主义的德国的做法,即在相邻关系规则中对限制排除妨害请求权的情形作出明确的规定,赋予法官有限的自由裁量权;一种是日本所采的、与利益衡量紧密相关的"忍受限度论",将忍受限度作为侵权行为认定的唯一要件,由于侵权行为的成立全赖于法官在法律上的价值判断,因此有人称之为"赤裸裸的利益衡量"。虽然日本的"忍受限度论"赋予了法官更多的自由裁量权,满足了纷繁复杂的环境相邻权纠纷的不同救济需求,在环境相邻权的保护上有着极大的调和性;但是其有着仰赖于高素质、多经验以及深厚理论素养的法官队伍的缺陷,也无法保证投资的稳定性,因此,结合我国的实践,我国侵害环境相邻权的赔偿规则宜借鉴德国的做法,在有限的情形下,设立替代性赔偿责任,以实现更具调和性的保护制度。

四、侵犯环境相邻权赔偿责任的规范设计

(一)侵犯环境相邻权赔偿责任的构成

1. 现有制度下对赔偿责任的总体设想

总体设想即在利益衡平的思路下,以"限制有害利用"和"容忍轻微损害"为规制中心,设立更具调和性的中间救济制度,即涵括替代性赔偿的侵犯环境相邻权赔偿责任,从而使法院在判决时可以更为灵活地在法律框架内处理纷

繁复杂的环境相邻权纠纷。

具言之，首先，应赋予我国法官有限的自由裁量权，并将我国《物权法》第84条规定的“十六字方针”作为法官在处理环境相邻权纠纷时的利益衡量指导原则，在此原则下行使有限的自由裁量权判断适宜的纠纷解决方案，即何时适用完全的排除妨害责任承担方式、何时采取部分排除侵害和替代性赔偿的中间救济方式。

其次，通过司法解释，形成具体的裁判规范，并明确中间救济方式的适用情形。由于我国《物权法》第89条和第90条已经以“不得违反”的模式规定了相邻不动产权利人之间的通风、采光、日照权以及环境污染防治义务，但无具体的裁判规则，因此建议借鉴同样奉行严格规则主义的德国法，以司法解释的方式具体规定哪几种情形下可以适用部分排除侵害和替代性赔偿的中间救济方式。笔者认为，法官在以下三种情形下自由裁量并裁决适用损害赔偿责任以衡平当事人之间的利益：一是权利人对不动产的利用未违反国家规定，但受害人证明确系异乎寻常并受有重大损害时；二是受情势所限，完全排除妨害会对当地的公众生活有重大影响时；三是若致害人排除妨害所需花费大大超出妨害所获利益时，可以通过损害赔偿的方式帮助受害人加装防护措施或要求致害人改善设备（如有技术上可能）。

再次，侵害环境相邻权的损害赔偿责任是以“重大侵扰”为前提而引起的，其外观表现为对邻人财产权、人格权造成了损害。为将“重大性”这一模糊的概念具体化、标准化，我国《物权法》引入了“国家规定”作为容忍义务的限度，但不能将其理解为唯一的硬性标准。

2. 赔偿责任的具体构成

为准确认定侵犯环境相邻权的赔偿责任，需适用侵权行为的构成要件来逐一分析。理由在于：环境相邻权纠纷中的侵害行为是违反了相邻关系义务并对他人的财产权、人格权造成了损害，而侵权行为是故意或过失地侵害他人的财产权、人格权并造成损害的违法行为，二者都有违反法定义务与造成损害的行为模式；侵权行为法是一部损害赔偿法，实践中，环境相邻权纠纷虽适用相邻关系规则处理，但在金钱赔偿的认定上并没有具体的规定，往往需借助侵权行为的赔偿责任构成要件来判断。一般的侵权责任需满足违法行为、损害事实、因果关系和主观过错四个要件。笔者以为，法官在确定侵犯环境相邻权赔偿责任时，应着重“行为”和“损害”的客观要件，主要有：

（1）违反相邻关系义务的行为。一般侵权责任的构成要件要求行为具有违法性，在环境相邻权纠纷中，侵害行为同样违反了法律规定的相邻关系义务，具有违法性。《物权法》设定了环境相邻权利人的通常容忍义务，以建筑物法规、国家规定的极限值或标准值作为参考，在其限度内的不动产利用行为都视为符合时间和场所的惯行性，一般只有“异乎寻常”地利用不动产才会产生赔偿责任。这是因为，“邻居相互干扰，本属琐碎小事，然亦可为大事；小事非赔偿客体，大事则为赔偿客体。由此延伸：微额不利益虽不失为不利益之特性但如并无不正常之情事，应非赔偿之客体”①。

然而，违法性要件在环境相邻权赔偿规则中并非绝对的适用，例外情形下仍可成立损害赔偿责任：排除妨害请求权受限时产生替代性赔偿，虽未违反国家规定但确实对邻人造成重大损害时的衡平性赔偿。因此，侵犯环境相邻权赔偿责任的构成要件实质上已客观化、结果化，损害事实是判断损害赔偿责任的中心所在。

(2)邻人受侵犯环境相邻权行为的妨害必须重大。一般侵权责任的损害事实构成要件强调的其实不是损害事实而是损害结果，这是因为作为一部损害赔偿法，侵权行为法关注的重点在于如何对侵权行为造成的损害进行赔偿。而损害结果不仅会引起侵权责任，而且还是判断赔偿数额、赔偿范围的重要依据。

但以物权规则对环境相邻权进行保护，并不要求损害结果，构成“重大妨害”即可。在此基础上产生的损害赔偿请求权自然与重视损害结果的侵权赔偿责任不同。

在环境相邻权规则中，受害人证明加害人的活动大大降低了其原有居住环境的舒适洁净度或有可预见的危害人身利益的风险时，都应视为重大妨害，而不应以结果为中心，否则就失去了环境保护的预防意义。同时，“重大”的认定除了参照公法上的极限值或标准值外，还需法官借助于利益衡量的指导性原则予以裁断。

(3)侵犯环境相邻权行为与重大妨害之间具有因果关系。对因果关系构成要件的判断在环境相邻权赔偿责任中表现为对“相邻”这一个概念的判断。环境相邻权规范虽突破了传统相邻关系对于“毗邻”的限制条件，但也不能无限予以扩张，否则就无法称之为“相邻关系”了。受环境污染扩散性、间接性特点所限，不可量物妨害对极大范围内的不动产权利人都会产生一定的消极影响，同时，不可量物妨害还表现出随着距离的增大而危险性、致害可能性逐渐

① 曾世雄：《损害赔偿法原理》，中国政法大学出版社2001年版，第54页。

减弱的规律。因此，在认定何种范围内的因果关系可视为侵害行为带来的损害并由相邻规则予以救济时，是以造成了重大妨害这一客观标准作为判断的，损害的重大性反映着因果关系的密切性、相关性。可见，因果关系的判断也借由重大妨害的标准而客观化了。

(4)对环境相邻权的侵害非经由特殊管道产生。相邻关系规则是物权规则，与侵权行为法不同，其并不要求主观过错要件，只要求对物造成了妨害即可，这也是说绝对权请求权的行使较为简便的原因所在。然而，环境相邻权规范不对行为人主观上的过错进行要求，但若妨害是经过特殊管道而产生的，则排除损害赔偿责任的适用，受害人可径直请求排除妨害。原因在于，经由特殊管道产生的妨害不是对物的通常利用，且特殊管道的设置行为虽不一定具有损害他人利益的恶意，但一定有放任损害结果发生的故意。因此，规定了更为严厉的民事责任，排除损害赔偿责任的适用。

综上可知，侵犯环境相邻权的赔偿责任认定并不考虑主观恶性，而是使用客观标准归责的判断方法，因此，行为与损害事实是赔偿责任构成要件的关键，违反国家规定的“异常”利用不动产行为只能作为排除妨害责任构成的认定，在判断侵犯环境相邻权赔偿责任时仍以损害要件为中心。

(二)赔偿责任适用情形的分析

在环境侵害的损害赔偿中，“不应当只局限于财产利益的损失，还应当包括非财产利益的损失”[①]。我国可以应借鉴法国的实践，金钱赔偿实行全部赔偿原则，不单单赔偿财产损害和现实的损害，也赔偿精神损害和将来发生的损害。

目前，我国民法对景色观瞻权的精神损害并未作出规定，原因在于美学价值的降低、精神的痛苦都十分个性化，无法作出统一的的衡量标准。因此，景色观瞻的权利是通过环境相邻权规范中的通风、采光、日照妨害来间接保护的。即使如此，也不能因噎废食，侵犯环境相邻权的赔偿责任必须实行全部赔偿的原则，以达到利益衡平、精神抚慰的目的。

鉴于我国相邻关系规则对环境相邻权只规定了两个义务：通风、采光、日照妨害禁止义务和相邻环境污染防治义务，前者属于消极性妨害，后者涉及不

---

① 罗典荣等:《略论环境保护法律制度中的损害赔偿责任》，载《法学研究》1986 年第 2 期，转引自陈泉生:《论环境权的救济》，载《法学评论》1999 年第 2 期。

可量物妨害，因此下文将针对这两类侵害行为何时会产生赔偿责任作出具体的分析：

1. 消极性妨害的损害赔偿责任于排除妨害请求权受限之时产生。通风、采光、日照等消极性妨害主要是对人的基本居住条件产生不利影响，且这种不利影响难以用数值计算，因此其以排除妨害的保护方式为主。在例外情形下，即在其排除妨害请求权受限时，产生替代性损害赔偿责任，责任的大小由法官依据上文的责任影响因素作出判断。

但需要区分两种情况：一是该消极性妨害的状况可通过加装设施得以改善时，金钱赔偿的数额应以设施的加装费、维护费为主，并对妨害造成的财产利益损失（如日照不足导致家中名贵植物死亡、呼吸疾病所需的治疗费）实行全部赔偿，对于非财产利益的损失，若符合《最高人民法院关于确定民事侵权精神损害赔偿责任若干问题的解释》（以下简称《解释》）对九种可主张精神损害赔偿的权利的要求，也应予以计入金钱赔偿数额。二是在该消极性妨害的状况无法改善的情形下，金钱赔偿的数额应包括对现有损害的赔偿和对排除妨害请求权受限的补偿性赔偿。其中，现有损害的赔偿既包括财产损害，也包括非财产利益的损害。而对排除妨害请求权受限的补偿性赔偿则是对未来可能引起的损害进行部分提前偿付。

2. 不可量物排放引起的妨害重大时产生损害赔偿责任。“重大性”的标准以国家规定的标准值作为参考，受害人能证明未违反国家规定的污染物排放行为对其造成了重大损害的，也可请求损害赔偿。我国《物权法》第90条规定了固体废物以及大气污染物、噪音、光等不可量物排放的防治义务。从法条列举的这些污染物来看，污染物的形态、种类、危险性和特性都不一样，因此在确定金钱赔偿数额时，可以根据污染物的特性予以裁决。可能加重赔偿责任的因素为对环境影响的程度和对人致害的可能性、危险性。如大气污染物还会经由降雨排入土壤、湖泊，所以较之光污染可以适当提高赔偿数额。再如有毒烟气的排放较之噪音侵扰更具有人体致害的可能，且一旦引起疾病也可能比噪声侵扰带来的失眠更为致命，此时，针对有毒烟气的排放可通过赔偿数额的增加以达到规制相邻环境污染的效果。

此外，不可量物中的噪音、臭气、强光等这类既难以确定标准数值、引起的财产损害又较少的侵扰，一般应以排除妨害为主，若例外情形下需适用损害赔偿责任，则多以精神损害为主。在实践中，精神压力、精神痛苦实难以化为货币估值，因此只能依据《解释》的规定，以九种可主张精神损害赔偿的权利外观来进行精神损害赔偿。

(三)影响赔偿责任范围的因素

如前文所述,若设立侵犯环境相邻权的赔偿责任这一中间救济手段以矫正僵化的法律适用现象,必须给予法官一定限度内的自由裁量权。在此前提下,法官在进行法律价值判断和面对利益衡平原则的指导时,应重点从以下几个因素考量损害赔偿责任的大小。

1. 情势限制因素

(1)利益因素

利益因素是影响赔偿责任的关键因素,因相邻关系纠纷的裁判过程实质上就是在对利益进行衡量、取舍的过程。法官在进行利益衡量时,可从三个方面进行考虑:一是当事人之间的利益冲突哪一方更为优先,二是允许或禁止该侵害行为时所影响的社会利益大小,三是采取何种保护方式最为经济或获得最大的社会效益。

(2)时间因素

不动产的利用总有先后,在传统的相邻关系规则中,不动产利用的先后也影响着民事责任的大小。依照规则,若利用顺序在先的是受到侵害的建筑物,则加害建筑物的权利人应当对侵害行为造成的损失进行赔偿;若利用顺序在先的是加害建筑物,则认为该加害行为是利用顺序在后的受害者取得不动产权利之时所应认识到的风险。但仅以不动产利用顺序的先后作为损害赔偿责任产生的依据,会造成"权利取得在先者,其权利也在先"这一奇怪论断。

随着私权救济理论的发展,日本的"自甘冒险"和"危险引受"规则在考察不动产利用的先后顺序外,还要求受害人对损害有一定的预见性。但是,这并不适用"突如其来"的侵害情形,即在受害人迁入之时对损害不具有预见可能性的情况下,利用时间的先后完全不影响责任的成立。由于环境相邻权纠纷也是由不动产利用行为引起的,因此在实践中法官可借鉴日本的"危险引受"规则来判断赔偿责任的大小。

此外,侵害发生的时间、一定时间内重复发生频率的大小、持续时间的长短,不仅影响着侵权责任的认定,还影响着赔偿责任的大小。

(3)距离因素

侵犯环境相邻权的行为方式复杂且多样,特别是不可量物妨害中的污染物,本身具有发散性和不可量性,影响的范围超出传统相邻关系规则中"毗邻"的范围,因此现代民法的相邻关系规则对"相邻"要素的认识为:毗邻,邻近或通过某种媒介而产生"相邻"。

然此扩张并不能毫无限制。由于不可量物妨害具有随着距离的增加而作用力减弱的特性,因此可使用妨害是否重大的程度要件作为“相邻”这一距离因素的判断。理由在于:不可量物妨害的重大性标准较之距离更容易标准化、也更具调和性;微额不利益不是环境相邻权规范的调整对象,只有达到一定的损害才需法律介入予以救济,即不可量物侵害的行为仍需满足重大的程度要件才会构成违反相邻关系义务责任,对于“毗邻”这一限制的突破并不意味着所有受不可量物妨害影响的不动产权利人都获得损害赔偿请求权。

2. 妨害排除之可能性

工商业活动带来的声、光、热、烟尘等不可量物妨害受现有科学技术和排除费用所限,有时并不具有完全排除之可能性。从法经济学的观点出发,人总是理性而又自利的。而法律作为为规制人的行为以及调整社会冲突而创设的制度工具,同样具有理性及利益追逐性的特点。这一利益追逐性更是在相邻权规范中体现得淋漓尽致,因其本来就是为实现物的最大化利用的社会效果而创设的。因此,如若妨害排除为技术上不可能或费用上不经济,立法者自会将目光转为更具实操性的金钱赔偿责任。

具体分析之,侵犯环境相邻权的行为若为现有技术上之排除不可能,则只能将其视为社会生活合理化的风险,此时法律无法苛责于加害人。但若因技术所限而完全免责,则有可能产生加害人怠于改善工艺、受害人负担过大的不动产利用及环境开发的成本的不公平后果。此时,一般根据报偿理论或危险责任要求加害人对受害人进行金钱赔偿,赔偿数额可根据获利的多少、加害人对危险的控制程度、损害的后果等来确定。

如果侵害行为有排除妨害费用上的不经济,即经济上的排除不可能,合理的替代解决方案是寻求成本更少的解决路径。在实践中,加害人对不动产的利用行为可能仅对少数的邻居造成了重大侵扰,若以此要求其排除妨害,可能会使加害人花费比其获益更大,或比邻居加装防治设施费用更多的金钱去改善整个生产工艺,这不符合经济原则,因而不可能适用妨害排除,只能以较少的金钱赔偿责任来获得双方当事人利益的平衡,即受害人损害获有填补、加害人得以继续利用不动产。

3. 致害可能性及危险性

侵犯环境相邻权行为的形态、性质也会对损害赔偿责任的适用与否及其数额大小产生影响。我国环境相邻权规则主要对妨害通风、采光的行为和环境污染物排放行为作了规定。其中,通风、采光、日照的妨害涉及的是愉悦生活的必要利益,因此,主要通过排除妨害的物权保护手段予以调整。而环境污染物排放行为受具体污染物特性的影响，所产生的危险性与致害可能性都不相同，如有毒气体的排放与噪声侵扰相比就具有更大的危险性和致害可能性，实践中，需要法官在具体的环境相邻权纠纷案件中予以仔细甄别和衡平考虑，以实现民法的公平正义。

参考文献

[1]王泽鉴著：《民法物权——通则·所有权》，中国政法大学出版社 2001 年版。

[2]韩磊：《环境相邻权研究》，黑龙江大学 2014 年博士论文。

[3]史尚宽：《物权法论》，中国政法大学出版社 2000 年版。

[4]陈华彬：《物权法》，法律出版社 2004 年版。

[5]崔建远：《物权：规范与学说——以中国物权法的解释论为中心》，清华大学出版社 2011 年版。

[6]吕忠梅：《关于物权法的“绿色”思考》，载《中国法学》2000 年第 5 期。

[7]王清军：《环境相邻权的法理学分析》，载《适应市场机制的环境法制建设问题研究——2002 年中国环境资源法学研讨会论文集》。

[8]焦富民：《环境保护相邻权制度之体系解释与司法适用》，载《法学》2013 年第 11 期。

[9]金启洲：《民法相邻关系制度》，法律出版社 2009 年版。

[10]陈泉生：《论环境权的救济》，载《法学评论》1999 年第 2 期。

[11]陈洪：《不动产物权冲突研究》，载《私法》2002 年第 1 期。

[12]吕忠梅：《论环境物权》，载《人大法律评论》2001 年第 1 期。

[13]张鹏：《相邻关系的民法调整》，载《法学研究》2000 年第 2 期。

[14]曾世雄：《损害赔偿法原理》，中国政法大学出版社 2001 年版。

论共同但有区别责任原则在国际环境法中的应用

黄艳萍*

摘要：目前，共同但有区别的责任原则不仅在一系列全球性环境保护中得以明确规定，而且较成功地运用于各国实践中。每一个国家都应该坚持共同但有区别的责任，在实践中真正贯彻落实，这样才能实现国际社会的可持续发展。

关键词：共同但有区别责任　全球环境　可持续发展

自工业革命以来，全球环境日益恶化，人类的生存环境面临着严峻的考验。全球环境问题受到世界各国的普遍关注，保护和改善生态环境已成为人类的共同愿望和责任。① 根据有关数据显示，从工业革命开始到1950年，在人类由于化石燃料燃烧释放的二氧化碳总量中，发达国家占了95%，从1950年到2000年的50年中，发达国家的二氧化碳排放量仍占到总排放量的77%。② 全球消费的有关破坏臭氧层的113万吨受控物质中，发达国家占总量的86%，全球现有的危险废弃物产量，发达国家占总量的90%左右。③ 在这样的背景下，既要人们意识到保护地球环境已是全人类迫在眉睫的任务，又

* 黄艳萍，女，广东金轮律师事务所律师。

① 戚道孟：《国际环境法》，中国方正出版社2004年版，第81页。

② 《"共同但有区别的责任"是应对气候变化的根基》，http://news.xinhuanet.com/newscenter/2007-12/03/content_7190800.html，下载日期：2015年9月4日。

③ 吕忠梅：《环境法新视野》，中国政法大学出版社2000年版，第174页。

要基于发达国家与发展中国家在承担责任上的公平性，发达国家在环境污染问题上应承担着不可推卸的更大责任或主要责任。于是，共同但是有区别的责任原则在1992年的联合国环境与发展大会中得以初步确立。

一、共同但有区别的责任的含义

所谓共同但有区别的责任，是指由于地球生态系统的整体性，以及导致全球环境退化的各种不同因素，世界各国对保护全球环境负有共同的责任，但又由于历史与现实的原因，发达国家比发展中国家承担更大的责任。它包含着两个方面的内容，即共同的责任和有区别的责任。

（一）共同的责任

共同的责任是指，基于地球生态系统的整体性，世界各国不论大小、贫富、种族、资源、禀赋等的差别，在保护全球环境的责任和义务上都是共同的。人类只有一个地球，地球环境的好坏与每一个国家都休戚相关。为了保护我们的这个共同的家园，我们必须一起承担保护全球环境的共同责任。

（二）有区别的责任

所谓有区别的责任，是指发达国家与发展中国家由于历史与现实的原因，在承担保护全球环境的责任上是有区别的，发达国家应承担更大或主要的责任。从历史的原因来看，现在严峻的环境问题主要是因为发达国家在工业化过程中向地球排放大量的污染物。如从18世纪工业革命开始到1950年，在人类由于化石燃料燃烧释放的二氧化碳总量发达国家占了95%。[①] 从现实的原因看，即使时到今日，发达国家依然是环境污染物的主要排放者。如目前发达国家人口只占世界人口的22%，但却消费了世界70%以上的能源，其温室气体排放量占世界排放总量的60%以上。[②] 另外，发达国家无论是在资金抑或是技术上，都远比发展中国家有优势，而资金与技术是保护和改善环境所不

① 《“共同但有区别的责任”是应对气候变化的根基》，http://news.xinhuanet.com/newscenter/2007-12/03/content_7190800.html，下载日期：2015年9月4日。

② 刘振民：《中国可持续发展研究会98第二次战略研讨会》，http://cssdacca21.org.cn.clireporta.html，下载日期：2015年9月4日。

能或缺的。因此,无论从历史的角度还是现实的角度来看,发达国家都应当在保护环境方面承担更大或主要的责任。

(三)共同但有区别的责任的本质

共同但有区别的责任的提出,其目的在于追求国际环境领域中秩序的公平性。在该责任中,通过有区别的责任对共同的责任加以限定,既表明了发达国家与发展中国家在保护全球环境上共同的责任,又强调了发达国家由于历史与现实的原因在保护全球环境中应承担更大的责任。从而充分利用发达国家先进的技术和充足闲置的资金,最大限度地优化全球的资源配置,同时也保护了发展中国家的利益,充分体现了公平性。因此,共同但有区别的责任的本质在于公平性,故有些法学家将其称为"公平责任"原则。

二、共同但有区别的责任在法律文件与实际中的应用

(一)共同但有区别的责任在国际环境法律文件中的体现及确认

1. 共同但有区别的责任在国际法律文件中的体现。虽然共同但有区别的责任原则在 1992 年才得以初步确立,但早在此之前的许多国际法律文件中已体现了该原则。如 1972 年斯德哥尔摩联合国人类环境会议作出的《人类环境宣言》第 2 条宣布,"保护和改善人类环境,是关系到世界各国人民福利和全世界经济发展的一个重要问题,是世界各国人民的迫切愿望,是各国政府的责任"①。此部分为共同责任的阐述。在区别的责任方面,宣言指出,"在发展中国家,环境问题大半是由于发展不足造成的。……因此,发展中国家必须致力于发展工作,牢记他们的优先任务和保护及改善环境的必要","对于发展中国家来说,由于必须考虑经济因素和生态进程……其中要照顾到发展中国家的情况和特殊性"。② 1982 年的《联合国海洋法公约》、1985 年的《保护臭氧层维也纳公约》、1987 年的《关于消耗臭氧层物质的蒙特利尔议定书》等也都体现了共同但有区别的责任原则。

① 王曦:《国际环境法资料选编》,民主与建设出版社 1999 年版,第 667 页。
② 王曦:《国际环境法资料选编》,民主与建设出版社 1999 年版,第 667 页。

2.共同但有区别的责任在国际法律文件中的确认。1992年5月签订的《气候变化框架公约》第一次明确地提出"共同但有区别的责任"原则。其序言要求"所有国家根据其共同但有区别的责任和各自的能力及其社会和经济条件尽可能开展最广泛的合作,并参与有效和适当的国际应对行动"①。公约第3条明确规定:"各缔约方应当在公平的基础上,并根据他们共同但有区别的责任和各自的能力,为人类当代和后代的利益保护气候系统。因此,发达国家缔约方应当率先对付气候变化及其不利影响。"②紧接着1992年6月通过的《里约环境与发展宣言》在原则7中指出:"鉴于导致全球环境退化的各种不同因素,各国负有共同的但是又有差别的责任。发达国家承认,鉴于他们的社会给全球环境带来的压力,以及他们所掌握的技术和财力资源,他们在追求可持续发展的国际努力中负有责任。"③这表明,共同但有区别的责任得到正式的确立与承认。除此之外,同年的《生物多样性公约》、2001年的POPs公约、2002年的《约翰内斯堡可持续发展宣言》等一类的公约、宣言、决议也明确规定了该原则。

由此可见,共同但有区别的责任广泛应用于国际环境法中的各个领域,并且日益得到国际社会的普遍认可,这对其在实践中的应用有着重要的意义。

(二)共同但有区别的责任在国际环境法实践中应用的现状

目前,共同但有区别的责任原则不仅在一系列全球性环境保护中得以明确规定,而且较成功地运用于各国实践中。据报道,《关于消耗臭氧层物质的蒙特利尔议定书》在缔约方国家的不断努力下,全球保护臭氧层工作取得了显著的成绩,"主要消耗臭氧层物质氟氯碳(CFCs)全球总消费已由1986年的110万ODP吨(ODP是衡量消耗臭氧层能力的单位,意为'消耗臭氧层潜能值')下降为2000年的10万ODP吨。发达国家基本停止了新生产CFCs的使用,在欧盟等一些发达国家,甚至不允许使用回收的CFCs。发展中国家的消费量继1999年首次减少后,2000年再次减少,仅为1986年的49%"④。2007年12月3日,联合国气候变化大会在巴厘岛开幕,正如《联合国气候变

① 蔡守秋、常纪文:《国际环境法学》,法律出版社2004年版,第87页。

② 王曦:《国际环境法资料选编》,民主与建设出版社1999年版,第667页。

③ 王曦:《国际环境法资料选编》,民主与建设出版社1999年版,第667页。

④ 《保卫地球的15年:回首〈议定书〉签署15周年》,http://www.cyol.net/cydgn/content/2003-02/28/content_619642.html,下载日期:2015年9月4日。

化框架公约》秘书处执行秘书伊沃·德博埃尔所说,“共同但是有区别的责任”原则是应对气候变化问题的基石,它在这次联合国气候变化大会上将起到“非常重要的”作用。[①]

虽然共同但是有区别的责任在国际环境中的实践有着可喜的成果,但是在该原则的贯彻中遇到的障碍又有着令人忧心的一面。根据安南的报告,发达国家官方援助总额从1992年的583亿美元下降到2000年的531亿美元。发达国家官方发展援助平均流量在其国民生产总值中的比重从1992年的0.35%下降到2000年的0.22%。2000年只有丹麦、卢森堡、荷兰、挪威和瑞典等5个国家达到了联合国大会1970年达成的0.7%的援助目标。[②] 由此可见,发达国家向发展中国家所提出的提供各类援助的承诺只是“雷声大,雨点小”,共同但有区别的责任原则的实践应用令人担忧。例如,《〈联合国气候变化框架公约〉京都议定书》(以下简称《京都议定书》)首次以国际法的形式对特定国家(主要是发达国家)的特定污染物排放量作出有法律约束力的定量限制。但在2001年时美国政府以“经济代价过高”“发展中国家也应该承担减排与限排温室气体的义务”及议定书有太多的“缺陷”为由宣布拒绝执行《京都议定书》。这就意味着,二氧化碳排放量占世界排放总量1/4的最大燃煤国将继续其污染行为而无视议定书的任何规定,无视议定书中所确立的共同但有区别的责任原则。因此,我们不能沉浸于所取得的成绩的喜悦之中,更重要的是要看清其在应用中所存在的困难,找出原因,使其从困境中解脱。

三、共同但有区别的责任在应用中存在的困境的原因

笔者认为,共同但有区别的责任在国际环境法中的实际应用之所以处于这样的困境之中,其原因主要归咎于以下几点:

首先,国家的利益与全人类的利益之间的冲突。无论任何一项着眼于全人类利益的原则的落实,其结果必然是各国利益博弈的结果,共同但有区别的责任原则也不例外。一个国家经济发展的步伐往往与资源的消耗、废弃物的

---

① 《联合国官员强调“共同但有区别的责任”原则的重要性》,http://news.xinhuanet.com/newscenter/2007-12/02/content_7186129.html,下载日期:2015年9月4日。

② 《发达国家履行承诺是可持续发展的关键》,http://www.cctv.com/special/704/6/44745.html,下载日期:2015年9月4日。

排放成正比。因此,为了防止环境状况的日益恶化,保护全球环境、维护人类的共同利益,就必然要对各个国家资源的消耗、废弃物的排放有所限制。但这种限制,同时也限制了一个国家经济的发展。布什政府之所以撕毁《京都议定书》,其中就考虑到议定书对其经济发展的限制。共同但有区别的责任要求各个国家以牺牲国家的利益来成全全人类的共同利益,其能否落实就要看各个国家利益权衡的最终结果如何。然而,大多数国家在利益面前总是要优先考虑国家利益,全人类的利益要摆在第二位。发达国家表现得尤为明显,因为共同但有区别的责任原则要求发达国家比发展中国家牺牲更多的国家利益来维护全人类的共同利益。因此,笔者认为,国家利益的私益性与全人类共同利益的公益性之间的矛盾,是共同但有区别的责任原则在国际环境法的实际应用中处于困境的根本原因。

其次,国家之间的利益冲突,尤其表现为发达国家与发展中国家之间的利益冲突。落实共同但有区别的责任原则,就意味着牺牲国家的利益,限制本国经济的发展。相反,对于不落实该原则的国家而言,就意味着可以自由发展本国的经济。任何国家都无法容忍其他落后于它的国家的经济日益追上甚至超过它。如果原因还归咎于两者是否受某类条约的限制,这更是他们无法接受的。即使像美国这种超级经济强国,它何曾不担心其他国家超越其经济,代替其地位。一个国家经济强大与否,决定着其在国际上的地位及其在国际上说话的分量。因此,考虑到国家之间的经济实力、地位的较量,致使许多国家对于共同但有区别的责任原则持观望、甚至是否定的态度。

再次,缺乏像国内法一样以国家强制力为后盾的强硬后台。国内法之所以能够执行,是因为有国家强制力作为其强硬的后盾。而国际社会处于无政府状态,缺乏像国内法一样的国家强制力为其后盾。因此,国际环境法领域的各种条约、宣言等的执行都缺乏有力的保证。尤其是共同但有区别的责任原则大多规定在如《里约环境与发展宣言》等一系列"软法"文件中,执行力度更是大打折扣。因此,即使有缔约国违反或背弃该原则,也只是受到国际社会的谴责而无实质性的惩罚。美国政府撕毁《京都议定书》就是其中一个很好的例子。

复次,民众只关心眼前利益,对政府施压不足。没有民众,就没有国家,民众的意愿往往能够决定一个国家方针政策的方向。虽然全球环境关系到全人类的共同利益,但是对于许多生活富裕的民众,尤其在发达国家中,他们片面追求高品质的生活,只注意身边的区域性环境问题,而对全球环境问题关注较少;对于生活不富裕的民众,则关注于温饱问题,对于全球环境问题更是无暇关注，这在发展中国家表现得尤为明显。因此，在共同但有区别的责任原则缺乏民众关注的情形下，很大程度地减轻了国内政府承担该责任的压力。

最后，条约、宣言、决议等自身规定的不完善。虽然共同但有区别的责任原则已经得到国际社会的普遍认可，但不少发达国家依然对该原则承认不足。条约、宣言、决议等法律文件自身规定的不完善就为他们提供了很好的借口。如《里约宣言》原则 7 强调发达国家“他们在追求可持续发展的国际努力中负有责任”，而不是“负有更大的责任”。不少发达国家就以此为借口拒绝他们承担“更大的责任”。

四、共同但有区别的责任在应用中脱离困境的对策

为了使共同但有区别的责任能在国际环境法各领域的应用得到更好的执行，笔者认为要在以下几个方面加以努力：

首先，加强各国在国际环境法方面的交流与合作，促使发达国家与发展中国家都立于双赢的局面。各个国家之所以在实际应用中不能彻底贯彻共同但有区别的责任原则的根本原因在于国家自身的私益，那么，只有找到使发达国家与发展中国家都处于双赢的局面的共同目标，才能从根本上解决问题。这就要求各个国家在国际环境领域加强交流合作，寻求使双方立于双赢局面的共同目标。

其次，充分发挥国际组织尤其是联合国的作用。国际组织可以说是各个国家之间进行环境领域交流与合作的桥梁，在全球环境保护事业中起着不可替代的作用。因此，国家组织应有效地运用其优势，协调各个国家之间矛盾，促使国家之间的合作。而联合国是具有最广泛的代表性的国际组织，更应充分发挥其作用，促使发达国家真正承担起更大的保护全球环境的责任，同时提醒发展中国家不要为了经济发展而牺牲环境，以免走上发达国家“先发展后治理”之路。

再次，充分调动民众的力量，使他们向政府施压，从而迫使政府落实责任。无论是从全人类共同利益的公益还是从国家的私益出发，各国都应加强国内民众的环保重要性的教育，提高其环保意识。另外，国家组织尤其是联合国也应加大环境保护的宣传工作，并督促各国将该宣传工作落实于国内民众，使民众充分意识到全球环境的严峻性。再者，环保应从自我做起，环保意识较强的

民众,应对身边的每一个人进行环保宣传,从而增强身边的每一个人的环保意识。当各国的民众都意识到全球环境的重要性时,自然会向政府施压,要求政府落实共同但有区别的责任原则在国际环境领域的切实应用,从而使发达国家承担起保护全球环境更大的责任,发展中国家在发展经济的同时也在保护全球环境方面承担共同的责任。

最后,完善条约、宣言、决议等法律文件,确保共同但有区别的责任原则在现实中得到有效的实施。笔者认为,为避免发达国家以法律文件中的缺陷为由拒绝其在保护全球环境中所应承担的更大责任,有必要将已有法律文件中没有明确规定发达国家在环境保护中承担更大的责任修正为"更大的责任";对于正在修订或将来修订的法律文件,都应明确强调这一点。另外,值得一提的是,根据联合国的《2007—2008 年人类发展报告》显示,"从目前看,中国的二氧化碳排放量仅仅是美国的 1/5,但未来 10 年内中国将会成为世界上最大的二氧化碳排放国","该报告称,如果不能及时应对,中国受气候变化影响的地区几十年来在人类发展上所取得的成绩将在本世纪中也被抵消,甚至出现倒退"。[①] 由此可见经济发展较快的发展中国家其经济的发展依然使全球环境承担着极大的压力。因此,笔者认为,在考虑到发展中国家发展需要的前提下,有必要在相关法律文件中强调发展中国家的环境保护工作,从而进一步完善条约、宣言、决议等法律文件。

五、结束语

在环境日益恶化的今天,共同但有区别的责任在国际环境法领域的应用显得尤为重要。如果该原则仅得到法律文件的承认而不能很好地运用于实践,那么法律文件对它的承认也只是一纸空文,毫无意义。因此,每一个国家都应该坚持共同但有区别的责任,在实践中真正贯彻落实,这样才能实现国际社会的可持续发展。

---

① 《发达国家未能实现〈京都议定书〉减排目标》,http://news.xinhuanet.com/world/2007-11/30/content_7171559.html,下载日期:2015 年 9 月 4 日。

参考文献

[1]戚道孟:《国际环境法》,中国方正出版社 2004 年版。

[2]《"共同但有区别的责任"是应对气候变化的根基》,http://news.xinhuanet.com/newscenter/2007-12/03/content_7190800.html,下载日期:2015 年 9 月 4 日。

[3]吕忠梅:《环境法新视野》,中国政法大学出版社 2000 年版。

[4]刘振民:《中国可持续发展研究会 98 第二次战略研讨会》,http://cssdacca21.org.cn.clireporta.html,下载日期:2015 年 9 月 4 日。

[5]王曦:《国际环境法资料选编》,民主与建设出版社 1999 年版。

[6]蔡守秋、常纪文:《国际环境法学》,法律出版社 2004 年版。

[7]《保卫地球的 15 年:回首〈议定书〉签署 15 周年》,http://www.cyol.net/cydgn/content/2003-02/28/content_619642.html,下载日期:2015 年 9 月 4 日。

[8]《联合国官员强调"共同但有区别的责任"原则的重要性》,http://news.xinhuanet.com/newscenter/2007-12/02/content_7186129.html,下载日期:2015 年 9 月 4 日。

[9]《发达国家履行承诺是可持续发展的关键》,http://www.cctv.com/special/704/6/44745.html,下载日期:2015 年 9 月 4 日。

[10]《发达国家未能实现〈京都议定书〉减排目标》,http://news.xinhuanet.com/world/2007-11/30/content_7171559.html,下载日期:2015 年 9 月 4 日。

网络课程的知识产权初探

朱　涛*

摘要:本文论述的是网络课程的知识产权方面的问题,尤其是著作权。首先介绍的是网络课程的概念。其次叙述了网络课程著作权的特殊性。再次介绍了著作权的合理使用制度。最后介绍了美国《TEACH 法案》(*Technology, Education and Copyright Harmonization Act*)的立法背景、主要内容、影响以及对我国的启示。并对网络著作权的保护提出了自己的一点看法。

关键词:网络课程　知识产权　著作权　合理使用

一、网络课程的概念

(一)网络课程的定义

随着时代的发展,网络课程被越来越多的人所熟知,但每个人对网络课程的定义却不尽相同。从学习的工具、手段来讲,网络课程是基于 Web 的课程,即在因特网上通过浏览器来学习的课程;从指导思想、理论基础来讲,网络课

* 朱涛,男,广东金轮律师事务所实习律师。

程是体现现代教育思想和现代教与学理论的课程；从建构主义的学习环境来讲，网络课程是基于资源的学习，基于情景的学习，基于协作的学习；从学习过程的特征来讲，网络课程是指学习过程具有交互性、共享性、开放性、协作性和自主性等主要特征的课程。①

（二）网络课程的特点

1. 开放性

网络课程不像传统课堂一样具有封闭性，传统课堂在一个教室里面，听课的学生人数有限，而能去听课的学生也要具备一定的资格。网络课程则打破了这种封闭性，它的对象不分男女老少，不分种族，不分国籍，不分肤色，只要是想学习的人，通过互联网都可以进入网络课程里学习自己需要的知识和技能。此外，网络课程也不像传统课堂一样需要学生考试及格才能升学去更高级的课堂，它不需要学习的人必须通过复杂的考试才能学习网络课程，这样就可以让那些考不上大学的学生通过网络课程去学习大学课堂里的知识，圆他们的大学梦，还可以让中国的学生通过网络课程去学习国外大学课堂里的知识，体验一下国外一流大学的课堂氛围，还可以让已经毕业工作的人通过网络课程继续深造，使自己更具竞争力。

2. 打破时空的界限

网络课程通过互联网进行学习，学生在家里用电脑就可以学习各种课程。需要学习网络课程的人，往往都已经步入社会，有了一份工作，他们的空闲时间不是很多，也不定时，所以不能像在校学生一样定时、定点去上课。所以他们一般都是利用晚上和周末放假的时间来学习。现代社会网络信号遍布每个角落，每个人都拥有可以上网的智能手机，无论走到哪里，都可以很好地利用零碎的空闲时间来进行网络课程的学习。并且可以通过网络与老师、其他学生进行沟通交流，相互学习。这种在任何地方、任何时间都能学习的方式极大地方便了学生，使得网络课程打破了传统课堂的定时、定点的界限。

3. 自主学习性

传统的学习模式是老师在讲台上疯狂地给学生灌输知识，也就是所谓的“填鸭式”教学。这种被动式的学习有着非常大的弊端，那就是老师讲得非常

① 吴峰丽：《“现代教育技术”网络课程的设计和开发》，载《考试周刊》2010 年第 22 期。

辛苦，而学生的学习效率却并不高。网络课程提供的是一种自主学习模式的课程，老师往往都不知道电脑前的学生究竟在做什么，他只要将课程的内容展现在课程里，然后通过引导的方式带动学生自己去学习。学生通过学习课程掌握知识，通过习题巩固知识，不懂的可以向老师提问，也可以与其他学生交流学习。所以，学生完全是以自我为中心，如何学习，学习的效果如何，只有自己最清楚。通过网络课程学习的人，往往都是十分好学，并且非常主动的，而且网络课程也给他们提供了通过自主学习就能很好掌握知识的平台。所以说网络课程有自主学习的特点。

4.个性化教学与交互性

网络课程之所以称为个性化教学，是因为网络课程可以根据每个学生的学习情况而设计不同的课程。电脑系统可以统计与记录学生的学习情况，然后分析出学生哪方面的知识掌握得很好，哪方面的知识有欠缺。从而为学生设计适合的课程。当然，学生也可以根据自己的想法来选择学习的内容与方式。而传统课堂则不能够根据每个学生的特点与进度来为他们设计课程，老师只能满足大部分学生的学习需求。网络课程为个性化教学提供了一个很好的平台。

交互性是指网络课程为学生提供了形式多样并且更便捷的交流渠道。学生可以与终端机器进行互动，现代的网络课程已经设计得十分先进，它可以满足学生的各种需求并且进行互动。学生与老师之间的互动也更加方便，他们可以通过答疑系统、电子邮箱、BBS、QQ 等网络通信工具随时随地与老师进行互动。此外，学生与学生之间也可以通过各种方式进行学习心得的交流。这种全方位的互动性使得学生学习起来更加得心应手，可以解决学习中遇到的各类问题。

5.虚拟性

虚拟性指的是网络课程依赖于虚拟的互联网，无论是网络课堂还是教学过程，以及实验、互动等等都是虚拟的。学生可以足不出户就进入这些虚拟的场景之中进行学习。网络课程虽然是虚拟性的，但是并不代表它没有传统课堂的那种真实感。随着网络技术的发展，学生在学习网络课程的时候越来越能感受到虚拟课堂带来的真切感。

6.终身性

古人云“活到老，学到老”，国家也鼓励我们要终身学习。网络课程的出现使得这一目标更加容易实现。以前没有机会读书的人，没有考上大学的人，毕业后工作的人想要一直坚持终身学习是很困难的，因为没有网络课程这样一种平台让他们很方便地就能进行学习。而网络课程面向的对象来自于不同阶层,不同年龄,不同职业,他们不必担心自己已经步入社会参加工作而不能像校园学生那样去课堂上课,在家里就能通过互联网学习网络课程,给自己充电。所以,网络课程可以帮助我们更容易就实现终身学习的梦想,从而提高我们的整体文化素养。教育是国家的基本国策,我们一定要养成终身学习的习惯。

二、网络课程著作权的特殊性

(一)网络课程具有教材性质

网络课程毕竟还是课程,它所包含的教学内容是具有教材性质的。正因为网络课程是公益性的,不以营利为目的,因此它可以向传统课堂的印刷教材一样对构成教材内容的原始著作权进行一定的限制,也就是可以适用合理使用和法定许可的制度。然而,网络课程与传统课堂相比又具有很多的差异性,比如说传播的范围之广,速度之快,受众之多等等。这些因素又会使得网络课程直接适用合理使用和法定许可制度变得困难。

(二)网络课程是网络作品

网络作品是指将作品数字化后通过互联网来传播的作品,著作权法当然也保护这种类型的作品,作者拥有网络传播权。也正是因为网络课程是网络作品,所以它的著作权问题才变得更加复杂。网络课程的设计者在著作权问题上的资金投入占总投入中的比重很大,网络课程的著作权问题因网络而起,那么是不是能通过网络来解决网络课程的著作权问题?

(三)网络课程呈现多媒体作品形式

网络课程不仅仅由文字和图片组成,它还包括了动态图片、视频、音频等多种形式的作品或作品片段。产生了著作权及其邻接权的问题,既涉及整体作品的著作权问题，也涉及作品各自独立的著作权问题。[①] 网络课程的内容形式多样，包含了各个方面的知识，所以很容易就会侵犯了其他作品的著作权。

（四）网络课程包括数据库作品形式

网络课程包含了大量的数据库，比如说习题库。正是这些数据库使得网络课程拥有比传统课程更丰富的学习资源，学生可以根据自己的特点来进行选择，充分发挥了网络课程的资源共享性和储存量大的特点，实现了学生的选择性和自主性。我国目前对数据库的保护是通过汇编作品的形式来完成的。

三、网络课程的著作权归属

（一）委托网络课程著作权的归属

委托作品指的是委托人支付报酬，受托人按照委托人的指示内容完成的作品。网络课程并不一定都是由网络学校自身制作完成的，可能因为时间、资源等原因，网络学校会把一些制作网络课程的任务委托给网络技术公司或软件公司去完成。在这种情况下，网络课程的著作权归属于哪方呢？《中华人民共和国著作权法》第 17 条规定："受委托创作的作品，著作权的归属由委托人和受托人通过合同约定。合同未作明确约定或者没有订立合同的，著作权属于受托人。"

也就是说委托作品的著作权归属可分为两种情况，第一是根据委托人与受托人之间的合同来约定，这充分体现了意思自治原则，并没有强行规定委托作品的著作权归属于哪一方。当事人可以通过合同来约定著作权归属于委托人，也可以约定著作权归属于受托人。但如果当事人之间没有订立合同，或订立的合同中没有约定著作权的归属，那么法律就规定这种情况下的著作权属于受托人。

另外，《关于审理著作权民事纠纷案件适用法律若干问题的解释》第 12 条

① 雷才丽、操文锋：《远程教育中网络课程开发的著作权问题》，载《绥化学院院报》2006 年第 26 期。

的规定:"按照著作权法第十七条规定,委托作品著作权属于受托人的情形,委托人在约定的使用范围内享有使用作品的权利;双方没有约定使用作品范围的,委托人可以在委托创作的特定目的范围内免费使用该作品。"也就是说,如果网络课程的著作权属于网络技术公司或者软件公司,那么网络学校可以在约定的使用范围内免费使用网络课程。

(二)合作网络课程的著作权归属

合作作品指的是两方及以上的主体共同完成的作品。网络学校有时候可能由自己一方完成作品有一定难度,这时候他们就会寻求其他公司或企业与自己一起来完成网络课程的制作,这就是合作的网络课程。关于合作作品的著作权归属,我国《著作权法》第13条规定:"两个以上合作创作的作品,著作权由合作作者共同享有。没有参加创作的人,不能成为合作作者。合作作品可以分割的,作者对各自创作的部分可以单独享有著作权,但行使著作权时不得侵犯合作作品整体的著作权。"这也就是说,合作作品首先要求每个主体都要实质性地参与到创作之中,没有参与的是不能享有作品著作权的,并且这种参与是要对作品的主体部分作出实质贡献的,如果仅仅是对作品的次要部分进行创作也不能享有作品的著作权。此外,如果作品是可以分割的,作者可以对自己单独创作的部分享有著作权,但行使著作权时不得侵犯作品的整体著作权。当然各著作权人也可以约定不能对单独创作的可分割的作品单独行使著作权。

另外,我国《计算机软件保护条例》第10条规定:"由两个以上的自然人、法人或者其他组织合作开发的软件,其著作权的归属由合作开发者签订书面合同约定。"所以笔者认为,合作网络课程的著作权的归属可以这样确认,两个以上主体都对作品的主体部分作出了实质性的贡献,那么作品的著作权可以由他们之间签订的书面合同进行约定,口头的约定没有法律效力;如果没有书面合同的约定,那么作品著作权应该由对作品主体部分作出实质性贡献的主体享有,没有作出贡献的不能享有著作权;可分割的作品,著作权人可以通过书面合同约定各著作权人不能单独行使著作权,没有书面约定的,则可单独行使著作权,但不能侵犯作品的整体著作权。

(三)职务网络课程著作权的归属

所谓职务作品是指职工为完成单位的任务所创作的作品。网络学校在开发网络课程的时候,往往会把这一任务交给学校的老师去负责完成,这样一来就形成了职务作品。关于职务作品的著作权归属,我国《著作权法》第16条规定:"公民为完成法人或者其他组织工作任务所创作的作品是职务作品,除本条第二款的规定以外,著作权由作者享有,但法人或者其他组织有权在其业务范围内优先使用。作品完成两年内,未经单位同意,作者不得许可第三人以与单位使用的相同方式使用该作品。有下列情形之一的职务作品,作者享有署名权,著作权的其他权利由法人或者其他组织享有,法人或者其他组织可以给予作者奖励:①主要是利用法人或者其他组织的物质技术条件创作,并由法人或者其他组织承担责任的工程设计图、产品设计图、地图、计算机软件等职务作品;②法律、行政法规规定或者合同约定著作权由法人或者其他组织享有的职务作品。"可以看出,职务作品的著作权归属比较复杂,但还是可以根据合同的约定来确定。没有合同约定的话,那么职务作品的著作权就归作者享有,但这种著作权又受到一定的限制,单位有权在其业务范围内优先使用,并且在完成两年内,未经单位同意,不得许可给第三人以与单位使用的相同方式使用该作品。

(四)应该通过合同的约定来确定网络课程著作权的归属

网络课程的设计与开发过程十分复杂,各方之间的关系也是纵横交错的,网络学校、网络技术公司、老师等主体之间涉及的关系基本上都会包括委托作品、合作作品、职务作品。所以如果仅仅是依据现有的法律规定来确定各方的权利义务关系以及著作权的归属,那么将会产生很多的纠纷。随着网络课程的发展,越来越多的网络课程方面的纠纷及著作权归属将扑面而来,如何有效快捷地处理好这些问题将是我们需要面对的问题。

笔者认为,与其按复杂的法律规定来确定各种关系,不如各方事先就签订好书面合同来进行约定,这样既方便又快捷还可以满足当事人自己的意思,并且不会产生复杂的纠纷关系。合同至少应该包括以下内容:(1)对参与网络课程制作的每一方主体的权利义务关系进行明确的约定,尤其对网络课程的著作权的权利归属要详细叙述,并对和网络课程相关的各项权利的归属进行逐一规定。(2)网络课程开发中会产生多种不同的作品,对于这些不同作品的权利归属也要进行严格的约定,比如说教学大纲、视频导学、答疑库、试题库等等。(3)对网络课程使用的对象范围、时间、空间也要进行约定,防止各方权利人日后对网络课程的传播持不同意见而导致纠纷的发生。(4)随着知识的不断更新,教师可能会在已有课件的基础上再进行创作,所以应该对这种情况下教师的权利义务进行约定。(5)对网络课程的升级版本和衍生版本的权利归属也要约定。(6)对网络课程开发中引用他人作品的责任承担也要规定。

只有将各方的各种权利义务都进行明确的约定，才能避免产生纠纷难以快速解决的情况，这样才有利于网络课程的快速发展。

四、网络课程著作权的合理使用制度

(一)著作权的合理使用

1. 权利的限制

所谓权利的限制，是指在法律规定的某些特定的情况下，权利人不能够行使其权利，或者其他人虽然行使了权利人享有的权利也不算侵权。对各种利益做适当的协调是创制法律的关键，知识产权主要需要调节的是权利人的私人利益与社会公共利益之间的平衡。所以，著作权所需要解决的就是著作权人的著作权利益与社会公共利益之间的平衡。只有平衡好了著作权人的专有利益与社会获取知识利益之间的关系，才能够促进经济、科技、文化的进步。著作权权利限制体系包括了合理使用、法定许可等。

对著作权限制的法理在于：(1)因为历史文化的继承性，创作者在进行智力创作的时候，不可避免地要借鉴和吸收前人的创作成果，所以创作者的作品也应该被社会进行合理的使用；(2)没有绝对的权利，权利都不是绝对的，著作权人在行使权利的时候也要承担相应的义务，这种义务就是在一定的合理范围内允许社会对其作品进行利用而不需要支付报酬，这样可以防止权利滥用从而阻碍了社会的发展。

网络课程的出现与快速发展使得著作权对各种利益的平衡变得捉襟见肘。如果不对网络课程著作权的权利加以限制，那么公众就不能更好地从互联网上学习知识，这使得公民的受教育权利得不到很好的行使。但如果将对传统著作权的限制直接运用到网络课程上，由于网络课程的特殊性，这将会损害网络课程著作权人的权利，打击他们的创作积极性。所以，如何调整好传统著作权合理使用制度对网络课程著作权的适用是十分关键的。

2. 合理使用的判定标准

合理使用制度就是要对著作权人的权利进行最小的限制下，满足社会对著作权作品知识的探求。判断合理使用制度是否合理的标准就是要看其是否使著作权人的权利与社会公共利益之间的天平达到了最好的平衡状态。合理使用的判断标准主要有两种：一是国际公约上的判断标准，二是国内法上的判断标准。

(1)国际公约中的判断标准是“三步测试”原则：

①只有在特殊的具体情况下才能使用，范围很小。

②不能够使著作权人的正常使用受到影响，如果著作权人原本可以通过行使作品的某种权利获得经济利益，而合理使用的限制使得社会可以使用该作品而影响到著作权人的经济收益，那么这就算是影响了著作权人的正常使用。

③不能使著作权人的正当利益受到不合理的损害，合理使用制度是会给著作权人的利益带来一定程度上的损害的，但是这种损害不能够超出一定的合理范围。

(2)国内判断合理使用主要参考以下几点：

①使用的性质和目的。这考虑的是使用是否是商业性的营利性质，还有就是私人使用还是公开使用。商业性的营利使用给使用者带来了经济上的收益，那么使用者也就理所当然要支付相应的报酬。但这也并不能说营利性的使用就一定不能够在合理使用的范围之内，只不过营利性的使用比非营利性的使用更难符合合理使用的标准。

②著作权作品的性质。著作权作品的性质可以根据作品内容简单划分为事实性的作品与虚拟性的作品。事实性的作品因为其叙述的是一种事实，所以社会对这类作品的需求会更大，并且这种作品的创造性也没有虚拟性作品那么强，因此事实性的作品更容易被定义在合理使用的范围之内。而虚拟性的作品由于其独创性以及社会对这类作品并不是一定要了解的，然而著作权是鼓励作品的广泛传播的，所以虚拟性的作品并不是不会被考虑在合理使用的范围之内，只是和事实性的作品相比要更难而已。

③著作权作品的使用程度。合理使用当然不能使用作品的全部，所以只能使用必须要使用的那一部分，其他不必须要使用的部分就不能使用。此外，还要考虑使用部分的独创性问题，如果使用的部分是整个作品创作的精华所在，那么就算只使用很少一部分，也还是不符合合理使用的标准。不同类型作品的独创性部分的判断也各不相同。所以，要符合合理使用标准就要尽量少地使用作品，并且使用的部分不能是作品的精华之处。

④使用对作品潜在市场或价值的影响。使用一般会给著作权人作品在经济市场上带来一定的影响，这种影响一般来说是消极的。但如果使用没有给著作权人带来消极的影响，反而使作品在市场上的利益得到了提升，那么这种

使用就不会是不合理的使用。另外，这种市场的认定并不只是指现在的市场，还包括作品潜在的市场，如果使用会给作品的潜在市场带来消极的影响，那么这种使用也是不合理的。并且，这种影响只能是经济上的损害，而不能是精神上的损害，如果使用会给著作权人带来精神上的影响，那么这种使用是不能够被认定为合理使用的。

3. 网络环境下的合理使用制度

网络的出现给著作权的合理使用制度带来了一定的挑战，由于互联网自身的特点，使得侵权变得更加方便快捷且成本极低，这就导致了侵权人打着合理使用的旗号，肆意侵犯著作权人的权利。但著作权人很可能在自己的权利受到侵犯后却浑然不知，并且也无法去查找侵权人，就算能够查找到，这种成本代价也太昂贵了。正因为著作权人的权利在互联网上这么容易被广泛侵犯，所以很多著作权人对自己的作品采用了一定的技术措施。但这些技术保护措施却使得人们无法浏览作品，也就更谈不上对作品的合理使用了。

但网络环境下适用合理使用制度又是必要的，因为著作权鼓励的是资源的共享，如果网络环境下不适用合理使用制度，那么资源就得不到共享，人们就无法站在巨人的肩膀上进行创作了，这将严重影响到人们的创作积极性。况且网络的出现也给著作权人带来了更多的权利，权利越大义务也就随之变大。网络的特点也使得著作权人对作品的收益可能会大幅度地增加，所以网络环境下更应该适用合理使用制度。

(二)网络课程的合理使用制度

与网络课程相关的合理使用规定主要是《著作权法》第 22 条第 2 款第 6 项："为学校课堂教学或者科学研究，翻译或者少量复制已经发表的作品，供教学或者科研人员使用，但不得出版发行。"

但需要注意的是，此项规定中的"学校课堂"是指传统的课堂，面对面的教学，那是否应该对"学校课堂"作扩大解释，使之包括网络课程，这有很大的争议。如果不作扩大解释，那么网络课程就不适用合理使用的规定，网络课程将会出现许多侵犯著作权人权利的情况，这会大大打击网络课程制作者的创作积极性，从而使得网络课程得不到很好的发展，人们也就不能够通过网络课程来进行学习了。但如果网络课程适用合理使用制度，那么由于网络的特点，著作权人的权利会因为合理使用制度而受到很大的侵犯。

因此，构建一个专门针对网络课程的合理使用制度是十分必要的。笔者将对网络课程的合理使用制度提出自己的一些看法。

第一，要扩大合理使用的范围。要把“为学校课堂教学”改为“为学校教学”。教育是国家的根本大计，要秉承教育为先的理念，所以只要是为了教学的目的，就可以不经过著作权人的同意而使用作品，这不构成侵权，而应该被认定为合理使用。

第二，合理使用制度不能只适用于传统的面对面教学的课堂，而应该也适用于网络课程。网络课程与传统课堂相比有着非常多的优点，通过网络课程进行学习的人也越来越多，以后只会更多。所以更加要让合理使用制度适用于网络课程，从而使网络课程的制作者可以不用担心侵权问题，让网络课程更好、更快地发展。

第三，增加合理使用作品的方式，我国现在对教学中合理使用作品的方式是“翻译”和“少量复制”。但是在网络课程中，使用著作权作品的方式多种多样，如果仅仅是“翻译”和“少量复制”这两种方式，那么将对网络课程造成非常大的阻碍。所以应该将合理使用的方式扩大。

第四，赋予网络课程教育机构对作品的信息网络传播权。因为著作权人可以选择不让自己的作品通过互联网传播，因此网络课程的制作者如果要使用没有数字化的作品，就将侵犯著作权人的信息网络传播权。这也不利于网络课程教育的发展，因此应该适当赋予教育机构对作品的信息网络传播权，对作品要使用的部分进行数字化后通过网络传播。

五、美国网络课程的相关立法

（一）美国《TEACH 法案》的立法背景

20 世纪 90 年代初，美国就一直在研究要怎样才能把著作权法应用到网络课程中，并且也出台了相关的法律法规对网络环境下的著作权作了规定，但却并没有解决网络课程中的著作权问题。真正针对网络课程中著作权问题的法案，是 21 世纪初通过的《技术、教育和版权协调法案》（*Technology, Education and Copyright Harmonization Act*），简称《TEACH 法案》。[①] 该

① 马宜生、丁宗彦：《网络教育教学资源合理使用问题探析》，载《天津电大学报》2007 年第 11 期。

法案对网络课程中遇到的著作权问题作了详细的规定，对美国的教育机构，著作权人等产生了重大的影响。

(二)美国《TEACH 法案》的主要内容

第一，可使用作品的范围被进一步扩大了。法案将网络课程中可演示的作品规定为"文学作品""音乐作品"和其他任何类型的作品。也就是说所有的作品都可以在网络课程中演示。当然排除了非法作品和专门为网络课程设计的作品。

第二，将网络课程的课堂性质定义为与传统课堂相一致。也就是说，以前适用于传统课堂的著作权规定，现在在网络课程中也都一样适用。这样就使得网络课程可以尽情发挥自己的优势，将网络课程传播到世界的每一个角落，而不用担心侵犯著作权人的权利。

第三，延长了作品复制品在服务器上的存储时间。《TEACH 法案》规定网络课程教育机构可以在其服务器上存储作品的复制品，因为网络课程随时都有利用到该复制品的可能。

第四，网络课程教育机构可以将作品数字化。当作品没有数字化版本或者有数字化版本但却不能使用时，教育机构可以将该作品数字化。

第五，加大了教师的责任。教师应该对数字化作品的演示、数字化作品的内容及与课程的关联性尽到监督的义务，并且要保证数字化作品不能用于非营利教育范围之外。

第六，教育机构的资格限定及义务加强。首先，教育机构必须是经过有关部门授权的非营利性机构。教育机构传播网络课程的对象只能是经过注册的学生，不能向其他非注册人员传播课程。并且在传播课程的时候要提供课程的版权信息并向学生发出版权警示。

(三)美国《TEACH 法案》对我国的启示

美国的网络技术和相关立法都要比我国更加先进，所以《TEACH 法案》对我国在网络课程著作权相关的立法上会有很大的参考作用。《TEACH 法案》也是在美国网络课程教育飞速发展时遇到了著作权阻碍的时候孕育而生的。而我国现在的网络课程教育也在蓬勃发展，也遇到了美国当时所遇到的与著作权相关的问题。并且《TEACH 法案》在美国发挥着非常重要的作用，这说明该法案的立法水平很高，经得起实践的考验。因此，为了使我国的网络课程教育得到进一步的快速发展，我国必须加快相关的立法，而《TEACH 法案》则对我国制定相关的法律有很大的帮助。

六、网络课程著作权的保护

(一)网络课程数据库的法律保护

网络课程中包含的数据库的保护应该依据我国《著作权法》第 14 条的规定来进行保护,该条规定是对汇编作品的保护,汇编作品或数据或者其他材料,对汇编内容的选择或者编排体现独创性,该汇编作品就能够获得法律的保护。网络课程数据库属于该条规定的汇编作品,因此,只要网络课程的数据库具有该条规定的独创性,就能获得法律的保护。

如果网络课程的数据库不具备上面所说的独创性,那么该数据库也可以依据我国《反不正当竞争法》第 2 条的相关规定进行保护。该条规定要求经营者在市场交易中遵守公平诚信等原则,遵守商业道德。所以就算数据库不具备独创性,其他主体也不能够侵犯数据库权利人的权利。

(二)示范课程的著作权保护措施

第一,教育机构一定要严格控制示范课程面向的对象,将对象控制在注册的学生范围之内。许多著作权人不希望把自己的作品数字化后放到互联网上传播的主要原因之一就是网络传播的范围太广,一旦作品上传到网上,那么世界每个角落的人只要轻轻一点鼠标就能够看到著作权人的作品,成本极低,所以也就很少会有人去购买出版社出版的纸质版作品了,这样对著作权人的损失是非常大的。因此,要想说服著作权人将其作品放到网上传播,教育机构就一定要向著作权人保证其数字化后的作品只能向小范围内的人群传播,也就是那些注册了的学生。做到这一点并不难,以现代的互联网技术,可以很容易将传播范围掌控在自己手中。

第二,教育机构还要限制注册学生对课程的学习时间,防止学生把课程内容保存下来然后传播出去,这样也有利于督促学生提高学习效率。虽然网络教育机构能够将作品的传播范围控制在一定的范围内,但是著作权人依然会担心那些注册的学生会将其作品通过网络途径传播到更大的范围中去,这种担心也是合情合理的。所以,网络教育机构还要保证那些注册的学生只能够通过网络课程进行学习,而无法获得这些数字化后的作品,简单点说就是只能看不能拥有。因此，网络教育机构还要严格控制注册学生的学习时间以及学习次数，防止他们将作品传播出去。

第三，教育机构不能够将作品的复制品长时间保存在网络上，当作品使用完后，就应该把作品的复制品移除，防止学生可以无限制地使用作品。有些著作权人虽然同意将自己的作品数字化后放到网络课程中供学生学习，但并不希望自己的作品永久保存在网络上，因为作品多在网络上存在一天，著作权人就会多一天担心自己的作品会被疯传开来。尽管网络的保护技术已经十分成熟，但谁也不能保证不会出现意外。因此，网络教育机构一旦使用完了作品，就应该及时把作品删除，了去著作权人的后顾之忧。

七、结　论

自从互联网诞生以来，它一直在以惊人的速度快速发展。我国人口众多，有十几亿之众，网民的数量也是逐年上升。网络课程也随着网络的发展孕育而生。我国一直都坚持教育为本的基本国策，经济的飞速发展使得我国需要更多知识复合型人才，因此网络课程的出现给那些工作后想边工作边学习的人带来了福音。网络课程的开放性、突破时空界限、个性化教学与交互性等等特性给学习者带来了极大的便利，受到了人们的热烈欢迎，学习网络课程的人也越来越多。网络课程对我国的教育事业将起到重大的作用。但网络课程不同于传统课堂，也正因为它有自己许多的独特性质，现有的法律可以很好地适用到传统课堂上，可面对网络课程带来的著作权问题却一筹莫展。现有的法律已经不能够很好地保护网络课程的著作权相关问题。所以我国必须尽快完善相关的立法工作，使网络课程得到更好更快的发展。

网络课程著作权的归属问题虽然可以根据现有的法律加以确定，但是却会遇到许多争议性的问题。因此还是要通过相关立法来对网络课程著作权的归属进行相关的规定。对网络课程的著作权保护是迫在眉睫的，对网络课程数据库的保护可以依据对汇编作品的保护还有反不正当竞争法的规定来进行保护。另外还要通过多种措施来对网络课程著作权进行保护，因为许多著作权人不将自己的作品放到互联网上就是因为互联网的传播性能太强，因此一定要针对著作权人的担忧来制定对应的保护措施，让著作权人能够放心地将自己的作品数字化后放到互联网上。

网络课程著作权相关的立法工作则可以参照美国的《TEACH 法案》来进

行。因为美国制定该法案时的网络课程发展与我国现阶段的网络课程发展情况十分相似，并且该法案在全世界范围内都具有很强的参照性。通过学习该法案的立法背景、方法、内容等可以对我国的相关立法起到很好的指导作用。

相信通过我国立法工作者的不懈努力，在不远的将来相关的立法将得到完善，我国的网络课程也将得到更好的发展，我国的教育事业也可以蒸蒸日上，国民的文化水平也可以得到进一步的提升。知识复合型人才也会越来越多，终身学习将成为人们的习惯。

参考文献

[1]吴峰丽：《"现代教育技术"网络课程的设计和开发》，载《考试周刊》2010年第22期。

[2]雷才丽、操文锋：《远程教育中网络课程开发的著作权问题》，载《绥化学院院报》2006年第26期。

[3]马宜生、丁宗彦：《网络教育教学资源合理使用问题探析》，载《天津电大学报》2007年第11期。

论我国著作追续权制度的构建

钱佩麟*

摘要:追续权制度起源于上世纪20年代的法国,该制度的目的是保护艺术作者的合法权利。因艺术作者与艺术经销商的利益矛盾日益突出,为平衡艺术作者与艺术经销商的利益,实现公平正义原则而制定追续权制度。根据《中国艺术品市场年度研究报告》显示,2008年以来,中国市场成为全球艺术品市场"为数不多的亮点之一",2011年中国市场首次超过美国成为世界最大的艺术品与古董市场。自2012年起,我国已在《著作权法(修改草案)》中三次修改追续权的概念,国内学者对追续权的基本问题进行了深度的研究,如"追续权的概念、性质特征、法理基础",这为我国构建追续权制度打下了理论基础。本文以此为契机,研究我国追续权制度的构建,完善我国艺术市场的保护。

关键词:著作追续权　艺术作品　欧盟著作追续权制度　制度构建

* 钱佩麟,男,广东金轮律师事务所实习律师。

一、著作追续权制度的基本问题

(一)著作追续权的概念

著作追续权的基本含义是，当艺术作品被再次出售后，如果购买人转售他人的价格高于购买时支付的金额，则该作品的作者有权从此差额中分享一定比例的金额。

2012年3月我国版权局首次将著作追续权写进了《著作权法(修改草案)》中。目前一共经过三次修改，2013年《著作权法(修改草案第三稿)》规定："美术、摄影作品的原件或者文字、音乐作品的手稿首次转让后，作者或者其继承人、受遗赠人对原件或者手稿的所有人通过拍卖方式转售该原件或者手稿所获得的增值部分，享有分享收益的权利，该权利不得转让或者放弃、不可剥夺，其保护办法由国务院另行规定。"[①]由于之前并没有明文规定"追续权"，从追续权的初稿出台开始，便引发社会各界人士的讨论，褒贬不一。从形势上看，追续权入法只是时间问题。

(二)著作追续权的特征

1.著作追续权具有著作人身权与财产权双重属性

目前学界对于著作追续权的性质仍有不同的观点，笔者比较认同目前的主流观点：著作追续权兼具著作财产属性与著作人身属性。首先，追续权具有可继承性，其内容指向财产利益。这一方面体现在每次有利益的转售中，艺术家往往会获得一定比例的经济补偿；另一方面，追续权与作者的人身紧密结合，表现为不可转让性和不可放弃性，权利主体和客体均具有强烈的人身属性。

追续权作为著作权的下位概念，这样有利于著作权法保护体系的完整性。国外大陆法系国家都将追续权列入著作权法中，郑成思先生在其所著的《版权法》中认为，艺术品的转销其实质等同于发行，著作追续权就是艺术家从转销

① 黄一璜：《对〈著作权法〉(修改草案)中有关摄影著作权问题的探讨》，载《高等函授学报(哲学社会科学版)》2012年第2期。

(发行)中提取报酬的一种权利,即追续权应该作为著作权的下位概念,列入著作权法内。

2. 追续权的不可转让、不可放弃性

追续权具有不可转让性。理由有如下:追续权兼具著作人身权与财产权双重属性,基于其具有人身属性决定了追续权不可随意转让,其专属于作品作者以及其继承人。

追续权不可放弃性是指著作权人以及继承人不能对其追续权预先放弃,这一规定有利于追续权制度的有效实施,如果追续权可以放弃,那么相对于艺术品交易商来说,处于弱势地位的艺术作品作者或其继承人往往迫于生活压力,通过合同方式放弃其追续权,那么追续权制度就形同虚设了。

(三)著作追续权制度的法理基础

1. 公平正义原则

法的价值体系包括了法的各种价值目标,如秩序、安全、效益、公平、自由、正义等,它指导着法的具体功能和作用的实现。"正义"是对政治、法律、道德等领域中的是非、善恶作出的肯定判断。作为道德范畴,"正义"与"公正"同义,主要指符合一定社会道德规范的行为。目前,艺术市场蓬勃发展,艺术品成交价不断刷新世界最高价拍卖纪录,少则几千万人民币,多则几亿。然而作为艺术品的创造者却只能"仰天长叹",艺术家和拍卖者之间严重不平衡的利益分配,显然与当今社会按劳分配、公平正义精神相抵触,不符合法的价值。

一般来说,艺术品价格增值受多种因素的影响:首先,艺术作品是由作者创造的,其是艺术作者长期创造劳动的结果,是艺术作者智慧的结晶。其次,拍卖行、中介等艺术品经销商的宣传广告、包装可能导致作品增值。经销商通过对那些尚未出名的艺术家和价值尚未被认可的艺术品宣传、包装、甚至炒作等商业化运作手段,吸引公众的眼球,从而达到增值的效果。但无论如何,我们不能够忽视艺术品作者的劳动结晶,那才是真正的价值所在。如果没有艺术品作者炉火纯青的手艺,任何花哨的营销手段都是"空中楼阁",经不起时间的磨炼,在这个信息高度透明的时代,很难蒙骗精明的消费者。基于正义的法律理念,艺术创造者应该获得对等的回报,有权利从中分享作品增值的利益。

笔者认为,知识产权有着双重价值目标,直接目的是保护知识产品创造者的权益,根本目的是促进知识信息的广泛传播,促进科技、文化事业的发展,最终实现文化进步的社会目的。与其他作品不同,艺术作品有其特殊性,艺术作者只能从其作品的第一次发行中获得报酬,由于其特殊性,复制品并不值钱,艺术品价值是与其载体不可分离的。通过建立追续权制度,赋予美术作品的作者从每次转售中获得适当比例的利益分配的权利,能够协调美术作品作者与传播者之间的利益分配使其达到最佳状态,实现著作权法的价值目标。

2.追续权与权利穷竭原则不抵触

追续权与权利穷竭是否冲突的问题是目前学界争议最为激烈的问题之一。在论述该问题前,有必要先解释权利穷竭原则。权利穷竭原则,是指知识产权所有人或经其授权者制造的知识产权产品,在第一次投放到市场后,权利人即丧失了对它的进一步的控制权,权利人的权利即被认为用尽、穷竭了。[①]

在著作权领域,权利穷竭原则体现在发行权的穷竭上。即著作权人将作品原件或复印件以出售或赠与的方式向社会公众发行后,他人可以自由传播作品而不受著作权人的限制,即发行权只能行使一次。著作权人从作品的首次销售中获得了相应的经济利益,他就不能再对作品的转销、分销等加以控制。

一般来说,著作权客体原件与复制品是等同的,这也意味着作者可以通过无限制地发行复制品来获取回报。然而,美术作品等艺术作品则不同,基于其特殊性,其复制品往往是不值钱的,作者难以通过销售复制品来获取经济利益,而只能通过销售作品原件来获得经济利益。通常情况下,作品首次销售的价格并不高,此后,作品的价值的增值就与作者没有关系了,美术作品作者处于弱势地位。一般著作权的作者可以通过无数次发行复制件来获得经济利益,而美术作品等艺术作品的作者只能通过一次发行原件来获得利益,其客体不同,则应该区别对待。也就是说,美术作品等艺术作品并不适用“权利穷竭”,也就更谈不上冲突了,相反,追续权扩充了“权利穷竭原则”的概念,它们的法理精神是一致的。

从制定权利穷竭原则的理论基础来看,其实权利穷竭原则与追续权并不冲突,制定权利穷竭原则与追续权的理论基础是趋同的。理由有两点:

(1)权利穷竭原则与追续权制度都是以“经济利益回报”为理论基础的。

从知识产权功能的角度来说,权利穷竭的理论基础就是经济利益回报。即知识产权所有者基于法律规定制造[②]并销售后,其已经从该产品或者销售

---

① 张永艾:《权利穷竭原则探究——兼论平行进口问题》,载《河北法学》2004年第3期。

② 张永艾:《知识产权法中的权利穷竭原则》,载《山东师范大学学报(人文社会科学版)》2003年第4期。

行为中获得应得利益，他不能继续对该知识产权产品实施进一步的控制，不然，将阻碍商品流通，损害社会公共利益。从知识产权功能的角度来说，追续权的理论基础也是经济利益回报，只不过基于艺术作品的特殊性，获利方式不一样，追续权是从随后每次转售的增额部分获取一定的比例，追续权制度并没有阻碍商品的流通，同样也没有损害社会公共利益。

(2)权利穷竭原则与追续权制度都是以"私人利益与社会利益平衡"为理论基础的。

从法理学的角度来说，权利穷竭的理论基础就是私人利益与社会利益的平衡。随着社会的发展，法律思潮的进步，个人权利本位逐步让位于社会权利本位。社会权利本位更注重社会整体利益，其必定要对个人权利做必要的限制。从法理学的角度来说，追续权也同样符合私人利益与社会利益的平衡。其实仔细地思考，它们两者之间的社会利益不尽相同，由于一般著作权的作者可以通过发行复制品来获利，其拥有者面对社会公众，社会公众的利益则是社会利益；相反，美术作品作者只能通过发行原件获利，其拥有者往往是社会公众其中的一部分。它们的社会公众数量是不相等的，如果将追续权特定的拥有者的利益视为社会利益，显然是不合理的，对于艺术作品来说，社会利益应该是包括特定拥有者以及艺术品市场的整体利益，追续权制度在平衡艺术作品作者以及交易商、卖家之间的利益的同时激发艺术作品作者的创作动力，推动艺术市场更好地发展，即追续权制度有利于艺术品市场的整体利益。

无论从著作发行权的穷竭以及权利穷竭的理论基础来看，追续权没有违背"权利穷竭"原则，相反它们都有一个目标，那就是很好地平衡私人利益与社会公共利益。

二、欧盟著作追续权制度

(一)关于追续权制度的欧盟指令以及报告

1. 关于追续权制度的欧盟指令

2001 年，欧盟提出关于在欧盟范围内建立追续权制度的指令 2001/84，虽然该指令遭到奥地利和英国(欧盟拥有最大艺术市场的国家)的强烈反对，但是欧盟委员会还是于 2001 年 9 月 27 日通过追续权制度，英国认为废止追续权制度是最好的统一和加强欧盟艺术市场的措施。指令实施不久之后，出现了三个请求：第一，在追续权指令第二份草案中，欧盟议会表明设置统一最低门槛（第一转售价格为1000英镑），并将加强欧盟追续权制度协调统一目标。第二，废除最大追续权支付金额，因为它会损害优秀的艺术家的利益。在大多数国家，追续权支付金额有一个固定的最大值，任何超出该上限的金额都不会支付给艺术家。第三，国会需要两年过渡期来加快统一。

追续权制度的欧盟指令促使欧盟各国建立追续权制度，对于在欧盟范围内追续权制度实施具有重大的意义，虽然该指令设置并没有完全被欧盟各国所接受，但是在一定程度上，加快了该制度在欧盟范围内的统一步伐。

2. 关于追续权制度的欧盟报告

十年后，在2011年1月7日到2011年3月11日期间，欧盟委员会进行了一轮利益相关者协商，以评估追续权指令的有效性。对于备受争议的追续权制度来说，欧盟的报告可谓雪中送炭，报告内容还是肯定了追续权制度，并对“追续权制度给艺术市场的影响”的问题作出了合理的答复。

根据反馈，欧盟委员会制定了报告，该报告是关于追续权指令在2011年底的执行情况和影响的。在报告中，委员会重申了追续权指令的目标，提出了规范化的版权管理，评估追续权对全球和欧洲艺术市场经济的影响。

（1）追续权制度的目标

第一个目标，要继续落实追续权制度，保护艺术家的合法权利。

第二个目标，要协调统一追续权制度，并加强欧盟范围内的市场竞争力。

第三个目标，加强全球范围内的追续权制度。欧盟报告给出追续权制度的目标，这明确了欧盟对于追续权制度有效性的肯定。

（2）追续权制度的国际影响

①艺术市场的总体发展呈增长态势

2011年委员会的报告指出，随着中国市场的显著增长，全球艺术市场整体增长。美国的市场份额下降的迹象可能说明追续权制度对欧盟艺术品市场份额减少影响不大或没有影响。追续权制度在欧盟范围内的应用本来是要借此势头来推动落实追续权在国际的实施，通过倡导其他国家实施追续权制度，尤其是美国，瑞士和中国，以及世界知识产权组织（WIPO）。追续权制度在欧盟长期实施，该目标需要一段时间才能实现。德国和法国的艺术品市场份额以及欧盟艺术品市场一直在增加，而英国的份额一直在减少。

②没有证据表明欧盟内部的市场份额受到追续权制度的负面影响

根据2011年委员会的报告，没有证据表明欧盟市场一直受追续权制度的负面影响。同样，设计和艺术家版权协会，VG Bild-Kunst(德国一个集体管理组织)以及欧盟委员会没有发现相关证据证明已故艺术家的追续权实施对市场构成了负面的影响。

③没有证据表明欧盟的竞争优势受到追续权制度的负面影响

苏富比和佳士得磋商表示，追续权资格向艺术家继承人的延伸，最终将损害英国市场。由于为买家和艺术品经销商的管理负担的增加，拍卖行担心已故艺术家的追续权实施使得其在欧洲市场开展业务变得更困难。

该论点是源自艺术市场上的完全竞争的假设。当存在竞争时，艺术交易商便有可能削减一切可能的成本，以避免被逐出市场。这些费用其中包括运输和保险，以及追续权费用。当运输和保险的固定成本比所需追续权特许费用低时，贸易商和买家往往会迁移到没有追续权制度的地方。这种现象在高价值的艺术作品是最常见的，尤其作品价值超过 40000 英镑。随后，有关这些类型的作品的交易很可能会在欧盟以外进行。

欧盟委员会在 2011 年的报告中对该问题进行了评价。根据欧盟委员会 2011 年的报告，没有相关证据支持或反对"艺术品交易市场转移与追续权制度之间的关系"。

然而在实践中，在欧盟内全球知名度低以及价格低于 40000 英镑的作品通常由当地贸易商出售给地区的买家。追续权制度不会导致艺术品交易市场的移转。由于该地区的艺术品市场往往有大量相对金额较小的交易，追续权行政成本呈现指数上升。基于此，追续权使用费的数额将是较低的，对于艺术品交易市场的影响并不大。

(二)德国，追续权制度最完善的国家

在欧盟成员国中，实施追续权制度最具代表性的国家应该是德国。德国对于艺术作品作者权益的重视，德国对于追续权制度的制定是相当"用心"的，研究德国的追续权制度，对于我国追续权制度的初步构建有极大的参考意义。

现行的德国《著作权法》第 26 条规定："如果造型艺术作品的原作被再次转让，并且有艺术商或者拍卖商作为受让人、让与人或中间人参与，让与人应将让与所得收入的 5%付给著作人。[①] 如果让与所得收入少于 100 马克，则免去出售人的该项义务。"因此，根据德国的法律，只要在艺术作品的转售中，买

① 林海燕：《论追续权》，湘潭大学硕士论文，2008 年。

主、卖家或买主卖家的代理人有一方是商人，则就可适用追续权。作者所享有的追续权不可放弃，即使作者宣布放弃，在司法执行中，法院也不予承认。提成比例高达5%，体现了德国非常注重艺术品作者的权益。[①] 同时设定了最低收入门槛为100马克(约为人民币440元)，由于100马克金额低，收入低于100马克的交易不多，该门槛在实际操作中没有多大的作用，但是该条文设置的法律思维是相当高的，初步实施追续权制度的国家可以将最低收入门槛调高，那样就有利于追续权制度的试行，且不会对艺术市场造成太大的影响。

德国明确指出："版权条例第26条只包括原件而不包括复印件"。而欧盟的追续权指令指出："如果艺术作品已经签署获得艺术家的正式授权或数量有限，复制品可以是追续权的客体。"笔者非常赞成德国的这一规定，追续权的作品只包括原件不包括复印件，倘若复制品也受保护，尽管该复制品是经过正式授权或数量有限，中国艺术品造假现象严重，造假品足以乱真，一旦伪造品流入市场，其一定会严重地阻碍追续权制度的实施。

除此之外，德国还规定了"权利人还可要求艺术商或拍卖商提供作品再转让情况信息的权利，这一权利的时效期间为在艺术作品原件出售，再出售或拍卖行为发生之日起10年之内"。该规定有利于权利人清楚艺术作品的转售信息，从而避免了追续金的纠纷案件，但是集体管理组织应该监督卖家、艺术商或拍卖商，以保证其提供转售信息的真实性，这样才能够减少卖家、艺术商或拍卖商有意回避追续金，私下交易等现象。

德国政府还成立了追续权集团管理组织，以维护艺术作品作者的权利。具体操作为，从该组织的艺术家的第一次销售艺术作品中抽取5%～7%不等的金额，作为保障基金，并有义务在一年内获得利润的同时缴纳政府要求的费用。为减少追续权制度对德国拍卖业的不利影响，德国画商和拍卖商与德国艺术家著作权集体管理协会达成协议，规定画廊和拍卖商支付的追续权费用比例，这也是非常人性化的。

(三)英国，追续权制度实施最为保守的国家

相对于德国而言，基于英国是全球艺术市场的重要交易中心，英国对追续权制度则持反对态度。对于欧洲联盟(EU)推出2001/84欧盟范围内追续权

---

① 张旭光：《论追续权》，河北经贸大学硕士论文，2008年。

保护指令(*Directive* 2001/84/*EC of the European Parliament and of the Council of* 27 *September* 2001),英国强烈反对,但是还是阻碍不了该指令的通过。迫于无奈,英国在尽可能降低艺术市场干扰的前提下,实现追续权制度。欧盟对于追续权制度的要求放宽,其实质是对英国市场作出让步。第一,英国单次提成不超过 12500 英镑,而欧盟指令是要废除最大追续权提取金额。第二,给予英国一个宽限期,到 2012 年前如果还没有实施追续权制度,则允许其追续权适用对象仅针对在世艺术家的作品,然后在逐步过渡到艺术家的继承人。由此,英国艺术市场得到了一个缓冲。第三,追续权制度在欧盟内的执行被推迟,英国有更多的时间来抗衡美国、中国和瑞士。第四,修正无最低转售价格,最低转售价格范围为 15 英镑到 3000 英镑。根据英国的报告,较高的最低销售价格会减少集体管理组织的行政负担,但艺术家从中获益更少;当最低转售价格较低时,相关的专利费将是微不足道的,对每个特许权收到相当低比例费用的集体管理组织仍然会受益,因为较低的最低转售价格有大量的交易。

英国于 2006 年发布了关于追续权的条款,下面列出几项:

(1)艺术品种类包括原件以及复制品;

(2)追续权只适用于在世的艺术家的作品转售;(2010 年修改为:受益人包括艺术品作者及其继承人)

(3)只适用于公开交易的艺术品市场,私人交易不行使追续权;

(4)单次提成不超过 12500 英镑;

(5)追续权金额最低转售价格为 1000 英镑;

(6)提成比例按照出售作品价格进行阶梯提成,随着转售价格的增高而降低,比例范围为 0.25%～4%;

(7)集体管理组织强制化,获取追续权信息只能通过集体管理组织来行使。

基于维护其艺术品市场份额的目的,其规定更多的偏向于艺术品交易商、拍卖行以及卖方的利益,虽然英国追续权制度实施时间短,但是还是有很大的参考价值,英国想方设法地在维护艺术市场的前提下,对追续权制度作出特殊的规定,这为维护艺术品交易市场的稳定提供了很好的借鉴方法。

三、我国建立著作追续权制度的必要性与可行性分析

(一)关于追续权制度的争议点

在探究我国建立著作追续权制度的必要性与可行性之前,笔者认为有必要先论述一下目前关于著作追续权制度的争议点。目前,关于追续权入法的争议很多,本文列举主要几个争议点,并进行论述。主要有如下争议:第一,追续权会影响中国艺术市场的发展。第二,追续权制度的有效性,真正有多少艺术家从中受益,且过半比例追续金流入继承人口袋。第三,追续权的管理费用过高。

争议一,2011 年的欧盟报告的数据证明,追续权制度对欧盟艺术品市场有负面影响。有人称过去十年里,欧盟的艺术市场占全球的份额在下降,以此得出追续权制度对欧盟艺术市场的负面影响,可是份额的下降并不能证明追续权制度对欧盟艺术市场的负面影响,理由如下:(1)中国的艺术市场发展过于迅猛,导致其他国家艺术市场份额下降。(2)没有追续权制度的美国,其市场份额也在下降。(3)欧盟艺术市场销售额总体还是增长的。(4)在欧盟内部,德国和法国的艺术市场份额在增加,相反,短时间、低水平追续权保护的英国的市场份额在下降。基于以上数据表明,追续权制度对欧盟艺术市场没有影响或影响很低。

争议二,根据德国政府对德国艺术市场地位的研究报告,追续权制度普遍地增强了德国的艺术市场,2/3 的受益人是已故艺术家的继承人。欧盟估计,整个欧盟多达 250000 名的艺术家享受到了追续权利益,并且这些艺术家大量居住在英国。根据这些数据显示,大部分受益人是已故艺术家的继承人,而这也是追续权制度设立的初衷之一,而且受益的艺术家数目并不少,并且大量居住在低水平追续权保护的英国。

争议三,追续权的管理费用过高。参照欧盟各国的做法,追续权的管理费可以降低。在德国,VG Bild-Kuns(集体管理组织)收取追续金额的 12%作为管理费。英国表明,竞争可以降低集体管理组织的管理成本,在 ACS(艺术品收集协会)创建之前,DACS 是唯一的集体管理组织,其要求管理费的追续金的 25%作为管理费用;在 ACS 创建之后,ACS 要求管理费为追续金的 18%,DACS 的管理费用减至追续金的 15%。另外,欧盟委员会指出,通过追续权

的规范化管理，其管理成本也会降低。

(二)建立著作追续权制度的必要性分析

如今艺术市场的快速发展虽然带给了一些艺术家、拍卖行以及卖家不少财富，但是从艺术家的角度来看，这部分“受益的艺术家”是极少数的，当今中国出名的艺术家占的比例很低，同时由于人们现在消费心理作怪，相对艺术作品本身，往往更看重艺术家的名气，大量平庸艺术家的作品无人问津，中国政法大学教授张今说，“比如美术作品首次拍卖时，其真正价值也许没有从价格中得以体现，而更多是作者成名后甚至是去世以后，才不断增值”。美术作品、作家手稿等往往是在市场中流通后才有增值，但是没有创作就没有流通，作者的创作是繁荣文化、促进市场流通的一个源泉，因此其权利应该得到保护，追续权制度有利于改善这种现象，激发艺术作品作者的创作动力。因此，建立追续权制度有诸多必要性：

1. 艺术市场的需要，为艺术市场不断注入新鲜“血液”

目前我国经济、政治、文化得到了极大的提升，艺术市场得以不断飞速发展，香港苏富比 2014 春拍结束总成交 34.2 亿港元，玫茵堂珍藏明成化斗彩鸡缸杯由上海收藏家刘益谦以 2.8124 亿港元夺得，刷新中国瓷器世界拍卖纪录；来自坂本五郎珍藏的克拉克旧藏北宋定窑大盌则以 1.468 亿港元的高价拍出。这些拍卖纪录，确实振奋人心！不过归根到底，艺术品才是创造这些纪录的根源，未来艺术市场纪录的诞生需要更好、更优秀的作品，因此，艺术家的权益应该得到保障。我国《著作权法》的立法宗旨是：“保护文学、艺术和科学作品作者的著作权，以及与著作权有关的权益，鼓励有益于社会主义精神文明、物质文明建设的作品的创作和传播，促进社会主义文化和科学事业的发展与繁荣。”通过追续权制度的实施，为日后艺术市场的繁荣发展奠定坚定的法律基石，为艺术市场不断注入新鲜“血液”。

2. 国际发展的需要，保护我国艺术家在国际艺术品市场的权利

追续权制度诞生了 90 多年，目前已有较多的国家加入该行列，追续权制逐步走向国际化的道路。根据《伯尔尼公约》的规定，成员国之间对追续权的保护实行对等原则，我国没有建立追续权制度，则国外艺术品作者没有获得权利，我国艺术品作者在国外市场也不能享受追续权，2010 年中国艺术品市场交易总额达到了 1694 亿元，已经超越英国，居世界第二位，而且 2014 年的市场势头非常不错，大量外国拍卖行乐于在中国举行拍卖活动，如苏富比和佳士得，大量资金流入国外，并且为国外拍卖行节约了追续权费用成本，这不利于

我国艺术市场的可持续发展以及艺术品作者权利的保护。

3. 艺术作品的特殊性的需要，平衡艺术品作者的利益

与一般著作作品不同，艺术品复制品是廉价的，艺术品作者不能从其艺术品的复制品中获得报酬。艺术品原件凝结着艺术品作者独一无二的艺术情感，而机械生产的复制品虽然形似，但永远无法达到神似，这是无法与手工制作的原件相比拟的。这样就意味着，艺术品作者要花更多的时间、精力和想法去创作不同的艺术作品，才能获得更多的报酬。相反，对于一般的著作权作品（如：文字作品、电影、音乐等）来说，作者只需要一次创作，即可通过多次发行作品的复制品来获取利润。再加上，大多数作品在艺术品作者没有出名前以低价出售，待该艺术品作者出名后才价格飞涨，艺术品作者没有从中获得应得的利益，这样的现象普遍存在。基于艺术作品的特殊性，设定追续权制度来保护艺术品作者的利益显得有理可依。

4. 实现公平正义的需要

从奴隶社会、封建社会、资本主义社会到社会主义社会的发展过程中，人们的意识水平在不断提高，"公平正义"是社会发展的趋势，社会公平正义是社会和谐发展的基本要求和目标，也是一个文明社会进步的标志。

公平正义是广大劳动人民的利益、愿望和追求的价值目标。公平正义原则也是中国特色社会主义的应有之义与实践追求，指引着中国特色社会主义的发展方向。要维护社会主义的公平正义，发展生产力是基础，加强法制建设是保证，制定合理政策是有效途径，促进教育公平是基石。实践是验证真理的唯一标准，中国改革开放取得的成就足以说明该原则是真理。

然而，当今中国艺术市场存在着利益分配不公平、不公正，艺术作品作者合法的权益一直遭受侵害等现象，因此我们需要去维护艺术市场的公平，建立追续权制度。

（三）建立著作追续权制度的可行性分析

虽然我国是发展中国家，艺术市场还存在着缺陷，并且正值中国艺术市场发展的高峰阶段，似乎建立追续权制度不太适时，但是仔细观察，其实我国具备了一定的法律基础、市场制度基础以及物质基础，再加上追续权制度在欧盟实施了相当长的一段时间，为我国提供了足够的经验。

1. 我国的著作权保护处于世界先列

在著作权保护方面，我国有完善的著作权保护法律体系，并在学界有良好的声誉。《中华人民共和国著作权法》颁布十年来，我国的著作权保护事业取

得了令人瞩目的成绩，现在我国著作权法律体系已经形成，并在不断完善之中；建立了著作权司法与行政执法体系；著作权服务体系已全面开始运作；社会公众的著作权意识也在逐步提高。这为我国著作追续权制度的构建提供了一个良好的法律环境。

我国在著作权法颁布两年、实施仅一年多的时间里，就先后加入了《伯尔尼公约》《世界版权公约》及《录音制品公约》等三个主要国际版权公约，并全面认真地按照国际标准履行自己的版权保护职责，不断完善自己的著作权法律体系和著作权司法与行政执法体系。据不完全统计，全国共有48个法庭设置了知识产权审判庭。此次，著作追续权制度的建立将更加完善我国著作权保护的法律体系。

2. 艺术市场发展水平高

据雅昌艺术市场检测中心（AMMA）的统计，2011年我国艺术品交易总量为2108亿元，年增长率达24%，位列世界第一。从2003—2012年我国艺术品拍卖市场的成交额可以看出，2012年艺术品拍卖市场虽有较大幅度的整理性回调，但我国艺术品市场的发展规模却是空前的。如此庞大的交易数额，背后必须有完善的制度才得以实现。

同时，我国艺术市场飞速发展，引起了大量学者的关注，学术研究论文成倍数递增，以CNKI中国学术期刊网络出版总库为例，2002年至2012年关于“艺术品市场”的期刊文章共有1118篇。其中，2012年发表期刊407篇，为历年最高论文数量，较之2002年增长765%。这也为艺术市场的发展提供了大量的新理论，对于艺术市场发展中存在的问题进行详细的分析，并提出对策，为完善艺术市场制度提供帮助。

3. 成熟的集体管理组织

从欧盟各国追续权制度的实践经验来看，追续权统一由集体管理组织集中管理。在欧盟，这些集体管理组织一般属于非盈利的民间组织，其通过收取一定数额或者百分比的追续金额，以弥补管理费用。集体管理组织集中帮助艺术作者追讨追续金，这大大节省了作者自己主张追续金的时间、金钱成本，以及降低维权的难度。

而我国现在已经有5个比较成熟的集体管理组织，追续权的行使可以通过集体管理组织统一向各艺术品经销商收取作品转售提成，再向作者分配追续权收入的运行方式进行，这样更为规范和有效。同时，艺术代理商规范化、交易信息透明化、财务税收监管完善化等都是保障追续权有效运行的重要措施。虽然集体管理组织对于追续权的实施有诸多好处，但是集体管理组织的行政管理成本略高，致使追续金有较大一部分用来支付其行政成本，该问题目前暂时得到了解决，英国的实践结果表明，竞争有助于降低集体管理组织的行政管理成本。

4.欧盟追续权制度的实践经验丰富

欧盟各国实施追续权制度已有相当长的一段时间，前文重点论述了法国、德国以及英国在制定追续权制度上的区别，并针对其实施情况以及国情作出了特定的修改，这确实给我国著作追续权的制定提供了宝贵的参考意见。

经过2001年的欧盟指令，为各国设立追续权制度提供了一个框架，为日后追续权制度的统一做好了铺垫，虽然目前协调统一追续权制度以加强欧盟范围内的市场竞争力的目标尚未实现，但是对于追续权的主体包括艺术品作者和继承人，强制实行集体管理机构管理、追续权不可转让放弃等方面的设置基本趋同，只是对于是否设定最大追续权金额、具体的提取比例，以及追续权的客体等方面存在细微的差别。这些制定基于不同理由而有所差别，这使得我们更为周全地了解了追续权制度，这对于我国构建著作追续权制度极其有利。

此外，2011年底欧盟委员会发布"追续权制度的执行情况和影响"报告，其报告结果还是令人满意的，最为重要的是，欧盟艺术市场并没有受到追续权制度的负面影响，这给了很多批判者以重重一击，也打消了我国著作追续权制度对于艺术市场影响的担忧。报告提出追续权全球化的目标，表示了欧盟对于追续权制度实施效果的信心，明确指出引导中国、美国、瑞士建立著作追续权制度，加快全球艺术市场追续权制度的统一。

四、构建我国著作追续权制度

我国追续权制度已有初稿，初次立法难免存在问题，对于初稿的设定，学界提出了许多意见，欧盟国家追续权制度的制定也为我国提供了丰富的经验，但是还需结合我国艺术市场的现状，针对性地制定相关法规，在尽可能不影响艺术市场的前提下，保护艺术品作者的合法权益。在具体操作方面，应该分阶段实施不同的计划，建立初期保守制定，根据追续权制度的有效性情况，以及随着艺术市场制度、著作权法的完善，逐步加深对追续权制度的构建，以达到艺术品作者与艺术品交易商、拍卖行以及卖家利益平衡的状态。由于目前我国还没构建著作追续权制度，因此在相关规定的设置中可以偏向保守。

(一)追续权的客体

追续权保护的客体是艺术作品,对于艺术作品的概念,不同国家有不同定义。根据欧盟追续权指令的规定,艺术作品的定义为立体造型或图形艺术作品。追续权指令保护特定艺术作品,即图片、拼贴画、油画、素描、版画、石版画、雕塑、挂毯、陶瓷、玻璃器皿和照片。如果作品已经获得艺术家的正式授权或者数量限定,复制品也在保护范围之内。

而我国《著作权法》修改草案第三稿规定:"追续权,即美术、摄影作品的原件或者文字、音乐作品的手稿首次转让后,作者或者其继承人、受遗赠人对原件或者手稿的所有人通过拍卖方式转售该原件或者手稿所获得的增值部分,享有分享收益的权利,该权利不得转让或者放弃、不可剥夺,其保护办法由国务院另行规定。"

基于以上定义,笔者从两个具体的客体范围,以及是否包括复制品进行论述。

第一,具体的客体范围。从我国追续权修改草案可以看出,这里的美术作品的含义是十分宽泛的,并没有具体列出,这也为以后法律的施行对于客体的认定造成障碍,一般来说,美术作品,是指绘画、书法、雕塑等以线条、色彩或者其他方式构成的平面或者立体的造型艺术作品。美术作品包括纯美术作品和实用美术作品。对于实用美术(艺术)作品是否应该列为受保护的客体呢?笔者认为不应该列为保护客体,因为其主要功能是满足日常使用的需求,其次才是满足人们的审美需求,而且其造型可受专利法的外观设计保护,其作者可以通过无数次发行复制品获得报酬,从本质上看,其是一般著作作品,不满足追续权客体的特殊性质,并不是追续权的美术作品。

第二,不包括复制品。欧盟指令表明复制品可以列入保护的范围之内,基于我国艺术市场的现状,笔者认为,不应该将其列入追续权的客体中。一方面,我国造假现象严重,且技术高超达到以假乱真的境界,要是复制品也列入保护的范围,不利于追续权制度的施行;另一方面,还可能以此衍生新的犯罪,以假复制品的转售骗取追续金。

(二)追续权的保护期限

追续权的保护期限可以保持在作者生前以及死后50年的基础上,增加转售次数,从而保证著作权法体系的完整性。

目前,关于追续权的保护期限有两种理论,即"无限主义"和"有限主义",

追续权在著作权体系中,不可能采用"无限主义",应当在时间上作适当的限制。由于追续权是著作权的下位概念,由《著作权法》规定,当作者为公民时,期限为作者生前及死亡后50年,截止于作者死亡后第50年的12月31日;如果是合作作品,截止于最后死亡的作者死亡后第50年的12月31日。

增加转售次数。多数国内学者建议,基于追续权的特殊性,其保护期限适当延长至死后70年,笔者认为这一建议确实有其道理,不过这样就显得追续权制度的保护期限与著作权的体系不一致,笔者认为可以增加转售次数来适当延长。如规定死后50年再加1或2次转售,因为相对于时间保护来说,次数保护更为直观,一般来说,卖家大都基于欣赏的目的从拍卖行或者画廊购入艺术作品,艺术作品转卖次数并不多,以凡·高的作品为例,在1987年,日本安田水上火灾保险公司以3950万美金的高价购得《向日葵》,该作品至今近30年还未转售,1998年,凡·高作品《自画像》以7150万美元卖出,至今也有近20年仍未转售等,有些名贵作品可能在作者生前与死后50年期间除了首次出售,并没有转售过一次,这样就无法保护作者的合法权利了。至于次数统计问题,集体管理组织的信息管理系统为此提供了可能。

(三)追续金额的计算方式

由于我国处于初步构建阶段,因此应试探性地实施追续权制度,通过特定的规范设置,使其对我国艺术市场的影响最小化。

1.提成比例

法国的提取比例为3%,德国的提取比例为5%,而英国的提取比例按照出售作品的价格进行阶梯提成,以锥形规模数率为原则,随着转售价格的增高而降低,比例范围为0.25%~4%。具体如下:

作品转售价格(单位:英镑)	比例(单位%)
0~50000	4
50001~200000	3
200001~350000	1
350001~500000	0.5
超过500001	0.25

英国提出比例的设置对于我国著作追续权制度有很大的参考价值,这样可以防止艺术市场转移到没有追续权制度的国家。

2. 最大追续金额

设定最大追续金，即追续金额有最大值，不能超出该上限金额。理由如下：第一，符合追续权制度的立法宗旨。虽然这种做法对于较为成功的艺术品作者不利，不过根据追续权制度的立法初衷，其是保护那些利益分配极为不平等的艺术品作者，现在出名的艺术家生活水平高，例如，曾梵志的作品《最后的晚餐》拍出 1.8 亿港元，成亚洲最贵当代艺术品等，不过这毕竟是小数群体，追续权制度应该保护大多数艺术家群体。第二，可大大减少对艺术市场的影响。通常来说，名家的作品拍卖价格都是相当高的，对于少则几十万，多则上亿的作品来说，追续金额相当丰厚，这样会大大降低卖家以及拍卖行的热情，对于艺术市场有一定的影响，同时也大大降低了“交易迁移现象”（当运输和保险的固定成本比所需追续权费用低时，贸易商和买家往往会迁移到没有追续权制度的地方）。

3. 最低转售金额

设定最低转售金额，即当转售价格等于或高于某一固定金额数值时才适用追续权制度。德国设定其最低转售金额为 400 英镑，而英国设定为 1000 英镑。较高的最低转售价格会使符合条件的艺术品作者数量减少，从而减少集体管理组织的行政负担；相反较低的最低转售价格会使符合条件的艺术品作者数量增多，同时加大集体管理组织的行政负担，不过由于符合条件的作品数量增多，集体管理组织收到的管理费用也会增多。

笔者认为，应该先将其设定为较为保守的数值，再根据实施实际的数据作出调整。

（四）行使方式

目前追续权的行使方式有三种：私人行使、委托代理商或机构行使、授权国家行政机关行使三种方式。基于其维权成本高，取证以及调查信息困难等缺点，私人行使已被淘汰；授权国家行政机关基于其地位可便捷地获取相关信息，以及提供信息，但是国家垄断经营也有其弊端，办事效率低，程序繁杂等等；欧盟指令规定追续权统一由集体管理组织管理，并强制实行，这该制度也得到了学界的认可，在德国，集体管理组织为其成员执行追续权的索赔，因为只有集体管理组织有权收集信息，不是集体组织成员的艺术家将难以行使其债权。借鉴欧盟追续权制度的实施经验，强制集体管理组织行使更加有效。

(五)集体管理组织

鉴于欧盟经验以及我国已有五个比较成熟的集体管理组织，追续权制度可以依靠集体管理组织强制管理，不必花费金钱再构建一个新的行政机构。笔者认为我国集体管理组织可从以下几个方面开展：

1. 自由化竞争

适当地鼓励集体管理组织机构的构建，自由化竞争，降低整体行政管理成本。在英国，实践证明竞争能减少在艺术交易市场的管理费用。在艺术家收集协会(ACS)创建之前，DACS是唯一的集体管理组织，其要求追续金额的25%作为管理费用。在艺术家的收集协会(ACS)创建之后，ACS只要求特许使用费的18%了。

2. 增强集体管理组织的管理水平

增强集体管理组织的管理水平，以提高行使追续权的透明度。完善艺术品作者的登记名单；收集艺术作品销售的所有必要信息(如，作者，价格，销售日期及名称等)；建立问责制，合作开发精简的报告系统；建立解决常规问题的机制(如关于作品的申请资格，未分配利益的追续金额等问题的解决)定义、收集和评估市场数据，以预测将来的情况。

五、结论

随着追续权制度在欧盟内的发展与实践，追续权制度得到了越来越多国家的认可。近年来，我国政治、经济、文化都得到了很大的提升，国外交流也日益频繁，艺术市场更是取得了骄人的成绩，居于世界前列，在此背景下，为我国引入著作追续权制度提供了契机。我国艺术作者劣势地位情况突出且历史悠长，保护艺术作者合法权利的呼声也显得越来越明显。

笔者基于国内关于追续权的最新研究成果的基础上，论述了著作追续权的基本问题，著作追续权是著作权的下位概念，其目的是平衡艺术作者与艺术交易商的利益分配，著作追续权有几大重要特征，其不可放弃、不可转让、兼具著作人身与财产属性。同时，著作追续权的法理基础是公平正义原则，另外，基于由作者低价出售原作品，原作品却被高额转售，著作追续权与非常损失原则有着共同性。由于艺术作品的特殊性，作者不能通过发行复制品获得收益，其不等同于一般著作权客体(如：文字作品、影视作品等)，因此，追续权并不适用和抵触权利穷竭原则。通过论述著作追续权的法理基础也为我国构建该制度提供了理论依据。查阅欧盟关于追续权的最新研究报告，并对比分析法国、德国、英国追续权制度的差异，欧盟最新研究报告消除了大部分人对于追续权有效性的担忧，报告称，追续权制度并没有对欧盟艺术市场造成影响，并提出追续权目前存在的问题以及解决指导，并指明追续权制度未来走向国际的方向。比对三国追续权制度的差异，让我们较为全面地认识了追续权制度，提供了有效的经验。重点论述了追续权制度的可行性与必要性，为我国构建追续权制度提供前提，试图以不影响艺术市场发展为前提，针对我国著作追续权制度的构建提出建议，在客体范围不包括复制品，保护期限在保证著作权体系完整的基础下，提出次数保护，以及通过以锥形规模数率为原则的提成比例、最大追续金额以及最低转售金额这些规定，减少该制度对艺术市场的影响，以及对我集体管理组织制度的分析。

参考文献

[1]黄一璜：《对〈著作权法〉（修改草案）中有关摄影著作权问题的探讨》，载《高等函授学报（哲学社会科学版）》2012 年第 2 期。

[2]张永艾：《权利穷竭原则探究——兼论平行进口问题》，载《河北法学》2004 年第 3 期。

[3]张永艾：《知识产权法中的权利穷竭原则》，载《山东师范大学学报（人文社会科学版）》2003 年第 4 期。

[4]林海燕：《论追续权》，湘潭大学硕士论文，2008 年。

[5]张旭光：《论追续权》，河北经贸大学硕士论文，2008 年。

知识产权侵权损害赔偿制度探析

阮　宁*

摘要：知识产权的侵权赔偿涉及赔偿的原则、范围、举证责任及计算方法等。其中最基本的全部赔偿原则决定了侵权人应就其对权利人所造成的全部损害进行赔偿，包括对财产、商誉、精神损害及合理费用的赔偿。赔偿额的确定是当事人、社会公众最为关注的，意义非同一般。现行立法的计算方法过于原则和笼统，不易操作。本文试从理论和实务的角度对上述问题进行讨论，并提出一些建议。

关键词：知识产权　损害赔偿　建议

知识产权是随近代科学技术、商品经济的发展而发展起来的。以智力成果为客体的此项民事权利，对权利人有着特殊的经济和人身方面的利益，也正因为如此，为谋取非法利益而侵犯此种权利的行为就必将发生，知识产权法也就不得不规定侵害知识产权的赔偿责任以维护权利人的利益并制裁侵权行为人。

知识产权的侵权损害赔偿，是追究知识产权侵权行为最主要的民事责任形式之一，更是知识产权法的一项重要法律制度。但在赔偿计算上采用的三种方法，过于原则和笼统，不易操作，在实践中对权利人的保护及对侵权人的打击也显得力不从心。故很有必要对知识产权侵权损害赔偿制度作进一步的

* 阮宁，男，广东金轮律师事务所律师。

研究和探讨。本文主要讨论的是知识产权侵权行为发生后，确已造成损害，对损害该如何赔偿的问题。

一、概述

(一)知识产权侵权损害赔偿的特点

知识产权是民事主体对自己创作的或继受取得的智力成果依法享有的专有权。按照我国民法通则的规定，我国知识产权包括著作权、专利权、商标权、发明权、发现权及其他科技成果权。我国知识产权法律是以著作权法、专利法、商标法、反不正当竞争法和原技术合同法为基准框架的。

对知识产权的侵权具体表现为对知识产权所有人上述权利的剽窃、篡改、假冒、打击、压制等侵害行为。侵权人应承担相应的民事责任。赔偿并非侵害知识产权的唯一责任方式，除此之外还有停止侵害、消除影响、赔礼道歉等民事责任方式和行政的、刑事的责任方式，但赔偿为侵害知识产权的最主要、最有效的救济方式。

由于知识产权是不同于物权、债权、人格权、身份权的独立民事权利，其本身的特点决定侵害知识产权的赔偿有以下特点：

1. 被侵害客体的特殊性。被侵害客体——知识产权，不同于物权、债权的客体具有物质的单一性，知识产权离不开一定的物质表现形式，又与其他物质载体相对分离，因此，单纯侵害其物质载体(毁人书籍、商标或专利书)并不构成对知识产权的侵犯而只构成对财产权的侵犯，除非侵犯其物质载体为知识产权的唯一的不可复得的表现形式(如唯一创作手稿)方可另当别论。知识产权与其物质载体的相对分离，也意味着权利人难以通过对知识产权的专门控制以排除他人的侵害，并且在他人侵害时往往难以即刻发现。这些就决定了侵害知识产权认定的复杂性和保护的难度。被侵害的客体——知识产权，又具有时间性和地域性，这也是侵害知识产权的赔偿不同于侵害财产权和人身权赔偿的特殊性。

2. 赔偿数额确定的特殊性。侵害知识产权的赔偿，难以像侵害物权、债权的赔偿那样较易确定实际损失额。知识产权具有人身权和财产权的双重属性，对其人身权的侵害，类同于精神损害，只能综合各种情况酌定赔偿额；而对其财产权的侵害，其赔偿额应为使用知识产权的非法所得额，有时则为知识产权人因他人非法使用造成的营业额损失额，应结合实际情况和相关法律规定来确定赔偿额。

(二)我国知识产权侵权损害赔偿制度的现状

我国通过制定一系列的法律、法规及司法解释，已初步建立起了知识产权侵权损害赔偿制度，但制度还不太完善，归纳起来主要存在以下几个方面的问题：

1. 现有规定过于原则，可操作性差。我国《民法通则》、最高人民法院《关于贯彻执行〈中华人民共和国民法通则〉若干问题的意见》《著作权法》《计算机软件保护条例》《专利法》等均只作原则性规定，侵权人应当赔偿权利人的损失，损害赔偿的范围、计算损害赔偿金额的标准和方法等均无具体的规定。这就为司法实践公平合理地确定侵权人应承担的赔偿责任增加了难度。虽然《商标法》、最高人民法院《关于侵犯商标专用权如何计算损失赔偿额和侵权期间问题的批复》(以下简称《批复》)以及最高人民法院《关于审理专利纠纷案件若干问题的解答》(以下简称《解答》)对侵权损害赔偿有进一步的规定，但仍没有从根本上解决损害赔偿额难以确定的问题。以专利权损害赔偿金额的确定为例，《解答》规定了三种损失赔偿的计算方法，由法院根据不同的情况选择适用。

第一种以专利权人因侵权行为受到的实际损失作为损失赔偿额。计算方法是：因侵权人的侵权产品(包括使用他人专利方法生产的产品)在市场上销售使专利人的专利产品的销量下降，其销量减少的总数乘以每件专利产品的利润之积，为专利人的实际损失。就目前的司法实践来看，这一方法运用得很少，因为如果专利产品销量没有减少，那么这个方法就不能使用；如果专利产品销量下降，其下降的原因可能是多方面的，侵权人可以比较容易地针对此种计算方法提出合理的抗辩事由，所以在知识产权的诉讼案件中，很少有人要求对损失进行完全的调查。而且计算方法中的“积”是否就能完整地衡量专利人的实际损失，“实际损失”的实质含义是什么，是否含可得利益(间接利益)的损失，就不得而知了。

第二种是以侵权人因侵权行为获得的全部利润作为损失赔偿额。计算方法是：侵权人从每件侵权产品(包括使用他人专利方法生产的产品)获得的利润乘以在市场上销售的总数所得之积，即为侵权人所得的全部利润。这种方法的适用范围也很窄。因为如果侵权人未获得利润，则此方法不适用；即使侵权人获得了利润，在法院实际审查时，侵权人也往往作假，向法院提供不真实的财务账册和营销资料，使被侵权人和法院难以查明侵权产品销售数额及每件侵权产品的利润。而且如何界定"侵权所得利润"和"侵权产品的销售数量"，《解答》未明文规定，因而在司法实践中存在诸多不同的看法，如利润是指生产利润、销售利润、经营利润，还是税后利润；库存品、代销经销中未售出的侵权产品、退货的侵权产品又是如何计算等问题都亟待解决。

第三种是以不低于专利许可费的合理数额作为损失赔偿额。专利许可费一般是由权利人与被许可人根据专利的先进程度、经济寿命、正常收益率、使用范围等因素协商确定的，如果权利人未曾许可他人有偿使用专利权，且权利人也未能与侵权人达成专利许可费协议，则此种方法就不能使用。

2. 有关法律及司法解释对侵权损害赔偿规定不尽一致。虽然反不正当竞争法不完全属于知识产权领域，但是由于其规范了涉及知识产权的竞争行为，因此它对侵害知识产权的不正当竞争行为的损害赔偿责任的规定应尽量与知识产权法律保持一致。然而，实际情况并非如此。《反不正当竞争法》第20条第1款针对该法规范的所有不正当竞争行为作出了统一的规定，其中经营者违反本法规定的应承担被侵害的经营者因调查该不正当竞争行为所支付的合理费用。而其他知识产权法律、法规均未规定侵权人承担因调查而支付的合理费用。另外，《商标法》及其批复中损害赔偿额的计算方法有两种，被侵权人可以按其所受实际损失额请求赔偿，也可以请求将侵权人在侵权期间因侵权所获得的利润（指扣除成本和税金外的所有利润）作为赔偿额，对于以上两种计算方法，被侵权人有选择权。这一规定与专利侵权损害赔偿的有关规定也不一致，它缺少"以不低于许可使用费的合理数额为损失额"的计算方法。由于法律、司法解释对知识产权侵权损害赔偿问题规定得不一致，造成法律冲突，法院在审判中难以准确适用，不利于充分保护知识产权人的利益。

3. 没有关于法定赔偿金的规定。知识产权损害赔偿的法定赔偿金是指，在难以完全准确确定知识产权人的实际损失和侵权人的侵权获利，并且不能通过其他方法确定侵权人的赔偿额时，由法律直接规定侵权人应承担的损害赔偿金额。

4. 对于精神损害是否应承担赔偿责任的规定不明确。

由此可见，我国知识产权侵权损害赔偿制度确实存在许多有待改进的地方。与此同时，从目前人民法院受理案件的情况看，知识产权案件呈现四个特点：收案数量上升幅度较大；新类型案件不断涌现；案件涉及地法律关系日趋复杂；案件争议标的额不断增大。而知识产权损害赔偿研究是知识产权审判工作的难点之一，也是案件的当事人最为关注的问题，故进一步完善知识产权侵权损害赔偿制度势在必行。

二、知识产权侵权损害赔偿原则

在知识产权侵权损害赔偿案件的审判中,当法官经过开庭审理查明案件的事实情况,依据侵权损害赔偿的归责原则、侵权行为构成要件确定了侵权人的责任以后,如何满足受害人的赔偿请求,如何确定侵权人的赔偿数额,需要依照一定的准则,这些准则就是指知识产权侵权损害的赔偿原则。即知识产权侵权损害赔偿原则是指依归责原则和责任要件在确认加害人应负责任的情况下,决定赔偿范围的准则。它取决于侵权损害赔偿的目的。

侵权损害赔偿的目的,一般而言是补偿受害人的损害。也有学者提出抑制加害行为的目的说,认为给付被侵害人金钱只是作为手段,请求赔偿权是权利人对自己的义务,同时也是对社会的义务,必须为权利而斗争,自己的赔偿要求就是对防止加害行为再次发生的社会正义作贡献。此说着眼于社会利益来研究损害赔偿,具有积极意义。但补偿说作为满足权利人利益要求的目的论不宜否定,否则与受害人起码的利益要求不相一致。补偿损害与抑制加害行为均为目的,赔偿为手段,但不是唯一的手段。补偿为满足受害人利益的最低目的,抑制为维护社会整体利益的最高目的,两者共存,相得益彰。

(一)全部赔偿原则

全部赔偿原则主要决定于补偿受害人损失的目的,又称全面补偿原则,是现代民法的最基本的赔偿原则,也是各国侵权行为立法和司法实践的通则。全部赔偿原则是指只是产权损害赔偿责任的范围,应当以侵权人侵权行为所造成的损失范围为标准,由侵权人承担全部责任。亦即侵权行为所造成的损失应当全部赔偿,赔偿亦应以侵权行为所造成的损失为限。

对损害赔偿的性质历来有补偿主义和惩罚主义两种观点之争。有学者认为,知识产权侵权损害赔偿的性质首先是对受害人财产损失和精神损失的一种补偿,然后才是对侵权人不法行为的一种法律制裁。笔者十分赞同这个观点,因为补偿应当是赔偿损失的基本功能,制裁只是其辅助功能;补偿与制裁相辅相成,共同规范和调整民事主体行为与知识产权之间的关系。受害人只有获得赔偿才能弥补自己的损失,权利才能得到保护,除去获得赔偿就几乎没有其他途径能使受害人获得等效的救济。而对侵权的制裁,则还有停止侵害等其他民事责任形式,以及罚款、收缴等民事制裁形式。因此,赔偿损失的功能主要是补偿,是利益损害的弥补和填平,因而就要求以受害人的全部损失为范围。这就意味着少于或大于这个赔偿范围,会使受害人权利得不到充分的保护,或使受害人获得不当收入,这都是不公正的。作为私法的民法不允许权利人因侵权赔偿而获利,否则就产生了平等主体的一方当事人对另一方当事人进行制裁的结果,有违民法平等、公平之基础,还可能造成权利人引诱行为人侵权的畸形后果。

然而,世界上不少国家和地区对知识产权规定了惩罚性赔偿责任。不少学者也认为应增设惩罚性赔偿责任,理由是:在现有的补偿制度下,侵权人在承担了损害赔偿责任之后,仍有可能盈利,这就不能使潜在侵权人受到强烈的威慑,侵权行为也难以遏制;且故意侵权的性质更为恶劣,社会危害性更大,故规定惩罚性赔偿责任更能体现公平原则,并能弥补司法实践中"十赔九不足"的现象。

对此,笔者持不同的观点。诚然,故意侵权是比过失侵权的性质更恶劣,社会危害性更大,但民事主体之间的地位平等是民法的根本宗旨,民事责任也以填补为第一目的,故民事责任不应以主观状态的不同而有所区别,这也是民事责任与刑事责任、行政责任的主要区别。司法实践中出现的"十赔九不足"现象并不是补偿性责任所导致的后果,恰恰相反,正是补偿性赔偿原则没有充分贯彻的结果。而且,打击侵权行为也非知识产权损害赔偿制度的主要任务,这项任务应交由其他民事制裁或行政、刑事制裁措施来完成。

故,全部赔偿原则就像一座大厦的基础,给予我们确定赔偿范围、计算方法等关键环节的客观的依托。

(二)法定赔偿原则

何谓知识产权的法定赔偿?目前法学界无统一的定义。第一种观点认为,知识产权的法定赔偿是由国家以立法形式确定一个最低或最高赔偿或者确定一个赔偿幅度。第二种观点认为,是指法院依照有关知识产权法律的原则精神,根据纠纷的具体情况酌定赔偿额。第三种观点认为,是指法定酌定赔偿即由法院先裁决法定数额范围内的赔偿,在酌情判付受害人的实际损失和附加利润。第四种观点认为,是指推定加法定赔偿即推定的赔偿额不能超出法定的赔偿额。

笔者认为,法定赔偿是指人民法院在处理知识产权案件中,无法查清受害人的实际损失和侵权人营利数额,或受害人直接要求按法定最低赔偿额进行赔偿的，人民法院按法律规定确定赔偿额。法定赔偿原则是针对知识产权保护的实际情况对全部损害赔偿的发展。

鉴于知识产权保护对象的特定性、损害事实及后果的不确定性、取证的困难性等，不少国家的知识产权立法规定了知识产权侵权损害赔偿的法定赔偿制度。这在著作权立法中尤其突出。如美国《版权法》第504条规定，侵权人对其所侵犯的每一部作品，可负担250～10000美元的赔偿；情节严重的可提高到每部50000美元。我国台湾地区也规定如被害人不易证明其实际损害额，得请求法院以侵害情节，在新台币1万元以上50万元以下酌定赔偿额。我国的知识产权并没有法定赔偿额的规定，但在理论界和司法部门对此呼声很高。如《上海市高级人民法院关于进一步加强知识产权审判工作若干问题的意见》中关于侵权损害赔偿数额的确认规定，在难以完全准确确认权利人的实际损失和侵权人的侵权获利的情况下，可在下列规定范围内确定赔偿金额：

1. 侵犯发明专利权、著作权、计算机软件、商标专用权以及不正当竞争的侵权行为人，一般应赔偿被侵权人人民币1万元至30万元。对于拒不悔改，有侵权前科或造成严重后果的侵权行为人，其赔偿被侵权人的金额可至人民币50万元。

2. 侵犯外观设计、实用新型专利的侵权行为人应赔偿被侵权人人民币5000元至于5万元。

3. 以正常使用费的2至3倍的金额作为损失赔偿额。人民法院在适用上述规定确定损害赔偿额时，应考虑侵权行为的社会影响、侵权手段和情节、侵权时间和范围、侵权人的主观过错程度以及给被侵权人造成的精神损害或商业信誉损失等因素。

又如《最高人民法院关于全国部分法院知识产权审判工作座谈会纪要》中规定：对于已查明被告构成原告损害，但原告损失额与被告获利额不能确认的案件，可以采用定额赔偿的办法来确定损害赔偿额。定额赔偿的额度，可掌握在5000元至30万元之间，具体数额由人民法院根据被侵害的知识产权类型、评估价值、侵权持续的时间、权利人因侵权所受到的商誉损害等因素在定额赔偿幅度内确定。上述规定充分反映了人民法院对建立知识产权法定赔偿制度立法的迫切需要，也为今后的立法创造了条件和积累了经验。

笔者认为，法定赔偿制度的建立，如上海市高级人民法院的新措施，可以成为权利人选择计算损失的依据之一。权利人可以根据损害事实和侵权行为的具体情况，选择一条保护其权益的最佳途径。一旦权利人选择了以法定赔偿的方式，由法院来确定其损失，其就不必再承担有关损失或侵权人侵权利润的举证责任，而且权利人在起诉前基本可以知道其应得到的赔偿数额，故在提出赔偿诉请时，就会将较合理的赔偿数额提交法院，此举能防止出现“得不偿失”的诉讼结果。相对地，侵权人在实施侵权行为前也可了解一旦判定被侵权，其应承担的法律责任，能起到一定的阻却侵权行为的作用。若已进入诉讼程序，侵权人认为权利人提出的赔偿额与实际情况不符，必会提出异议，由此权利人的损失或侵权利润的举证责任就转移到侵权人身上，这就减少了权利人无法举证的困难，简化了案件的审理，降低了当事人缠讼的可能性，有利于双方在庭外或庭内的调解解决。

（三）法官斟酌裁量赔偿原则

无论关于知识产权侵权损害赔偿的法律条款规定得多么严密、具体，无论是适用全部赔偿原则还是法定赔偿原则，都不能排除法官根据庭审查明的案件事实对法律的具体适用，以及在法律规定的赔偿数额幅度之内根据个案情况进行的裁量。智力创作损害结果的不易确定性以及案情的复杂多样性，使得对知识产权的损害赔偿不可能简单化一。因此，在确定赔偿数额时应当且必须进行斟酌裁量。所谓斟酌裁量，是要求法官确定赔偿数额必须依据客观事实，依照民法通则和知识产权法的基本原则，依靠法官本身的法律知识和审判经验，仔细分析和判断案情，反复斟酌处理和解决当事人争议的方案，以求公正、公平、合理，并精细、快捷地对案件作出裁判，以追究侵权行为人的民事责任，保护权利人的合法权益。法官在斟酌确定赔偿额时，一般应考虑以下要素：受害人的损害结果（包括财产和非财产）；被侵权对象价值降低程度；侵权人获利情况及社会影响；双方当事人的经济情况等。

有学者认为，知识产权损害赔偿原则还应包括“精神损害限制赔偿原则”。其所谓“限制”是指精神损害赔偿受侵害权利类型、权利受侵害程度、行为人主观状态、其他民事责任形式适用情况等条件的限制。对此，笔者有不同的看法，全部赔偿原则决定侵权人应对受害人因侵权行为所受损失全部赔偿，这里的损失不仅包括财产损失还应包括精神损害。根据该原则，对“全部赔偿”的理解，如前所述是指以受害人的全部损失为赔偿范围的，不少赔也不应多赔，受害人如有精神损害的，侵权人理应全部赔偿。在确定赔偿额的过程中，上述所谓“限制要素”自然会列入考虑范围，不是毫无限制地按受害人的个人意愿来确定的。对于法定赔偿原则和法官斟酌裁量赔偿原则而言，更是如此。因此，没有必要单列一个精神损害限制赔偿原则，它完全可为前三个原则所吸收。

三、知识产权侵权损害赔偿的范围

由全部赔偿原则决定了知识产权侵权损害赔偿的范围——受害人因侵权人的侵权行为所受到的全部损失。如何衡量“全部损失”？一般观点认为，知识产权损害赔偿通常包括两个部分：侵权损害赔偿金和合理费用。

（一）关于侵权赔偿金

侵权损害赔偿金是侵权人因侵权行为对权利人造成的实际经济损失而应赔偿的金额。但对实际经济损失的构成、划分依然存在不同的意见。

一种观点认为，知识产权的损失包括直接损失和间接损失。直接损失主要指权利人的产品因侵权行为致使销量减少、利润下降。间接损失则包括权利人可得利益的减少和为制止侵权行为、防止损失扩大所支付的合理费用。间接损失还包括对被侵害人商业信誉和产品声誉的赔偿认定。

另一种观点认为，权利人遭受的全部实际损失必须量化为直接损失和间接损失两个部分。直接损失是指因侵权行为使权利人多支出的费用以及精神权利遭受损害而受到的直接经济损失。间接损失是指权利人预期合理收入的减少，即通常所说的可得利益。

两种观点是从不同的角度来讨论的。相比之下，后者的计算实际损失的范围较大，对强调保护知识产权是适宜的。笔者认为，能否再换一个角度，将全部损失分为财产损失（狭义）、商誉损失和精神损失。

1. 财产损失。所谓财产损失（狭义）是指权利人因侵权行为而致的经济收入的减少，即合理预期收入的减少。根据其知识产权，权利人拥有利用其智力成果或商业信誉而获得市场利益的独占权利，侵权行为即对这种权利的侵害，分割了权利人的部分市场利益。这种损失构成了侵害知识产权的主要内容，侵权人应对此进行赔偿。

2. 商誉损失。商誉是指某行业或企业在生产经营中形成的品质，是社会各方面对该行业或企业的评价。它源于企业的名誉、信誉和声誉，既是经营者的财富和荣誉，又是经营者在市场竞争中无形的资本和立足的支柱，对经营者的市场生存与发展至关重要。破坏他人的商誉必然会造成经营者社会信誉的下降，致使商业活动冷淡，导致经营活动呆滞而亏损，因此商誉应该得到法律的保护，侵权人侵害他人商誉的也应负一定的民事责任，是否需要以金钱作赔偿要视具体情况而定。况且,被侵害的经营者为挽回商业信誉、产品声誉,必须再次投入大量的财产、物力做宣传,消除不良影响等,这部分的经济支出是侵权行为的直接后果,应由侵权人承担。

3. 精神损失主要指著作权的精神损失,是因侵权人的侵权行为致著作权人精神上的创伤,包括对生理或心理方面的损害和精神利益的损害。这种源于著作权人身权的精神损害,大量表现为作者的生理、心理方面的精神痛苦。在艺术领域,作家、画家等艺术家,特别注重这方面的损害,这种损害也常常影响其日常自身形象在社会上的表现,而公众对他们的社会形象也比常人更关注。例如:发生作品被剽窃等侵权时,社会上往往会掀起一场谁是真正作者的争论,在此风波中,真正作者常陷于痛苦之中。虽然通过赔偿不一定必然能解除权利人的精神痛苦,但是通过金钱补偿,被侵权人可去寻找安慰自己、减少痛苦的适当方式。可见,这种精神损害也属于侵权行为造成的实际损失,故也应列入赔偿范围。

(二)关于合理费用

知识产权侵权损害赔偿中的"合理费用"是指知识产权所有权人因其知识产权遭受不法侵害时,为查明侵权事实、证据及为制止侵权行为或进行诉讼所支出的,能够得到法律认可的各种费用。我国《反不正当竞争法》第 20 条第 1 款规定,经营者违反该法规定的应承担因调查不正当竞争行为所支付的合理费用。这一法律明确规定将"合理费用"列入侵权损害赔偿范围,为审判该类案件提供了法律依据。

知识产权是一种无形的财产权,由于侵权行为的隐蔽性,造成的损害不易被发现,即使发现了,其侵害程度、赔偿额等也难以准确确定。在审判中习惯于只考虑侵权所获利润部分的赔偿,却忽略了权利人维护自身合法权益而额外支出的费用,这无疑会使侵权行为更为猖獗,必须引起我们的高度重视,并给予纠正。为此,法律规定合理费用作为权利人可以要求赔偿损失的范围是必要的,使审判案件有法可依。合理费用一般应包括:律师费用、调查取证或制止侵权等所支付的差旅费和报酬、鉴定费、咨询费或其他费用。值得注意的是,合理费用应有合理的限定,如何确定其数额,本文将在第五部分详加分析。

四、知识产权损害赔偿的举证责任

“谁主张、谁举证”是我国民事诉讼法所确立的一项基本原则。在知识产权侵权案件中，权利人对其赔偿请求负有举证责任。在这里，举证责任大致有两个方面的内容：一为证明损害事实的存在及该损害事实与侵权行为存在必然联系；二是损害赔偿数额的计算标准，亦即赔偿依据。一般说来，知识产权人可以对其赔偿请求提供充分的证据，法院在其举证充分的前提下，确定侵权人的赔偿责任，并依据法定的损害赔偿的计算方法确定赔偿数额。

但是，在一些特殊的情况下，知识产权人无法举证或举证不充分时，如何确定对其损害赔偿请求是否支持？

笔者认为，知识产权侵权损害赔偿纠纷的特殊性说明，若仍然按一般举证责任原则由原告负举证责任，会使原告（被侵权人）在诉讼中处于不公平的诉讼地位，其合法利益将无法得到充分保护。片面强调一般举证责任原则的适用还会使侵权人因此取得推卸应承担的赔偿责任的法律依据。因此，在这种特殊的情况下应适用举证责任倒置原则。

举证责任倒置是指在特殊情况下，免除原告的举证责任，将举证责任转嫁给被告，由被告承担因不能举证所导致的败诉风险。举证责任倒置主要适用于下列两种情况：

1. 当双方当事人对某一事实的举证条件和能力不平等时，应将举证责任倒置于有条件有能力举证的一方。由于当事人的某一方可能因职权或某种优势掌握或接近证据，有条件和有能力提供证据，而另一方却远离或无条件提供这些证据，将举证责任倒置于有条件有能力的当事人有利于充分查明案件事实。

2. 当按一般举证原则，一方当事人应对其主张的某一事实负举证责任，而证明该事实的证据又正好掌握在对方当事人手中，如果对方当事人故意妨碍举证时，应将举证责任转置于故意妨碍的一方，因为此时举证行为能否完成要依赖掌握证据当事人能否善意协助。可是出于利益关系的考虑，对方当事人不但不会协助，相反还会故意隐藏或销毁证据，以逃避法律责任，使案件事实不能查清，而导致这种情况的责任完全在于妨害的一方。此时如按一般举证责任原则将败诉风险归无法举证的一方，将对当事人的权益造成损害。此时，只有实行举证责任倒置，才能体现公平原则。

知识产权侵权损害赔偿符合适用举证责任倒置的条件，适用举证责任倒置原则可以促使侵权人提供其掌握的全面证据。因此，应将举证责任合理分担，在一定条件下应依据民事诉讼法中公平原则加强侵权行为人的举证责任。当被侵权人提出侵权损害赔偿额以后，责令侵权人承担举证责任，提供其全部财务资料进行审计。如果侵权人认为被侵权人提出的索赔额高于其所获利润时，必会提出全部财务资料进行审计，以确定其所获利润较低，从而减轻自己的赔偿责任。法院根据审计确定的利润额，结合被侵权人在诉讼中确定的实际损失额，就可以认定出一个公平合理的赔偿额。但侵权人往往不会提交其全部财务资料，概因一旦提供了资料进行审计，所确定的利润额可能远远超过原告索赔额。对这种故意妨害举证的行为，按举证倒置原则，就要判令侵权人承担败诉风险，推定原告的诉讼请求成立，以请求金额作为赔偿额。如果经过审计确定的侵权人所获利润低，而原告的实际损失大时，应按实际损失认定赔偿额。知识产权侵权纠纷是专业性强、案件类型新、涉及知识门类广泛的特殊案件。知识产权侵权纠纷审判工作在我国起步较晚，审判经验积累较少，需要认真总结一套适合中国国情，与我国法律制度相匹配的证据制度。

1. 在立法上应尽快规定知识产权侵权损害赔偿纠纷适用举证倒置原则，使侵权人在法律规定上无隙可钻、无法利用一般举证责任原则的缺陷以推卸应承担的赔偿责任。

2. 要在证据要求上实行被侵权人从宽、侵权人从严的原则，要求侵权人必须提供其全部证据，如果其不能提供全部会计凭证等证据或者没有账目可提供的，就推定被侵权人的主张成立，按被侵权人主张的赔偿额从高确认赔偿责任。

3. 对于侵权人、被侵权人均不能提供翔实证据的，可以委托一定的专业机构对侵权人的生产规模、生产能力大小、投资额多少、侵权时间长短，对被侵权人销量减少总量计算基数及方法等进行鉴定，计算出有关数据，依法确认。对于被侵权人还有更大的间接损失的，如商誉受侵害、预期利润减少等，可以请有关部门进行评估，依法确认。但是，对于委托何部门进行鉴定以及如何坚定等，需要在立法上或司法解释上尽快予以补充规定，使其具有法律依据。

4. 由于知识产权侵权损害赔偿证据收集的特殊性、复杂性，为防止因当事人不及时提供证据而导致案件久拖不决情况的发生，在确定举证责任倒置原则的同时，还应确立限期举证责任制度限令侵权人及时提供证据，防止其针对被侵权人的举张而隐瞒或销毁证据以及故意拖延诉讼时间。

5. 在实行举证责任倒置原则的同时，法院还应依法行使职权，配合采取必要的诉讼措施。如在诉讼伊始,及时采取保全措施,查封或扣押侵权人的财务资料或侵权场所;对侵权人故意妨害诉讼行为采取必要的强制措施等。

五、知识产权侵权损害赔偿额的确定

赔偿损失是承担民事责任适用最广、最普遍的责任方式。侵权人的侵权行为不仅侵犯了财产权,还侵犯了人身权,其对权利人造成的损害能否得到充分的赔偿,直接关系到权利人合法权益的保障。故合法、客观地核算出知识产权侵权诉讼中的赔偿数额成为公正判决的关键,也是当事人、社会公众最为关注之处,意义非常重大。

我国现行的知识产权法对侵害知识产权的损害赔偿规定主要有三种方式:(1)按权利人因侵权受到的实际损失作为赔偿额;(2)按侵权人因侵权获得的全部利润作为赔偿额;(3)以不低于正常许可使用费作为赔偿额。如前所述,上述的规定过于抽象、过于原则,不便实际操作。在此,笔者拟从理论和实务的角度略作探讨。

(一)财产损失额(即合理预期收入的减少)的确定

知识产权侵权具有复杂性,一般不能直接以受害人销售量的减少来衡量其预期收入的减少。因为下降的原因可能是多方面的,有可能是多个侵权行为造成的,有可能是替代产品的出现造成的,有可能是知识产权产品的市场需求量减少,还有可能是质量及营销手段上的问题等等造成的。笔者认为,最理想的是以侵权人的实际侵权所得为尺度以衡量受害人因该侵权行为而造成的合理预期收入的减少。然而,在实际操作中要认定该侵权所得难度很大,因为侵权人往往以做假账等手段,向法院表明其侵权所得极少,甚至为零。故应分以下几个部分来讨论:

若法院确能查实侵权人的侵权产品销售量及平均单位利润,则可以以销售量与该单位利润的乘积作为侵权人的侵权所得。但在确定销售量时应注意:(1)库存品,因其尚未进入流通领域,未对权利人的市场造成实质性的侵害,所以不应计入销售总数中。但库存品如受害人愿意折价收买的可以收买,否则,应予销毁。(2)对在代销、经销中尚未售出的侵权产品的处理,因代销产品的所有权尚未转移,虽然已对权利人的市场造成了一定的潜在损害,但是仍应按库存品处理。经销产品的所有权已经转移,已实质性地进入流通领域,构成了对权利人产品销售市场的实在威胁，故应算入销售总量。(3)退货的侵权产品，应按库存品处理。

若仅能查清侵权产品的销售量而不能查清平均单位利润或侵权人提供的平均单位利润异常低，则应以侵权产品的销售总数与权利人的合理平均单位利润之积来确定侵权所得利润。如最高人民法院公报刊载的《佛陶集团股份有限公司陶瓷研究所诉金昌陶瓷辊棒厂技术秘密侵权纠纷案》中采用的就是这种方法。如要更公平、合理地确定侵权数额，加强对权利人的保护，可进一步规定：单位侵权利润与权利人的单位利润，只查清其中之一的，以查清的利润为计算赔偿额的依据；二者都查清的，以较高利润为计算赔偿的依据。至于“利润”，一般理解为销售利润，即扣除生产成本和销售成本后的所有利润。

若无法查清侵权人的侵权获利，则该如何处理？对此应适用法定赔偿制度，即由法律规定一个最低的赔偿额（或幅度），要求法官根据具体的案情来斟酌确定合理的赔偿额。但目前我国的法律中尚无具体的法定赔偿制度。笔者认为，在这种情况下，侵权行为确已发生，只是无法查清获利，但并不能由此得出没有造成权利人的损害这一结论。相反，知识产权的财产权性质决定了如果行为人是通过合法方式取得知识权利的使用权，则必须付出相应的代价——由双方协商而定的使用费的损失。所以，在这种情况下，法官应以不低于知识产权许可使用费为尺度酌定权利人的合理预期收入的减少。

在我国有关知识产权赔偿立法的现状一节中，笔者已提出“许可使用费”标准的各种缺陷，由于我国现有的知识产权法律尚未规定法定赔偿制度，在无法查清实际侵权获利的情况下，法官只能根据权利被擅自使用的实际情况，参照同类权利的通常做法，类推选择许可的方式，从而确定许可使用费的数额，作为对权利人合理预期收入减少的补偿。

（二）商誉损害赔偿额的确定

根据知识产权具有财产性和人身性的特点，商誉损害赔偿应包括财产损害赔偿和精神损害赔偿。笔者在此仅是就商誉的精神损害部分作探讨，而商誉的财产损害主要体现为因权利产品销量的减少而带来的经济损失，故这部分损失应包含于合理预期收入的减少部分。

商誉的损害实为企业的无形资产的损失。由于无形资产是逐步投入积累的，企业要建立企业信誉、商品声誉需要每年拿出一定的利润进行宣传或用于公益事业，以提高企业的商誉，那么如果依据被侵权企业年商誉投入与年利润收益的比例为依据，乘以被侵权方所受的损失额或多或少依变通方法计算出的获利额，所得到的就是被侵权企业在被侵权期间和被侵权地域范围内因侵权行为所受到的无形资产损失。

举例说明，如企业每年进行商誉投入 10 万元，年产品利润为 100 万元，因侵权行为利润减至 30 万元，损失 70 万元，那么商誉投入的部分也受到了相应的损失，应以 10%×70 万＝7 万元，即为这部分的商誉无形财产的损失。依此计算方式，可以比较简单明了地算出无形资产部分的损失。

由于侵害商誉所造成的损失涉及范围广、危害性长，而且总是滞后一段时间才出现，因此会发生权利主体的损失难以准确计量的特殊情况，依法定证据确凿真实、有效的标准，权利主体很难举证。因此适用以行为人的侵权获利确定赔偿额的方法，也有可能出现不公平的情况，不能完全补偿权利人所造成的损失。如在行为人实施侵害权利主体商誉的行为之后，行为人有可能没有获利，在这种情况下，如果按照侵权获利计算赔偿额，权利主体的财产损失就不能得到合理赔偿。因此在实际中，有人认为，根据商誉具有可量化的特性，采用资产评估的方法，在确定权利主体商誉价值的情况下，确定对权利主体的赔偿额。

商誉是一项非常重要的资产，这项资产价值量的大小是通过权利主体的收益水平来体现的。商誉价值是企业收益水平与行业平均收益水平差额的资本化价格。目前采用无形资产评估的方法来计算商誉的价值量，是一种确定商誉价值的有效办法。

也有人提议，从赔偿的可操作性出发，针对商业信誉损害的不同情况，确定两种具体的赔偿额量化方法：一是建立商业信誉损害赔偿最低赔偿金额制度，可根据商标评估值，确定一个百分比，如 20%～30%，来确定赔偿金额；二是按被侵权人商业信誉的一般期限为 3 年或 5 年，以侵权行为续存期间给被侵权人造成的实际财产损失为基数，确立逐年递减的赔偿比率为赔偿额的量化方法，判决侵权承担的赔偿金额。

（三）精神损害赔偿额的确定

在此主要讨论的是著作权的精神损害赔偿。

如何确认精神损害赔偿金的数额，是一个较为困难的问题。这是由问题的两个方面决定的：其一，精神损害赔偿难以用价值去衡量，无法规定一个确切的标准；其二，如果不规定一个标准，完全由审判人员自由裁量，则随意性较大，将导致对情形相近的精神损害。因此，对精神损害赔偿金数额的确定，必须有一个标准，这个标准又不可能十分确切。

笔者认为裁判时应掌握以下几个标准：

1. 单用其他民事责任方式可以补救的，不应再给予精神损失赔偿。如果根据案件的具体案情，采用赔礼道歉、消除影响、恢复名誉等措施，足以起到对权利人精神安慰的作用，就不必再进行精神赔偿了。

2. 侵权影响不大的案件，一般不需要精神损失赔偿。有些案件影响范围不大，对作者来说，并没有产生精神方面一定程度的损害，就没有必要进行精神赔偿了。如拿他人论文作为自己的成果申报职称，既未公开发表，又未外传的。此类案件判令侵权人停止侵权即可，一般无财产赔偿，更不必精神赔偿。

3. 著作权人为非作者时，不存在精神损失赔偿。源于人身权的精神赔偿，是对作者本人生理、心理上的精神痛苦的补偿。当著作权人非为作者，即权利的受让者或继承者时，虽然他们也可以依法行使保护作者人身权的权利，但是作者那种被侵权后的精神痛苦只能由作者自己才感受得到。从平衡当事人的利益考虑，不应把精神赔偿的范围扩大到作者以外的著作权人。

关于精神损害赔偿的标准，我国有学者主张对人格权损害赔偿规定一个起点额和上限额，特殊情况可加倍，并主张对名誉权应赔偿 100 元到 1000 元的经济损失，必要时可以加倍。也有学者主张，赔偿额以不超过侵权人每月收入为宜，法人的赔偿额以不超过本企事业单位职工的每月最高劳务报酬为宜。笔者认为，不宜规定最低数额。这是因为诉讼外和解案件可能涉及的精神损害赔偿较轻微，加害人可能支付的赔偿金甚低，其金额可能是几十元甚至更少就可以解决问题了，规定百元的最低限额的标准，反而不利于案件的解决。有学者认为应确定为“不超过当地居民平均年生活水平”为准。当地居民平均生活水平，以加害人所在省或所在城市的居民年均生活水平为准，无省或所在城市标准的，以全国人均年生活水平为准。这一标准，照顾到了所应考虑的多方面情况，较为可行。至于在如上标准内如何确定具体的赔偿额，只能由审判人员依具体情况决定。此外，金钱补偿的主要作用还是安抚性的，应有一定的最高限额，便于参照执行，统一司法。根据我国各地的判决和目前我国的经济发展水平，以及其他民事案件精神赔偿的习惯做法。有学者建议，每件案件的最高精神赔偿额拟定在人民币万元之内。对个别情节特别严重的故意侵权，可加重责任，但一般以不超 5 万元为宜。

(四)合理费用额的确定

合理费用是指知识产权人为查明侵权事实、证据及为制止侵权行为或进行诉讼所支出的，能够得到法律认可的各种费用。在计算合理费用时，一定强调突出“合理”二字，必须坚持以下三个原则：

第一，坚持公平合理的原则。公平原则是我国司法的基本原则，它包括民事主体合理承担民事责任。对于权利人提出的因调查、诉讼或制止侵权行为所支付的各种费用，应以合理合法为原则，只有是合理的才能由侵权人负担，超出合理范围的就不能由侵权人负担。如若律师费未严格按司法部有关标准收取或境外当事人委托国内律师代理案件，以协议方式收费，超过司法部标准的部分不应计入赔偿范围内；差旅费或报酬等费用应参照国家有关标准计算；调查取证等费用应有必要的限度。

第二，坚持实事求是的原则。我国民法规定损害赔偿的“填平原则”，即损害多少，赔偿多少的原则。在侵权纠纷中，虽存在侵权的事实，但侵权人有时并不一定因侵权而获利，这种侵权即使没有实际获利，也不能以此断定权利人没有受到实际的损失，更不能由此免除侵权人应承担的法律责任。因为要制止侵权行为，权利人就可能付出人力物力，实际损失是客观存在的，所以，我们应实事求是地把这些支出的合理费用作为权利人的实际损失判决侵权人承担。

第三，强调举证与严格审查相结合的原则。根据谁主张谁举证的原则，权利人就其合理费用支出以书面形式提出要求外，同时应附上相应的凭证加以证明，审判人员应进行严格的审查，对于不能举证的或不合理的请求，不予支持。在审判实践中，常常遇到权利人只列出各种费用清单，却无法提供相关的票据，或提供的票据与案件无关，类似情况应严格把关，保证赔偿的公正性、合理性。

论商标“反向假冒”行为及其民法规制

盛　逵*

摘要：在信息网络高度发达、跨国公司不断扩大、全球经济一体化不断加强的今天，保护知识产权已经成为当今国际经贸合作的重要议题。通过实施知识产权战略，有利于我国创新成果走向世界。承载企业声誉的商标作为一种重要的知识产权，商标权的保护对企业的生存和竞争具有重要的战略意义。我国加入WTO后，虽然相继修改和出台了《商标法》等保护商标的相关法律法规，但从实践和效果来分析，情况并不太乐观，各种侵犯商标权的现象屡见不鲜，为保护注册商标所有权人的商标专用权，以保障消费者和经营者的利益，保证使用注册商标的商品或服务的质量，保障社会主义市场经济的良好秩序，本文试着从反向假冒的角度对保护商标专用权进行简要的论述，从反向假冒商标行为的含义入手，分析商标反向假冒行为的构成要件和特征，以如何完善我国现行法律对商标反向假冒行为的规制为中心，对我国现有法律关于反向假冒商标进行评析，同时对我国目前立法的不足之处提出完善的建议。

关键词：商标法　反向假冒　法律规制

商标反向假冒是一种较为严重的商标侵权行为，绝大多数国家都对其明文禁止。就目前我国发生的反向假冒案件，许多都是国外的大公司反向假冒

---

* 盛奎，男，广东金轮律师事务所律师。

我国的质优价廉的商品，如果不对反向假冒行为进行制裁，则等于向国外名牌公司宣布：我们只能给别人“打工”，永远难有自己的“名牌”。2001 年我国新修订的《商标法》第 52 条第 4 项明确规定，商标反向侵权行为属于商标侵权行为。这是我国对商标专用权保护的一大进步，也顺应了国际发展的趋势，与国际接轨。但发达国家立法及司法实践早已将反向假冒行为作为商标侵权来处理。作为知识产权保护比较落后的国家，我国 2001 年的商标法规定较为抽象，不利于司法操作，我们应当适当借鉴发达国家的有益的立法经验，结合我国法律规制的现状，完善我国商标保护制度并使之适应我国的国情。故系统、深入地研究商标反向假冒行为，从中摸索出一套行之有效的司法实践模式，对完善我国商标法制意义重大。

一、商标反向假冒之理论概述

(一)商标权及其内容

商标权即商标权人对其商标所依法享有的权利，我国商标法将其称之为“商标专用权”。然而，学界通说认为，商标专用权只是商标权的权能之一，商标权并不限于商标专用权。对于商标权所蕴含的具体权能，有些学者从“解释论”的角度出发，认为其仅包括在其注册商标所核定的商品上独自使用该商标的使用权，以及将注册商标转让给他人或许可给他人使用的使用权和禁止他人未经许可擅自使用注册商标的禁止权；而另一部分学者则从“立法论”的立场来看，认为除上述独占性的权利之外，尚包括商标权人对去除商标，涂改毁损商标等割裂或隔断商标与商品联系一致性的一切行为行使的权利。①

大部分学者认为，反映在商标中的创造性劳动成果，“首先在于经营者在选定并使用了某个或某些这类标识后，通过不同于或高于同类竞争者的广告宣传、打通销售渠道等促销活动，使有关标记在市场上建立起一定的信用或商

---

① 周安平、黄小栩：《关于商标反向假冒行为法律性质的讨论》，载《西南大学学报》2007 年第 10 期。

誉”[①]。即知识产权的客体为“有关标记在市场上建立起一定的信誉或商誉”[②]。另外少数学者则认为，其是指人们在设计商标的过程中所体现出来的创造性劳动。在笔者看来，后者如是有创造性的劳动的成果，则应当属著作权的保护范围，而非商标权所辖。

一般认为，商标首先是为了表明该商品的生产者，以明确生产责任。当商品的生产者(或服务提供者)所提供的产品具有恒定的优良品质，为大众所认可且具有市场影响力时就产生了声誉，其就成为经营者扩大商品声誉，积累商业信誉的重要载体。而此时对于消费者来说，亦就成了认购时的重要考虑因素。究其实质，商标就是商品和服务提供者的结构性信息或者说是商品和服务提供者的综合品质，这种结构性信息(综合品质)以各种被固定地使用在商品和服务商的“标记或标记组合”上的一些符号(另一种信息)为载体。

笔者认为，对商标权内容及其客体问题的把握是商标反向假冒理论研究的基础与根本，而对商标权内容及其客体认识的偏差也正是产生其分歧之关键所在，故有必要在开章之首予以阐述。

(二)商标反向假冒存在的原因

反向假冒存在的原因在我国司法实践中，一般是商标反向假冒人的商标比较知名、被反向假冒人的商品质量不错且与商标反向假冒人的商品相比价格低很多，故而反向假冒可以大量节省生产成本，直接通过商标的价值获取巨额利润。如 1993 年发生在北京的“枫叶”诉“鳄鱼”案、1998 年北京的“温菲尔德公司”诉“北方华娜公司”案、2007 年“南京雨润公司”案。

(三)商标反向假冒的界定

对于“商标反向假冒”这一概念，较为权威的解释为：“商标反向假冒(该词来自英语 Inverse Passing Off)是指未经许可而撤换他人注册商标出售商品或提供服务，使消费者对产品、服务来源和生产者、提供者产生误解，以达到获得不正当利益的目的。”通俗一点讲，反向假冒即“以自己的牌子去卖别人的东西”，与正向假冒恰好相反，正向假冒是“以别人的牌子去卖自己的东西”。商标反向假冒行为在客观上表现为向他人虚假地表示商品的真实来源，借别人

---

① 郑成思：《商标中的“创造性”与反向假冒》，载《知识产权》1996 年第 12 期。

② 朱强：《浅析商品生产者的反向假冒与法律适用问题》，载《知识产权》2000 年第 9 期。

的优质产品去传自己的牌子，商标反向假冒割裂了商标与商品的固有的联系，是商标与所标识的商品相分离，并且使该商品与其他商标建立了联系，从而导致企业资产流失，也导致消费者的混淆和误认，造成市场交易秩序的混乱，其实质上就是商标侵权行为。我国首例商标反向假冒案例发生在1993年，当时北京百盛商业中心在其出售的新加坡“鳄鱼”牌服装的专柜上，将北京服装厂制作的“枫叶”牌服装的注册商标替换为“鳄鱼”商标，然后以高出原“枫叶”服装数倍的价格进行销售。北京服装厂向北京市第一中级人民法院状告“百盛”及新加坡“鳄鱼”公司损害了其商标专用权，而被告则认为中国商标法仅仅禁止冒用他人商标，并不禁止在他人商品上使用自己的商标。这一案件的审理历时四年，因当时我国商标法并无反向假冒的立法规定，受案法院最终引用《民法通则》《反不正当竞争法》的规定，判决被告的这种更换商标的行为构成不正当竞争，要求其承担相应的民事责任。为从理论上解决这一问题，学者们开始关注英美法上的反向假冒理论，但在其性质认识上存在着严重的分歧。有认其为商标侵权者，有认其为不正当竞争者，有认二者皆是者，有认二者皆非者，甚至还有认为其侵犯企业法人名称权的。[①] 直到2001年10月修订的《商标法》第52条明确规定商标反向假冒构成商标侵权，这次争议才开始降温，但关于反向假冒的争议却未因此平息。

(四)商标反向假冒行为认定的条件

对于商标的反向假冒如何定性国内主要存在三种观点：[②]一种观点认为，反向假冒行为并非中国学者生造的概念，而是市场经济中禁止不法行为的长期实践形成的已有观点。在国外，禁止反向假冒行为早已有法可依。一些学者认为：商标侵权的实质是侵权人没有经过许可就分享了商标权人通过大量投入建立起来的以其注册商标为载体的声誉，是对具有无形财产权性质的商标权的直接侵害，给商标权人已有利益造成了损失。此外，反向假冒行为还割断了生产者通过投入本应建立起来的声誉与商标间的联系，而使这种联系与假冒者的商标联系起来，其本质也是未经许可利用了生产者的声誉，是对生产者商标权的间接侵害，给商标权人的期待利益造成了损失，因此，反向假冒行为与商标侵权行为的实质完全一样，是商标侵权行为的另一种表现形式。

---

① 朱思航、陈歌文：《论商标反向假冒》，载《现代商贸工业》2009年第7期。

② 曾远：《商标反向假冒行为的侵权界定之矛盾》，载《法制建设》2009年第6期。

第二种观点认为,反向假冒的理论和实践都不存在。理论障碍在于物权转让理论的障碍和商标权理论的障碍。从物权转让上看,其后果使受让人成为权利人,从商标权上看,无论怎样处分商标及其标志都不构成对原商标权人的侵害。关键在于,商标权是一种法律关系,没有方向属性,只要侵害了该法律关系,无所谓"正向"和"反向"之分,否则会造成人们意识上的混乱,并助长司法实践长期存在的盲目性和任意性。

第三种观点借鉴了美国法学界通常将"假冒"分为以下四大类的理论:(1)显性假冒,指甲擅自利用乙的注册商标出售自己的产品;(2)隐形假冒,指甲向买主出示乙的货样,实际出售的是自己的产品;(3)显形反向假冒,指甲购买乙的产品,然后贴上甲的商标出售;(4)隐形反向假冒,指甲购买乙的产品,然后在无任何标志的情况下出售。

美国法院对于反向假冒的要件分析:(1)商标必须出自原告,反向假冒的关键是被告从他人的商品中获得信誉。如果商品源于被告或第三人,那么就不存在着反向假冒的请求。(2)原告必须努力通过商品在消费者心中建立信誉,反向假冒的关键就是被告从他人商品中获得信誉。(3)未经原告同意,被告虚假地表述商品的来源,反向假冒与商标法联系最密切。(4)虚假表述可能引起消费者混淆,法律禁止虚假表述,欺骗消费者。(5)原告必须因虚假表述而受到损害,原告必须证明,被告不仅欺骗了消费者,而且这种欺骗导致了原告的损失。

我国现行的《商标法》明确规定了对商标反向假冒的侵权的认定。其中第52条第4项规定,"未经商标注册人同意,更换其注册商标并将该更换商标的商品又投入市场的"行为,构成侵犯注册商标专用权。这一规定体现了商标专用权的"行"与"禁"两个方面,可对侵权者起到警示作用,也便于审判机关依法办案,防止案件久拖不决。根据商标法的规定,商标反向假冒的构成要件为:

1. 未经过商标权人的同意,擅自将原来的注册商标替换为侵权人自己的注册商标;

2. 侵权人将替换商标后的商品再一次投向流通领域。

(五)商标反向假冒的法律特征

1. 侵权主体的复杂性。商标反向假冒的行为主体是复杂主体。因为除标行为、附标行为、销售行为共同构成商标反向假冒行为,所以理论上和实践中都存在有不同主体分别实施这三种行为从而构成商标反向假冒的情况。当这些行为的行为人不为同一主体时,商标方向假冒行为的侵权主体就具有了复杂性。

2.侵权行为的反向性。商标反向侵权行为的着重点在“反向”。“商标假冒”假冒的是他人的注册商标,即借他人的具有一定声誉的商标来销售自己的产品而牟取利益;“商标反向假冒”的行为对象为他人生产的产品,即将自己的商标用于他人生产和销售的产品上,利用他人商品信誉或产品质量为自己牟取不当利益。

3.侵权客体的复杂性。商标反向假冒侵害的客体是复杂客体。首先,未经商标权人同意更换或去除其商标并再次投入市场是对商标权人商标权的侵犯。其次,该行为误导消费者从而侵犯了消费者的知情权。再次,商标反向假冒使市场上商标与商品之间的真实联系被隔断,扰乱了正常的市场秩序,对行为人的竞争对手而言构成了不正当竞争。

4.侵权后果的特殊性。商标反向假冒行为虽然表面上看可以扩大原商标权人的商品的市场占有率,在特定情形下不但无损于且有利于他人的商标声誉或产品声誉,但从长远来看,这种行为由于隔断了原商标权人商标和商品的联系,必然损害原商标权人商誉的建立和进一步增强。[①]

二、商标反向假冒侵权的法律适用

(一)我国当前的法律规制及其效果

1.《民法通则》调整。《民法通则》第 4 条规定了诚实信用原则,而商标反向假冒行为通过更换他人的商标,把他人的商品冒充为自己的商品投入市场,明显违背了诚实信用原则。但《民法通则》的规定相对于其他部门法而言是一般法,缺乏特别法的细化规定,对于适用《民法通则》基本原则来规制反向假冒,通常只能是在无法找到具体的规定时才有必要援引。

2.《消费者权益保护法》调整。我国《消费者权益保护法》第 8 条第 1 款规定:“消费者享有知悉其购买、使用的商品或者接受的服务的真实情况的权利。”第 19 条第 1 款规定:“经营者应当向消费者提供有关商品或者服务的真

① 肖斐:《论商标侵权中的“反向假冒”及其法律规制》,载《湖南商学报》2009 年第 16 期。

实信息，不得做引人误解的虚假宣传。”第 49 条规定：“经营者提供商品或者服务有欺诈行为的，应当按照消费者的要求增加赔偿其受到的损失，增加赔偿的金额为消费者购买商品的价款或者接受服务的费用的一倍。”商标反向假冒者通过欺诈行为侵犯了消费者的知情权，很明显，这种行为也违反了《消费者权益保护法》，因此自然也在《消费者权益保护法》的规制范围内。但是由于消费者对产品的质量和功能的鉴别了解甚少，而且因为消费者即使寻求法律途径去打击商标反向假冒行为，其效率也很低。尤其是当消费者遇到“高买低卖”的情形时，消费者以较低的价格买到了原商标权人的商品，获得了近期利益，很容易选择放弃对商标反向假冒者的打击。当然，消费者享有起诉或者通过其他途径要求商标反向假冒行为人赔偿其损失的权利，而至于权利人是否行使其权利则是其自由。

3.《反不正当竞争法》调整。我国《反不正当竞争法》虽未明确列出商标反向假冒行为属于不正当竞争行为，但该法第 2 条规定：“经营者在市场交易中，应当遵循自愿、平等、公平、诚实信用的原则。”第 5 条第 4 款规定：“在商品上伪造或者冒用认证标志、名优标志等质量标志，伪造产地，对商品质量作引人误解的虚假表示。”这是对虚假表示行为的描述，而商标反向假冒行为其表现正是一种虚假表示行为，从维护市场竞争秩序的角度来看，商标反向假冒行为侵害了竞争对手正当竞争利益，破坏了公平竞争秩序，构成了反不正当竞争。

4.《商标法》调整。该法第 52 条第 4 项明确规定商标反向假冒行为是一种商标侵权行为，从更高层次上保护了商标权人的利益。《商标法》是我国法律制裁商标反向假冒行为最重要、最直接的依据。如前所述，《反不正当竞争法》等法律也可以用来规制商标反向假冒行为，但新《商标法》赋予商标权人的是一种积极的权利，侧重于对商标权人商标权的保护，其相关规定比较明确具体，更符合商标权作为私权利之存在的要求。而《反不正当竞争法》没有赋予商标权人这种积极的权利，它只是对权利人提供被动性和补充性的保护，商标权人选择适用该法对自身合法权益进行保护，具有很大的不确定性。因此，适用《商标法》更有利于打击商标反向假冒行为。

（二）商标反向假冒侵权的法律适用原则

通过前文的分析，无论是《民法通则》《消费者权益保护法》《反不正当竞争法》，还是《商标法》要形成全方位的共同调整商标反向假冒行为的合力，必须遵循以下原则：

1. 以《商标法》的调整为主，以《不正当竞争法》为辅。商标反向假冒行为侵害的是复杂客体。商标权人的利益、市场竞争秩序、消费者权益都受到了不同程度的侵害。但在诸多客体之中，所受侵害最大的还是商标所有人的商标专用权。新《商标法》将商标反向假冒行为规定为侵犯注册商标专用权的行为，使规制商标反向假冒行为有了明确的法律依据和具体的规定，这对于打击商标反向假冒行为无疑是最具力度的。但是，商标法作为一种静态的法律难以应对现实中形态万千的商标反向假冒行为，存在疏漏在所难免。而反不正当竞争法因为其“保护公平的竞争秩序，维护竞争者和消费者的合法权益”的特点，故能适应不断变化的情况和现实。也就是说反不正当竞争法以足够灵活的标准弥补了商标法之疏漏或不能涵盖的部分。因此在适用法律规制商标反向假冒行为时，应以《商标法》的调整为主，以《反不正当竞争法》为补充。

2.在不同的法律关系主体之间适用不同的法律。如果是在消费者与反向假冒者之间，应以适用《消费者权益保护法》为主；如果是在假冒者与被假冒者之间，则应用《商标法》和《反不正当竞争法》来解决。《商标法》的目的在于保护商标专用权，维护商标权人的利益。《反不正当竞争法》的目的在于保护公平的竞争秩序，维护竞争者和消费者的合法权益。如果用不同的法律对商标反向假冒行为从不同的角度进行规制，共同完成对商标专用权的综合保护，对商标反向假冒行为的全方位制裁，则更能体现法律的价值和功能。

三、商标反向假冒侵权规定尚须完善的几个问题

(一)应尽快出台司法解释，对现行商标法做扩大解释

笔者认为如果行为人的行为是以营利为目的，又剥夺了商标权人潜在的市场利益，则这些行为也应当认定为侵权。我们可以借鉴外国的相关立法经验及法学界的相关理论，对《商标法》第52条第4项做扩大解释，即“更换商标”应解释为并不限于更换，如遮掩，即以一个商标标识附在原有商标标识之上展示给消费者，是更换的一种更隐蔽的形式；如去除，即去除原有商标标识，隔断产品与商标权人的联系；还有其他混淆行为，即以某种方法，使得原商标标识变得难以辨认、含糊不清的行为，具体表现为涂抹、撕扯、揉搓、除掉外包装、整盒商品拆零销售等将原有商标与商品联系隔断的行为。“投入市场”除解释为直接“销售”之外还应包括作为自己的固定资产广泛使用、在广告中进行宣传的行为以及进行展览等其他商业活动，这样更有利于打击商标反向假

冒。如澳大利亚商标法规定：在明知或应知注册商标已被篡改或者已被去除或被欺骗性地使用的情况下，销售该商品、为销售而陈列该商品、为生产或交易而占有或进口该商品，同样构成刑事犯罪。这一立法我国应予借鉴，可以在《商标法》第 52 条第(2)项将“销售侵犯注册商标专用权的商品的”属侵犯注册商标专用权也作扩大解释，即不仅销售反向假冒商品属于商标侵权，将反向假冒商品用于其他任何形式的商业活动的行为都属于商标侵权行为。

(二)加大对未注册驰名商标的保护

商标不管是已经注册还是未注册的，其作为一种商品的标志，最基本的功能便是表明商品的来源或出处，便于消费者识别商品，并同时维护商标所有人的合法权益，所以反向假冒并不能排除未注册商标这一情形。特别是驰名商标“包含了创作者的心血和汗水，物化载体的价值与其无法相提并论”。因此，本人认为对驰名商标的保护显得比一般注册商标更为重要，所以《商标法》应明确将驰名商标规定在反向假冒的条文中。在修改《商标法》时，可以参照意大利商标法的做法，在现有的商标使用管理一章中作出补充规定。

(三)应明确惩罚性赔偿制度

我国《商标法》仅规定对商标侵权行为所造成的损失应予以赔偿，对于难以确定损失的给予 50 万元以下的赔偿。但在实践中，由于反向假冒较正向假冒更具隐蔽性，故商标权利人对所造成的损失往往更难以确定，其实际损失也很有可能会超过 50 万元这一数额。在这种情况下，新《商标法》的这一规定就很难弥补商标权人所受的损失，也不利于对商标反向假冒者的惩罚。为此，我们可以借鉴《TRIPS 协议》第 45 条规定的惩罚性赔偿制度，不仅商标权人因商标侵权所致的利润损失应列入赔偿额，而且也有权获得一定的法定赔偿。因此，对反向假冒行为所导致的损害赔偿可以增加适用惩罚性赔偿规定，即不仅商标权人因商标侵权所受的利润损失应列入赔偿额，而且被假冒者也有权获得一定的法定赔偿金。这样，不仅能使被假冒者的利益得到保护，而且还能对假冒者起到惩罚的作用。增加商标反向假冒人的侵权成本，致使其真正放弃侵权的念头，引导其合法经营。

四、结论

综上所述，我国应积极借鉴外国先进的立法，综合我国现行法律关于反向假冒侵权的规定，对《商标法》第54条第4项作扩大解释，进一步明确构成该侵权行为的具体标准，同时加大反向商标侵权的保护范围，以完善我国现有的法律制度，确保在审理此类案件中"有法可依"。只要通过《商标法》的进一步列明与完善，相信与之相关的不法行为将在不久的将来得到更为有效的规制。

参考文献

[1]肖斐：《论商标侵权中的"反向假冒"及其法律规制》，载《湖南商学报》2009年第16期。

[2]周安平、黄小栩：《关于商标反向假冒行为法律性质的讨论》，载《西南大学学报》2007年第10期。

[3]郑成思：《商标中的"创造性"与反向假冒》，载《知识产权》1996年第12期。

[4]朱强：《浅析商品生产者的反向假冒与法律适用问题》，载《知识产权》2000年第9期。

[5]徐东：《知识产权：故事背后的法律》，法律出版社2007年版。

[6]朱思航、陈歌文：《论商标反向假冒》，载《现代商贸工业》2009年第7期。

[7]曾远：《商标反向假冒行为的侵权界定之矛盾》，载《法制建设》2009年第6期。

[8]王莲峰：《商标法学》，北京大学出版社2007年版。

论《广告法》修订对明星代言行为的影响

褚亭丽*

摘要：近几年来，我国商业广告数量越来越多，大量虚假广告出现在市场中，严重危害着消费者的合法权益。2015 年 4 月 24 日，《广告法》自 1994 年颁布以来首次被修订，修订后的《广告法》（以下称为“新《广告法》”）对广告代言行为进行明确规定，弥补了此前的法律监管空白以及事后惩罚缺失。本文结合新《广告法》的修订内容，分析其对明星代言行为产生的影响。

关键词：广告法　广告代言　明星代言

一、新广告法修订背景

当今社会随时随地都可以见到广告，除了电视、报纸、广播等传统载体以外，微博、手机 APP 等新型载体的出现，亦无疑加速了广告行业的发展。2014 年，我国广告年经营额达到 5600 亿元，广告市场总体规模居世界第二位，为促进经济社会发展作出了积极贡献。①

---

* 褚亭丽，女，广东金轮律师事务所实习律师。

① 工商总局广告司：《新广告法解读：〈广告法〉修订的背景和主要内容》，http://www.saic.gov.cn/gzfw/gszs/201505/t20150508_156216.html，下载日期：2015 年 5 月 6 日。

1994年我国出台的《广告法》成为广告法律体系中的立法依据，但其并没有对广告代言人进行规制，即广告代言人对代言产品是不需要承担责任的。2009年我国颁布《食品安全法》，无疑是广告代言行为法律规制的转折点，它首次规定了名人代言人的连带责任。2013年颁布《消费者权益保护法》中也增加了个人在关系消费者生命健康领域内的虚假广告中的连带责任。可见，我国对于广告，尤其是明星代言方面的规制越来越重视。

但是，随着社会环境的变化，广告代言的法律规制还是出现不少问题。第一，广告代言责任主体缺失。广告代言人的法律责任仅仅在食品安全方面和关系到消费者生命健康方面有涉及，而最重要的《广告法》对此方面规制却是空白的。第二，法律关系不明确。主要体现在代言人和消费者之间的法律关系并不明确，他们之间没有直接的合同关系，但是消费者的消费选择却是基于对代言人的某种信任或是说崇拜而决定的，即消费者是由于广告代言人的代言行为而购买产品从而遭受到人身或是财产损害。此时，广告代言人侵犯了消费者的信赖利益，也间接地侵犯了消费者的知情权和公平交易权，但是他们之间却没有明确的法律关系，这样也会使得广告代言人这一责任主体无法被明确地写进法律。第三，审查制度不完善，尤其是事前审查方面。1994年广告法明确规定了对于医药、农药等特殊商品的广告在发布之前，需要接受行政机关的审查，但其他领域未作明确规定。而在某些领域，例如保健品、食品、香烟等领域，往往和消费者的生命健康安全息息相关，不进行事前审查往往容易造成严重后果。而且在实践中，广告审查机关往往效率十分低，并没有严格按照法律法规进行审查。第四，政府的监管和社会监督不到位。行政相关部门监管不力，执法方面也十分不到位，使得虚假广告当事人有机可乘。除了监管力度不够以外，监管手段也是一个弊端，我国广告代言的审查监督制度还不完善，行政机关执行起来相对困难。[①]

在此背景下，2015年4月24日，《广告法》修订案三审稿在全国人大常委会会议上顺利通过，自2015年9月1日起正式施行。新《广告法》对广告内容准则、广告行为规范、广告监管、法律责任等作出了一系列修订，条文从原来的49条增加到75条。其中，对于广告代言行为更是进行了明确的规范，广告代言"无法可依"的时代正式终结。

① 周情：《广告代言行为的法律规制》，海南大学硕士论文，2011年。

二、广告代言人的概念

新修订的《广告法》第一次引入了“广告代言人”的概念，其规定“本法所称广告代言人，是指广告主以外的，在广告中以自己的名义或者形象对商品、服务作推荐、证明的自然人、法人或者其他组织[①]”。根据定义，我们可以得出广告代言人的构成要件为：(1)广告代言人是广告主以外的人；(2)广告代言人使用了自己的名义或形象；(3)广告代言的目的是对商品或服务作推荐、证明。

对此，存在一个有争议的问题就是“我为自己代言”还是广告代言人吗？聚美优品的陈欧创造了一种新的广告模式，即“我为自己代言”，那么既是广告主，又是代言人，他可以算作《广告法》中的“广告代言人”吗？

根据广告代言人的构成要件，第一条就是为广告主以外的人，广告主是指为推销商品或者服务，自行或者委托他人设计、制作、发布广告的自然人、法人或者其他组织。陈欧既然是广告主，自然不能成为广告代言人。

还有人认为，陈欧虽然是聚美优品的法定代表人，但是就代言行为本身而言，陈欧的行为不能被界定为法定代表人的“职务行为”，法定代表人虽然对外代表公司，但是该代表应仅限公司的业务行为包括公司业务投资。[②] 因此，陈欧的个人代言行为并不能代表公司，其并非为广告主，而是独立于公司的广告代言人。

本文认为，陈欧应该为广告代言人，其是以自己的名义或者形象对商品、服务作推荐或者证明，行为完全属于广告代言行为，行为的重点在于推荐或证明。而广告主的行为重点在于自行或委托他人设计、制作、发布广告，一般情况下都是以公司名义进行，陈欧虽为公司的法定代表人，但并不能说其就是公司，因此他应该为广告代言人。

其次，对于广告代言人的概念，还应注意一点就是，仅从法条上我们很难区别出明星代言人和一般代言人。而现在执法部门的基本认识是区别“明星”与“一般人”。根据执法部门的观点，“一般人”做的广告并不会被认定是“广告

① 《中华人民共和国广告法》第 2 条第 5 款。

② 许文樟：《陈欧的“我为自己代言”是否属于广告代言人》，http://dwz.cn/zcef4r，下载日期：2015 年 09 月 30 日。

代言”，而是广告中的“一般表演人”。但是，如果在广告中出现其署名或签名，而且若有其他辅助证据（比如，广告的形式明显是推荐行为；广告主支付的是广告代言费而非劳务费；签订的服务期限过长等）的，则其表演也有可能被认为是广告代言。[①] 明星代言人与普通代言人的具体如何鉴定也是实践中比较难掌握的问题，一般情况下，应根据代言人的知名度和影响力来进行区分，明星代言人往往能利用其个人魅力，而产生某种较强的说服力来影响消费者的购买意愿。

三、新《广告法》对广告代言的限制

（一）领域的限制

第一，新《广告法》规定医疗、药品、医疗器械广告不得代言，即医药领域不能代言。这样规定主要是因为药品是指用于预防、治疗、诊断人的疾病，有目的地调节人的生理机能并规定有适应症或者功能主治、用法和用量的物质，其往往直接关系到人们的身体健康甚至生命存亡，因此，对于医药方面的产品我们必须严格把关，确保其安全、有效。药品的性能、功效属于非常专业的问题，其质量也并非短时间内的使用能衡量出来，即便代言人能够尽到“慎之又慎”的谨慎注意和审查义务，也未必能够确保所代言的产品不会出现问题。因此，对于药品方面禁止代言是十分合理的。

第二，新《广告法》规定保健食品广告不得代言。保健食品，也在于调节人体的机能，但不以治疗疾病为目的。而现实中的保健食品广告往往容易误导公众，夸大了保健品的功效，让消费者在没有医生的指导下服用保健品，以为能治疗其自身疾病。此次广告法对保健食品的定位在于其“保健”功能，由于个体差异等原因，保健食品不能保证每个对使用者具有同样或相似的效果，因此禁止广告代言有益于公众不被误导。[②]

---

① 李玉峰、龚冰沁：《广告传媒 | 新〈广告法〉下的“代言好累”》，http:///dwz.cn/zcehoJ，下载日期：2015年9月9日。

② 胡科、林溪：《新〈广告法〉9月1日生效，广告主和代言人需关注哪些法律风险？》，http://dwz.cn/zcejI6，下载日期：2015年9月1日。

(二)代言人资格的限制

第一,新《广告法》对代言人年龄有所限制,10 周岁以下未成年人不得做广告代言人。现在不少广告中出现童星代言,尤其在《爸爸去哪儿》等亲子综艺走红以后,不少童星知名度和受欢迎度不亚于成年明星。对于无民事行为能力的人,其自身往往欠缺独立判断事物的能力,而且代言了以后无法追究其法律责任,虽然部分民事责任可以由其监护人承担,但其他责任无法承担。

不过,禁止其做代言人,并非禁止儿童在广告中出现。国家工商总局广告司司长张国华表示:“此项规定要区分‘广告代言人’和‘表演者’,未满十周岁的儿童可以做广告,但不能做广告代言人。”即儿童可以作为广告的表演者。广告中可以出现例如家长抱着儿童入眠的画面,而且广告商应支付儿童的表演劳务费。而广告代言人一般可识度较高,多为明星代言。广告代言人一般会与广告商签署长期的广告代言合同,广告商支付的是高额的广告代言费,而非劳务费。①

第二,广告代言人不得为其未使用过的商品或者未接受过的服务作推荐、证明,即广告代言人代言的产品必须是其使用过的,而且必须为亲自使用,家人或朋友使用过的也不行。因为只有真实使用,才能使代言人更注重该产品真实的功效、质量等,这样才可以有效地降低虚假广告出现率。目前,很多广告的代言人明显不可能是产品的使用者,新广告法出台后,亦禁止了这些明星在某些领域的代言行为,例如男明星代言女性卫生巾,男明星代言女性化妆品等。

不过,强调广告代言人的亲身使用、体验将会给部分领域的广告带来困境。例如,房地产广告、职业技术培训学校的广告等,要求明星亲自使用体验并不现实,除非该明星真的买了房或是参加过培训学习,那么在此情况下,这些领域内的广告代言需要慎重考虑广告代言人的人选。此外,此条款在实践中应用时,应当注意证据的收集,可以在其广告代言合同中,增加相应的“保证条款”,或者是要求广告代言人在签署广告代言合同的同时签署购买产品的合同。

---

① 《新广告法实施后明星代言指南》,http://dwz.cn/zceluq,下载日期:2015 年 7 月 17 日。

四、明星代言人的法律责任

广告代言的法律责任，主要是就代言虚假广告而言。《广告法》对虚假广告的含义进行了较为细致的界定，是指以虚假或者引人误解的内容欺骗或误导消费者的广告，包括为商品或服务不存在、所提供信息与实际不符且影响购买行为、使用虚假证明材料和虚构效果等情形。新广告法出台前，仅能依据《食品安全法》和《消费者权益保护法》追究代言人责任，可追责范围小，此次广告法对广告代言人的责任进行了明确且严厉的规定。

(一)民事责任

广告代言的民事责任，是指因代言虚假广告造成消费者权益受损时，广告代言人需承担相应的民事连带责任，主要有两种类型：

1. 无过错的连带责任

新《广告法》第 56 条第 2 款："关系消费者生命健康的商品或者服务的虚假广告，造成消费者损害的，其广告经营者、广告发布者、广告代言人应当与广告主承担连带责任。"此条规定的是广告代言人的无过错连带责任，即使广告代言人并对于虚假广告并不知情，但是他没有尽到应有的审查义务和注意义务，由此对消费者造成损害，也应当要承担责任。无过错责任比较严格，因此仅仅是在关系消费者生命健康的领域内适用，例如食品、美容整形、减肥等领域。

2. 有过错的连带责任

新《广告法》第 56 条第 3 款规定："前款规定以外的商品或者服务的虚假广告，造成消费者损害的，其广告经营者、广告发布者、广告代言人，明知或者应知广告虚假仍设计、制作、代理、发布或者作推荐、证明的，应当与广告主承担连带责任。"即不是关系到消费者生命健康的虚假广告，广告代言人有过错的才承担连带责任。所谓有过错，是指明知或者应当知道属于虚假广告而仍然作代言。

(二)行政责任

除了民事责任，广告法对于代言虚假广告也规定了相应的行政责任。首先，若代言人有以下广告代言行为的，其代言收入将作为违法所得予以没收，还将同时被处以违法所得一倍以上二倍以下的罚款：①在医疗、药品、医疗器械广告中作代言的；②在保健食品广告中作代言的；③为其未使用过的商品或者未接受过的服务作代言的；④明知或者应知广告虚假仍在广告中对商品、服务作代言的。其次，虚假代言一旦受到行政处罚，需承受三年禁令，代言人在三年之内不得为任何产品广告代言。

五、明星代言方面今后应注意的问题

(一)动漫角色代言

目前明星的范围越来越广，不仅仅指影视、歌唱、体育明星公众人物，还包括动漫明星，而且很多动漫角色的影响力丝毫不比现实明星差，也有越来越多的动漫角色出现在广告代言中。尤其是在新《广告法》出台后，对代言人的资格限制增多，承担责任更严厉，今后越来越多的人会选择动漫角色代言。

动漫角色和真人代言的区别主要有以下几点：(1)广告成本方面，明星的代言费用高，而动漫角色代言费用比较低，仅仅是一定的设计费用和宣传费用，或者是动漫角色的版权费。(2)影响力方面，明星吸引的人群范围更广，而动漫角色更多是在特定群体中，大多是喜爱动漫的青少年和儿童。所以相比之下，明星的影响力和知名度更高。(3)说服力方面，真人代言给消费者一种该代言人使用过该产品的认知，使消费者对于该产品的真实性和有效性更信服，而动漫角色更多只是通过动漫形象来吸引消费者的目光，相比之下，说服力较低。(4)持续时间方面，动漫形象不会衰老，持续时间更久，也不轻易跳槽，更容易形成消费者对整个品牌的依赖、好感和忠诚度。

虽然动漫角色在知名度和影响力方面不如真人明星代言人，但其独特的形象和亲和力，还是可以影响到很多消费者的消费选择，尤其是一些受到大部分公众喜爱的卡通“全民偶像”，例如《超能陆战队》中的“大白”形象，《捉妖记》中的“胡巴”形象等，目前都很受欢迎，其影响力度丝毫不亚于真人明星。法律如果对此不进行规制，以后产生的不良后果可能会越来越严重。

动漫角色是虚拟角色，其相关权利人才是真正的幕后者，承担着代言人的权利与义务。在动漫产品被人格化，代言了虚假产品并且对消费者的权益产生了侵害的情况下，是否需要该权利人承担法律责任呢？目前法律并未对此有明确规定，但是本文认为其权利人应当承担相应责任，理由如下：

第一，动漫角色的权利人属于法律上根本的代言人，他享受着代言人的权利，得到代言费用，仅仅是外在形象以动漫角色代替了而已。那么，他就应当承担代言人的相关义务，即基本的注意义务以及审查义务，当他没有履行义务时，就应当承担法律责任。[①]

第二，从社会责任的角度，动漫角色的形象在特定群体中具有较强的影响力，而权利人对动漫角色的形象维持是有一定责任的，此时动漫角色已经被人格化，应当遵守民法中的诚实信用原则，权利人也有一种社会责任，即在明知的情况下防止虚假产品侵害消费者的合法权益。

第三，从侵权责任的角度，权利人在明知或应知该产品有缺陷或者有违法情况出现时，仍与广告主签订合同，通过广告代言而导致消费者权益受到侵害，他已经符合侵权责任的构成要件，需要承担侵权责任。

（二）“微代言”（微博代言）问题

微代言是随着微博等网络工具的发展而产生的，即“微博、博客植入性营销”。在当前的数字化网络信息时代，很多名人明星都有自己的微博，同时拥有大量的粉丝关注，其发的每一个微博都极具有影响力。因此，不少明星开始通过发微博、博客的方式来宣传一些产品，从而获得一定的费用。

目前“微代言”的表现形式主要有以下几种：[②]（1）直接微博广告植入。在微博的文字和图片内容中直接融入产品品牌、名称、包装等相关信息，乃至购买地址，从而利用明星的知名度和影响力，吸引其大量粉丝购买，起到广告的作用。（2）微博和评论相结合。此类的微博通常没有标明产品的详细信息，但会透露产品的外观，通过微博评论中专门的“水军”写出的产品详细信息和购买链接来传达给粉丝信息。（3）隐蔽的植入方式。这种隐性的宣传方式也很常见，通常明星没有直接为产品做广告，而是将产品透露在他们的照片的角落，让粉丝自行关注该产品。这种方式往往要依靠消费者的好奇心去自行寻找产品更详细的信息，是一种隐蔽的宣传方式。

因为法律中对代言人责任的规定，越来越多的明星选择用“微代言”这种方式去代言广告，原因除了因为微代言操作简单、成本少以外，就是为了躲避

---

① 王世园：《论国产动漫角色广告代言的法律制度构建》，载《法制与社会》2009 年第 5 期。

② 班凤云：《名人“微代言”法律责任分析》，载《法制与社会》2014 年第 18 期。

法律责任。微代言与传统广告代言的区别就是不需要签订经纪或代言合同，这样一来，微代言到底算不算是一般意义上的广告代言，就有争议了。

本文认为，广告代言是指明星与广告主签订代言合同，一方负责利用其知名度影响力来推销产品，从而得到广告主给付的报酬[①]。在微代言行为中，产品经营者向明星给付一定数额的金钱，而明星通过自身的微博或博客为其产品做宣传推广，双方均履行了各自的义务，虽然没有签订书面的合同，但是其事实行为已经算是构成了广告代言这一民事行为，应当属于广告代言行为。

虽然在微博植入营销中，明星并没有和广告商签订书面合同，但他们并不能以此为由来逃避法律责任。根据合同法的规定，合同可以是书面也可以是口头或其他方式，对于没有采取书面形式的合同，如果一方当事人已经履行主要义务，另一方当事人也表示接受，该合同就已经成立[②]。

所以，在微代言中，如果明星已经通过微博宣传了该产品，而该产品经营商也给付了明星报酬，那么他们之间就已经形成了事实上的合同法律关系，微代言行为已经属于法律规制的广告代言行为范畴内。

此外，需要提出的是，对于上述三种表现形式，明星承担侵权责任应当排除第三种表现形式，即隐蔽的植入方式，因为该种方式下，并没有直接的对产品进行广告宣传，如果仅仅根据其照片中出现了该产品就追究其责任，未免也显失公平。

参考文献

[1]王世园：《论国产动漫角色广告代言的法律制度构建》，载《法制与社会》2009 年第 5 期。

[2]班凤云：《名人“微代言”法律责任分析》，载《法制与社会》2014 年第 18 期。

[3]周倩：《广告代言行为的法律规制》，海南大学硕士论文，2011 年。

[4]许文樟：《陈欧的“我为自己代言”是否属于广告代言人》，http://dwz.cn/zcef4r，下载日期：2015 年 09 月 30 日。

[5]李玉峰、龚冰沁：《广告传媒 | 新〈广告法〉下的“代言好累”》，http:///dwz.cn/zcehoJ，下载日期：2015 年 9 月 9 日。

① 班凤云：《名人“微代言”法律责任分析》，载《法制与社会》2014 年第 18 期。

② 《中华人民共和国合同法》第 36 条。

[6]工商总局广告司:《新广告法解读:〈广告法〉修订的背景和主要内容》,http://www.saic.gov.cn/gzfw/gszs/201505/t20150508_156216.html,下载日期:2015 年 05 月 06 日。

[7] 胡科、林溪:《新〈广告法〉9 月 1 日生效,广告主和代言人需关注哪些法律风险?》,http://dwz.cn/zcejI6,下载日期:2015 年 9 月 1 日。

[8]《新广告法实施后明星代言指南》,http://dwz.cn/zceluq,下载日期:2015 年 07 月 17 日。

论我国《建筑法》的不足与完善

——与 FIDIC 合同条件比较为视角

江碧云*

摘要：本文以与被国际工程界所广泛认可和运用的 FIDIC 合同条件相比较为视角，对我国《建筑法》的内容进行了全面而深入的对比研究，得出现行《建筑法》的不足包括调整范围过窄、工程款支付缺乏保障制度、分包制度不合理、合同争端解决方式规定落后等方面，并充分借鉴 FIDIC 合同条件的先进条款，结合我国建筑行业现状及国际建筑市场发展的要求，探讨了相关规定不合理的原因，提出了修改完善的思路，为建立健全的建筑法律体系、推动建筑产业的发展并进一步与国际接轨尽一份绵薄之力。

关键词：建筑法　FIDIC 合同条件　不足　完善对策

一、我国《建筑法》与 FIDIC 合同条件剖析

（一）我国《建筑法》剖析

1.《建筑法》立法简介

1997 年 11 月 1 日，第八届全国人民代表大会常务委员会第二十八次会

* 江碧云，女，广东金轮律师事务所实习律师。

议通过了《中华人民共和国建筑法》，并经中华人民共和国主席令第91号公布，自1998年3月1日起施行。我国《建筑法》共8章85条，分为总则、建筑许可、建筑工程发包与承包、建筑工程监理、建筑安全生产管理、建筑工程质量管理、法律责任以及附则，并于2011年4月22日根据第十一届全国人大常委会第二十次会议的决定对第48条进行了修改。

2.《建筑法》的实施现状

(1)工程建设安全与质量形势令人担忧

工程建设施工周期长、工艺复杂的特点，以及露天生产作业等严峻的环境条件，决定了工程建设的不安全因素多而复杂。而很多工程管理者法律意识、安全意识薄弱，为赶进度、追效益而忽视工程建设的安全与质量问题，更加剧了我国工程建设的严峻形势。比如为了赶工期，混凝土还没凝固就拆模，砖胎膜还没浇筑就回土，导致质量安全事故时有发生；为了节约成本，施工单位对务工人员没有进行培训就上岗，在施工过程中偷工减料，引发了四川等地广泛生产、采用“瘦身钢筋”的事件发生。因此，我国的工程建设质量安全事故一直频频发生。据统计，在2007年，全国的房屋建筑和市政工程建筑施工事故合计859起、死亡1012人，其中建筑施工重大事故2起、死亡21人，建筑施工较大及以上事故(不包括重大事故)，即一次死亡3人及3人以上事故33起、死亡123人。[①] 由此可见，我国工程建设安全与质量形势十分严峻，虽然近几年事故发生率和死亡人数相比有所下降，但每次事故的发生都令人触目惊心，例如2008年的“杭州地铁11·15事件”，杭州地铁湘湖站工地发生塌陷，地面出现长75米、深15米的深坑，21人死亡、24人受伤；2011年的北京怀柔区宝山寺白河桥坍塌事件，坍塌大桥直接呈W形波浪状等等，这些事件都让广大民众对我国建筑行业的工程建设活动产生强烈的质疑与深切的担忧。

另外，每当事故发生时，有关受害人的赔偿就会变得遥遥无期。因为我国目前已建立的规章制度流于形式，没有进行细化，在建筑施工过程中缺乏详细的程序规定，导致在诉讼过程中找不到相关的记录资料来合理分配各方的责任，比如在造成务工人员死伤时，用以证明劳务关系的劳务合同都不存在，而针对赔偿金额的有效法律规定欠缺，更进一步加深了有关受害人无法得到合理赔偿的困境。

---

① 金燕萍、陈尚奎、吴立：《建筑施工安全管理浅谈》，载《项目管理技术》2009年第3期。

结合我国《建筑法》的立法内容，针对以上问题的法律规制都明显力度不足，规定模糊不清，行政执法机关执法缺乏有力的依据，权利义务的承担无法落实，导致在司法实践中不能有效的处理此类纠纷，让法律责任承担人逍遥法外，受害者不能得到合理的救济，对工程建设活动的安全与质量问题不但没有进行有效的遏制，甚至有点纵容与放任。

除了在城市建设中"楼脆脆、桥脆脆"的现状令人触目惊心，农村民居建设的安全与质量状况也让人担忧。众所周知的四川汶川地震，造成死亡及失踪人数高达10万人，其中因房屋倒塌而伤亡的人员中绝大多数是农民。这说明我国农村民居的建造质量差、抗震能力严重不足，也是这次地震带给我们的最惨痛的教训。虽然农村因经济水平低下而投入有限、缺乏技术娴熟的房屋建造人员是不可忽视的客观因素，但是从法律角度来观察，一个不能回避的事实就是我国《建筑法》的调整范围把农民自建底层住宅排除在外，导致农村民居没有得到严格的规制与管理，建设行政主管部门也没有给予农村民居足够的关注与规范，结合我国是农业大国的现状，忽视农民自建底层住宅的立法内容与我国目前的国情明显不符，不得不说这是我国《建筑法》严重滞后于社会发展的一大体现。因此，如何通过进一步加强立法建设，从制度上保障农村民居住宅的建设质量，从而推进新农村建设，实践以人为本的法制理念，显然是一个重大的法律课题。

(2)建筑市场秩序混乱，信用建设缺失

"能在农村盖厕所，就能在城市盖大楼"的错误认识，导致技术水平偏低的农民工迅速涌进城市建设的队伍中，进而大部分建筑企业因受制于可承担的工程规模及层次有限，导致行业集中度过低，部分利润因过度竞争而挤掉了。据了解，我国当前建筑企业在投资方及时履行合同的前提下，普遍毛利率在10%左右，纯利润仅在3%～5%，有的甚至更低。建筑企业的低利润经营导致某些市场主体为了追求经济利益而铤而走险，扰乱了建筑市场交易的秩序。如招投标过程中的暗箱操作、收受回扣等行为已成为业内的潜规则；施工单位罔顾行业资质管理制度，超资质施工给工程建设留下安全、质量隐患；由于建筑市场竞争激烈，建设单位肢解分包，强行要求施工单位垫资施工的现象普遍存在，导致工程款拖欠问题愈演愈烈。

我国目前的建筑市场秩序较为混乱，很多体制和机制并不健全，行政执法力度薄弱，导致不诚信行为因要付出的代价较低而普遍存在，因此，我国建筑市场的信用体系尚未真正建立。从超资质施工、签订"阴阳"合同到拖欠工程款及农民工工资、为博取利润而偷工减料，这些不利于建立建筑市场信用体系的现象充斥于采购材料、招标投标、工程监理、施工生产等多个环节，严重地阻碍了我国建筑市场良好的交易秩序与信用体系的建立，制约了建筑行业的健康有序发展。

良好的交易秩序与信用体系，是建筑市场发展的有力保障。纵观我国《建筑法》的立法内容，发现并没有对市场交易信用方面有所规制，立法上的缺陷也是导致我国建筑行业交易普遍缺乏诚信的根源。结合我国建筑市场交易信用缺失的现状，可充分借鉴国外的有益经验，加强立法建设，建立良好的市场交易秩序。

(3)与其他法律制度不协调

《建筑法》作为建筑领域的根本大法，应该与相关法律规范中的配套法律制度相协调，才能共同推进我国建筑行业的健康发展。然而，从现行的《建筑法》来看，并未很好地与其他配套法律制度衔接，造成建筑业整个法律体系的不协调，大大地削弱了建筑法律体系的规制效果。例如《建筑法》调整对象单一，与《建设工程安全生产管理条例》《建设工程质量管理条例》等下位法不协调已成为社会各界的诟病；《建筑法》规制的市场主体侧重于承包人，对承包人以外的各工程建设主体尤其是对发包人的约束条款却很少，造成双方权利义务规定的不对等。由于《建筑法》的立法内容与配套法律制度的不协调，导致下位法细化没有上位法的支撑，许多相关的规章制度就成了无源之水、无本之木。而 2012 年 11 月 21 日国家法制办公布的《建筑市场管理条例(征求意见稿)》，其主要原因正是为了弥补现行《建筑法》不能提供足够的法律依据来支撑下位法运行的现状。

《建筑法》除了没有与其配套的法律制度相协调以外，对于其他法律制度在衔接方面也存在着一定的问题。比如，《合同法》中关于工程款优先受偿权的规定，《劳动法》中对于劳务人员的管理规定，都是目前建筑企业解决工程款拖欠和管理劳务人员的重要法律依据，但在《建筑法》中均未对其作出衔接性的表述或明确其适用的范围或程序。虽然《建筑法》与《招标投标法》都明确规定招标投标活动必须公开、公平、公正竞争，《建筑法》同时提出了“择优选择承包单位”的规定，但在实践中，不少招标投标活动只注重形式上的公平与公正，一味追求最低价中标，并没有体现“择优”的招标宗旨，这妨碍了我国建筑行业的健康持续发展。

(二)FIDIC 合同条件剖析

1. FIDIC 合同条件简介

FIDIC 是国际咨询工程师联合会的法文名称(Fédération Internationale Des Ingénieurs-Conseils)的前 5 个字母。FIDIC 于 1913 年由欧洲 5 国的独立咨询工程师协会在比利时根特成立，历经一个世纪的发展，已成为拥有 65 个会员国的国际组织，共 56 万多名咨询工程师，我国于 1996 年 10 月加入该组织。由该会编制的 FIDIC 合同条件，被推荐适用于项目招标投标、工程变更、签订承包合同以及支付费用、价格调整及索赔等环节，是一百多年来国际工程项目承包的经验总结，也是世界各国工程项目建设和管理百余年来经验的总结，它把经济、管理、工程技术、法规有机地结合在一起，用合同的形式固定下来，得到国际上的广泛认可与使用。FIDIC 合同条件的主要当事人包括业主、承包商、分包商和工程师。在这些当事人中间，业主、承包商、咨询工程师三者之间的法律关系是 FIDIC 合同条件中主要的法律关系，而承包商与分包商之间的法律关系则是次要的法律关系。FIDIC 合同条件的主要条款分为程序性条款和实体性条款。作为由民间组织制定的标准国际合同文本，FIDIC 合同条件只有当工程项目的当事人同意采纳时，才能对各方产生法律约束力。而在某些司法权限方面，特别是运用在国内合同的情况下，FIDIC 合同条件可能需要某些修改。

2. FIDIC 合同条件的适用

FIDIC 合同条件是在充分听取了世界各地建筑专业人士意见的基础上编制完成的，也是在长期的国际工程项目实践中形成并逐渐发展起来的，在国际建筑市场上得到了广泛的应用，其中包括：

(1)国际金融机构的贷款项目直接采用

世界各地的世界银行或各州的开发银行在贷款项目中均要求全文采用 FIDIC 合同条件，如我国自上世纪 80 年代初至今，利用世界银行和亚洲银行贷款开发的基础设施项目几乎全部采用 FIDIC 合同条件。因此，项目的参与方都必须了解和熟悉 FIDIC 系列的合同条件，才能保障贷款项目的顺利进行并根据合同条件行使自己的权利与维护自己的利益。

(2)对比借鉴采用

由于 FIDIC 合同条件在处理业主与承包商之间的权利义务关系和风险的合理分担方面的规定相对公正，各项程序的安排比较严谨和完善，因此很多国家在编制本国的合同条件时，均会借鉴 FIDIC 合同条件的相关规定，如

1999年我国建设部和国家工商管理局联合颁布的《施工合同示范文本》，就是在参考FIDIC合同条件的基础上编纂的。

(3)局部选择

咨询工程师在协助承包商编制分包文件或协助业主编制招标文件时，可选择局部地运用FIDIC合同条件，如运用FIDIC合同条件中的某些条款、某一部分、某些程序甚至某些思路，也可以借助某些程序或规定处理在项目实施过程中遇到的难题。

(4)合同谈判时参考

由于FIDIC合同条件的条款具有国际性、通用性和权威性，因此在合同谈判过程中，若认为合同条款中的某些规定不合理或不完善，可引用FIDIC合同条件作为"国际惯例"来解决谈判中遇到的争端。

从以上国际社会对FIDIC合同条件的广泛适用可知，深入学习研究并充分借鉴FIDIC合同条件的条款，能发现本国建筑立法的不足，并吸取国际工程实践的先进管理思路，完善本国的立法，尽快与国际社会接轨。

二、我国《建筑法》的不足

(一)法律调整范围过窄

1. 我国《建筑法》的调整范围过窄

由于我国《建筑法》的调整范围仅限于房屋建筑工程，而且只调整工程建设过程中的施工阶段和安装阶段，因此有关学者对现行《建筑法》给出了一个形象的评价，就是"半部建筑法"。这种调整对象的狭窄与单一引发了一系列的问题：

(1)与《建筑法》的立法宗旨、法律地位不符

《建筑法》的立法宗旨是保障建筑工程的安全与质量，维护整个建筑市场的秩序，促进建筑产业的发展，应当是整个建筑产业的基本法，而不是房屋建筑工程部门的管理法。但在司法实践中，由于房屋建筑工程以外的建筑活动在《建筑法》中没有相关的规定，因此执法机关只能参照国务院的有关规定，而这些规定往往并不完善，造成建筑执法领域的重重困难，也为不法分子钻法律漏洞提供了机会，大大地削弱了建筑法体系的规制作用，不利于建筑产业的健康有序发展。另外，建筑市场本身应该是一个统一的市场，各类建筑活动有其

共性，应该由同一部法律来进行调整。但《建筑法》只管理某个建筑部门，而忽视其他部门的发展，加剧了我国建筑行业行政管理严重分割的局面。比如我国建设部只管辖房屋建筑部分，水利部管辖所有与水有关的事务，交通部则管理所有与交通运输有关的事务，而各部门不受建设部管辖，各自处理己方的事务，也不会遵循《建筑法》的相关规定，形成了多头立法、多头管理的行政管理的混乱局面，严重阻碍了建筑市场统一秩序的建立。

(2)与当前建筑产业发展形势不符

随着建筑市场的蓬勃发展、市场规模的不断扩大，工程技术含量也越来越高，新发展起来的建筑专业，例如专门为建筑行业服务的各类中介组织，如工程监理及招标代理、工程技术与造价咨询等组织的经营活动，已成为当前建筑行业发展的一大特色。但我国《建筑法》并没有将新发展起来的建筑专业纳入调整范围，缺乏对这些建筑专业的规制，已严重滞后于国际建筑行业的发展。此外，《建筑法》明确把农民自建底层住宅的建筑活动排除在调整范围之外，也与当前农村民宅建设工程踊跃且数量庞大的国情不符，导致农村民居的安全与质量状况堪忧，频频发生事故，不利于农村建筑业的健康发展，也阻碍了我国新农村的建设。①

2. FIDIC 合同条件关于调整范围的规定分析

与我国《建筑法》颁行 15 年来仅仅修改过一个条款不同，FIDIC 合同条件是在认真吸取过去经验的基础上，不断加入现代管理的新理念，为适应不断变化发展的各类工程项目与各种承包管理模式而修改完善的。FIDIC 合同范本根据不同性质的项目工程编制了四种条件，包括《施工合同条件》《设计采购施工(EPC)/交钥匙工程合同条件》《生产设备与设计——建造合同条件》和《简明合同格式》。比如由业主或其代表工程师所设计的房屋建筑工程或土木工程项目，承包商按照业主的设计来施工，或按业主的要求负责少量设计工作，此类工程应当采用《施工合同条件》；在电气或机械设备的供货及建筑或工厂的设计与施工中，由承包商按照业主的要求来设计并建造包括机械、土木、电气或构筑物以及它们的组合的项目，应当采用《生产设备与设计——建造合同条件》；必须以投资最终价格确定的交钥匙形式提供的生产线或发电厂等工厂或类似设施的加工或动力设备或其他类型的开发项目，应当采用《设计采购(EPC)/交钥匙工程合同条件》；而合同额较少的房屋建筑或工厂构筑物项目，

① 崔鲸涛:《建筑法修改势在必行》，载《中华建筑报》2004 年第 3 期。

或简单而重复性较强或工期较短但合同额较大的工程项目，应当采用《简明合同格式》。另外，由于 FIDIC 合同条件的专用条件可分别适用于不同的承包方式，因此不同投资主体除了可以根据工程性质来选用相应的 FIDIC 合同条件外，只要把专用条件中的条款结合工程的专业特点与工程项目所在地的特点进行编写，同样适用于国内工程的施工承包合同，从而最大限度地满足自己的要求。比如法律适用方面，投资主体可以对采用仲裁或 DAB 的争端解决方式进行选择与约定。[①]

FIDIC 合同条件的调整范围囊括了国际建筑市场中的各类工程项目与各种承包项目，在充分考虑当前国际建筑市场发展形势的基础上不断地完善自身、与时俱进，使其成为国际建筑市场运用最广泛、最具权威性的国际惯例，为各类工程项目普遍利用国际经验创造了机会。反观我国《建筑法》的调整范围如此狭窄，严重阻碍了我国建筑产业的充分发展，因此，我们应该充分借鉴 FIDIC 合同条件在调整范围方面的规定，立足本国实际，不断与时俱进，扩大调整对象的范围，加强法律适用性，令《建筑法》成为真正意义上的根本大法，更好地与国际社会接轨。

(二)工程款支付缺乏保障制度

1. 我国《建筑法》工程款支付缺乏保障制度

由于《建筑法》侧重于保护发包人的利益，忽视了承包人的利益诉求，在工程款支付方面没有一套合理有效的保障制度，承包商很难通过有效的法律手段来追索工程款，务工人员更难以通过正当渠道取得自己的工资，导致拖欠工程款的现象泛滥，拖欠工程款总额也持续攀高，造成了巨大的经济损失与恶劣的社会影响。目前建筑行业的经济纠纷大多是追索工程款的纠纷，由于建筑工程规模大、程序多，仅仅靠行政法规或部门立法的引导是不够的，而且其本身的不完善也导致有关规章制度形同虚设，很多应该办理的手续或文件都没有得到落实，为发包人拖欠工程款钻了法律的空子，导致在诉讼中承包人很难提出有力的证据来追索工程款，其合法权益不能得到有效的救济。承包人不能得到救济，经营活动入不敷出，他们不得不“偷工减料”或拖欠务工人员的工资，大量进城务工人员的工资得不到保障进而又会影响了社会的稳定与和谐。这个恶性的链条式的发展最终必将恶果投放到社会的发展中，而源头恰恰是

---

① 朱以晔:《FIDIC 合同条件体系及应用方式》，载《基建优化》2006 年第 2 期。

应该对社会发展起引导、保障作用的法律，因此《建筑法》必须修补工程款支付保障制度的缺失，为破除拖欠工程款及农民工工资的建筑行业困境提出相应的法律对策。

在建筑市场交易中，大量存在带资垫资的行为，虽然司法实践和部委文件精神都禁止带资垫资行为，但是时至今日并无法律对其进行明确的规定。带资垫资行为是目前导致工程款拖欠的一颗毒瘤，严重扰乱了建筑市场和国家金融市场的秩序，容易导致房地产市场泡沫，不但损害了施工单位的利益，广大民众的权益也可能受到影响。而《建筑法》并未明确禁止带资垫资行为，让其放任自流，又成为治理严重的拖欠工程款现象的一大阻碍。

2. FIDIC 合同条件关于工程担保的规定分析

在 FIDIC 合同条件下，工程担保是很重要的，规定了预付款保函、投标保函、支付保函、履约保函、免税进口材料物资及收税保函等多种担保函，有效地加强了合同双方履约的信用程度，保障了承包商的工程款受偿。在 FIDIC 合同条件中应用比较广泛的担保包括：预付款保函，即由业主支付承包商或承包商支付业主的担保，担保金额一般与预付款相同，以保证合同的顺利履行；投标保函，即用以保证投标单位在投标期间不会撤销投标，或在中标后忽然退出而支付的担保；保留金保函，即为了保证承包商修复在保修期内发生的工程缺陷项目，而提供保留金用以替代合同必要保留金的担保；履约保函，即为了保证双方履行合同义务而支付的担保，若有一方违约，该担保金额则成为一种支付行为，一般为合同金额的 10%或双方约定的某一金额。其中，履约保函是较为简单、实用的建设工程项目管理工具，可以是单方或双方的要求，既可以由承包商在合同中提出要求业主提供支付担保以保证其在项目结束后能够及时获得工程款，或业主在合同中要求承包商提供担保以保证其工程按时按质完成，也可以进行双向担保，这有效地降低了可能发生的项目风险，约束了双方的合同履行，并且在一定程度上避免了三角债纠纷的发生，值得在我国的建设工程项目管理中进行推广与应用。

FIDIC 合同条件在平衡双方风险、保障承包商的工程款受偿方面的规定更为完善，然而国内在应用相关条款时，经常习惯性地把 FIDIC 条款下有关工程款支付的安排悉数推翻，并以极具中国特色的拖欠工程款的相关内容代之，导致工程款拖欠问题一直难以解决。如今，居高不下的工程款拖欠问题已成为社会各界的一个心病，一般的规章制度已无法对其进行有效的规制，破除我国工程款及农民工工资拖欠困境的重任落在了专门规制建筑行业的母法——《建筑法》身上。因此，如何把 FIDIC 合同条件中有关工程担保的经验融入我国的建设工程实践中，加强工程支付的保障力度，以《建筑法》根本大法的立法形式赋予其强制性的法律效力，督促我国工程款以及农民工工资拖欠的问题尽快解决，推动我国建设行业健康有序发展，值得我们认真研究。

(三)分包制度不合理

1.我国《建筑法》分包制度不合理

随着我国加入 WTO，逐步开放建筑市场，在实践中我们发现国内的分包制度与国际惯例无法衔接，严重阻碍了国内建筑企业的良性发展，扰乱了建筑市场的秩序。不合理的分包制度包括：

禁止肢解分包与提倡工程总承包管理模式相违背。我国《建筑法》第 24 条明确规定“提倡对建筑工程实行总承包”的立法指导思想，建设部于 2003 年 2 月 13 日颁布了《关于培育发展工程总承包的指导意见》，大力推行工程总承包、工程项目管理模式，加强与国际工程承包与管理方式的接轨。工程总承包是指已受发包单位委托的工程总承包企业，按照合同的约定，对工程项目实行全过程或若干阶段的承包，并可依法将其工程中的部分工作发包给有资质的分包企业的工程承包模式。[①] 而《建筑法》中关于禁止肢解分包的规定是指禁止发包单位将承包工程肢解成若干部分发包给几个分包单位，这实际上是与提倡工程总承包管理模式相违背的。另外，禁止肢解分包导致外国公司在参与我国建筑市场竞争时存在一些问题，表现在如果禁止分包，国外的建筑公司就需要自己带施工队伍来完成施工，这是不可能的，但如果对外国公司允许分包，但《建筑法》并未作出有关规定，会带来管理的混乱，同时也会带来不公平的竞争，损害国内建筑企业的利益。

指定分包制度模糊不清。无论在国内还是国外，业主指定分包商都是工程项目承包中的普遍现象，因此指定分包商条款一直以来都是国外施工合同中的重要合同条款。被广泛运用的 FIDIC 合同条件就设有专门的章节来对指定分包商进行规范，但是在我国的《建筑法》或其他有关规章制度中都没有对指定分包制度进行规定，实践中也很少涉及指定分包商的专门条款。我国现有法律法规并未明确指定分包商是否具有合法地位，也没有将其与一般分包商进行区别，缺乏对指定分包商权、责、利方面的规定，导致目前在指定分包

---

① 朱树英：《与时俱进，及时调整完善建设领域法律体系——〈中华人民共和国建筑法〉的立法修改建议》，载《建筑经济》2003 年第 6 期。

领域存在一些不规范的行为，例如业主凭借其有利地位进行违法分包或不规范分包，强制要求承包人同意其指定的材料供应商或施工分包人，而这些指定分包商往往与业主有着良好的私人关系，分包项目的利润也相对丰厚，使承包商处于不公平的竞争地位，严重损害了承包商的合法权益，阻碍了工程项目承、发包的健康有序进行。

未确立劳务分包的法律地位。自建设部于 2001 年提出“劳务分包企业”的概念起，我国劳务分包企业就如雨后春笋般发展起来。从 2009 年的《中国统计年鉴》得知，2008 年我国劳务分包企业合计有 6837 家，占据建筑企业总数的 9.6%，相比同期增长 56.9%；劳务从业人员高达 189.6 万人，占据建筑总人数的 5.7%，相比同期增长 28.2%。[①] 由于劳务分包企业的快速增长和劳务分包现象的大规模存在，法律应该对劳务分包的行为进行合理的规范与引导。但是目前规范劳务分包制度的依据十分缺乏，只有建设部于 2001 年和 2004 年颁布的两个规范性文件对劳务分包企业的资质管理进行规范，而对劳务分包企业如何设立及运作，劳务从业人员与劳务分包企业之间的法律关系，劳务输出单位、培训单位、用人单位等各方的行为准则都缺乏相应的规范性法律文件的引导。而我国《建筑法》作为规范建筑行业的根本大法，只对总承包与专业分包进行了规定，并未对劳务分包制度的法律地位进行确认，导致某些施工单位以劳务分包的名义进行违法转包，劳务合同得不到规范，部分条款不合法，存在很多问题，合同纠纷日益增多，严重影响了劳务分包企业的发展，阻碍了我国劳务分包模式的健康发展。

2. FIDIC 合同条件关于分包的规定分析

目前国际上主要的工程总承包方式包括设计—施工总承包(D—B)、交钥匙工程(EPC)、施工总承包(C)、设计—采购总承包(E—P)与采购—施工总承包(P—C)等方式，其中应用最广泛的是 FIDIC 合同条件中的施工总承包(C)、交钥匙工程(EPC)与设计—施工总承包(D—B)。[②] FIDIC 合同条件对工程总承包的定义与一般人的理解不一样，其工程总承包模式包括阶段性的承包，即只承包工程项目中的若干个阶段，如 EPC 模式承包的阶段包括计划、设计、施工，D—B 模式承包的阶段包括设计、施工，而 C 模式(施工承包)则仅包

---

① 王雪芹:《对〈建筑法〉中分包问题的探讨》，载《法制与社会》2011 年 3 月刊上半期。

② 鲁慧、周坚:《〈建筑法〉中主体结构分包相关问题分析》，载《技术经济与管理研究》2005 年第 2 期。

括施工。因此，FIDIC合同条件对于肢解分包、推行工程项目总承包持支持的态度。

另外，FIDIC合同条件还把指定分包商的种类分为指定施工分包商、指定劳务分包商与指定材料供应商，确立了指定分包制度的法律地位，充分肯定了劳务分包的可行性。在指定分包制度下，FIDIC指定分包商必须确保总承包商得以免除因分包合同而涉及的全部责任，加重了对分包商的责任，相对应的，其权利也得到扩大，如业主可在总承包商无正当理由扣除指定分包商的材料款或工程款时，直接向指定分包商支付，并从总承包商的工程款中将该款项予以扣除，这对督促、鞭策指定分包商按照合同约定完成分包任务，并保障指定分包商的合法权益起到了积极的作用。相比较而言，我国《建筑法》下的分包商只需要依据分包合同对总承包商承担责任，并且总承包商须与分包商就分包工程的质量承担连带责任，即当分包工程出现质量问题时，就算总承包商本身没有过错也不能得到免除，这就使总承包商处于不公平的地位，在一定程度上纵容了分包商的违法行为。另外，无论总承包商是否按时支付工程款，业主往往不能直接向分包商支付工程款，这也不利于分包商合法利益的保护。

总之，我国《建筑法》及相关法律规定在分包制度方面存在的不合理因素，可以借鉴FIDIC合同条件中的有关规定来予以改善，并丰富现有分包制度的内涵、种类及内容，建立权利义务均衡的分包法律机制。

(四)合同争端解决方式规定落后

1.我国《建筑法》合同争端解决方式规定落后

争端解决方式是指以特定的方式与程序解决纠纷或争端，恢复社会秩序的活动和过程。我国建设合同争端解决方式主要有协商、调解、仲裁与诉讼等方式，但是我国《建筑法》以及相关法律规定对争端解决程序的规定并不明确，内容过于简单，缺乏灵活性的非诉讼调解机制，可操作性不强，导致合同当事人对于争端解决方式的选择具有很大的局限性；又由于缺乏对社会性中介调解机构的相关规定或提示，社会性中介调解机构不能发挥其积极作用，通常工程发生争议后，为了避免诉诸费钱又费时的仲裁和诉讼，当事人一般会要求提请行政主管调解，但行政调解中严重的部门分割、行业分割等问题的存在，显然不能有效地解决争端。

在各种争端解决方式中，虽然目前仲裁与诉讼仍然是我国合同争端解决的主要方式，但国外已经越来越少人诉诸仲裁与诉讼，反而认为和解方式才是鼓励良好合作、建立伙伴关系的最佳形式。而我国目前的和解方式主要有监理工程师的调解、人民调解、行政调解等方式，但在实践中的运用都不尽如人意。如监理工程师的调解，虽然监理工程师熟悉工程的具体情况并且具有合同管理能力，但是事实上监理工程师是由业主聘请的，很难保证其绝对的公正，因此大多数国际上通行的合同文本已抛弃工程师担任调解人的制度；人民调解的机制在我国并不成熟，法律对社会性中介调解机构的引导缺失，政策上也未给予其强有力的支持，导致社会中介调解机构的力量微薄，难以发挥其自主调解的作用；由于行政干预、部门分割、行业分割等问题的长期存在，当合同争端涉及相关部门利益时，行政调解制度就形同虚设，往往合同当事人的纠纷都不能得到解决。

由于我国争端解决方式的规定落后，调解的争端解决方式不能得到有效的运用，合同当事人不得不诉诸仲裁或诉讼，这无疑加重了当事人的负担，也降低了纠纷解决的效率，在处理有外商参与的合同争端时，也凸显了与国际惯例的不协调，不利于我国建筑市场的进一步开放与发展。

2. FIDIC 合同条件关于 DAB 争端裁决委员会的规定分析

FIDIC 合同条件对于争端解决方式作了较详细的规定，包括工程师决定、争议审核委员会 DRB 审核、争端裁决委员会 DAB 裁决、国际仲裁等，而目前最受 FIDIC 推荐、近年来在国际工程界得到普遍认可和广泛应用的是 DAB 争端解决方式。DAB 是争端裁决委员会（Dispute Adjudication Board）的简称，是一般由 3 人组成的专门负责解决工程纠纷的专家小组，在工程合同成立时就由合同当事人预先协商选定，并作为与工程无任何关系的独立的第三人进行仲裁，双方当事人必须接受该裁决的约束，主要包括争端提出—工程师决定—争端裁决委员会—友好解决—仲裁这 5 个阶段。DAB 争端解决方式是在总结国际工程索赔实践的经验中逐步发展起来的新型争端解决方式，被国际工程界誉为“一颗璀璨的明星”，并在工程合同争端解决中得到了广泛的应用，取得了良好的效果，其本质属于非诉讼纠纷解决方式的范畴。

DAB 在工程合同签订时即成立，减少对委员会人选的争议，避免造成程序上的延迟，在一定程度上加强了工程项目的专业性；若与仲裁制度相结合，则相当于预审，弥补了仲裁制度一审终结的弊端，使工程争端的解决更合理、更公平。引入 DAB 争端解决方式，是顺应国际工程发展潮流的必然要求，其严格的程序、高效又低廉的仲裁方式、灵活的协调机制，在国内外工程项目管理与争端解决中取得了巨大的成功，对完善我国工程合同争端解决方式具有重大的借鉴意义。

三、我国《建筑法》的完善

本章首先对完善《建筑法》的总体思路进行了设计，在前文对 FIDIC 合同条件先进立法经验进行分析的基础上，从中借鉴有益的思路与做法，并提出完善《建筑法》的建议。

（一）完善《建筑法》的总体思路设计

第一，认真总结我国《建筑法》施行十五年来的实践经验与成效，做好立法基础工作。

第二，对《建筑法》现有的不适应社会发展新形势的制度进行修改，破除不合理的法律制度所带来的障碍。

第三，增加符合当前形势并与国际工程界接轨的立法条款，完善《建筑法》的内容，更好地发挥法律的指导作用。

第四，借鉴 FIDIC 合同条件的先进思路，为我所用。

通过对《建筑法》的修改与完善，使其符合规范建筑行业根本大法的立法地位，充分发挥其基础性的指导作用，与配套法律制度、其他法律制度相协调，形成科学有效的建筑法律体系，全面推进我国建筑业的进一步发展。

（二）调整《建筑法》的适用范围

1. 适当扩大并进一步明确《建筑法》的调整范围

建筑法的调整范围不能仅仅为房屋建筑活动，而是国际公认的建筑业活动，即包括房屋、桥梁、隧道、港口、道路等各类建筑物、构筑物的改建、修复、新建等生产活动与工程技术的统称。建设活动的范围应囊括建设工程的立项、设计、勘察、监理、施工、使用、保修等全部阶段；不只是各类建筑物、构筑物的主体工程结构，还包含附属设施与配套的管道、线路、室内外装修装饰、设备安装和相应的管理工作。

根据目前建筑行业的新形势，为建筑行业服务的各类中介组织，如工程监理及招标代理、工程技术与造价咨询等组织的经营活动；专业建筑活动，如机场、港口、通信、铁道水利等专业工程的建筑活动；农民自建底层住宅的建筑活动都应纳入建筑法的调整范围。

适当扩大并进一步明确《建筑法》的调整范围，解决了调整对象过窄、与当前建筑行业发展形势不符的问题，同时吸取 FIDIC 合同条件的立法思路，充分考虑国际建筑市场中的各类工程项目与各种承包项目，结合我国国情进行适当的修改与完善，加强法律适用性，为尽快与国际接轨，学习先进的工程项目管理经验创造有利的条件，为配套法律制度提供有力的依据，真正体现其在建筑业的母法地位。

2. 调整行政管理体制的规定

长期以来，我国建筑行业行政管理分割问题严重，基本上实行各部门各管一个领域的局面，实际上在一定程度上也导致了《建筑法》的调整范围只能局限于房屋建筑活动。因此，单方面以立法的形式来扩大《建筑法》的适用范围，不调整我国目前的行政管理体制，仍然有可能导致相关规定得不到落实、行政管理秩序混乱的问题。目前在建筑领域的行政状况是管理与技术不分，就是无论是工程管理还是技术监督，都只由各专业部门进行，建设部不能起到统筹管理的功能，各部门之间也得不到很好的协调与合作。建筑领域行政管理体制的陈旧，迫切要求对《建筑法》中关于政府管辖的规定进行调整，应将管理与技术两个方面分开，规定由建设部来负责制定与工程项目管理相关的法规，实行对建筑工程的招投标、承发包、施工现场以及市场主体资质的监督管理，由各专业部门来制定与专业技术相关的规范，协助建设部完成各类特殊工程项目在专业技术上的管理，充分发挥各部门的优势，优化行政管理资源的配置，提高行政管理的效率，为《建筑法》的施行提供有力的行政支持。①

（三）工程款支付制度

1. 引入履约保函的工程担保制度

建筑工程担保机制反映了国际建筑市场的运行规律，大多数发达国家都已经建立了相应的机制，FIDIC 合同条件等国际惯例也多有此规定。工程担保制度是指利用经济手段引入第三方来对工程项目的建设提供担保。目前应用得比较广泛的是发包方要求承包方提供履约担保，而往往承包方并不能获得发包方的支付担保，这显然是不合理甚至不公平的，是目前我国工程款拖欠问题严重的一大原因。发包方支付工程担保，是承包方为了保证发包方按照合同约定及时支付工程款，要求发包方向第三方（如银行或担保公司）交纳支

---

① 张伟、朱宏亮：《对国内外建筑法调整范围的比较分析及修改建议》，载《建筑经济》2004 年第 7 期。

付担保金，经过一系列的审核程序后，承包方会收到由第三方发出的履约保函。如果在合同履行期间，因发包方的违约、破产或清算而造成合同无法履行，或履行合同义务但不符合合同约定的要求，承包方有权按照合同和履约保函向第三方提出索赔。第三方必须根据履约保函的性质与类型，支付发包方担保金额。在履约保函的操作中，银行等第三方担保机构在收到申请人的申请书后，会对申请人的情况进行审核与调查，如申请人的企业经营状况、金融状况、足够的存款额度、工程项目的概况、项目运行的风险等，经审核同意后，才会发出正式的担保保函。在此过程中，银行等第三方担保机构对业主的审核无形中为承包商的工程款支付把了一道关，因为如果该业主根本无力支付工程款，银行就不会发出保函，承包商也可借此看清对方的资金状况，避免工程款最终无法得到偿还的下场。另外，若业主无法支付工程款，承包方仍可向第三方担保机构提出索赔，这就为承包商的工程款支付提供了双重的保障，对遏制拖欠工程款与农民工工资的现象、防范与化解工程风险起到了重要的作用。

因此，《建筑法》应引入 FIDIC 合同条件中应用最广泛的履约保函的工程担保制度，强制要求业主为承包方的工程款支付提供履约担保，为尽快解决工程款拖欠问题、构建我国建筑市场交易信用体系、加快与国际接轨的步伐发挥积极的作用。

2.增加对发包人的法律约束

《建筑法》侧重于对承包方的法律约束，却缺少对承包方以外的工程建设行为主体尤其是对发包人的法律约束，而实践中正是由于缺少了对发包人有效的法律规制，导致签订阴阳合同、强行指定分包、违反合约拖欠工程款等现象屡禁不止。

因此，规范建设工程的承、发包行为，应当在建设工程的承、发包过程中强调诚实、信用原则，增加对发包人的法律约束，将无拖欠工程款作为市场准入的条件，并对发包方在未能及时确认或结算或足额支付工程款的情况下，承包人该不该交付工程等问题予以明确；在《建筑法》第七章法律责任中详细规定对发包人抽逃、挪用已经落实的建设资金等行为的处罚规定，细化、强化发包人的法律责任；明确禁止带资垫资的行为，维护建筑施工企业的利益，并与《合同法》关于工程价款优先受偿权的规定相协调；对工程款的结算规定进行细化，不得对竣工验收工程恶意拖延和审定结算，确保工程款以及农民工工资的支付落到实处。

(四)修改完善分包制度

1.推行施工总承包、专业承包、劳务分包三层的国际管理模式

2001年,建设部第87号令提出将建筑业企业资质分为三个序列,即施工总承包、专业承包与劳务分包,虽然在一定程度上承认了这三种承包行为的存在,但是目前对其进行规范也仅仅限于企业资质管理方面,对其他方面并没有进行相关的规定。而作为建筑产业基本大法的《建筑法》并未对此进行明确的规定,甚至现行的某些条款与推行的这种三层式的先进承包管理模式相矛盾,导致我国工程管理模式远远落后于国际建筑市场的发展。

因此,要建立施工总承包、专业承包、劳务分包三层的先进国际管理模式,尽快与国际接轨,首先,必须破除与之相违背的法律制度,如取消关于禁止肢解分包的规定,允许发包单位将建筑工程肢解成若干部分发包给几个承包商,推行工程总承包与工程项目管理,并严格区分施工总承包与工程总承包;[①]取消关于禁止再分包的规定,允许分包单位可以再分包,尤其允许专业承包单位分包给专业队伍完成更专业化的工程任务,如防水防腐、金属门窗等,有利于工程施工向专业化发展,适应市场的客观需要,并推进建筑行业产业结构的优化。其次,必须增加劳务分包制度的规定,对劳务分包企业如何设立及运作,劳务从业人员与劳务分包企业之间的法律关系,劳务输出单位、培训单位、用人单位等各方的行为准则进行法律规范,建立健全的建筑劳务管理法规体系,改善建筑行业无序用工、对农民工权益保障不力、零散用工、拖欠工程款的局面,为维护广大农民工的合法权益、确保工程质量与安全生产、维护社会稳定提供强有力的指导,真正将劳务分包作业纳入法制化的轨道。

2.修改完善指定分包制度

鉴于FIDIC合同条件上的指定分包制度规定较为完善与成熟,且国内采用FIDIC合同文本逐渐增多的趋势及我国承包商需要进一步走向国际建筑市场的客观需求,在修改完善《建筑法》关于指定分包制度的规定时,主要是借鉴FIDIC合同条件的相关规定。

首先,应明确指定分包商的合法地位,并与推行施工总承包、专业承包、劳务分包三层的国际管理模式相结合,把指定分包商的种类分为指定施工承包商、指定材料供应商与指定劳务分包商。其次,在程序上要保证指定分包合同

---

① 崔健:《谈对〈建筑法〉第二十四条的理解》,载《建筑与工程》2007年第17期。

应在业主与总承包商签订总承包合同之后进行，以保障总承包商的合法权益，并在有合法理由的前提下拒绝已选定的分包商并指定另一位分包商，或亲自完成指定分包任务，以确保工程建设的顺利进行。最后，要平衡总承包商与指定分包商的权利义务关系，指定分包商上要确保总承包商得以免除因分包合同而涉及的全部法律责任，所有因分包合同引起的或有关的诉讼与赔偿，总承包商可以再向指定分包商追偿，降低了总承包商在指定分包中所要承担的风险，同时当总承包商无正当理由扣留指定分包商的材料款或工程款时，业主有权直接向指定分包商支付，充分保障了指定分包商的合法利益。

(五)建立多元化的争端解决机制

1. 引入DAB争端解决方式

DAB争端解决方式来源于DRB方式，DAB方式自1999年开始使用，我国目前并没有运用过，但其前身DRB方式被运用在我国二滩水电站、小浪底水利枢纽工程中并取得了显著的成效，且两者的内容与要求基本一致。因此，作为比DRB更为先进的DAB争端解决方式，结合我国目前建设工程合同争端解决方式规定落后的现状，为了进一步与国际工程界接轨，应当引入DAB争端解决方式来完善我国建设合同争端解决机制。

首先，我国《建筑法》要对DAB争端解决方式予以明确规定，确定其法律地位。其次，要赋予DAB争端解决方式裁决的法律效力，由于我国合同当事人普遍诉诸诉讼方式，缺乏对于非诉讼方式其独特价值的正确认识，因此必须赋予DAB方式解决争端的强制性、权威性的法律效力，才能使合同当事人转变对非诉讼方式的思想认识，重视对DAB方式等非诉讼方式的运用。最后，要保持DAB争端解决方式与仲裁或诉讼等方式的协调与衔接。DAB争端解决方式必须与目前的争端解决方式保持一致，相互协调，发挥各自的优势，共同解决当事人的合同争端，构建健全合理的合同争端解决机制，为有效解决合同纠纷、促进和谐社会的实现发挥积极的作用。

2. 建立多元化的争端解决机制

国际工程合同在争端解决方式方面逐步呈现出多元化、系统化的特征，我们要充分吸取FIDIC合同条件等国际惯例的先进制度，改变目前单一的争端解决方式，建立各有优势的多元化争端解决机制。除了要引入DAB争端解决方式以外，还要建立我国的建设工程仲裁机构，在建筑业协会或工程承包商协会等行业协会中成立专门的仲裁机构，或在各级建设行政主管部门内设立合同争端解决机构，以利于合同纠纷及时、合理、公正地得到解决，减少诉累。①

参考文献

[1]张伟、朱宏亮:《论〈建筑法〉的修订》，载《建筑经济(工程法律)》2006 年第 7 期。

[2]欧元巧:《关于建筑法贯彻实施的几点思考》，载《安徽农业大学学报(社会科学版)》2008 年第 17 期。

[3]杨洪胜、郝静:《从与配套法律制度的协调看〈建筑法〉的修订》，载《合作经济与科技》2009 年第 15 期。

[4]李念秋、冯晓丹:《对中国〈建筑法〉若干问题的思考》，载《经济研究导刊》2008 年第 17 期。

[5]杨洋潇桑:《〈建筑法〉滞后带来的伤害》，载《施工企业管理》2010 年第 1 期。

① 任志福:《我国建设工程合同争议解决方式探讨》，载《中国工程咨询》2007 年第 7 期。

医疗纠纷中侵权责任因果关系认定的突破

林降雄*

摘要:2010年7月1日实施的《中华人民共和国侵权责任法》第54条、第55条对医疗纠纷的侵权责任因果关系认定作出了新的突破,司法审判中应如何合理理解和适用?本文试图通过本院民一庭的三个不同医疗损害赔偿纠纷判例来进行分析。

关键词:侵权责任　司法审判　突破

案例一:(2010)顺法民一初字第02455号案件

法院查明的事实:原告张腾业、张群玉系患者张铨明的子女。2009年12月14日,患者张铨明因肛门肿物反复脱出疼痛伴排尿不畅8年余到被告医院门诊治疗。2009年12月17日在硬膜外麻醉下进行PPH术,术后恢复良好。2010年1月16日在气管内全麻下行左下肺肺癌切除术,术后患者皮下气肿明显并气促加重。1月17日请中山医科大学教授会诊后,急送手术室气管内全麻下行剖胸探查术,肺大泡破裂口修补术。2月9日患者出现上腹疼,呕吐少许咖啡色样物及排黑便。由于患者病情严重,家属要求出院,放弃进一步抢救治疗。2月26日患者在出院后死亡。

原告以被告存在医疗事故或者医疗过失为由诉诸法院,应原告申请,法院

* 林降雄,男,广东金轮律师事务所律师。

委托南方医科大学司法鉴定中心对案涉医疗争议进行医疗过错鉴定。鉴定书认为，被告新容奇医院在对张铨明的医疗过程中，存在对患者术前肺功能的风险预计不足，告知风险方面不具体和术前未进行血气分析检查的过错。但上述过错和不足与张铨明的死亡后果之间无因果关系。

判决认为：被告新容奇医院对张铨明的医疗过程中，存在对患者术前肺功能的风险预计不足，告知风险方面不具体和术前未进行血气分析检查的过错。但上述过错和不足与张铨明的死亡后果之间无因果关系。造成张铨明死亡的原因是在肺癌、慢性阻塞性肺病(COPD)、多发性肺大泡的基础上，发生呼吸功能衰竭并消化道出血、感染，最终引起多器官功能衰竭而死亡。因此，被告对张铨明的诊治行为，不符合医疗损害侵权责任的构成要件，不构成医疗侵权行为，原告要求被告赔偿的请求没有依据，不予支持。

案例二：(2011)顺法民一初字第3644号案件

法院查明的事实：2009年3月19日，黄日军因道路交通事故受伤被送入佛山市顺德区中医院住院治疗，入院诊断为："1.右小腿下段见皮肤大片撕脱、骨折外露，右跟骨、距骨粉碎性、开放性骨折；2.右小指指伸肌腱断裂。"2009年4月14日，因术后右跟外侧处伤口皮肤坏死，进行了左腹部植皮、左大腿植皮术。2010年2月1日，经广东南粤法医临床司法鉴定所鉴定黄日军右下肢损伤后功能部分丧失属十级伤残。

诉讼前，经佛山市顺德区卫生和计划生育局委托，广东省医学会对黄日军医案进行医疗事故鉴定认定：(1)佛山市顺德区中西医结合医院对患者黄日军的诊疗行为，符合医疗卫生管理法律、行政法规的要求；(2)医方在诊治、抢救、药物、手术及操作等方面均符合诊疗规范；(3)医方存在过失行为有：①对此种严重毁损性外伤估计不足，未对患者作充分的交代；②术中胸脐部皮瓣移植失败后，改左股前外侧皮瓣修复术未及时签署手术同意书，不符合及时告知的相关规定；③医护人员与患者及家属沟通不够。本案中患者的损害后果，为治疗患足进行皮瓣移植手术后的正常现象，与医方的上述过失行为不存在因果关系。黄日军医案不构成医疗事故。

判决认为：对被告是否有医疗过错问题，根据《中华人民共和国侵权责任法》第55条的规定，医务人员在诊疗活动中应当向患者说明病情和医疗措施。需要实施手术、特殊检查、特殊治疗的，医务人员应当及时向患者说明医疗风险、替代医疗方案等情况，并取得其书面同意；不宜向患者说明的，应当向患者的近亲属说明，并取得其书面同意。医务人员未尽到前款义务，造成患者损害的，医疗机构应当承担赔偿责任。在本案中，根据广东省医学会《医疗事故技术鉴定书》认定，被告方存在以下过失行为："①对此种严重毁损性外伤估计不足，未对患者充分交代；②术中胸脐部皮瓣移植失败后，改左股前外侧皮瓣修复术未及时签署手术同意书，不符合及时告知的相关规定；③医护人员与患者及家属沟通不够。"据此，法院确认被告存在医疗过错行为。被告在治疗过程中存在的过错行为是造成原告伤残等损失的原因，应由被告承担赔偿责任。

案例三：(2010)顺法民一初字第00321号案件

法院查明的事实：原告李余清、李锦君分别为陈转好的丈夫、女儿。2009年8月20日下午4时，陈转好因咽痛、吞咽困难，伴发热、全身酸痛2天入住被告耳鼻喉科。陈转好自诉既往有甲亢病史，但无正规治疗，发病以来伴心悸、气促、腹泻。经治疗后患者症状稍好转。8月21日15时35分，患者突然出现神志不清，呼之不应，面色发绀，颈动脉无搏动，患者一直处于深度昏迷状态，需呼吸机维持呼吸。9月7日21时15分，患者因多脏器功能衰竭，水电酸碱平衡紊乱，经抢救无效死亡。9月11日，经中山大学法医鉴定中心尸检鉴定，患者死亡原因为甲状腺功能亢进引起甲亢危象致多器官功能衰竭死亡。

2011年4月27日，广东省医学会鉴定认为案涉的医疗行为不存在违反医疗卫生管理法律、行政法规、部门规章的行为，医方对患者的疾病诊断明确，治疗合理，在患者出现呼吸心搏骤停后医方的抢救是及时的，抢救措施符合诊疗规范。案涉的病例不构成医疗事故。原告以被告存在医疗过错为由，申请对案涉的医疗行为进行过错鉴定，2011年11月22日，广东南粤法医临床司法鉴定所应本院的委托出具的[2011]临鉴字第(1530)号"司法鉴定意见书"，鉴定认为案涉医疗行为诊断明确、治疗措施正确，其医疗行为不存在具有与死因构成因果关系的过错，治疗过程中出现针头脱落等情形，说明院方在护理方面存在不足，但与患者死亡没有构成因果关系，案涉医疗行为不存在与死因构成因果关系的过错。

判决认为：作为医疗机构的被告通过申请司法鉴定，能举证证明被告在诊疗过程中未发现违反医疗卫生管理法规、行政法规、部门规章及诊疗护理规范、常规等行为，被告在诊疗过程中不存在过失，被告医疗行为与陈转好的死亡无因果关系，被告在诊疗陈转好中不构成医疗事故，案涉的医疗行为经鉴定也不存在与死因构成因果关系的过错。因无证据证明被告诊疗陈转好的行为有违法性，无证据证明被告的诊疗行为与陈转好死亡之间的因果关系。法院无法认定被告实施了侵犯行为，进而原告基于被告侵权基础上的诉讼请求法院不予支持。但鉴于被告在诊治陈转好的过程中存在不足之处，对患者疾病的严重程度认识不足，对危重病人的护理巡查、观察不足。从医院作为医疗机构应负有严格谨慎的义务来分析，作为医方的被告确有未尽上述的严格谨慎义务，故本院酌情判决被告对原告作一定的补偿。

【案件评析】

上述三个案例均有一个相同的情形，即有专门的医疗评价机构对医疗机构的医疗行为作出评价：医疗行为诊断明确、治疗措施正确，其医疗行为不存在具有与死因构成因果关系的过错，治疗过程中出现不足或过错，但与患者死亡没有构成因果关系，案涉医疗行为不存在与死因构成因果关系的过错。虽然患者的损害结果与医疗机构的过错不存在因果关系，但是均认定医疗机构在诊治的过程中存在一定的过错。然而三个具体的案件有三个不同的判决结果。

案例一的判决，根据司法鉴定确定，造成张铨明死亡的原因是在肺癌、慢性阻塞性肺病（COPD）、多发性肺大泡的基础上，发生呼吸功能衰竭并消化道出血、感染，最终引起多器官功能衰竭而死亡。虽然被告佛山市顺德区新容奇医院对张铨明的医疗过程中，存在对患者术前肺功能的风险预计不足，告知风险方面不具体和术前未进行血气分析检查的过错。但上述过错和不足与张铨明的死亡后果之间无因果关系。鉴定结论对损害结果是由其他原因造成的作出了陈述，而且其他原因比较明确是肺癌，能基本上排除其他原因，故该鉴定结论论断的虽然医疗机构存在过错，但过错与损害结果之间不存在因果关系，法院结合死者的病情和诊疗的实际情况，采信了医疗机构的过错与损害结果无因果关系，认定不符合医疗损害侵权责任的构成要件，不构成医疗侵权行为，判决医疗机构不承担侵权责任。

案例二引用《侵权责任法》第55条的规定，广东省医学会“医疗事故技术鉴定书”认定，医疗机构存在以下过失行为：“①对此种严重毁损性外伤估计不足，未对患者充分交代；②术中胸脐部皮瓣移植失败后，改左股前外侧皮瓣修复术未及时签署手术同意书，不符合及时告知的相关规定；③医护人员与患者及家属沟通不够。”由于医疗机构存在没有尽如实告知的义务，法院直接援引《侵权责任法》第55条的规定，确认被告存在医疗过错行为，基于没有履行如实告知义务判决医疗机构承担一定的侵权责任。

案例三中虽然鉴定机构认为，医疗机构的过错行为与患者的损害不存在因果关系，但具体分析患者的病情及医疗机构的诊疗行为，如医疗机构存在对患者疾病的严重程度认识不足，对危重病人的护理巡查、观察不足等过错。患者的临床表现及尸检报告综合鉴定资料分析，患者由于其本身甲状腺功能亢进症因感染等因素诱发甲亢危象，病情凶险复杂，属于较为危险严重的疾病，医疗机构存在对严重程度认识不足、对危重病人护理巡查、观察不足等现象，这些不足应当会对患者的死亡产生一定的影响，对患者死亡这个损害结果有一定的参与度。因此，虽然鉴定结论认为医疗机构的过错行为与损害结果不存在因果关系，法院还是基于公平原则，判令医疗机构承担与其过错相一致的赔偿责任。

三个案件均有医疗评价机构的鉴定报告，均称医疗机构的诊治行为与患者的损害没有因果关系，但为什么相同评价的鉴定报告，会有三个不同的判决结果。这里涉及三个问题：

一、如何看待因果关系

法律上的因果关系是指明确或蕴含地规定在法律当中，由司法者，广义的司法者，即归责的主体根据该种规定，经过法律的价值评判和选择，最终将案件定性定量的因果关系。从概念也可以看出，这种法律上的因果关系有如下特点：法律性，即判定法律上的因果关系的标准被法律予以明确或蕴含地规定，司法者依据相关法律的规定和法律价值进行评判、选择和定案。动态性，即它是一个寻找、筛选、定性的过程。动态地观察法律上的因果关系的一致性。主观渗透性，即它首先体现了立法者的主观因素，因为其意志及价值取向被明确或蕴含地规定在法律之中，其次体现了司法者的主观因素，因为是他在具体的执行，便不可避免地掺杂其认识、意志、价值取向等因素。[①]

法学作为具体的部门科学离不开哲学的指导，所以，这种法律上的因果关系也离不开哲学上的因果关系理论的指导。哲学因果结构论，提出原因是因素的相互作用过程。结果是因素相互作用的效应及其痕迹，并且，只有当因素参与相互作用过程，才能构成现实的原因，也便产生结果。也就是说，现实的原因本身就应该是一个动态的过程，它与因果关系的发生是同一个过程。我们可以认为我们在认定侵权责任的时候所思考的因果关系是一个法律上因果

① 许江伟：《浅论法律上的因果关系》，载《沿海企业与科技》2005 年第 11 期。

关系，它是以法律责任的归责为目的的。而医学会鉴定报告里面提到的因果关系，应该认定为一个客观的或者哲学上的因果关系，它以分析医疗行为与患者的损害结果是否存在联系为目的。由于法律上的因果关系系建立于客观事实之上的，所以，客观上的因果关系是法律上的因果关系的一个依据，但是客观上的因果关系不应当等同于法律上的因果关系。在上述案例中，法律上的因果关系的范畴，应该大于或者等于客观上的因果关系。

二、如何看待鉴定机构的医疗鉴定结论

在《医疗事故处理办法》废止之前，医疗事故鉴定是由政府的卫生行政主管部门组织医疗事故鉴定委员会，对医疗事故提出鉴定结论，法官无权进行司法审查，只能按照它的鉴定结论认定事实，医疗事故鉴定结论认为构成责任事故或者技术事故的，法院依此作出赔偿的判决。《医疗事故处理条例》实施之后，医疗事故鉴定不再由政府组织，而是由医学会组织医疗事故鉴定的专家库，需要进行医疗事故鉴定时，由医学会负责，随机抽取鉴定专家组成鉴定组，作出鉴定结论。

《医疗事故处理条例》规定的医疗事故鉴定制度已经有了一定的改变。从表面上看，医疗事故鉴定由政府组织进行变成了由民间组织即医学会组织进行，在性质上好像有了变化。但是，由医疗机构的主管机关以及医学研究机构组织进行医疗事故鉴定的方式并没有根本的变化，医疗事故的鉴定仍然掌控在医疗专业“医疗人”的手中，早就形成的对医疗事故鉴定的独家垄断性质并没有改变。

这样的制度，既不符合司法活动的规律，也不符合民事诉讼制度的本质要求，正因为如此，在现实生活中才会不断出现医疗事故鉴定作弊、包庇医生、损害患者利益的事件，使医疗事故鉴定制度失去了其应有的权威性，可信度和公信力大大降低，不能得到公众的信任。因此，这种医疗事故鉴定制度必须予以改进。2010 年实施的《侵权法》规定，医疗机构有过错需承担赔偿责任，医疗事故鉴定不再是医疗损害赔偿的前置鉴定，鉴定机构可直接对医疗过错进行鉴定，所以以下论述的医疗损害鉴定就包括了医疗事故鉴定和医疗过错鉴定。

在关于医疗损害鉴定的有关制度改革中，广东省法院是走在前头的。2011 年 11 月 17 日，广东省高级人民法院颁发了《广东省高级人民法院关于人民法院委托医疗损害鉴定若干问题的意见（试行）》（以下简称《意见》）。《意

见》第1条规定:“人民法院审理医疗损害责任纠纷案件,可以依据当事人的申请或依职权决定委托省内具备条件的医学会或司法鉴定机构进行医疗损害鉴定。”这就确定了有关医疗损害鉴定的性质是属于司法鉴定,而不再专属于医学会的专属鉴定范围,可以由法院主持,既可委托医学会,也可委托司法鉴定机构进行医疗损害鉴定。《意见》第4条规定:“人民法院应当组织当事人对鉴定材料进行开庭质证,并依法对鉴定材料进行审核认定后,组织双方当事人向鉴定机构移交鉴定材料。鉴定机构不得接受当事人私自移交的材料。”这条规定明确了医疗损害鉴定也是由法院组织的司法鉴定的一种。《意见》第15条规定:“……第(四)项诊疗行为是否违反法律、行政法规、规章及《临床诊疗指南》《临床操作技术规范》等有关诊疗规范的规定或者诊疗常规,是否低于当时的医疗水平,是否实施了不必要的检查,是否履行了告知义务等。有过错的根据过错程度表述为:重大过失、一般过失、轻微过失;……(六)医疗过错行为与损害后果是否存在因果关系,损害后果涉及多种原因时,对医疗过错行为在损害后果产生过程中的原因力进行分析,并根据原因力大小表述为:全部因素、主要因素、同等因素、次要因素、轻微因素、无因果关系。”《意见》第17条规定:“医疗过错行为通常情况下会导致损害后果的,应认定医疗过错行为与损害后果具有因果关系。医疗过错行为在损害后果的原因力大小可分为:(一)全部因素,参与度为91%～100%;(二)主要因素,参与度为61%～90%;(三)同等因素,参与度为41%～60%;(四)次要因素,参与度为21%～40%;(五)轻微因素,参与度为1%～20%;(六)无因果关系,指损害后果全部由其他因素造成,参与度为0。”上述这些规定,均赋予了法院组织医疗损害鉴定并对医疗损害鉴定审查的权利。同时也明确了鉴定机构出具鉴定结论必须回答的问题:是否存在过错、过错与损害结果的原因力分析、原因力分析的量化体现。

当然,本文中提到的三个案例的鉴定结论均是《意见》实施前作出的,再以《意见》的标准要求该鉴定结论是不可能的了。但恰恰是《意见》中的要求,体现出原来医疗鉴定结论的很多不足之处,影响审判的公正。

对比《意见》及《医疗事故处理条例》,作为审判机关应明确医疗损害鉴定的性质:

第一,应当确认医疗损害鉴定的性质是司法鉴定,必须改变医疗事故鉴定的医学技术鉴定性质。过去之所以将医疗事故鉴定确定为医学技术鉴定,认为医疗事故鉴定是专业鉴定,法官不懂医学,因此,只能由医学机构组织鉴定,而不能由法官自己组织。这是一种误解。医疗事故鉴定是司法医学鉴定,其基本性质是司法鉴定,是司法鉴定中的一种。法官不懂医学,并不是否定医疗事故责任鉴定的司法鉴定性质，法官也可能不懂刑事鉴定专业，也不懂物理、化学专业，尤其是不懂人类基因识别专业，但是，都由法官组织与此相应的司法鉴定，对鉴定结论有权进行司法审查，确认事实，作出法律认定。医疗损害鉴定同样如此，才能够打破医疗损害鉴定的垄断性，实行科学的医疗损害的司法鉴定制度。

第二，既然医疗损害鉴定是司法鉴定，那么，法官就应当享有全面的医疗损害司法鉴定的决定权、组织权。需要进行医疗损害鉴定的，应当由法官决定；对于医疗损害的鉴定应当由法官组织，确定鉴定的合适人选，确定鉴定的时机，确定应当鉴定的内容。

第三，在条件成熟的情况下，应改变当前医疗损害鉴定结论的集体鉴定制，实行司法鉴定专家的个人负责制。在一般情况下，应当否定医疗损害鉴定的集体鉴定制，而由个人负责，对于作出的鉴定结论，鉴定专家个人承担责任。为了增加鉴定结论的科学性和可信性，可以建立鉴定结论的复核制，另外聘请一个鉴定专家对鉴定结论进行复核。鉴定专家和复核专家各负其责，发生错误，都应当承担自己的责任。应当坚决改变医疗损害鉴定组对医学会负责的观念，采用鉴定专家单独对法律负责，对法院负责，对法官负责的理念。实行这样的制度，可以建立鉴定专家的荣誉感和责任心，对故意作出错误鉴定，对其他医生进行包庇的鉴定专家，应当取消其鉴定专家资格，直至追究其专家侵权责任，承担错误鉴定的损害赔偿责任。

第四，应当明确医学会在医疗损害责任鉴定中的职责，仅仅在于负责向法院推荐医疗鉴定专家，对鉴定专家进行行政管理，组织培训。具体组织鉴定并非医学研究机构的责任，而是法院和法官的责任。医学会不得插手医疗损害鉴定的具体事宜，不得非法干预鉴定的过程和鉴定结论，保障医疗事故的鉴定一切都要依照司法鉴定的程序进行。

上述三个案例的鉴定结论，均只是笼统地表述了医疗机构存在某些过失，然后认为该过失与损害结果不存在因果关系。对为什么该过失与损害结果不存在因果关系没有进行阐述。对医疗机构的过失是否会在通常情况下导致损害后果，过失行为在损害后果中的原因力的大小没有陈述。如鉴定机构认为无因果关系的，应当陈述其损害结果是全部由其他因素造成的。鉴定机构必须对“全部由其他因素造成”负责，而不是简单地陈述为过失与损害结果无因果关系，因为只有损害结果全部由其他因素造成，才能排除损害结果与过失的关系，才能认定过失与损害结果无因果关系。故，从严格意义上说，三个案例的鉴定结论是存在不能完全令人信服的地方，因此，虽然三个鉴定结论均认为医疗机构的过错与损害结果不存在因果关系，法官并没有迷信鉴定结论，还是依据医疗机构的过程承担作出不同的判决。

通过对三个案例的分析，建议在法院组织鉴定机构进行医疗损害鉴定的时候，要求鉴定机构必须在鉴定结论中明确：医疗机构是否存在过错；该过错与损害结果是否存在因果关系；是否存在因果关系的理由是什么；医疗机构的过失是否会在通常情况下导致损害后果；过失行为在损害后果中的原因力的大小；如鉴定机构认为无因果关系的，应当陈述其损害结果是全部由其他因素造成的。

三、医疗纠纷中的侵权责任认定对侵权责任因果关系认定的突破

《侵权责任法》第55条规定可简单归纳为医疗机构应尽如实告知义务，未尽该义务造成患者损害的医疗机构应当承担赔偿责任。可以推断出就算医疗机构的过错与患者的损害之间不存在因果关系，医疗机构也需承担侵权责任。如果医疗机构存在除如实告知义务的其他过错，而该过错与损害结果没有因果关系的情形下，医疗机构是否需要承担侵权责任？根据上述案例的分析，笔者的意见认为，是可以根据医疗机构的过错，承担与其过错相适应的赔偿责任。也就是在医疗纠纷中应当突破适用一般的侵权责任的因果关系。在医疗纠纷中突破适用一般侵权责任因果关系在司法实务中是具有合理和公平性的。

首先，医疗纠纷从法律关系来看，既是医疗合同关系，也是侵权关系。从医疗合同关系的角度分析，如果是合同关系，合同一方当事人只要存在违约行为，造成了合同相对方的损失，就需承担违约责任即损失赔偿责任。医疗合同的合同目的是患者寻求得到恰当的诊疗达到恢复健康的目的，如果医疗机构的诊疗行为没有能达到这个合同目的，从合同法的角度来看就存在违约行为，因此，如果从合同的严格责任来分析医疗机构应承担的责任，对医疗机构是不公平的。毕竟，恢复健康这个合同目的，并非属于医疗机构全部可控的，诊疗的后果有很多不可预知和不可避免的情形。因此，如从医疗合同关系来分析医疗机构的责任，需严格对诊疗情形进行区分，哪些是属于非常明确的恰当的诊疗行为，哪些恰当的诊疗行为是必然起到恢复健康的合法目的，故患者从医疗合同的法律关系来主张权利时，司法审判机构应当严格患者的举证责任，来

平衡诉讼的公平。

其次，医疗纠纷同时也是侵权纠纷，毕竟是因为患者认为医疗行为存在过错造成其发生损害结果而产生的纠纷。医疗行为的专业性、信息不对称性的特点，如果将该侵权责任等同其他侵权责任的认定来审理，对患者是不公平的。毕竟医疗机构是专业机构，是治疗手段的选择、执行及执行的记录存档机构。因此，在举证责任的划分上，最高人民法院的《证据规定》第 4 条规定因医疗行为引起的侵权诉讼，由医疗机构就医疗行为与损害结果之间不存在因果关系及不存在医疗过错承担举证责任。但是，只是举证责任的倒置，是否就能公平的评析出责任的划分？笔者认为，这是不够的。医疗机构通过申请医疗事故鉴定和医疗过错鉴定，如上述案例三的情形，就算医疗行为的过错与患者的损害结果不存在因果关系，而认定医疗机构不构成侵权行为，不承担赔偿责任，也是不公平的。医疗机构作为对患者生命健康权有重大影响的机构，应负有严格谨慎的义务，如医疗机构没有尽严格谨慎义务，让医疗机构承担以其过错相适应的赔偿责任，是公平的。

因此，在医疗纠纷中，应从能动司法的角度，突破适用侵权责任的因果认定。不应严格局限于宪法条文的字面意义和立法者的原初意图消极地顺从立法，而应当密切关注现实社会的发展和需要，对抽象的宪法和法律原则进行创造性解释，及时地弥补既有法律和先例的漏洞与不足，并广泛地运用其权力，尤其是透过扩大平等和个人自由的手段，达致促进社会公平，即保护人的尊严。

参考文献

许江伟：《浅论法律上的因果关系》，载《沿海企业与科技》2005 年第 11 期。

浅析离婚诉讼中妇女权益保护的若干法律问题

李文海*

摘要：大部分女性在离婚诉讼中并没有意识到自己权益的保护，或者说虽然意识到了，也不能以恰当的方式表现出来，其结果导致自己的合法权益不能得到法律的保护或者说是不能得到法律的充分保护。本文依据有关法律的规定，并结合司法实践，对上述问题进行总结、分析和探讨，并提出建议。

关键词：婚前财产　夫妻共同财产　婚内单方债务　损害赔偿

根据民政部公布的相关数据表明，中国离婚率自 2002 年以来持续走高，并且目前的离婚率仍在递增。这一现象的出现，给婚姻立法的理论和实践带来了许多新的课题。特别是在离婚诉讼中妇女权益的保护问题，日益成为社会各界关注的焦点问题。2001 年 4 月 28 日，九届全国人大常委会第二十一次会议通过的对 1980 年《婚姻法》的修改，及 2005 年 8 月新修改的《妇女权益保障法》也没能从根本上解决这一问题，以至于给婚姻法理论和实务带来了许多困惑。笔者长期参与婚姻家庭纠纷的处理与解决，深感大部分女性在离婚诉讼中并没有意识到对自己权益的保护，或者说虽然意识到了，也不能以恰当的方式表现出来，其结果导致自己的合法权益不能得到法律的保护或者说是不能得到法律的充分保护。有感于此，笔者现就如何在现有的法律框架下更

---

* 李文海，男，广东金轮律师事务所律师。

好地保护妇女在离婚诉讼中的合法权益作如下探讨。

一、实体方面

(一)结婚前一方取得的财产的定性问题

根据《中华人民共和国婚姻法》第18条的规定,“有下列情形之一的,为夫妻一方的财产:(一)一方的婚前财产”,很明显,对于结婚前一方的取得的财产,应当不属于夫妻共同财产的范畴。这就修正了《最高人民法院关于人民法院审理离婚案件处理财产分割问题的若干具体意见》第6条关于经过一定的使用年限可将婚前财产视为夫妻共同财产的规定,也就是说,结婚前一方取得的财产不会因婚姻关系的延续而转化为夫妻共同财产。笔者接受很多妇女的咨询,出现最多的问题就对于婚前男方购买的房产等价值较大的财产能不能主张为夫妻共同财产?面对这样的问题,依据婚姻法有关夫妻共同财产认定的规定,女方在离婚诉讼中是不能将其作为夫妻共同财产而主张予以分割的。不可否认,这显然是损害了女方在离婚诉讼中的权益,但是在现有的法律框架下,也只能如此。通过什么办法可以避免这种法律后果的出现呢?或者说,是不是结婚前一方取得的财产在法律上没有成为另一方个人财产或夫妻共同财产的可能呢?根据最高人民法院《关于适用〈中华人民共和国婚姻法〉若干问题的解释(一)》的第18条“但书”的规定,“但当事人另有约定的除外”,对于一方婚前取得的财产,其在一定条件下也就是通过双方的约定可以将财产的性质予以转化,对于何时约定,采用什么方式进行约定法律也没有作出明确的规定。根据民事领域中“法无明文规定皆可为”的行为原则,笔者认为,对于有这种需求的女性朋友,可采取任何形式对这部分财产的归属加以约定,可以在婚前约定,当然也可以在婚后进行约定,但是一定要及时对约定形式加以固定,以免造成不必要的举证困难。

对于结婚前,父母出资为双方购置的房屋,根据最高人民法院《关于适用〈中华人民共和国婚姻法〉若干问题的解释(二)》第22条的规定,“当事人结婚前,父母为双方购置房屋出资的,该出资应当认定为对自己子女的个人赠与,但父母明确表示赠与双方的除外”,这部分财产,法律原则是规定为结婚前一方取得的个人财产。如果女方想要在离婚诉讼中主张对这部分房产享有分割的权利,就必须举出证据证明男方父母曾明确表示将该房产赠予双方。也就是说，女方应当在购房事实发生后尽可能地让男方父母表示该房产是对双方的赠予，并及时对该赠予表现形式加以固定。

此外，如果女方对在婚姻关系存续期间双方居住的房屋不享有所有权的，那么根据《最高人民法院关于人民法院审理离婚案件处理财产分割问题的若干具体意见》第 14 条的规定，"婚姻存续期间居住的房屋属于一方所有，另一方以离婚后无房居住为由，要求暂住的，经查实可据情予以支持，但一般不超过二年。无房一方租住经济上确有困难的，享有房屋产权的一方可给予一次性经济帮助"，在离婚诉讼当中，女方可采取两种方式主张自己的权利，其一，及时向法院提出对该房屋的居住权；其二，向法院提出要求男方给予一定的经济补偿。在笔者接触的一些案子中，很多女性在离婚诉讼中就忽视了这一点，未及时向法院主张自己的居住权利或要求给予经济补偿的权利，结果致使自己花钱租房，甚至无房居住而搬回自己的娘家。

（二）关于夫妻共同财产的认定

对于夫妻共同财产的范围，我国《婚姻法》第 17 条"夫妻在婚姻关系存续期间所得的下列财产，归夫妻共同所有：（一）工资、奖金；（二）生产经营的收益；（三）知识产权的收益；（四）继承或赠与所得的财产，但本法第十八条第三项规定的除外；（五）其他应当归共同所有的财产"以及最高人民法院《关于适用〈中华人民共和国婚姻法〉若干问题的解释》第 11 条"婚姻法第十七条规定的其他应当归共同所有的财产：（一）一方以个人财产投资取得的收益；（二）男女双方实际取得或应当取得的住房补贴、住房公积金；（三）男女双方实际取得或者应当取得的养老金、破产安置补偿费"等法律、司法解释均作出了明确的界定。夫妻任何一方，对共同所有的财产，均享有平等的处理权。法律的规定是明确的，但在现实生活中，由男女经济地位的差异以及受中国传统观念的影响，大部分女性在离婚诉讼过程中，并不能举出相应的证据将婚姻关系存续期间男方取得财产列入法定的夫妻共同财产而予以分割，其权益不能得到保障。究其原因，其一，是女方在婚姻关系存续期间缺乏必要的证据意识，根本搞不清男方资金的流入、流出及流向；其二，是男方对在婚姻关系存续期间取得的财产进行了转移、隐匿。笔者曾受理过一起案子，双方在夫妻关系存续期间积累了百万家产，可她能拿出证据证明属于共同财产的却只有家用电器等。为什么法律规定的权利与现实存在的权利会有如此大的差距呢？因为法律只保护有证据证明的权利，这就是法律规定的应然权利与现实存在的实有权利的区别。对于这样的问题，广大女性朋友在离婚诉讼中如何解决这一问题呢？

或者说如何操作才能让女性在离婚诉讼中的权益得到最大化的保护呢？笔者认为，在现有的法律框架下，法院是不可能因夫妻共同财产分割而对夫妻共同财产的状况进行主动的查询，女性朋友应当从以下两个方面着手来维护自己的合法权益。其一，摆脱传统观念的束缚，不要受“男主外，女主内”的影响，积极参与到夫妻共同财产的处理，包括但不限于夫妻共同财产的添置等，并注意保留相应的证据。其二，在夫妻关系存续期间，不强调绝对控制男方取得的财产（当然，如果能够控制又无损夫妻感情，那就更好），但是一定要清楚男方资金流入、流出及流向的具体情况，现实中做到这点其实有点困难，但如果女性有必要的证据意识，就有可能得到相应的证据，或者说可以得到相应的证据线索，同时，也可以为在离婚诉讼中律师取证或申请法院调查取证提供必要的条件。

此外，对于婚前恋爱期间，双方共同出资购置的用于结婚用的财产，尤其是结婚用房，其性质应当如何界定呢？根据我国《婚姻法》关于夫妻共同财产的一般规定，这部分财产显然不属于夫妻共同财产的范畴。笔者认为，对于这部分财产，依据共有财产的一般理论，应当属于按份共有的共有财产，也就是说，在离婚诉讼中是不可能按照夫妻共同财产而予以分割的。在实务中，法院也是判其归一方所有而给予另一方以相应的补偿。此时，法院的判决就是依据证据的多少以及证据证明力的大小，如果证据的数量及证明力达不到相应的证明标准，那就有可能得不到该财产的所有权或不能得到充分的补偿。因此，笔者建议，其一，婚前女性朋友共同出资购房或进行房屋装修或购置其他价值较大的财产，一定要保留相应的票据或者有其他的证据证明你的出资行为。如果在房屋装修期间，曾经支付了全部或部分装修费用或付出了劳动（比如请假等），也要注意固定相应的证据。其二，如果是房产，尽量将房产登记在自己的名下，将相应的举证责任转移至男方。

（三）关于婚前的个人债务

婚前个人债务，其实不是婚姻法所调整的范畴，但它又是妥善解决婚姻家庭纠纷所应当注意的一个问题。“夫债妻还”，这个观念似乎在有些女性朋友心里面根深蒂固，认为丈夫的债务由自己偿还是天经地义的，还有的是认识到了这个观念的错误，但碍于夫妻情面将其作为夫妻共同债处理。其实，这种观念是错误的，也是与我国的婚姻法的规定相悖的。根据最高人民法院《关于适用〈中华人民共和国婚姻法〉若干问题的解释（二）》第 23 条的规定，“债权人就一方婚前所负个人债务向债务人的配偶主张权利的，人民法院不予支持。但债权人能够证明所负债务用于婚后家庭共同生活的除外”，原则上，对于婚前男方的个人债务，女方是没有偿还义务的。在实务中，如果债权人在婚姻关系存续期间就男方婚前所负的债务向其主张权利时，女方一定要适时的根据上述规定进行抗辩，不予偿还；如果债权人在离婚诉讼中就该笔债权主张权利的，女方也应当根据上述的规定提出抗辩，从而避免将上述债务列入夫妻共同债务而损害自己的合法权益。此时，女方在援引上述规定提出抗辩时，无须理由，只要不予承认即可，因为此时的举证责任在债务人。

(四)婚内单方债务的认定

如前所述，婚内单方债务从严格意义上讲，也不是婚姻法所调整的范畴。根据《中华人民共和国婚姻法》第 19 条第 3 款的规定，“夫妻对婚姻关系存续期间所得的财产约定归各自所有的，夫或妻一方对外所负的债务，第三人知道该约定的，以夫或妻一方所有的财产清偿”，以及最高人民法院《关于适用〈中华人民共和国婚姻法〉若干问题的解释(二)》第 24 条的规定，“债权人就婚姻关系存续期间夫妻一方以个人名义所负债务主张权利的，应当按夫妻共同债务处理。但夫妻一方能够证明债权人与债务人明确约定为个人债务，或者能够证明属于婚姻法第十九条第三款规定的情形的除外”，从这些规定，我们可以看出，对于婚内单方债务，我国的立法是不予承认的，仍然是按照夫妻共同债务来处理的，也就是说，这些债务原则上也是要冲减夫妻共同财产的。在实务中，婚内单方债务多是男方以个人名义对外投资等所负的债务或者是恶意对外举债。对于这些债务，在现有的法律框架下，将其排除出夫妻共同债务的范围，女方的举证责任是较大的。那么，在这种情况下，女方在离婚诉讼中怎么才能够维护自己的权益不受侵害呢？根据上述婚姻法的有关规定，笔者认为有两种方式可以解决这一问题，其一是女方举出证据证明夫妻关系存续期间所得的财产所采用的是约定制亦即取得的财产归各自所有，并且债务人对此是知情的；其二是女方举出证据证明男方在举债时与债权人明确约定为个人债务。在此，笔者要特别提醒的是，由于女方对这种事实的存在负有举证责任，此时举出的证据，其数量要充分，其证明力要强，否则就有可能承担举证不能的不利后果。

二、程序方面

（一）离婚诉讼的特殊性

一般的民事纠纷，法院在受理时都会遵循“一事不再理”的原则，也就是说当事人以同一事由向法院再行起诉的，法院都不会受理。离婚诉讼的提起有其特殊性，它在一定程度上突破了这一原则。根据《中华人民共和国民事诉讼法》第111条第（7）项的规定，“判决不准离婚、调解和好的离婚案件以及判决、调解维持收养的案件，没有新情况、新理由，原告在6个月内又起诉的，不予受理”以及《最高人民法院关于适用〈中华人民共和国民事诉讼法〉若干问题的意见》第150条的规定，“判决不准离婚、调解和好的离婚案件以及判决、调解维持收养的案件的被告向人民法院起诉的，不受《民事诉讼法》第111条第（7）项规定条件的限制”，也就是说，在法院判决不准离婚的情形下，女方在离婚诉讼中作为原告至多在6个月后就享有再起诉的权利，作为被告则没有6个月的再行起诉的时间限制了。在离婚诉讼的实务当中，女性能否利用好自己的诉权，这其中还有个技巧的问题。如果女方主动起诉至法院要求离婚并且男方不同意离婚的，而此时又没有符合《中华人民共和国婚姻法》第32条规定的法定离婚事由，那么法院一般都不会判决离婚的。在这种情况下，女方没有新的情况与理由再行起诉离婚，就要等6个月的时间了。此时，女方不妨选择在法院的主持下与男方调解和好，给男方6个月时间改过自新或者利用这6个月的时间重新审视与男方的感情，看能不能重拾往日的温馨，破镜重圆。即便是在这6个月的时间里，男方没有任何改观或者女方根本找不到昔日的幸福感觉，此时再行起诉也不迟，即便是仍没有符合《中华人民共和国婚姻法》第32条规定的法定离婚事由，法院也会判离的。这样做，其实也是从另一个角度维护了妇女在离婚诉讼中的合法权益。

（二）财产的再次分割

在离婚时，由于男方隐藏、转移共同财产等致使可供分割的夫妻共同财产大为减少，从而损害女方在离婚诉讼中的合法权益。如果男方有这样的行为，那么根据《中华人民共和国婚姻法》第47条的规定，“离婚时，一方隐藏、转移、变卖、毁损夫妻共同财产，或伪造债务企图侵占另一方财产的，分割夫妻共同财产时，对隐藏、转移、变卖、毁损夫妻共同财产或伪造债务的一方，可以少分或不分。离婚后，另一方发现有上述行为的，可以向人民法院提起诉讼，请求再次分割夫妻共同财产"，女方应注意收集、保留男方隐藏、转移共同财产等相关的证据，并可在自发现次日起两年内向法院提起诉讼，请求对夫妻共同财产进行再次分割。

（三）损害赔偿的提起

《中华人民共和国婚姻法》第 46 条规定，"有下列情形之一，导致离婚的，无过错方有权请求损害赔偿：（一）重婚的；（二）有配偶者与他人同居的；（三）实施家庭暴力的；（四）虐待、遗弃家庭成员的"，在现实生活中，致使婚姻关系恶化的最多的就是第（二）项、第（三）项，但是从证据的角度来看，女方要依据第（二）项的规定提起损害赔偿，其举证难度是相当大的。其原因有二：其一是该部分证据在提取时可能会触及他人的隐私而被法院认定为无效；其二是该部分的证据不容易被掌握。当然，在诉讼过程中提供这些证据也并非不可能，不过在收集该部分证据时一定要注意以下两个方面：首先，采集证据的工具不要使用针孔摄像机等非一般的器材；其次，采集证据的地点不要设在对方的卧室等很隐私的场所。

家庭暴力这个话题由来已久。虽然 2001 年 4 月新修改的《婚姻法》和 2005 年 8 月新修改的《妇女权益保障法》明文规定禁止家庭暴力，其他的法律法规也规定了相关的惩罚措施，但是在具体的实施过程中，由于受传统的"民不告，官不究"和"清官难断家务事"等观念的影响，不仅一部分执法人员不能依法惩处家庭暴力行为，甚至连有些公安机关的报警电话也通常不接受家庭中的暴力事件。他们认为"两口子吵架不记仇"，家庭内部事物不便于干预，"多一事不如少一事"。要么就是抱着一副息事宁人的态度敷衍塞责，最多通过调解解决问题。毋庸置疑，如此执法肯定对施暴者起不到惩戒和威慑的作用。正因为如此，家庭暴力这种现象愈演愈烈。对于因存在男方实施家庭暴力而提出离婚的或被起诉离婚的，笔者想提醒的是：其一，在遭受家庭暴力时，一定要及时报警或寻求居（村）委会、妇女组织保护，一来可以及时的固定男方实施家庭暴力的证据，二来可以制止家庭暴力的进行，防止自己受到进一步的伤害，同时遭受家庭暴力后，要及时去医院进行检查，固定相应的证据，并且保留相应的票据。其二，如果女方是作为原告起诉离婚的，必须在离婚诉讼的同时提出损害赔偿请求；如果女方在离婚诉讼中处于被告地位，并且不同意离婚也没有基于上述规定提起损害赔偿的，可以在离婚后一年内单独提起损害赔偿诉讼,当然也可以在二审中提出。

三、结束语

家庭是社会的细胞,离婚意味着家庭的破裂。家庭破裂无论是对于社会还是对于婚姻的当事人,都将产生重大而深远的负面影响。尤其对处于弱势地位的妇女来说,就更是如此了。笔者强调对妇女权益的特殊保护,基于以下考虑:

(一)妇女在社会生活中处于弱势地位

尽管我国《宪法》中确立了“中华人民共和国公民在法律面前一律平等”的原则,《婚姻法》也规定了“男女平等”原则,但是,不能否认的事实是,在目前的社会生活中,男女所处的地位并不平等。在同样的条件下,因为生理和心理的原因,妇女要经受更多的艰难困苦,妇女的权益更容易受到外来的侵害。因为传统观念的影响,社会对于妇女的歧视在短时间内还很难消除。另外,社会人为地给妇女设置的诸多障碍,限制了妇女参与社会生活的权利,影响了妇女自身素质和能力的提高。为给广大妇女创造更多参与社会生活的机会,提高她们参与社会竞争的能力,需要从立法上给予特殊的保护。

(二)维护公平的价值观念

公平和正义是法律的终极目标,虽然理想状态的公平和正义永远难以达到,但是从现实正义向理想正义的靠近却是法律不变的追求。为了更加接近理想的公平,法律必须对弱势群体进行特殊的保护。《婚姻法》是家庭的法,妇女在婚姻家庭中起着举足轻重的作用,而在很多离婚案件中,受害的往往是妇女。为维护公平,必须加强对妇女权益的维护。

(三)有利于子女健康成长,确保社会稳定

从实践来看,离婚诉讼中子女大都判给女方。女方担负着抚育、教育子女的重任,如果妇女的权益得不到充分的保护,势必影响下一代的健康成长,从而影响社会的稳定和全民族素质的提高。因此,必须通过法律制度的设计保障妇女的合法权益,推动社会文明的进程。

建设工程施工领域劳资冲突问题初探

郑肯原*

摘要：随着房地产及基础设施建设的迅猛发展，建设工程施工过程中产生的纠纷也日益增多，在建设工程施工领域，因劳资纠纷而引起的冲突问题在现实生活中也常有发生。相比较于其他纠纷问题，建设工程施工领域的劳资冲突问题更为敏感，处理不当容易造成社会性的群体事件，更加需要予以关注。

关键词：建设工程　劳资冲突　原因　应对

一、问题的提出

建设工程施工领域劳资冲突的事件屡有发生，据2014年11月28日《西宁晚报》报道，某小区商住楼项目由某建设有限公司中标承建，该公司项目部委托某劳务公司实施工程，某劳务公司又将工程转包，由延安籍班组长王某带领农民工具体承接此项业务。按照合同，工程劳务总额为140万元，劳务公司先期支付70%的劳务款，剩余30%待工程完工后结算。而王某实际施工中产生的工资额为208万元，因与合同额相差数额较大，加之剩余的30%劳务款

* 郑肯原，男，广东金轮律师事务所律师。

迟迟不能到位，双方为此纠纷不断。由于未能及时兑现部分农民工工资，王某的农民工数度到宜君县有关部门上访，宜君县信访局、城建局、劳动监察大队及涉事企业与农民工代表协商后，某劳务公司承诺当天下午在施工工地发放所欠工资，当农民工满怀希望地来到工地时，却遭遇了一场突如其来的袭击。"当时十几名农民工正在工地的办公区领工资，一切都很正常。他们刚走，房间内突然闯入二十名不明身份的人，手持洋镐把，把包工头王某和几个人关在房间内，让其余人离开，此后就在屋内开始殴打他们。"①

另据媒体报道，2014 年 12 月 13 日，太原市公安局小店分局龙城派出所民警在处置"龙瑞苑"工地纠纷警情期间，发生一起河南籍周姓民工非正常死亡案件。案件发生后，一则"警察打死讨薪女民工，倒地后仍遭脚踩头发"的图片消息在网络上广泛传播，引发网民高度关注。26 日晚，太原市检察院亦通报，龙城派出所民警王某在出警处置警情的过程中，涉嫌违反公安机关接出警的相关规定，处置不当，对涉案民警王某立案侦查并采取强制措施。12 月 30 日凌晨，太原市检察院对涉案民警王某以涉嫌滥用职权罪批准逮捕。次日，对涉案民警郭某、任某以涉嫌滥用职权罪立案侦查并刑事拘留。太原市人民检察院 3 日表示，鉴定过程中，检察机关将依法通知死者家属到场，并做全程同步录音录像。②

以上两则案例都涉及建设工程施工领域的劳资冲突事宜，两则劳资冲突案例的基本轨迹都是农民工索要工资、要求政府部门介入、产生暴力冲突、形成刑事犯罪案件、成为社会事件。在实践中，类似劳资纠纷导致劳资冲突的事件时有发生，每次事件都吸引着公众的眼球，间接影响了公众对社会公平正义的认识。为此，对建设工程施工领域劳资冲突原因及应对进行分析，存在着现实意义。

二、建设工程施工领域劳资冲突的原因分析

劳资冲突的出现，其直接的原因为劳务方与资本方各自的利益诉求未能

① 陈晨、都红刚：《劳资纠纷缘何引发暴力冲突》，载《西宁晚报》2014 年 11 月 28 日。

② 胡永平：《女民工讨要工钱非正常死亡　野蛮警察在为谁执法？》，载中国网，2015 年 1 月 4 日。

平衡，且无法在法律框架范围内得以解决。建设工程领域的劳资冲突也是由于利益诉求未能平衡及无法在既有的法律框架范围内解决所导致的。笔者拟根据从业经验，对于利益诉求未能平衡及无法在既有的法律框架范围内解决的原因进行分析。

(一)利益诉求未能平衡

产生劳资冲突的原因之一为利益诉求未能平衡，在建设工程施工领域，项目业主方与施工承包方的利益诉求未能平衡、施工承包方与劳务方的利益诉求未能平衡、项目业主方与施工承包方及实际施工人三方的利益诉求未能平衡、劳资冲突方与协调机构利益未能平衡均可能导致劳资冲突事件的发生，以下对上述几组利益诉求方的利益诉求未能平衡的原因进行分析。

1.项目业主方与施工承包方的利益诉求未能平衡

在建设工程施工领域，项目业主方的主要利益诉求为在预定的期限内，获得质量合格的建设工程；而施工承包方的主要利益诉求则为在规定的时间内获得相应的利润。两者之间存在利益交换关系，当一方在利益交换过程中，认为未能获得相应的利益满足时即产生利益不平衡。在建设工程施工过程中，项目业主方主要因为施工承包方在施工进度、已完成工程的质量、施工配合等方面存在着相应的欠缺而认为其利益诉求未能得到对应的满足，在利益诉求未能得到满足的情况下，项目业主方通常以不支付或少支付工程款的方式进行回应。而对于施工承包方，则由于项目业主方的资金断裂、迟延支付、未足额支付等原因而认为其利益诉求未能得到满足，在此情况下，施工承包方以停止施工或停止支付农民工工资等方式进行回应。由此可以知道，在项目业主方或施工承包方的利益诉求未能平衡的情况下，即可能出现不支付农民工工资的情况，农民工工资未如期支付则将相应地产生劳资纠纷甚至劳资冲突。由此可以知道，项目业主方与施工承包方的利益诉求未能平衡将可能导致劳资冲突，而项目业主方与施工承包方的利益诉求是否能平衡，最主要是双方对合同约定的理解及对合同履行情况的理解，也就是说，建设工程施工合同如何签订及如何履行对建设工程施工领域劳资冲突的出现存在着重大的影响，必须予以关注。

2.施工承包方与劳务方的利益诉求未能平衡

在建设工程施工领域，在施工承包方与劳务方的关系中，施工承包方的主要利益诉求为劳务方在规定的时间内提供足额、合格的劳务量，以便其向项目业主方交付建设工程；而劳务方的主要诉求则为按照既定的时间获得相应的报酬。在实际施工过程中，施工承包方常常因为对劳务方提供的劳务不满意，而认为其利益诉求未能得到满足，在利益诉求未能得到满足的情况下，施工承包方一般采取不支付或少支付劳务工资的方式进行应对。不论基于何种原因，如施工承包方不支付或少支付劳务方报酬，不满足劳务方的利益诉求，即产生劳资纠纷，从而可能导致劳资冲突。在此组关系中，施工承包方与劳务方存在劳动合同关系，施工承包方与劳务方是基于劳动合同关系（虽然未必签订劳动合同）而互相谋取一定的利益诉求，因此，利益诉求是否能取得平衡，取决于双方对劳动合同的约定及履行的理解，也就是说，劳动合同如何约定及如何履行对建设工程施工领域劳资冲突的出现存在着重大的影响，必须予以关注。

3.项目业主方、施工承包方、实际施工人三方的利益诉求未能平衡

根据《最高人民法院关于审理建设工程施工合同纠纷案件适用法律问题的解释》的规定，实际施工人为非法转包、违法分包建设工程或者没有资质取得挂靠资质单位而进行施工的单位或自然人。在实践中，存在着大量的非法转包、非法发包、挂靠施工等情况，亦即通过一定的安排，施工承包方仅作为建设工程项目的名义承包方，仅利用施工承包方的资质办理与建设工程施工有关的手续，而由经过安排的其他人实际进行施工的情况。在此组关系中，项目业主方希望以最低的付出获得相应的建设工程，施工承包方则出卖资质获得相应的管理费回报，实际施工人则希望获得相应的利润。此组关系的特点是项目业主方与实际施工人之间表面上不存在直接的合同关系，双方都是通过与施工承包方表面的合同关系进行联系的；同时，实际施工人或者基于获取工程承包权的考虑，或者基于缺乏施工经验，其报价相对较低。合同关系的错位及工程报价的偏离为三方之间的工程纠纷埋下了伏笔，而一旦项目业主方、施工承包方、实际施工人三方的利益诉求未能平衡，实际施工人往往拒绝向农民工支付工资，并要求农民工以停工、信访等方式主张农民工工资，并以此达到向项目业主方或承包施工方索取利益的目的。由此可以知道，非法转包、非法发包、挂靠施工所形成的合同错位及报价偏离等原因，为建设工程施工领域出现劳资冲突的主要原因，必须予以关注。

4.劳资冲突方与作为协调机构的政府部门利益未能平衡

在建设工程施工领域，如存在劳资纠纷，农民工通常前往劳动监察部门、建设主管部门、维稳部门等政府职能机构进行信访、表达诉求。在此种情况下，劳务冲突方希望通过相应的协调机构的协调，满足自身的利益诉求；而作为协调机构的政府部门的利益诉求为维护稳定。协调机构维护稳定的利益诉求使其忽略事实情况，多以通过强硬或者和稀泥等手段摆平信访事宜，在这种

情况下，通常加剧了劳资冲突方的不满情绪，可能将劳资纠纷上升为劳资冲突。

除了上述原因外，在实践中存在着项目业主方恶意拖欠工程款而导致劳资冲突的情况、实际施工方以索要农民工工资为名进行敲诈勒索的情况等等，无论原因为何，始终离不开的都是围绕工程款的支付事宜。

(二)无法在既有的法律框架范围内得以解决的原因

如果劳资双方的利益诉求冲突在既有的法律框架范围内可以得到解决，劳资纠纷将不会演变为劳资冲突的情况。现有的劳资纠纷的解决机制可以归纳为协商解决机制及调解、裁判解决机制，以下着重从冲突各方缺乏信任基础、冲突解决机制不完善、执法规范性欠缺的角度分析建设工程施工领域，劳资纠纷无法在既有的法律框架范围内得以解决的原因。

1. 冲突各方缺乏信任基础

根据笔者在建设工程施工领域的从业经验，当出现工程纠纷时，纠纷的各方难以通过自行协商的方式解决相应的问题，而双方无法通过自行协商的方式解决相应的问题根本的原因是缺乏信任的基础。当工程纠纷出现时，纠纷各方要求对纠纷出现的原因、纠纷形成的责任承担、后续如何处置等进行确认，但是面对以上问题，纠纷各方往往各执一词，基于各自的看法及不信任，对相对方提出的意见及观点一般都会予以否认，因此，纠纷各方因互不信任而无法在重要问题上达成一致，纠纷各方无法通过协商的方式处理彼此之间的纠纷，在此情况下，必然采取其他措施解决相互之间的纠纷。

2. 冲突解决机制不完善

在既有的法律框架范围内，劳资纠纷可以通过行政机关居间调停的方式处理，也可以通过仲裁、诉讼等司法程序处理。劳资纠纷的冲突解决机制从理论上可以说是较为完善的，但是由于纠纷各方的法律意识不强、解决纠纷的时间成本较高、专业性较强等原因，使得纠纷各方不懂或不愿意通过相应的法律程序处理。在此情况下，有必要对冲突解决机制进行完善，包括建立施工过程中的仲裁人制度、简化涉及劳资纠纷的仲裁或诉讼程序、提高仲裁或诉讼的效率等等。

3. 执法规范性欠缺

建设工程施工领域的劳资纠纷，农民工通常会通过劳动监察部门、建设主管部门等政府部门主张诉求，政府主管部门应当规范执法，对于需要调查核实的必须调查核实，对于需要行政处罚的必须给予行政处罚，对于必须移送司法机关的必须移送司法机关。在实践中，行政执法机关存在着执法不规范的情况，为了达到平息事态的目的，在很多情况下不顾事实与法律，单方的以行政权力使一方接受相应的结果，这不仅无助于纠纷的最终解决，反而助长了部分通过“闹”获取相应利益的风气。

三、建设工程施工领域劳资冲突的应对分析

建设工程施工领域劳资冲突的应对应当着重于预防，避免出现劳资冲突的情况。如果不幸出现了劳资冲突也应当妥善做好善后工作，避免事件进一步扩大，以下主要从事前预防及事后处理两个方面进行简单的陈述。

(一)事前预防

结合以上分析，劳资冲突是由于利益诉求不平衡及纠纷无法在既有的法律框架范围内得以解决造成的，因此，事前预防主要应从避免利益不平衡及安排好纠纷解决方式着手，大致如下：

1.理顺建设工程施工合同

理顺建设工程施工合同，主要包括建设工程施工合同的约定应当全面、具体、详细，建设工程施工合同的关系应当清晰，不进行转包、分包、挂靠等行为，争议认定、纠纷解决机制约定明确。理顺了建设工程施工合同，可以从源头上防止劳资冲突事态的发生。

2.加强施工管理

施工管理是确保施工合同顺利履行的重要手段，为了避免劳资纠纷的出现，应当加强包括质量进度、变更签证、款项支付、采购、劳动关系等方面的管理，确保涉及与工程款及劳动报酬有关的事项可以得到有效的控制。需要进一步说明的是，在现实生活中，施工企业反馈较多的情况是由于从事建设工程施工的农民工多，且流动性较大，无法管理。对此笔者认为，从建设工程的特点看，确有人员多、散、乱的情况，给管理带来了一定的难度，但是这并不代表无法管理与农民工的劳动关系，实际情况是施工企业并未切实的履行管理职责。

3.充分发挥第三方中介机构的作用

在建设工程中一般都存在工程监理机构，一些工程还存在造价咨询机构，对于参与工程建设的第三方中介机构，不应当将其视为业主的代表，仅代表业

主的利益从事相关活动。应当赋予第三方机中介机构独立的地位，让其在工程纠纷中扮演更加中立、更加权威的角色，使相关的纠纷在内部即得以消化。

4. 切实履行工程保险及履约担保制度

在建设工程施工合同中，一般都设置了工程保险及履约担保制度，工程保险及履约担保制度是对建设工程施工合同履行过程中，因违约、事故等造成的损失赔偿所做的预防。切实履行工程保险及履约担保制度，可以为纠纷的解决提供缓冲的空间，可以使建设工程施工合同继续履行与纠纷的解决得到一定的平衡。

5. 防微杜渐

应该严格履行建设工程施工合同的约定，问题出现时就应当予以解决，不应当让问题不断的积累，最后难以解决。在笔者处理的相关纠纷中，竟然有一些农民工已经连续七八个月未领取工资，但是一直没有解决。产生纠纷的问题积累太久，解决的难度就更大，因此，作为合同方应该严格按照合同的约定履行：一旦出现问题应该马上依照合同的约定解决，避免久拖不决。

6. 积极寻求主管部门的帮助

在建设工程施工合同履行过程中，如在工程的履行过程中出现了纠纷，通过内部沟通协商仍有较大分歧，无法达成一致意见的，应当及时、积极地寻求主管部门的帮助。主管部门的介入可以为纠纷各方提供一个居间协调的平台，有助于纠纷各方问题的解决。

7. 落实诚信档案管理制度

在建设工程施工合同履行过程中，产生的纠纷无法解决大多源于某一方缺乏相应的诚信，针对建设工程施工领域，国家应当全面落实诚信档案管理制度，对于不诚信的企业及个人应当给予一定程度的惩戒，需要说明的是，诚信档案管理制度不应当只面对施工企业，应当适用于参与建设工程的所有主体。

（二）事后处理

如果在实践中不幸地发生了劳资冲突事件，相关方应当妥善地做好事后处理工作，把劳资冲突事件的负面影响降到最小，大致如下：

1. 做好处理预案

劳资冲突发生后，必须针对善后处理问题作出相应的预案，从总体上确定解决相关问题的原则、步骤、方式，成立相应的工作组，协调分工，按照既定的原则开展相应的工作。劳资冲突后许多单位要么置之不顾，任由事态的发展，要么到处救火，缺乏统一性及协调性，这都不是处理事件的最佳方式，应当做好相应的预案。

2.做好伤亡人员的救治安抚工作

如果在劳资冲突案件中造成人员伤亡的，应当首先做好伤亡人员的救治安抚工作。出现人员伤亡的情况，将导致伤亡人员家属或工友的情绪更加激动，为了避免冲突的进一步扩大，应当避免伤亡人员家属或工友由于情绪激动而作出不理智的行为，此时，给予伤亡人员救治安抚等关怀，在客观上可以缓解对立的情绪。

3.控制事态发展，降低事态的负面影响

劳资冲突事件发生后，作为冲突参与方应当控制自己的行为，同时，应当尽最大的努力控制相对方及第三方的行为，避免事态的进一步扩大。在此过程中，应当避免单打独斗，必须注意取得第三方的帮助，特别是政府主管部门的帮助。

4.将矛盾纠纷重新纳入法律框架范围内予以解决

劳资冲突的爆发源于双方利益诉求无法得到相应的满足，同时，又缺乏有效的问题解决途径及心态，在劳资冲突爆发后，双方在冲突爆发前的矛盾纠纷及因冲突而引起的相关诉求仍需解决，在此情况下，为了避免冲突的进一步扩大及更加公平合理的解决纠纷，应当将矛盾纠纷重新纳入法律框架范围内，依法、合情合理的予以解决。

四、结束语

在建设工程施工领域中，由于施工合同的履行时间较长、施工合同履行过程中的变化较大、施工合同的参与主体较多等原因，造成建设工程施工合同在履行过程中较易产生纠纷。在国家特别强调农民工权益保护的环境下，农民工工资是建设工程各方较为敏感的问题，因此在现实生活中，存在裹挟农民工权益，并以此作为自身谈判筹码，甚至进行敲诈勒索的现象。基于农民工的人数较多、社会关注度较大，涉及农民工纠纷的问题往往能吸引公众的眼球，一旦发生劳资冲突，其社会的影响更大，由此，建设工程施工领域的各方应当特别关注诱发劳资冲突的原因，了解预防及处理劳资冲突的应对方式，确保建设工程施工事宜正常、顺利地开展。

参考文献

[1]陈晨、都红刚:《劳资纠纷缘何引发暴力冲突》,载《西宁晚报》2014年11月28日。

[2]胡永平:《女民工讨要工钱非正常死亡　野蛮警察在为谁执法?》,中国网,2015年1月4日。

劳务派遣监管法律机制研究

窦 胤*

摘要:劳务派遣作为新的就业模式和用工形式对我国劳动领域产生了深远的影响,对我国经济的发展和就业多元化具有十分重要的作用。但是,由于劳动者和用人单位之间供求关系失衡及行政机关监管工作不到位,劳务派遣工的合法权益得不到立法者预期的全面有效的保护。劳务派遣监管工作成效到底如何,还存在哪些问题需要解决,值得进一步调研和分析。

关键词:劳务派遣 监管 对策

2013 年 7 月以及 2014 年 4 月,我国相继出台了《劳务派遣行政许可实施办法》和《劳务派遣暂行规定》,对于经营劳务派遣业务的单位的资质以及违反规定所要承担的法律责任做了明确的规定,同时也为行政机关如何监管劳务派遣活动提供了较为全面的制度规范。行政机关在运用这些制度对劳务派遣活动进行监管时,会面临哪些问题、存有哪些困境值得进一步探讨。

* 窦胤,男,广东金轮律师事务所实习律师。

一、劳务派遣制度概述

(一)关于劳务派遣的定义

我国劳动法专家将劳务派遣定义为:劳务派遣通常是指劳动力派遣机构与派遣劳工签订派遣契约,在得到派遣劳工同意后,使其在被派遣企业指挥监督下提供劳动。

李坤刚教授将劳务派遣定义为:劳务派遣又称人才派遣、劳动力租赁,是指由劳务派遣机构与劳动者订立劳动合同,由实际用工单位向劳动者给付劳务报酬,劳动合同关系存在于劳务派遣机构与劳动者之间,劳动者却是在用工单位的指挥命令下进行劳动的一种用工形式。①

董保华认为:劳务派遣,是由派遣机构与派遣员工签订劳动合同,然后向用工单位派出该员工,使其在用工单位的工作场所内劳动,接受用工单位的指挥、监督,以完成劳动力与生产资料相结合的一种特殊的用工方式。②

(二)关于劳务派遣的利弊

分析研究劳务派遣在我国起到的社会作用,学者闫岩提出:劳务派遣可以有效降低成本,尤其是对一些产品季节性比较强的行业部门,借助于劳务派遣可以降低生产闲暇时的用工成本,还能降低员工管理成本。利用劳务派遣弹性用工机制,企业按照不同时段对劳动力的需求量灵活地调整实际用工人数,既不用支付超额加班费,也不用养闲人,还可以降低企业在用人方面面临的各类风险。③

谢增毅在《美国劳务派遣的法律规制及对我国立法的启示——兼评我国劳动合同法的相关规定》一文中认为,由于经济发展的原因,劳务派遣作为一种满足雇佣灵活就业的需要的用工方式发展起来,劳务派遣不仅可以降低雇主的成本和风险,对提高管理水平、细化市场分工和提高专业化程度也有积极

---

① 李坤刚:《我国劳务派遣法律规制的再思考》,载《中州学刊》2013 年第 2 期。

② 董保华:《论劳务派遣立法中的思维定势》,载《苏州大学学报》2013 年第 3 期。

③ 闫岩:《论新劳动合同法下劳务派遣制度的构建》,载《现代商贸工业》2008 年第 5 期。

的作用。

纵观现有的劳务派遣用工机制适用的利弊，赞同者主要是地方政府和部门，他们更多是从解决用工需求和就业问题考虑，认为劳务派遣作为一种新型的用工形式，员工与劳务派遣公司签订《劳动合同》，在遵守相关法律规定的前提下，可以保证劳资双方的利益。反对的学者主要认为劳务派遣降低了用工成本，企业因此规避了劳动法加与用人单位的诸多义务，是对劳动法的挑战；另外企业因使用劳务派遣工事实上规避了劳动法规定的责任。[①]

二、劳务派遣监管工作中存在的问题分析

（一）要派岗位的定性存在问题

《劳务派遣暂行规定》第 3 条规定："用工单位只能在临时性、辅助性或者替代性的工作岗位上使用被派遣劳动者。临时性工作岗位是指存续时间不超过 6 个月的岗位；辅助性工作岗位是指为主营业务岗位提供服务的非主营业务岗位；替代性工作岗位是指用工单位的劳动者因脱产学习、休假等原因无法工作的一定期间内，可以由其他劳动者替代工作的岗位。用工单位决定使用被派遣劳动者的辅助性岗位，应当经职工代表大会或者全体职工讨论，提出方案和意见，与工会或者职工代表平等协商确定，并在用工单位内公示。"[②]虽然《劳务派遣暂行规定》对"三性"的定义作出了表述，但是劳动部门在实践中需要认定的时候，还存在着许多问题需要解决。

在实践中，最难确定的以及发生争议最多的就是"辅助性"岗位的确定。《劳务派遣暂行规定》的出台对依据民主程序确定"辅助性"岗位提出了具体的要求，需要广泛征求职工的意见，并对于结果进行公示。但是，在访谈的过程中，有工作人员反映到："一些用人单位未组建工会，在使用劳务派遣工之前也没有把员工组织起来开会讨论，而是和劳务派遣工双方协商一致，确认岗位是辅助性岗位，这样所得的结论是否无效？"还有工作人员提到："要是有的用工

① 吴宏洛、陈月：《劳务派遣：规范与发展》，载《东南学术》2007 年第 2 期。

② 《劳务派遣暂行规定》，中华人民共和国人力资源与社会保障部令第 22 号，自 2014 年 4 月 1 日起施行。

单位在使用劳务派遣工前，没有通过工会或是职代会的讨论就决定了，然后要是发生争议，这些岗位是否一律认为无效？”

同时在“替代性”岗位中，因为各种不同的情况而暂时无法工作的劳动者的岗位被称为替代性岗位，但是，在实践中有这么一种情况，被派遣劳动者在替代性岗位上工作期间，原劳动者因为劳动纠纷或其他原因与用工单位解除了劳动关系，那这个被派遣劳动者的工作岗位就不是之前的替代性岗位了，那么这个时候是直接裁撤该岗位还是应当继续使用原劳务派遣用工在此岗位上继续工作？这在法律上没有明确的规定，会造成行政机关的监管困难。

对于“临时性”岗位，被派遣劳动者按要求在临时性即设立存续时间在不超过六个月的岗位上工作，对于满六个月后因情势变化用工单位需要继续在相同的岗位上使用劳动者，是将该岗位改设为常用性岗位并招聘劳动者，还是将该岗位上工作的劳务派遣劳动者招聘为本单位的正式职工，抑或是必须要将该岗位进行裁撤，并未作出说明，而临时性的要求在法律规制上难度也较大，不排除不良用工单位假借临时性名义设岗，之后在“临时性”期限内将岗位撤除并另立功能相同的新岗位，再同劳务派遣企业签订新的劳务派遣协议，要求劳务派遣企业派遣在之前被撤销的岗位上工作的劳动者在该“新岗位”上继续工作，虽然从表面上看工作岗位发生了变化，但实质上在此岗位上工作的人员还留在该岗位上继续进行工作。这些都会对行政机关开展监管工作造成困难，需要进一步的明确。

(二)用工比例的确定存在问题

劳务派遣监管最先要解决的是派遣比例问题。任何单位被派遣劳动者的使用人数都不得超过单位使用工人总数的10%，但是在实践中，有的用工单位实习生人数较多，还有大量退休返聘的工作人员在单位上班，还有一些兼职的劳动者（非全日制劳动合同工），这些在用工单位的工作人员总数的统计中均未加入，同时法律法规也没有明确的规定，还有没有一个统一的时间点对用工单位劳务派遣工的比例进行测算，可能一些单位会选择一些有利于他们的时间点对用工比例进行测算，那么就会存在故意规避法律的情况发生。

同时由于对要派岗位的定性困难，部分用人单位因为长期大量使用劳务派遣工，短期内难以将劳务派遣用工比例降低到10%以内，因此这部分用人单位采取了将与劳务派遣公司签订的劳务派遣协议，转换为劳务外包、业务外包协议，以达到继续使用原派遣人员，满足用人单位用工需求，又规避使用劳务派遣工所承担的相应责任的目的。而国家对劳务外包、业务外包相关的立法相对欠缺、监管相对薄弱，没有从法律层面上，明确劳务（业务）外包与劳务派遣在双方权利义务上的区别，造成了用人单位可以顺利规避法律规范。

（三）行业准入标准不完善

新修订的《劳动合同法》与《劳务派遣行政许可实施办法》中，对申请经营劳务派遣的单位设置了“注册资本不得少于人民币200万元；有与开展业务相适应的固定的经营场所和设施；有符合法律、行政法规规定的劳务派遣管理制度；法律、行政法规规定的其他条件”四项条件。但是目前法律规定的四项准入条件过于原则，无法在审批环节中达到优胜劣汰、择优准入的目的。一是目前在企业工商注册环节中，通过中介办理的形式较为普遍，只要企业开办者支付一定的佣金，就可以通过中介轻易办理200万元及以上注册资金企业的工商登记手续，第一项门槛如同虚设；二是对办公场地及办公人员没有定量、定性的规定，无法对申办单位的办公场地、硬件设施、从业人员素质和数量等方面进行约束和控制，导致很多“软、硬件”条件均较差的企业进入了劳务派遣行业。

（四）行政机关全面监管困难

行政机关因为种种原因，例如，执法人员数量过少，执法的范围过广，很难主动全面的去维护劳动派遣工的合法权益，只能通过被动的方式，在出现了劳动纠纷之后，行政机关才介入去处理纠纷，去保障劳动者的合法权益。这可能就需要企业、工会和行业协会在保障劳动者的权益中起到主要作用，行政机关起到一个监督和促进的作用。

（五）“同工同酬”难以全面落实

对于劳务派遣工“同工同酬”，《劳动合同法》规定了“用工单位应当按照‘同工同酬’原则，对被派遣劳动者与本单位同类岗位的劳动者实行相同的劳动报酬分配办法。用工单位无同类岗位劳动者的，参照用工单位所在地相同或者相近岗位劳动者的劳动报酬确定”；《劳务派遣暂行规定》也提出了“向被派遣劳动者提供与工作岗位相关的福利待遇，不得歧视被派遣劳动者”。但是，这些规定都过于抽象，如不对“同类岗位”“相同办法”“相关福利待遇”等关键问题进行明确，那么在发生处理劳动争议和劳动监察举报投诉时，办案人员就难以对相关问题进行定性，“同工同酬”也就难以落实。

三、完善劳务派遣监管法律机制的建议

(一)明确"三性"的定义

对于"辅助性"岗位的确定方式,笔者认为,如果用工单位通过逐个与派遣员工协商的方式确认派遣员工工作的岗位属于"辅助性"岗位是不合适的,用工单位面对派遣员工处于优势地位,同时如果派遣员工对于用工单位的岗位设置不清楚,可能会造成派遣员工的错误判断或是作出违背自身意愿的决定,所以行政主管部门应进一步明确确定"辅助性"岗位必须依照《劳务派遣暂行办法》的规定,由用人单位提出拟使用劳务派遣用工的辅助性岗位列表,再经由工会或是职工代表大会共同协商确定并报相关部门备案。同时,行政机关要对用工单位进行正确的领导,规范其"辅助性"岗位的确定方式,可以从三个方面来进行确认:(1)用人单位在拟使用劳务派遣工时,首先由公司的决策层,例如董事会,确定公司的业务哪些是属于主营性质的,哪些是属于辅助性质的;(2)用人单位将所确定的业务分类交由工会或职工代表大会进行讨论,进一步明确"辅助性"岗位的具体范围;(3)在同劳务派遣企业以及劳务派遣工在签订劳务派遣协议和劳动合同时,在协议中明确说明所派遣岗位为"辅助性"岗位,从而降低发生劳务纠纷的风险。

对于"替代性"岗位,如果劳务派遣工在替代性岗位上工作期间情势发生变更,例如其所替代的劳动者与用工单位解除劳动关系,使岗位性质发生变化,在这种情况下如果直接裁撤该岗位,对劳务派遣工的权益会造成极大的损害,所以应当继续使用原劳务派遣用工在岗位上继续工作,但是必须设立一个过渡缓冲期。

对于"临时性"岗位,用工单位如果需要增设临时性岗位,须报职能部门备案,对于满六个月后因情势变化用工单位需要继续在相同的岗位上使用劳动者的,行政机关应当明确用工单位应当将该岗位改设为常用性岗位并招聘劳动者,或者改设为常用性岗位并将在该岗位上工作的劳务派遣劳动者招聘为本单位的正式职工,如果设立与该岗位功能相同的新岗位,视为将该岗位改设为常用性岗位。

(二)确定派遣比例认定的时点和范围

《劳务派遣暂行规定》规定了用工单位应当严格控制劳务派遣用工数量,使用的被派遣劳动者数量不得超过其用工总量的10%。用工总量是指用工单位订立劳动合同人数与使用的被派遣劳动者人数之和。行政主管机关应当确认用工单位所聘请的非全日制劳动合同工,以及合法使用的外籍员工、港澳台职工属于用工总量的计算范围之内。对于计算的周期可以以全年的平均数进行统计,时间点设置在每年的12月份。

为了回避"派遣比例",部分劳务派遣企业和用工单位采用了"业务外包"的方式,使用劳务派遣工的单位把与劳务派遣企业签订的劳务派遣协议改作"业务外包"协议,这种转变协议的方式,从表面上看,劳务派遣工的劳动合同主体切换至业务承包单位,但是,实际上工作地点和工作内容都没有发生任何变化。劳务派遣监管机关所要解决的关键问题就是如何判断用工单位是否采取业务外包行为。对于用工单位是否采用了业务外包行为,这要综合多方面因素进行考量,然后再从岗位特点和业务种类这两个方面作出基本的判定。能够开展业务外包的,一般指相对成熟的中间市场所开展的服务,例如司法服务、财会服务等等,这些岗位都属于企业的边缘性岗位,如企业将法务岗位外包给律师事务所,将会计核算工作外包给会计事务所,此类做法与市场经济条件下的分工专业化相适应,同时承包方也具有一定的资格和监督能力。但是,如果该岗位涉及企业的主营岗位,如饭店的帮厨、超市的店员、酒店的服务员、快递公司的快递员等,并不存在一个发达的中间市场支撑业务外包行为,对于这些岗位就宜认定其为劳务派遣岗位。[①]

(三)建立劳务派遣风险保证金制度以及企业信用评价体系

在前一部分问题分析中提到劳务派遣行业准入标准由于目前法律规定过于原则,在实践中行政机关工作人员很难有一个准确的判断标准,在我国当前依法治国的大背景下,省级层面在无上位法支撑的情况下,难以逾越法律制定的相关规定,笔者认为可以通过建立劳务派遣风险保证金制度和劳务派遣企业信用评价体系来改善"软、硬件"条件差的企业进入劳务派遣行业中来的情况。

① 洪桂彬:《派遣"新规"落地十大看点》,载《人力资源》2013年10月号。

1.建立劳务派遣风险保证金制度

虽然提高了劳务派遣企业的注册资本,但是一些企业通过向工商注册中介支付佣金的方式,来进行工商注册,这就导致这些企业的注册资金并不能够体现企业实力和抗风险能力,在企业经营出现风险时,这些企业由于自身的实力不足,可能就会损害劳务派遣劳动者的合法权益;同时《劳动合同法》规定劳务派遣企业必须和劳务派遣工签订 2 年以上的劳动合同,在劳动者没有工作期间,劳务派遣企业也必须向劳动者支付不低于当地最低标准的劳动报酬,这就大大增加了企业的运营成本,实力雄厚、规模较大的企业,由于自身的抗风险能力强,可以很好地消化运营成本上的压力,但是实力不足的劳务派遣企业,遇到经营状况不佳,劳务派遣工没有用人单位可派或是派出的劳务派遣工被用人单位退回的情况下,在运营成本的巨大压力下,可能会出现劳务派遣企业无力发放员工工资或其他损害劳务派遣工合法权益的情况。劳务派遣风险保证金制度的建立,促使劳务派遣企业在注册成立之后向职能部门缴纳一定的保证金,如发生危害劳动者合法权益的情况,这部分保证金优先用于支付劳动者相关赔偿事项。同时每家劳务派遣企业根据前一年度自身的业务量,按一定比例向职能部门缴纳一定的保证金,如果下一年度未发生危害劳动者合法权益或是用人单位合法权益的情况,则按中国人民银行同期一年定期存款利率本息共同返还给劳务派遣企业,如果发生危害劳动者和用人单位合法权益并需要赔偿的情况下,风险保证金将优先用于支付劳动者和用人单位相关赔偿事项。

2.建立劳务派遣企业信用评价体系

市场经济的一个最重要的特点就是信用经济,在我国市场经济越发成熟的情况下,企业的信用评价已经不仅仅被银行等金融机构所重视,更多的市场交易主体在选择交易相对方时,首先关注的就是其信用评价,随着市场的不断发展,企业信用会慢慢成为交易的先决条件。建立劳务派遣企业信用评价体系,将劳动合同签订情况、劳务派遣工薪酬状况、劳动纠纷案件数、劳动者评价等方面综合起来评估分数并定期向社会公布,根据评价结果的优劣,依次采取减少或免于缴纳风险保证金至吊销劳务派遣经营许可证的措施,激励和约束劳务派遣企业经营行为。这不仅可以保护劳务派遣工的合法权益,而且还可以为用人单位选择劳务派遣企业提供参考,《劳动合同法》规定如果劳务派遣工的权益遭到侵害,用人单位和派遣企业需要承担连带赔偿责任,用人单位选择信誉良好、信用评价高的劳务派遣企业进行合作,将有利于规避和降低用人单位的用工风险。

(四)建立劳务派遣行业协会

目前,劳务派遣工人数、用人单位数量都呈现了一个上升的趋势,但是由于劳动监管部门工作人员有限,很难主动全面的去维护劳动派遣工的合法权益,在大多数情况下,监管部门只能在劳务派遣纠纷发生之后进行被动的监管,这就需要在行政机关之外形成劳务派遣行业自律机制,规范劳务派遣市场,维护劳务派遣工的权益。

虽然劳务派遣工能够在劳务派遣企业或是用人单位参加工会,但是劳务派遣的工作特征决定了劳务派遣企业的工会起不到传统工会的作用,劳务派遣企业的劳动者工作地点和时间都各不相同,同时劳务派遣企业的性质决定了劳务派遣人员具有不固定的特征,劳动者可能经常变换劳务派遣企业或是用工单位,劳务派遣企业工会中的劳动者之间很难具有传统工会的那种凝聚力,无法像传统工会那样有效地发挥其维权功能,进而造成了劳务派遣企业工会的集体谈判权的缺失,在劳务派遣工的合法权益受到侵害的情况下,劳务派遣企业工会很难像传统工会那样与企业就损害劳动者合法权益的问题进行交涉,维护劳动者的合法权益。因此,工会不能够充分地保障劳务派遣人员应得权益不受到损害,那么为了确保劳务派遣劳动者的个人利益与团体利益得到保障,就必须建立劳务派遣行业协会,将从事劳务派遣行业的企业、用工单位和劳动者代表纳入其中,从整体上对劳务派遣市场进行规制,形成完善的自律机制,确保劳动者的合法权益得到更全面的保障。

通过劳务派遣行业协会的建立,将劳务派遣行业纳入一个有序的运营轨道上,综合考量劳务派遣行业的发展现状、市场情况、不同用工领域的具体情况以及劳务派遣工个人的不同价值,架构一个符合市场经济运行规律的行业行为准则和标准。在劳动者的权益受到损害的情况下,由行业协会代表劳动者向劳务派遣企业进行维权;如果企业不遵守行业行为准则,由行业协会进行调查,并予以相应程度的惩戒(包括罚款、名誉处罚、降低企业信用评价等)直至开除出行业协会。同时,我们可以发挥行政机关的协调、交流作用,让行政部门向劳务派遣行业协会派驻代表,成为劳务派遣工人和劳务派遣企业的中间桥梁,对于劳务派遣活动中出现的问题,可以及时采取监管措施,维护各方的合法权益不受损害,实现对用人单位和劳务派遣劳动者正当权益的切实保障。

建立劳务派遣行业协会有助于实现劳务派遣工"同工同酬"的权利。劳务派遣工因为普遍收入水平不高,自身又处于弱势地位,如果单独向企业进行维权,成本过高,可能还会失去工作的机会,因此劳务派遣工在面对"同工不同酬"的情况下,往往会采取隐忍的办法,同时劳务派遣企业工会起不到传统工会应有的作用,行业协会在一定程度上可以替代工会发挥工资集体协商制度的作用。首先,行业协会是由各家劳务派遣企业和多家用人单位组建的,同时劳动者代表也参与其中,三方共同商议劳动报酬的标准,任何一方都不可能利用自身的优势地位来单独决定薪酬标准;其次,行业协会可以解决劳动者过于分散、流动性大的问题,将劳动者团结起来,共同维护劳务派遣工"同工同酬"的权利;最后,行业协会具有对违反同工同酬规定的会员惩戒的权利,可以通过罚款或是降低会员信用评价等惩戒方式来约束企业遵守同工同酬的规定。

(五)提高劳务派遣工的维权意识

劳动者维权意识的提高对于降低劳务派遣风险是十分关键的,但是在实践中,劳务派遣工的权利行使往往受到劳务派遣单位或者用工单位的制约,导致劳动者的权利实现面临诸多困境,同时由于劳动者的维权意识不强,在自身权益受到侵害的情况下,往往采取隐忍的态度,这在一定程度上也加剧了劳务派遣单位或用工单位为了片面地追求经济利益而不规范经营的情况。

提高劳动者的维权意识是行政机关对劳务派遣监管中的重要方面,有利于行政机关更好地对劳务派遣活动进行监管,行政机关可以通过以下几个方面切实提高劳动者的维权意识:第一,利用网络、电视、报纸等渠道加强《劳动法》《劳动合同法》以及劳务派遣法律法规的宣传,让更多的劳动者接触法律、了解法律;第二,定期组织劳务派遣工进行法律培训,使劳动者了解现行的法律规定,在自身权益受到侵害的时候学会用法律的武器保护自己;第三,在主管部门设立举报热线电话,让劳动者能够有一个方便、快捷的维权途径。

(六)切实落实"同工同酬"制度

《劳动合同法》与《劳务派遣暂行规定》都规定了对于劳务派遣工要"同工同酬",但是在实践中还存在着诸多困难,比如说用人单位正式员工的福利待遇要远远高于劳务派遣工;有些用人单位在相同岗位上的正式员工的工资水平也各不一样,用人单位往往按照最低的工资水平向劳务派遣工发放劳动报酬。想要真正落实"同工同酬"的规定,政府的引导和监管必不可少。

1.劳务派遣监管部门切实履行监管职责

各级劳务派遣监管部门应加大对劳务派遣企业、用人单位的监管力度，对于劳务派遣企业、用人单位以及劳务派遣工之间签订的劳动合同和劳务派遣协议，必须报监管部门备案，监管部门应当对劳务派遣协议和劳动合同中关于劳动者报酬的约定是否符合法律规定进行审查，对于不符合法律规定的应责令劳务派遣企业或用人单位进行改正，对于拒不改正的可以对其进行处罚。目前，法律对于劳务派遣协议的内容没有明确的规定，行政机关应当明确规定派遣协议中必须明确载明该劳务派遣工在用人单位所处的相同岗位标准和技能水平的正式员工所应得的劳动报酬、奖金和补贴。

劳动监管部门应当不定期对劳务派遣企业和用工单位进行调研，对劳务派遣工的工资发放情况、经济补偿情况、社保情况等进行监督检查，对于违反法律规定的劳务派遣企业和用工单位进行严肃处理。

2.劳务派遣监管部门加强引导

中国有句俗语叫“堵不如疏”，一味地封堵不如正确的引导。对于劳务派遣工“同工同酬”而言，如果监管部门能够通过正确的引导，把“同工同酬”制度纳入一个正确的轨道上，不仅可以减轻监管部门的监管压力，同时也可以更好地维护劳务派遣工“同工同酬”的权利。

政府应当为企业创造一个有序的市场环境，通过宣传和教育让用人单位和劳务派遣企业形成遵纪守法、诚信经营、以人为本的企业文化，让其认识到遵守法律、尊重劳务派遣工的重要性，为劳务派遣工提供一个和谐、温馨、舒畅的工作环境，让其产生归宿感和受尊重感，这样也可以激发劳务派遣工的工作积极性，为企业创造更大的经济效益。

“同工同酬”制度得不到切实落实的一个重要原因，就是劳务派遣工的个人素质、职业技能较差，如果劳务派遣工不接受用人单位给出的劳动报酬，那么其很可能面临着没有工作的危险，所以劳务派遣工往往是在没有选择的情况下无奈地接受用人单位给出的“同工不同酬”的工资待遇。因此，提高劳务派遣工的职业技能与竞争力，也是防止“同工不同酬”出现的一个重要方面，这就要求我们各级劳动监管部门必须定期对劳务派遣工开展职业技能培训，提高他们的工作能力和核心竞争力。

参考文献

[1]劳动合同法起草小组:《劳动合同法释义》,中国市场出版社 2007 年版。

[2]李坤刚:《我国劳务派遣法律规制的再思考》,载《中州学刊》2013 年第 2 期。

[3]董保华:《论劳务派遣立法中的思维定势》,载《苏州大学学报》2013 年第 3 期。

[4]闫岩:《论新劳动合同法下劳务派遣制度的构建》,载《现代商贸工业》2008 年第 5 期。

[5]吴宏洛、陈月:《劳务派遣:规范与发展》,载《东南学术》2007 年第 2 期。

“利用影响力受贿罪”的适法难题及其解释

徐松林*

摘要：刑法增设“利用影响力受贿罪”，对打击国家工作人员“身边人”受贿犯罪、严密贿赂犯罪的刑事法网有积极意义。但“利用影响力受贿罪”在适用中存在现职国家工作人员能否成为犯罪主体、国家工作人员的近亲属及关系密切人的范围如何界定、与利用影响力受贿罪对应的行贿行为如何定罪等六个难题。这些难题使得实践中利用影响力受贿罪的判决不多、法条运行的实际效果与立法加大反腐力度的初衷相距甚远。

关键词：利用影响力受贿罪　关系密切人　近亲属　对应的行贿行为

一、现状：利用影响力受贿罪的实际运行效果与立法初衷相距甚远

“利用影响力受贿罪”是《中华人民共和国刑法修正案（七）》（以下简称《刑法修正案（七）》）新增的罪名。刑法通过增设该罪名，将国家工作人员的“身边人”如国家工作人员的近亲属、关系密切人，以及离职的国家工作人员及其近亲属、关系密切人全部纳入贿赂犯罪打击的范围。这对严密贿赂犯罪的刑事

* 徐松林，男，华南理工大学法学院教授、院长，广东金轮律师事务所兼职律师。

法网、加大反腐力度有意义，特别是在我们这样一个“讲关系、重人情”的社会，意义尤其明显。

但值得注意的是，自 2009 年 2 月 28 日《刑法修正案（七）》颁布实施至今已有 5 年多。5 年来，各地法院判决的贪污贿赂案件数量逐年上升、但与之相关联的利用影响力受贿罪的判决却少之又少。据最高人民法院 2014 年工作报告披露的数据，2013 年全年全国各级法院审结贪污贿赂、渎职侵权犯罪案件 2.9 万件、判处 3.1 万人，同比上升 9.3%和 8.4%。[①] 但笔者通过各地人民法院网站以及“北大法宝”“汇法网”“110 判裁网”等网站进行搜索，从 2009 年 3 月至 2014 年 3 月共计在网上能公开查找到的全国各地法院涉及利用影响力受贿罪的判决还不到 50 件，这与贪污贿赂罪年均数万件的判决量形成巨大的反差。[②]

按通常理解，国家工作人员贪污贿赂犯罪与国家工作人员“身边人”受贿犯罪存在正相关关系，即：国家工作人员贪腐严重、国家工作人员“身边人”也必然贪腐严重，国家工作人员贿赂犯罪判决增多、国家工作人员“身边人”利用影响力受贿罪的判决也应该随之增多。但各地法院涉及利用影响力受贿罪的判决数据却与这种“通常理解”不符。

为什么？是国家工作人员“身边人”利用影响力受贿情况真的很少吗？当然不是！真正原因是：由于法条缺陷以及我国贿赂犯罪刑事立法存在体系性疏漏与矛盾，致使利用影响力受贿罪条文在适法中存在严重困难。这些困难与矛盾使得司法机关在面对利用影响力受贿案件时往往不知如何办理。

下面我们通过若干案例来讨论利用影响力受贿罪在适法中存在的六大难题。

二、成因：利用影响力受贿罪在适法中存在六大难题

（一）现职国家工作人员能否成为利用影响力受贿罪的犯罪主体

按照《刑法》第 388 条之一的规定，“利用影响力受贿罪”的主体是特殊主

---

① 周强：《最高人民法院工作报告》（2014 年 3 月 10 日第 12 届全国人大第 2 次会议）。

② 网络搜索截止日期：2014 年 3 月 30 日。

体,包括五类人:(1)国家工作人员的近亲属;(2)与国家工作人员关系密切的人;(3)离职的国家工作人员;(4)离职的国家工作人员的近亲属;(5)与离职的国家工作人员关系密切的人。

从条文看,利用影响力受贿罪的主体范围似乎是明确的,但其实不然。来看下述案例。

案例一:程某然接受请托人贿赂案

程某然与王某旭是战友、感情较深。二人转业后,程某然在A市工商局任科长、王某旭在B县公安局任副局长。商人廖某因涉嫌诈骗被B县公安局抓获。廖某的家人找到程某然送上30万元现金,希望程某然找王某旭说情。程某然找到王某旭,谎称商人廖某是自己的亲戚希望能从轻发落。在王某旭的干预下,案件未移送起诉。现有证据表明,程某然并未将收钱的事告知王某旭,王某旭也未收到过程某然的钱物。

问题:该案中程某然是否构成利用影响力受贿罪?

因为程某然是现职的国家工作人员,该案提出的实际问题是:现职的国家工作人员能否成为利用影响力受贿罪的犯罪主体。如果现职国家工作人员只是单纯利用影响力受贿,是构成受贿罪还是利用影响力受贿罪?

如果严格按法条的规定,案例中的程某然不构成受贿罪。因为按《刑法》第385条及第388条的规定,受贿罪只包括两种情形:国家工作人员利用职务上的便利索取或非法收受他人财物,为他人谋取利益的(受贿);或者国家工作人员利用本人职权或地位形成的便利条件,通过其他国家工作人员职务上的行为,为请托人谋取不正当利益,索取或收受请托人财物的(斡旋受贿)。也就是说,"利用职务上的便利"或"利用本人职权或地位形成的便利条件"是成立受贿罪的必要条件。案例中的程某然既没有利用本人职务上的便利,也没有利用本人职权或地位形成的便利条件。他之所以能让身为公安局副局长的王某旭为请托人办事,完全是基于多年的战友情面。

虽然程某然的行为实质是利用影响力受贿,但是如果就此认定程某然构成利用影响力受贿罪,似乎在逻辑上也难以自洽。

首先,按我国刑法受贿犯罪的立法思路,国家工作人员受贿构成受贿罪、非国家工作人员受贿要么构成非国家工作人员受贿罪(《刑法》第163条)、要么构成利用影响力受贿罪(《刑法》第388条之一)。如果国家工作人员受贿也构成利用影响力受贿罪,则会造成体系上的混乱。

其次,从利用影响力受贿罪的条文规定来看,该罪的主体也不应包括现职国家工作人员。因为该罪的立法目的是为了规制与国家工作人员关系密切、能够对国家工作人员形成实质影响、但又不具有国家工作人员身份的人受贿犯罪问题，而且条文中将“离职的国家工作人员”单列为一类主体与其他四类主体并列，从逻辑上看，其他四类主体也应该和“离职的国家工作人员”一样不具有现职国家工作人员身份。

再次，利用影响力受贿罪的法定刑比受贿罪的法定刑要轻得多。如果国家工作人员收受贿赂、为请托人谋取利益可以按法定刑较轻的利用影响力受贿罪定罪处罚，则有罪刑失衡、罚不当罪之虞。

最后，如果现职国家工作人员受贿也可以构成利用影响力受贿罪，则对其实施贿赂的行贿人将无法定罪打击。因为我国刑法并未将与利用影响力受贿罪对应的行贿行为规定为犯罪。这将出现一种尴尬的局面：国家工作人员明明接受了贿赂，但却不构成受贿罪；行贿人明明向国家工作人员行贿了，却不构成任何犯罪①。

因此，当现职国家工作人员单纯利用影响力受贿时，如何定罪便陷入一种两难的境地：定受贿罪，有违罪刑法定原则；定利用影响力受贿罪，则会造成贿赂犯罪体系与逻辑上的混乱。

如果认定案例中的程某然既不构成受贿罪也不构成利用影响力受贿罪，而是按无罪处理，则显然更加荒唐、社会公众也无法接受。

在类似的案例中程某然的受贿情况在我国社会中有一定的普遍性：受贿人本身是国家工作人员，但又与其他国家工作人员具有战友、同学、师生、情人、亲戚等亲密关系，受贿人为请托人谋利不是利用了本人职务上的便利或本人职权地位形成的便利条件，而是利用了与其他国家工作人员的这种亲密关系。这种情形下的定罪如果没有明确的立法或司法解释，人民法院将不知如何判决，利用影响力受贿罪的运行效果也将大打折扣。

---

① 刑法学界有部分学者认为，现职国家工作人员不是利用影响力受贿罪的犯罪主体。如全国人大常委会法工委刑法室认为“本罪的犯罪主体是特殊主体，即与国家工作人员有着某种特定关系的非国家工作人员”（全国人大法工委刑法室编著：《中华人民共和国刑法释义及使用指南》，中国民主法制出版社 2011 年版，第 606 页）；赵秉志教授认为“本罪的犯罪主体是非国家工作人员。如果国家工作人员利用影响力受贿，则属于《刑法》第 388 条规定的斡旋受贿，应以受贿罪定罪处罚”（赵秉志、王利荣：《反腐新罪名不会成为贪官的“免罪符”》，载《法制日报》2009 年 4 月 3 日第 3 版）。

(二)“关系密切人”的范围如何界定

《刑法》第388条之一将“与国家工作人员关系密切的人”列为利用影响力受贿罪的一类犯罪主体。按刑法通说,此处的“关系密切人”是指国家工作人员的情人、同学、同事、战友、师生等与国家工作人员关系密切、能对国家工作人员的职务活动施加影响的人。如果某人与国家工作人员素无交往或者根本不认识,当然不能算是与国家工作人员关系密切的人。然否?我们看下面的案例。

案例二:林某花接受请托人贿赂案

林某花与李某红是同窗闺蜜,大学四年同住一间宿舍、关系密切。毕业后林某花在A市就业、李某红则分配至B市并嫁给了某重点大学招生办主任赵某。林某花邻居周某的孩子欲入读该重点大学,周某出资20万元请林某花帮忙搞掂。林某花求助李某红,李某红则说服丈夫赵某帮忙安排。赵某通过自主招生违规操作将孩子招入。林某花虽然与李某红关系密切,但与李某红的丈夫赵某素无交往、互不认识,只知道李某红的丈夫是招办主任。林某花也未将收钱的事告诉李某红。

问题:林某花是否为赵某的“关系密切人”?

按“关系密切人”的文义解释,案中的林某花虽然与李某红关系密切,但显然不是赵某的关系密切人,因为两人没有见过面、互不认识。林某花是通过与李某红的同窗关系,进而让李某红影响其丈夫赵某的。但如果不能认定林某花是赵某的关系密切人,则对林某花只能按无罪处理,因为利用影响力受贿罪的其他四类主体诸如国家工作人员的近亲属、离职的国家工作人员及其近亲属及关系密切人等与林某花均不沾边。但如果人民法院就此判决林某花无罪,社会公众将无法接受,利用影响力受贿罪的法条也将部分失去意义。

但如果认定林某花是赵某的关系密切人,又未免荒唐。因为不管对“关系密切人”的含义如何进行扩张解释,一个与国家工作人员素无交往、根本就互不相识的人是绝对称不上“与国家工作人员关系密切的人”的。

实际上,案例中“人找人、人托人”式的受贿方式在我国社会中并不少见。中国社会是一个关系社会,通过关系找关系、通过朋友托朋友、最终通过朋友的朋友为请托人谋利是常见的情形。如果案例中的林某花不构成利用影响力受贿罪,则实践中将有相当部分利用间接影响力受贿的情形将被排除在犯罪之外。但如果认定林某花构成利用影响力受贿罪,则又明显违背了罪刑法定原则。

怎么办？此问题在我国现行的刑法体系中无解。

(三)“近亲属”的范围如何确定

国家工作人员的近亲属是利用影响力受贿罪的犯罪主体之一。从表面上看，国家工作人员的“近亲属”概念是容易界定的，因为我国法律及司法解释中对“近亲属”概念均有直接的规定。而且，国家工作人员的亲属利用影响力受贿，如果此亲属不是近亲属，也可划入“与国家工作人员关系密切的人”之列予以定罪打击。似乎“近亲属”的范围如何界定不是一个问题。其实不然。我们来看下面的案例：

案例三：刘某接受请托人贿赂案

刘某是谢某英(女)的堂弟。谢某英的丈夫廖某是某法院院长。刘某虽与谢某英关系密切，但因谢某英大学毕业后远嫁他乡，刘某与谢某英的丈夫廖某并无交往、互不熟悉，刘某只知道自己的堂姐夫廖某是法院院长。刘某的朋友有案件在廖某任职的法院审理。朋友出资 25 万元请刘某找其堂姐夫关照。因与廖某不熟悉，刘某请堂姐谢某英帮忙说情，后案件在廖某干预下胜诉。但无证据证明谢某英及其丈夫廖某收受过刘某的钱物。

问题：刘某是否构成利用影响力受贿罪？

刘某与廖某并无交往、互不熟悉，显然不能认定刘某是廖某的关系密切人。那么，如果要认定刘某构成利用影响力受贿罪，则必须确认刘某是廖某的近亲属。否则，刘某不构成利用影响力受贿罪。

按我国法律及司法解释，能否认定刘某是廖某的近亲属呢？

我国刑法典及刑事司法解释并未对“近亲属”的概念进行解释。对“近亲属”的概念的界定，散见于其他法律、司法解释及规范性文件中。但这些规范性文件对“近亲属”概念的界定各不相同。

我国《刑事诉讼法》第 82 条规定：“近亲属是指夫妻、父母、子女、同胞兄弟姐妹”，这是关于近亲属概念的最狭义的规定；最高人民法院《关于执行〈民法通则〉若干问题的意见》第 12 条规定：“民法通则中的近亲属是指配偶、父母、子女、兄弟姐妹、祖父母、外祖父母、孙子女、外孙子女”，这是关于近亲属概念的狭义规定；最高人民法院《关于执行〈中华人民共和国行政诉讼法〉若干问题的解释》第 11 条规定：“行政诉讼法第二十四条规定的近亲属包括配偶、父母、子女、兄弟姐妹、祖父母、外祖父母、孙子女、外孙子女和其他具有抚养、赡养关系的亲属”，这是关于近亲属概念的广义规定。

如果按照这三个规范性文件的规定，案例中的刘某显然不是廖某的近亲属，对刘某不能以利用影响力受贿罪定罪处刑。

但2010年3月中共中央组织部印发的《党政领导干部选拔任用工作有关事项报告办法(试行)》第4条则对“近亲属”概念作了最广义的规定：“领导干部的近亲属是指与领导干部有夫妻关系、直系血亲关系、三代以内旁系血亲关系以及近姻亲关系的人员”；《中华人民共和国公务员法》第68条关于公务员任职回避的规定中也有相同的规定：“公务员之间有夫妻关系、直系血亲关系、三代以内旁系血亲关系以及近姻亲关系的，不得在同一机关担任双方直接隶属于同一领导人员的职务或者有直接上下级领导关系的职务，也不得在其中一方担任领导职务的机关从事组织、人事、纪检、监察、审计和财务工作”。

如果按照这两个规范性文件的规定，则案例中的刘某可以认定为廖某的近亲属，刘某构成利用影响力受贿罪。

上述规范性文件中对“近亲属”概念界定的范围各不相同，从最狭义到最广义都有，人民法院在有关利用影响力受贿罪的刑事判决中究竟该引用哪个规定呢?

从法律位阶看，《刑事诉讼法》是全国人大通过的法律，在上述规范性文件中法律位阶最高，人民法院似乎应该引用《刑事诉讼法》的规定。但《刑事诉讼法》只是程序法，对涉及刑事实体问题的规定，人民法院是否应当参照执行，有待探讨；《公务员法》是由全国人大常委会通过的法律，法律位阶次之，由于“公务员”概念与“国家工作人员”概念直接相关，人民法院似乎更应该引用《公务员法》的规定。但《公务员法》第68条只是关于公务员任职回避的规定，该条并未直接将回避人员定义为“近亲属”，人民法院在刑事审判中是否可以直接引用该条规定来确定近亲属的范围，也存疑问；最高人民法院《关于执行〈民法通则〉若干问题的意见》以及《关于执行〈行政诉讼法〉若干问题的解释》均具有法律效力，但两者对“近亲属”规定的范围并不相同，人民法院刑事判决中是否应该引用此司法解释以及应该引用哪个司法解释也值得探讨。中共中央组织部印发的《党政领导干部选拔任用工作有关事项报告办法(试行)》中关于“领导干部近亲属”的规定，与“国家工作人员近亲属”概念的关联度最高，按“特别法优于一般法”的适法原则，人民法院应该引用此文件的规定来界定“国家工作人员近亲属”的范围。但问题是：这只是一份党的文件，人民法院刑事判决中能否直接引用此文件，大有疑问。

上述规范性文件均有法律效力。人民法院在刑事判决中引用任一文件中关于“近亲属”的规定，似乎都有理由，但也都存有疑问。在对“国家工作人员的近亲属”概念没有明确的立法解释或刑事司法解释的情况下，案例中的刘某是否构成利用影响力受贿罪，难以认定。

(四)利用影响力受贿罪和诈骗罪如何区分

一般来说，诈骗罪和利用影响力受贿罪的罪间界限是清晰的：诈骗罪是以非法占有为目的，以虚构事实、隐瞒真相的方法骗取他人财物；而利用影响力受贿罪则是利用自己对国家工作人员的影响力为请托人谋取利益、收受请托人财物，其实质是利用影响力进行交易。但是，如果行为人在收受贿赂后，并未为请托人谋取利益或者并未成功为请托人谋取利益，此时，行为人是构成诈骗罪还是利用影响力受贿罪就是一个难以厘清的问题。

案例四：小郑接受请托人贿赂案

小郑是交通厅长老郑的弟弟。小郑经常吹嘘可以利用老郑的关系帮人承接交通工程。商人刘某在小郑带其见过老郑并一起吃过一顿饭后，对小郑的能力深信不疑。刘某为承接某高速路工程贿送 80 万元给小郑让其帮助前期运作。小郑多次找老郑要求关照，老郑也表示在不违背原则的情况下可以适当关照但要按规定的招投标程序办。后该工程商人刘某并未中标。刘某报案被骗。

问题：小郑的行为构成利用影响力受贿罪还是诈骗罪？

从虚构事实的角度来看，案中的小郑的确是老郑的亲弟弟，而且小郑也多次为商人刘某的事请求老郑关照，小郑并未虚构事实，其行为似乎不符合诈骗罪的犯罪构成；但从隐瞒真相的角度来看，小郑虽然是老郑的亲弟弟，但是在该案中对老郑并无实质影响力，老郑也未提供任何实质性帮助，小郑并未将“对老郑无实质性影响力”这一真相告诉商人刘某，有隐瞒真相的情况，小郑的行为似乎又有诈骗的成分。

在类似的案件中，如果行为人明知对国家工作人员无实质影响力、不能通过国家工作人员的职权行为为请托人谋利，仍然打着国家工作人员的旗号收受请托人的财物，当然可以认定行为人构成诈骗罪。但问题的复杂性在于，许多时候，行为人虽然与国家工作人员存在亲密关系，但是能否在某个请托事项中成功为请托人谋利是受多种因素影响的，行为人自己往往也不明知能否最终办成，甚至连与其关系密切的国家工作人员也无把握说某个请托事项一定能办成或办不成。在这种情况下，要准确认定行为人收受请托人财物的行为究竟是诈骗还是利用影响力受贿，就变得十分困难。

有人认为，在这种情况下，只要行为人收受了请托人的财物，不管最终有没有成功为请托人谋利，均构成利用影响力受贿罪。成功为请托人谋利，则构成利用影响力受贿罪既遂，未成功为请托人谋利则属于犯罪未遂。[①]

对此看法，笔者恐难苟同。按我国刑法理论，受贿类犯罪既遂未遂标准不是有无成功为请托人谋利，而是有没有实际收受请托人的财物。只要实际收受了请托人的财物，不管有没有成功为请托人谋利，均是既遂。

有人认为，此类案件应该以结果定罪：如果小郑帮助商人刘某成功承接了工程，对小郑就定利用影响力受贿罪；如果小郑没有成功帮助商人刘某接到工程，对小郑就定诈骗罪[②]。

这种以结果定罪的思路同样难获认同。我国刑法定罪的基本理论是构成要件符合说，定此罪还是彼罪要看行为符合哪个罪的构成要件。结果只影响量刑、不影响定性。[③]

还有人认为，此类案件究竟是定诈骗罪还是利用影响力受贿罪，要看小郑的事后态度。如果小郑没有成功为请托人谋利、事后又拒不退还所收财物，则说明小郑有诈骗故意，其行为构成诈骗罪；如果小郑没有成功为请托人谋利、事后将所收款物退还给请托人，则小郑构成利用影响力受贿罪。退款行为可作为悔罪情节酌情从轻处罚[④]。

这种说法虽然有一定的道理，但是这种以犯罪人事后表现为犯罪定性的思路同样是一种以结果定罪的思路。按我国刑法的定罪理论，行为实施完毕犯罪的性质即已固定，事后的退还或恢复原状行为只影响量刑不影响案件的定性。

类似的情况究竟如何定罪，在实体法上是一个非常困难的问题。也许，我们只能从程序法的角度考虑问题。按照刑法谦抑理念，在行为构成轻罪、也可

---

① 王玉杰：《利用影响力受贿罪若干问题探讨》，载《河南省政法管理干部学院学报》2010 年第 1 期。

② 姚爱华、杨书文：《试论影响力交易罪》，载《人民司法》2009 年第 9 期。

③ 徐松林主编：《刑法学》，华南理工大学出版社 2011 年第 3 版，第 238 页。

④ 刘淑莲、黄煜杰：《〈刑法修正案（七）〉第 13 条的司法适用问题》，载赵秉志主编：《中国刑法学 2009 年会论文集：新中国刑法 60 年巡礼》（下卷），中国人民公安大学出版社 2009 年版。

能构成重罪的情况下，如果没有确实充分的证据证明行为构成重罪，就只能定轻罪。因为诈骗罪比利用影响力受贿罪重，在没有确实充分的证据证明行为人构成诈骗罪的情况下，我们只能认定行为人构成利用影响力受贿罪。

（五）利用影响力受贿罪与受贿罪的共同犯罪如何区分

受贿罪的犯罪主体是国家工作人员，利用影响力受贿罪的犯罪主体是与国家工作人员关系密切的人等特殊人群；受贿罪要求利用职务之便或利用职权地位形成的便利条件，利用影响力受贿罪则是利用因亲密关系而对国家工作人员形成的影响力。二者的犯罪主体和犯罪手段均不相同。但当两类不同主体联合作案、共同犯罪时，如何定罪便是一个难题。

案例五：孙达与邹燕共同接受请托人贿赂案

孙达是某工商局执法科长、邹燕（某幼儿园教师）是该工商局局长韩某的情人。商人许某有一批案值千万元的伪劣产品被工商局查扣。许某向邹燕求助。邹燕找来孙达和商人许某一起商量，许某愿出资100万元。孙达分得其中40万元后以执法科名义打报告给局长韩某请求对该批货物罚款放行，邹燕分得60万元后向韩某说情。韩某最终批示同意罚款放行，致使该批劣质产品再次流向社会。在该案中无证据证明工商局长韩某知道孙达与邹燕的受贿情况。

问题：案中孙达与邹燕该如何定罪？

如果分开来看，孙达身为国家工作人员接受贿赂、利用职务之便为请托人谋取利益，构成受贿罪；邹燕收受贿赂后利用情人关系影响局长韩某，构成利用影响力受贿罪。但案中孙达与邹燕明显是共同犯罪，按犯罪共同说，不同身份的人共同犯罪，其罪名应该相同。那么，二人是构成受贿罪的共同犯罪还是利用影响力受贿罪的共同犯罪呢？

2003年11月13日最高人民法院印发的《全国法院审理经济犯罪案件工作座谈会纪要》第3条规定："根据刑法关于共同犯罪的规定，非国家工作人员与国家工作人员勾结伙同受贿的，应当以受贿罪的共犯追究刑事责任。"据此规定，案中的孙达与邹燕应该构成受贿罪的共同犯罪。

但是，2000年6月最高人民法院《关于审理贪污、职务侵占案件如何认定共同犯罪几个问题的解释》（法释[2000]15号）第3条又规定："公司、企业或者其他单位中，不具有国家工作人员身份的人与国家工作人员勾结，分别利用各自的职务便利，共同将本单位财物非法占为己有的，按照主犯的犯罪性质定罪。"据此定罪思路，二人又应该共同构成利用影响力受贿罪。

按主犯的犯罪性质确定共同犯罪的罪名是我国刑法共同犯罪的基本理论。案中邹燕是共同犯罪的谋划人、分得的钱款也多、在共同犯罪中起主要作用，是主犯。按此理论，邹燕与孙达应该共同构成利用影响力受贿罪。但如果按此定罪，则会出现两大问题：案中的孙达明明利用了本人职务上的便利为请托人谋取利益、收受贿赂，数额巨大，完全符合受贿罪的构成要件，却只能定处罚较轻的利用影响力受贿罪，造成罪刑失衡、罚不当罪；由于我国刑法并未将与利用影响力受贿罪对应的行贿行为规定为犯罪，致使商人许某明明向国家工作人员行贿了而且让国家工作人员利用职务之便为自己谋取了不当利益，却只能以无罪论处。这个结果，显然社会公众是无法接受的。但如果对二人均定受贿罪或分别以受贿罪与利用影响力受贿罪定罪，则又明显与我国刑法共同犯罪理论相冲突。

如何定罪？或许，我们应该放弃我国刑法中共同犯罪的"犯罪共同说"理论而采信共同犯罪的"行为共同说"理论[①]，按罪刑均衡、罚当其罪的原则，对案中的两个人分别按其实际行为定罪，对孙达定受贿罪、对邹燕定利用影响力受贿罪。

能否如此定罪？值得探讨。

（六）与"利用影响力受贿罪"对应的行贿行为该如何定罪

行贿与受贿是典型的对向犯。按我国刑法的立法体例，有某种受贿罪就有相应的行贿罪。如《刑法》第 385 条、第 388 条规定了受贿罪，《刑法》第 389 条就规定了相对应的行贿罪及单位行贿罪；《刑法》第 163 条规定了非国家工作人员受贿罪，《刑法》第 164 条便规定了对非国家工作人员行贿罪以及对外

---

① 关于共同犯罪的本质，我国刑法学界的认识有从"完全犯罪共同说"走向"部分犯罪共同说"的趋势。目前多数学者持"部分犯罪共同说"[参见张民楷：《部分犯罪共同说之提倡》，载《清华大学学报（哲学社会科学版）》2001 年第 2 期；陈兴良：《陈兴良刑法学教科书》，中国政法大学出版社 2003 年版，第 319 页]。共同犯罪的"行为共同说"认为，共同犯罪只是数人共同实施的犯罪、共同犯罪是行为的共同而不要求犯意的共同，因此，对共同犯罪中各人的行为可以确定不同的罪名。该说由日本学者提出，近年我国也有部分学者持相同的主张（参见[日]前田雅英：《刑法总论讲义》，东京大学出版会社 1998 年版，第 394 页；黎宏：《共同犯罪行为共同说的合理性及其应用》，载《法学》2012 年第 11 期；闫二鹏：《共犯本质论之我见——兼议行为共同说之提倡》，载《中国刑事法杂志》2010 年第 1 期）。

国公职人员、国际公共组织官员行贿罪;《刑法》第387条规定了单位受贿罪,《刑法》第391条便规定了对单位行贿罪。

但《刑法修正案(七)》增设了利用影响力受贿罪却唯独没有同时增设与之对应的行贿罪。那么,与利用影响力受贿罪对应的行贿行为该如何定罪呢?

案例六:农民冯大华接受请托人贿赂案

冯大华是冯二华的哥哥。冯二华在某市任水务局长、冯大华在农村务农。在市里做包工头的同村人陈某承揽了城中村改造工程,为节省运费想将建筑垃圾就近运至水库边洼地倾倒。因可能影响水源,需水务局批准。为获批准,陈某贿送冯大华60万元,请冯大华出面做弟弟冯二华的工作。冯大华多次向冯二华说情,但未提及收钱之事。冯二华念及早年哥哥弃学供自己读书的情分,违规批示同意。后因垃圾污染水源,案件被查处。冯大华及包工头陈某被拘。

问题:冯大华构成利用影响力受贿罪无疑,但包工头陈某构成何罪?

按我国现行《刑法》的规定,包工头陈某不构成行贿罪,因我国刑法明确规定行贿罪是"为谋取不正当利益,给予国家工作人员以财物",行贿罪的行贿对象必须是国家工作人员。案中的冯大华是农民不是国家工作人员。同理,陈某的行为也不构成《刑法》第164条规定的对非国家工作人员行贿罪。因为该法条明确规定,对非国家工作人员行贿罪的行贿对象是"公司、企业或者其他单位的工作人员",而冯大华不是任何单位的工作人员。因此,如果严格遵守罪刑法定原则,只能认定陈某无罪。

但如果法院判决陈某无罪,不仅社会公众难以接受,而且也与我国反腐败的刑事政策不符。

首先,我国对贪污贿赂犯罪的刑事政策是"零容忍",这不仅体现在中央各国家机关下发的一系列文件中,也体现在我国的刑事立法中。我国刑法规定,对国家工作人员行贿构成犯罪、对非国家工作人员行贿构成犯罪、对不属中国公民的外国公职人员及国际组织官员行贿也构成犯罪,甚至连介绍贿赂也有专门的罪名。在这样的制度框架下,如果法院判决某类行贿行为不构成犯罪,将与我国的反腐政策产生冲突。

其次,《联合国反腐败公约》(以下简称《公约》)已正式生效,《公约》明确要求将利用影响力交易中的受贿行为及行贿行为均规定为犯罪。如《公约》第18条规定:"各缔约国均应当考虑采取必要的立法和其他措施,将下列故意实施的行为规定为犯罪:直接或间接向公职人员或者其他任何人员许诺给予、提议给予或者实际给予任何不正当好处，以使其滥用本人的实际影响力或者被认为具有的影响力，为该行为人或者其他人从缔约国的行政部门或者公共机关获得不正当好处……”我国是该《公约》的成员国。我国政府于 2003 年 12 月 10 日签署了该公约，第十届全国人大常委会第十八次会议也于 2005 年 10 月 27 日审议并批准了该公约。在此背景下，如果认定对利用影响力受贿人员的行贿行为不构成犯罪，也与《联合国反腐败公约》相冲突。

这就产生了一个难题：认定包工头陈某的行贿行为构成犯罪，则于法无据、违背罪刑法定原则；认定陈某不构成犯罪，则与我国的反腐败刑事政策及《联合国反腐败公约》相冲突。

当然，最佳的解决方案是修改刑法、增设相关罪名。但修法有一个过程，在刑法未修改的情况下，法院对此类案件不能不作出判决。

如何判？能否以刑法实质解释论的立场①，对《刑法》第 164 条第 1 款中的“其他单位工作人员”概念进行扩张解释、将无单位或者无固定单位的人员解释成属于“其他单位工作人员”，进而对案例中的陈某以“对非国家工作人员行贿罪”论处？值得讨论。

三、明辨：对利用影响力受贿罪适法难题的解释

上述我们列举了利用影响力受贿罪适法中的六个难题。困难的根源在于：我国刑法中贿赂犯罪的立法思路出现了偏差。

首先，关于受贿罪。我国刑法对国家工作人员受贿罪的立法模式是：国家工作人员的身份＋特定的行为方式。也就是说，按我国刑法，国家工作人员收受财物为他人谋取利益尚不足以构成受贿罪，还必须看他利用了什么方式为

---

① 刑法解释是坚守“形式解释”还是必须进行“实质解释”是近年我国刑法学界争议的热点问题。形式解释论者高举罪刑法定原则的大旗，坚持对刑法中名词概念及条文的解释不能突破其可能的语义范围，对立法疏漏只能通过颁布刑法修正案或立法解释的方式弥补；实质解释论者从实践理性出发，以处罚的必要性和妥当性为尺度，认为必要时可对刑法用语进行适度扩张解释以实现处罚的必要性与妥当性（参见张明楷：《实质解释论的再提倡》，载《中国法学》2010 年第 4 期；刘艳红：《实质刑法观》，中国人民大学出版社 2009 年版；陈兴良：《形式解释论的再宣示》，载《中国法学》2010 年第 4 期；邓子滨：《中国实质刑法观批判》，法律出版社 2009 年版）。

请托人谋利。如果他没有利用职务便利或本人职权地位形成的便利条件而是用其他方式为请托人谋利，就不构成受贿罪。其实，从应然的角度来看，受贿罪保护的法益是国家工作人员职务活动的廉洁性、注重的是国家工作人员的身份，即：只要具有国家工作人员身份的人，收受请托人财物为请托人谋取利益，就应该构成受贿罪，至于他用什么方式为请托人谋利应该在所不问。他用任何方式为请托人谋取利益，均应构成受贿罪。但我国刑法却恰恰对本不应规定的“以何种方式为请托人谋利”进行了限制性规定。

其次，关于利用影响力受贿罪。刑法关注的重点应该是“不当利用影响力”，至于是什么人不当利用影响力受贿，刑法应该在所不问。任何人不当利用对国家工作人员或国家机关的直接或间接影响力、收受请托人贿赂为请托人谋利，均应构成利用影响力受贿罪。而我国刑法对本不应该考虑的利用影响力受贿罪的犯罪主体，却恰恰采用了详细列举的方式予以规定。其实，任何列举必有遗漏、列举越细遗漏越多，于是便造成了利用影响力受贿罪适法上的种种困难。

受贿罪只关乎行为人身份而不关乎行为方式，利用影响力受贿罪只关乎行为人是否不当利用影响力而不关乎行为人身份，这是两罪刑事立法之应然。但殊为可惜的是，我国刑法中的贿赂犯罪立法，对本不应规定的行为人利用什么方式为请托人谋利却恰恰作了限制性的规定，从而将国家工作人员利用职务便利或本人职权地位形成的便利条件之外的方式为请托人谋利，排除在受贿罪之外；对不应限定的利用影响力受贿罪的犯罪主体却恰恰作了限制性的规定，从而将诸多利用影响力受贿的犯罪人排除在犯罪圈之外，进而造成了我国贿赂犯罪立法体系上的疏漏、困难、矛盾与混乱，这不能不说是我国刑事立法中的一大缺憾！

参考文献

[1]刘淑莲、黄煜杰：《〈刑法修正案（七）〉第 13 条的司法适用问题》，载赵秉志主编：《中国刑法学 2009 年会论文集：新中国刑法 60 年巡礼》（下卷），中国人民公安大学出版社 2009 年版。

[2]王玉杰：《利用影响力受贿罪若干问题探讨》，载《河南省政法管理干部学院学报》2010 年第 1 期。

[3]姚爱华、杨书文：《试论影响力交易罪》，载《人民司法》2009 年第 9 期。

[4]徐松林主编：《刑法学》，华南理工大学出版社 2011 年第 3 版。

论行政合同的性质及其诉讼举证责任

俞莉华*

摘要:行政合同既具有行政法理论上主体地位不平等的性质,同时又兼具民法上意思表示一致的合同特性。正是因为它具有这样的一种内在矛盾性,因此对它的认识并不能单纯从行政法学或者民法学的角度来入手,对行政合同的性质如何定位,至关重要。尤其是在行政合同的诉讼举证责任方面,如果坚持民法举证责任中的“谁主张、谁举证”,显然是不利于行政合同中处于不平等主体的一方当事人的,所以对行政合同诉讼的举证责任应当如何分担,直接影响到主体双方于诉讼中是否处于平等地位的问题。本文通过论述行政合同的性质,进而分析行政合同的举证责任分担,以图对当前行政合同研究有所裨益。

关键词:行政合同　行政合同的性质　举证责任

行政合同糅合和“行政”与“合同”这本来对立的两样要素,使其既具有行政法上的主体权利义务的不对等性的特点,又具有民事合同中的主体之间协商一致的性质。在“权利义务不对等”的情况下,双方如何做到“协商一致”呢?在发生诉讼之时,是依照行政诉讼法确定的由行政主体负举证责任,还是依照民法中的“谁主张、谁举证”呢?要解决这些问题,首先要解决的问题是行政合同的性质问题。

* 俞莉华,女,广东金轮律师事务所专职律师。

一、行政合同的性质探讨

行政合同起源于什么时候、什么地方，似乎学界并没有一个定论，现在关于此问题的专著，一般都回避行政合同的起源问题。正如孙笑侠教授所说的："行政合同究竟是最先出现在哪个国家的哪个时期？几乎没有哪本书能够给我们一个明确的答案。"[①]迄今学界比较一致的观点是行政合同在法国运用得十分广泛。究其原因，主要是当所谓的"行政合同"出现的时候，人们只留意它作为一个"合同"而存在，而忽略了它的"行政性质"。传统的民法理论认为，既然是"合同"，应当受私法规则调整，与行政法是不相关的，在英国"行政机关签订的契约适用一般的契约法规则，即私法规则"，而在德国"也把行政合同视为行政行为之外的行为，并且部分适用私法规则"[②]。由此可知，行政合同在法律适用上，更多地被选择了私法，笔者认为，这种原因主要是当时的人们忽略了行政合同中隐含的公权力。私法自治的信念在人们的心中根深蒂固，它的壁垒是不允许公权力打破的，因而当某些看似属于私法的公权力行为，也往往被纳入私法的调整范围内，只是因为，这种公权力行为的载体是典型的私法行为——合同。

然而，行政合同虽然更多地被全部或者部分纳入私法领域，但是我们不能就认为它是私法行为之一，而且，笔者认为，行政合同应当属于公法领域的公权力行为。

现代社会进入了"福利国家"时代，行政权力不再是以往消极的"守夜人"，而转向了更为积极的一面，这种现象导致了行政权力的不断膨胀，行政主体与相对人地位的不平等更加加速了这一现象的恶化，因此要求行政权力必须向另一种更缓和的方式转变，因为"如果政府管理方式不发生变化，权力与权利的关系不重新配置，是不能适应这种客观需要的"[③]。行政权力发挥功能的方

---

① 孙笑侠：《契约下的行政——从行政合同本质到现代行政法功能的再解释》，载《比较法学研究》1997 年第 3 期。

② 孙笑侠：《契约下的行政——从行政合同本质到现代行政法功能的再解释》，载《比较法学研究》1997 年第 3 期。

③ 孙笑侠：《契约下的行政——从行政合同本质到现代行政法功能的再解释》，载《比较法学研究》1997 年第 3 期。

式是多元的，并不局限于传统的手段，这也是经济发展的多元化趋势所催生的。在服务行政的时代潮流底下，行政权力的广泛介入其目的也是为保障广大相对人的利益，所以行政主体与相对人是有着共同的行政目标的，与其采用高压手段去实现，不如采用相对缓和的手段与之产生一种合作关系以图双赢，而这种合作关系的背后，就是一种契约。而契约的“双方意思表示一致”的特点使行政主体在运用行政权力时得到更多其他意见的交换，不再是“一意孤行”而是某种程度上的“民主协商”，更符合法律的目的，成了行政权力运用的另一种更被广为接受的形式。因此可以看出，现代社会要求行政管理方式的转变，行政主体基于与相对人在一定程度上有着共同的目标，达成了以契约为基础的合作关系，可见，行政合同是行政主体实施行政行为的另一种手段，“行政合同本身是执行公务或履行行政职责的手段”①。

虽然，笔者认为行政合同是一种公权力行为，更确切地说，对于行政主体是一种具体行政行为。正如上文所述，行政合同是糅合了二者特性于一身的，因而笔者并不否认它具有私法上的属性，否则，我们就不能将其称之为“合同”了。

在私法领域内的属性，行政合同仍然保留了合同的核心要素——意思表示一致。合同，最原始的称呼是契约，根据现代汉语词典的解释，“契”有“投合”的意思；而“约”有“共同订立、须要共同遵守的条文”。在英文中的“Contract”中的词根“Con-”，也有“一同、一致”的意思。可见，作为契约，双方的意思表达一致作为其根本属性是不能被抹杀的，否则“合同”将不再是“合同”，而是命令。行政合同既然套用“合同”这一名号，也不能否定也同样具有这样的属性，主要体现在两个方面：(1)主体相互选择的意思表达一致；(2)对合同内容达成一致。

在缔结合同之前，行政主体与行政相对人对于成为合同双方当事人的问题上是有选择的。其一，行政主体可以主动选择适合的相对人进行接洽，行政相对人同样可以根据行政主体相关的公告而与其磋商；任何一方不愿接受或者不能接受，都可按其意思自治。行政主体虽然享有比相对人优越的权力，但“这丝毫都不意味着行政主体可以强迫相对人签订合同”②。其二，对于合同

① 杨小君：《论行政合同的特征、法律性质》，载《行政法学研究》1998年第2期。

② 刘志坚：《行政合同若干基本理论问题之管见》，载《科学·经济·社会》2007年第2期。

的内容，行政主体与相对人可以就某些方面进行合意，即使是采用格式合同，某些条款如纠纷的解决方式都是可以双方约定的。再退一步说，假设行政主体设定的合同内容对相对人相当不利，相对人也可以终止缔约，对合同内容的完全否定。因此，对于相对人来说，行政合同的缔结只是一种普通的“契约行为”，特别之处在于相对方是拥有国家行政权力或者以行政权力为后盾的行政主体而已。

上文已论述，行政合同是行政主体作出的一种具体行政行为，对于相对人却是普通的契约行为，二者似乎在这里出现了矛盾，其实，这并不是矛盾的，因为二者在一个接合点上连接成一体，这个结合点就是合同中的“特别权力”。

行政主体与相对人达成契约，目的是为了更好地实现其所期待的行政目的。该目的对于行政主体而言关系密切，对于相对人而言可能不会有紧密的联系，更重要的是，该目的往往涉及公共利益。而达到该最终的目的，是行政主体的责任与义务，目的不能出现或者产生问题都会为行政主体带来不利的后果，受到法律上的非难。由于合同目的，或者更确切地说，合同所产生的深层次利益对合同双方当事人的影响力存在不对等性，因此，在行政合同中赋予行政主体“特别权力”有其合理的一面。

这种特别权力主要表现为，“行政合同的当事人行政机关有权依职权单方面解除行政合同”[①]。如前文所述，行政合同的目的能否实现与行政主体有着利害关系，所以在合同履行的过程中出现的各种问题都会影响到公共利益，赋予行政主体这种权能，有利于保障社会公共利益。而且在行政合同中赋予行政主体这样的特权也为其他国家认可，如：“在法国行政合同制度中，允许合同条款中规定所谓‘私法以外的规则’，例如行政机关可自由解除合同、变更合同，对合同的履行具有超过民事合同的指挥和监督的权力。”“在英国行政法上曾经存在这样的问题：如果契约的义务与行政机关法定的权力和义务发生抵触时……得出的结论就是‘契约不能束缚行政机关自由裁量权’。”[②]由于这种“特别权力”，使行政合同中散发出行政权力的气息，并不因套上“合同”的头衔而被归纳到私法领域；同时表明除此以外它与一般合同并无不同，保留了民法合同的固有属性，所以说，它是连接“行政”与“合同”这两个既矛盾又相联的因

---

① 杨小君：《论行政合同的特征、法律性质》，载《行政法学研究》1998 年第 2 期。

② 孙笑侠：《契约下的行政——从行政合同本质到现代行政法功能的再解释》，载《比较法学研究》1997 年第 3 期。

素的接合点。

二、行政合同诉讼的举证责任

举证责任最早出现在罗马法中，并为罗马法学家所使用，英美法系的举证责任与其陪审制度密切相关，又称为举证负担。在大陆法系，首次提出举证责任这个概念的是德国法学家尤里乌斯·格拉查。然而，对后世影响深远的当是日本对举证责任内涵的确定："举证责任是指在诉讼上无论如何也无法确定判断一定的法律效果的权利发生或消灭所必要的事实是否存在时（真伪不明的情况），对当事人有法律上不利于自己的假定被确定的风险。也就是说假如其事实未被证明，就产生所主张的有力的法律效果不被承认的后果。"[①]也就是说，对己方所主张的事实，必须提供证据，否则承担不被承认的后果。那么，在行政合同诉讼中，应如何分配举证责任和不利后果呢？

在探讨行政合同诉讼举证责任之前，我们有必要确定一下行政合同双方当事人组合可能出现的情况，因为不同的当事人在行政诉讼中的举证责任理应是有所区别的。笔者参照杨小君和刘志坚教授的观点，[②]认为行政合同双方当事人组合有：(1)行政主体与行政相对人；(2)行政主体与其所属机构、国家公务员；(3)行政主体与行政主体[③]。

行政主体与行政相对人之间的关于行政合同的行政诉讼，要分为两种情况进行探讨：(1)行政相对人诉行政主体；(2)行政主体诉行政相对人。对于第一种情况，笔者认为应当适用《行政诉讼法》的规定，正如前文所述，行政机关与相对人缔结行政合同的行为，是具体行政行为，根据《中华人民共和国行政诉讼法》第2条的规定：公民、法人或者其他组织认为行政机关和行政机关工作人员的具体行政行为侵犯其合法权益，有权依照本法向人民法院提起诉讼。

---

① 邱之岫：《中国行政诉讼举证责任分配机制研究》，载《行政与法》2007年，文章编号：1007－8207[2007]10－0091－03。

② 杨小君：《论行政合同的特征、法律性质》，载《行政法学研究》1998年第2期；刘志坚：《行政合同若干基本理论问题之管见》，载《科学·经济·社会》2007年第2期。

③ 在行政合同双方主体的确认方面，学术界仍然存在争议。笔者并不讨论上述的几种组合的合理性，只从学理上对在行政合同诉讼中，上述四种组合的当事人的举证责任进行论述。

在合同纠纷中，若行政主体违约或者其他侵权行为，也属于法条中的“侵犯其合法权益”，适用该法的规定是恰当的。因此，在举证责任中，也应当适用该法第32条，由行政主体承担举证责任，正如刘善春教授的观点：“原告主张，被告举证，是行政诉讼举证责任分配的基本原则。”[①]

对于第二种情形，由于相对人与行政主体之间所做的行为并不是为了获得许可等利益，而行政主体对相对人的诉讼也并非因处罚等权力压制目的，他们之间只是基于合同标的或者履行方式、期限等基于意思表达一致而达成合同内容的纠纷，因此并不符合行政诉讼的要求。因此，对于行政机关基于违约等行为而对行政相对人的诉讼，应该适用《合同法》的规定，按照《民事诉讼法》的规定，遵循“谁主张、谁举证”的原则。综上所述，对于上述问题，不能一概而论。

在现实中，行政主体为实现某行政目的，都会对其所属的机构、国家公务员下达一些指标，要求对方保证实施或者在期限内实施。这种下达指标的行为，并非都是命令行为，也有成为行政合同行为的可能。“对于那些能够在一定程度上体现当事人双方一定的自治意思，且对于当事人双方特别是内部行政相对人的权利义务作出明确约定的各类责任书、协议以及合同，应当纳入行政合同范畴。”[②]对于此类属于行政合同的行为，举证责任应当按照《中华人民共和国行政诉讼法》第32条的规定进行。理由是，作为合同另一方的所属机构、公务员由于级别上的从属关系，在地位上往往都不如合同的另一方——行政主体，他们的地位与行政相对人可谓不相伯仲，鉴于行政优势均集中于行政主体手中，适当对所属机构、公务员以倾斜，天平的两端方能平衡。

“行政合同理应包括行政主体之间为实现一定行政目的而签订的合同”[③]，但是，笔者认为，行政主体之间的合同行为模式不应该包括委托与授权。行政委托与行政授权是基于法律、行政法规规定而实施的，并不是基于双方合意而产生的，而且，这种行为属于内部行政行为是不可诉讼的。因此，此处所讨论的合同行为应当是双方为实现一定行政目的而签订的基于双方合意的平等合作行为。对于此类行为，由于双方都处于相对平等的地位，并不存在

---

① 刘善春：《行政诉讼举证责任分配规则论纲》，载《中国法学》2003年第3期。

② 刘志坚：《行政合同若干基本理论问题之管见》，载《科学·经济·社会》2007年第2期。

③ 刘志坚：《行政合同若干基本理论问题之管见》，载《科学·经济·社会》2007年第2期。

力量对比的悬殊，因而在诉讼举证责任上，没有必要对任意一方有所偏袒，参照“谁主张、谁举证”原则，平均分担举证责任。

三、结束语

我国的行政合同相关的法律制度，尤其是行政合同的诉讼制度，并不十分完善，并没有法律、法规将行政合同纳入调整的范围。特别是对行政诉讼的救济领域，并没有一套完善的救济方法。现行的行政诉讼法针对的也仅是日常社会行政管理类的行政纠纷，正如刘志坚教授所言：“在我国，虽然行政合同的立法和实践早已存在，但长期以来并无行政合同的概念、观念和相应的制度设计。”因此，尽快建立一套行政合同法律制度及救济制度势在必行。因为，我国踏入市场经济的门槛有一定的岁月了，政府职能的转变、行政管理观念的变迁使政府的管理手段从高压向缓和转变，行政合同作为一种缓和的管理手段，也作为一项政治参与的手段将会被逐渐推广，因此，尽快推出关于行政合同的法律、法规，对规范行政权、依法行政均有所裨益。借用一句法谚：“一切有权力的人都会滥用权力”，这是亘古不易的真理，没有与之相配套的法律制度，行政合同也会被权力所滥用。

参考文献

[1]孙笑侠：《契约下的行政——从行政合同本质到现代行政法功能的再解释》，载《比较法学研究》1997 年第 3 期。

[2]杨小君：《论行政合同的特征、法律性质》，载《行政法学研究》1998 年第 2 期。

[3]刘志坚：《行政合同若干基本理论问题之管见》，载《科学·经济·社会》2007 年第 2 期。

[4]邱之岫：《中国行政诉讼举证责任分配机制研究》，载《行政与法》2007 年，文章编号：1007－8207[2007]10－0091－03。

[5]刘善春：《行政诉讼举证责任分配规则论纲》，载《中国法学》2003 年第 3 期。

民事纠纷的可诉性浅析

伍伟良*

摘要：本文主要从实务出发，探讨民事纠纷的可诉性，即哪些民事纠纷法院可以直接受理且必须受理，哪些民事纠纷法院有条件受理，哪些民事纠纷法院不受理。

关键词：民事诉讼　民事纠纷　可诉性

前　言

2010年3月9日，广东某县金湖房地产开发有限公司（以下称金湖公司）与该县龙仙镇陂下村社光村民小组（以下称社光村）签订《合作开发协议》，约定由社光村提供该村留用建设用地16.422亩，金湖公司负责出资，共同开发建设金湖大厦及农贸市场项目。2010年8月16日，县政府对社光村提交的《关于解决我村留用建设用地的请示》作出批复，下发了《关于龙仙镇陂下村社光村小组留用建设用地问题的批复》（翁府〔2010〕87号）文件（以下简称翁府〔2010〕87号文件），同意社光村留用地16.422亩中的6.9亩用于建设龙英路

---

* 伍伟良，男，法学硕士，广东金轮律师事务所律师、管委会执行主任，广州仲裁委员会仲裁员。

农贸市场，9.522 亩作为该村综合商住用地。文件确定：鉴于社光村承担了政府规划的市场建设功能，土地出让金扣除应缴费用后，返还 60%给该村作为市场基础设施建设费用。此后，金湖公司开发建成了龙英路农贸市场和金湖大厦，并代社光村缴纳金湖大厦土地出让金 1728.0302 万元及超容积率补交出让金 950 万元。县财政局根据翁府〔2010〕87 号文件的精神，向社光村返还了 907.638 万元作为市场基础设施建设费用，但仍欠社光村 570 万元一直未予返还。金湖公司能否以社光村的名义提起诉讼，依据翁府〔2010〕87 号文件，向县政府主张返还 570 万元？

本案的焦点在于县政府与社光村或金湖公司之间是否成立补偿合同关系；从诉讼的角度讲，金湖公司或社光村与县政府之间的纠纷是否属于民事纠纷，是否具有民事可诉性，这是本案的关键问题。最高人民法院颁布的一个指导性案例对本案的解决具有指导意义，在大庆市振富房地产开发有限公司诉大庆市人民政府债务纠纷一案中[《最高人民法院公报》2007 年第 4 期，最高人民法院(2006)民一终第 47 号民事裁定书]，最高人民法院认为，尽管本案双方当事人之间讼争的法律关系存在诸多民事因素，但终因双方当事人尚未形成民法所要求的平等主体关系，市政府办公会议关于优惠政策相关内容的纪要及其文件不是双方平等协商共同签订的民事合同，故本案不属于人民法院民事案件的受理范围。也就是说，这类案件不具有民事纠纷的可诉性。[①] 同理，金湖公司或社光村与该县人民政府的争议起因于县人民政府制定的翁府〔2010〕87 号文件，该文件是县人民政府就社光村建设农贸市场而享有的优惠政策单方作出的决定，金湖公司或社光村与县人民政府之间并非民法意义上的平等主体关系，双方没有就此形成民事合同关系，此纠纷不具有民事诉讼法意义上的可诉性。

一、民事纠纷可诉性内涵

民事纠纷的可诉性即民事纠纷的可司法性，它是指民事纠纷发生后，纠纷主体可以将其诉诸司法的属性，或者说纠纷可以被诉诸司法因而能够通过司

---

① 江必新、何东宁等著：《最高人民法院指导性案例裁判规则理解与适用》(合同卷一)，中国法制出版社 2012 年版，第 20～21 页。

法最终解决的属性。[①] 从法律概念所涵盖的具体内涵角度观察，民事纠纷可诉性问题与民事案件受理并无实质性的概念差异。但是二者解释的出发点有着本质的不同，前者立足于当事人的利益保护，是探究当事人诉讼利益保护范畴；后者着眼于司法职权的确立与司法秩序的规范，体现的是司法功能主义与职权主义思想。

依法院是否可直接受理案件为标准，民事纠纷可分为完全具有可诉性的纠纷、完全不具有可诉性的纠纷以及可诉性受限制的纠纷三大类。

二、完全具有可诉性的纠纷

从民事诉讼的角度出发，笔者认为，符合《民事诉讼法》第 119 条起诉条件的，均属于完全具有可诉性的纠纷。这类纠纷必须满足以下条件：(1)原告是与本案有直接利害关系的公民、法人和其他组织；(2)有明确的被告；(3)有具体的诉讼请求和事实、理由；(4)属于人民法院受理民事诉讼的范围和受诉人民法院管辖。

从当事人的权益角度出发，笔者认为，符合《民法通则》第 2 条规定的民事纠纷，均属于完全具有可诉性的纠纷。《民法通则》第 2 条规定："中华人民共和国民法调整平等主体的公民之间、法人之间、公民和法人之间的财产关系和人身关系。"因这种财产关系和人身关系发生的纠纷，就是具有可诉性的民事纠纷。

(一)侵权纠纷的可诉性

《侵权责任法》第 2 条第 2 款规定："本法所称民事权益，包括生命权、健康权、姓名权、名誉权、荣誉权、肖像权、隐私权、婚姻自主权、监护权、所有权、用益物权、担保物权、著作权、专利权、商标专用权、发现权、股权、继承权等人身、财产权益。"因上述民事权益受到侵害产生的侵权纠纷，被侵权人有权请求侵权人承担侵权责任。

在探讨侵权纠纷的可诉性时，应注意两个问题：

第一，《民法通则》第 121 条规定的国家机关及其工作人员发生职务侵权纠纷是作为民事案件还是作为行政案件处理？《民法通则》第 121 条规定："国

① 刘敏：《裁判请求权研究》，中国人民大学出版社 2005 年版，第 154 页。

家机关或者国家机关工作人员在执行职务中，侵犯公民、法人的合法权益造成损害的，应当承担民事责任。”把国家机关及其工作人员的职务侵权纠纷归类为民事纠纷，可通过民事诉讼解决。《行政诉讼法》第 2 条规定：“公民、法人或者其他组织认为行政机关和行政机关工作人员的行政行为侵犯其合法权益，有权依照本法向人民法院提起诉讼。”《国家赔偿法》规定了行政赔偿、刑事赔偿的范围及程序，这两部法律均将国家机关及其工作人员的职务侵权纠纷归类于行政案件，通过行政诉讼程序解决。目前在司法实践中，实际上已将《民法通则》第 121 条规定的侵权责任归并到国家赔偿制度中去解决，但这一法条又没有被废止。

第二，军人或者军队职务侵权是否具有民事纠纷的可诉性？

根据《最高人民法院关于军事法院管辖民事案件若干问题的规定》(2012 年 8 月 28 日法释〔2012〕11 号)第 2 条的规定：“下列民事案件，地方当事人向军事法院提起诉讼或者提出申请的，军事法院应当受理：(一)军人或者军队单位执行职务过程中造成他人损害的侵权责任纠纷案件；(二)当事人一方为军人或者军队单位，侵权行为发生在营区内的侵权责任纠纷案件；……”可见这类纠纷仍作为民事纠纷，具有可诉性。在最高人民法院公布的《民事案件案由规定》中，有一条为“驻香港、澳门特别行政区军人执行职务侵权责任纠纷”。

(二)合同纠纷的可诉性

合同法调整的对象即合同关系，我国《合同法》第 2 条规定：“本法所称合同是平等主体的自然人、法人、其他组织之间设立、变更、终止民事权利义务关系的协议。”从民事实体法律的角度出发，这种民事权利义务关系就是债的关系，也就是我国《民法通则》第 84 条所称的“债是按照合同的约定或者依照法律的规定，在当事人之间产生的特定的权利和义务关系，享有权利的人是债权人，负有义务的人是债务人。”根据《民法通则》第 85 条的规定，依法成立的合同，受法律保护。这就是说因合同发生的纠纷，具有可诉性。根据《合同法》的规定，这些具有可诉性的合同包括 4 类 15 种，即：(1)财产转移合同，包括买卖合同、供用电、水、气、热合同、赠与合同、借款合同、租赁合同、融资租赁合同；(2)完成特定事项的合同，主要包括承揽合同、建设工程施工合同、运输合同、保管合同、仓储合同；(3)提供劳务的合同，包括委托合同、经纪合同、居间合同；(4)智力合同，包括技术开发合同；(5)其他，包括依据其他民事法律订立，但亦受合同法调整的合同，如抵押合同、保险合同。另外还有无名合同，如拆迁补偿协议、保密协议，劳动关系中的解除劳动关系补偿协议等等。

关于行政合同的可诉性问题是值得注意的。我国立法未确立行政合同制度，对于区分行政合同与民事合同的标准、适用行政法规则或民法规则以及采取行政诉讼或民事诉讼何种救济方式均有争议。在司法实务中，对于此类问题的认识和处理并不统一，但至少部分地承认了行政合同。最高人民法院法发[2004]2 号《关于规范行政案件案由的通知》中，具体行政行为包括了行政合同，行政合同成为行政案件的案由之一。行政合同又可细分为许多种类，我国行政法学者认为，行政合同包括了政府采购合同、国有土地出让合同、全民所有制工业企业承包合同、全民所有制小型工业企业租赁经营合同、农村土地承包经营合同、粮食定购合同、国家订货合同、公共工程承包合同等种类。最高人民法院对此并未作进一步的详细划分，只规定了行政合同单一案由。司法实践中也陆续出现了一些行政诉讼管辖的行政合同案例，主要是教育行政合同、国有土地出让合同、征用补偿合同、农村土地承包合同、公务管理和服务合同、计划生育合同，其中的国有土地出让合同、农村土地承包合同纠纷等在实务中多是适用民事诉讼程序审理，如最高人民法院《关于审理涉及国有土地使用权合同纠纷案件中适用法律问题的解释》，仍规定了按照民事诉讼模式处理国有土地出让合同纠纷，但在相关案件中特别是对于行政、民事争议交叉的案件，法院也会根据实际情况采用行政诉讼解决国有土地出让合同、农村土地承包合同纠纷。到目前为止，关于行政合同与民事合同的区分标准并未形成统一的看法和比较成熟的司法经验，对于行政合同的管辖实务观点和处理也仍有争议。在最高人民法院案由规定中，建设用地使用权出让合同纠纷、农村土地承包合同纠纷、企业承包经营合同纠纷等均列入民事诉讼。

(三)物权纠纷的可诉性

根据我国《物权法》第 2 条的规定："因物的归属和利用而产生的民事关系，适用本法。"物权法所称物，包括不动产和动产；物权，是指权利人依法对特定的物享有直接支配和排他的权利，包括所有权、用益物权和担保物权。《物权法》第 32 条规定："物权受到侵害的，权利人可以通过和解、调解、仲裁、诉讼等途径解决。"这说明物权纠纷具有可诉性。根据《物权法》第 3 章的规定，这种可诉性表现在以下方面：(1)因物权的归属、内容发生争议的，利害关系人可以请求确认权利；(2)无权占有不动产或者动产的，权利人可以请求返还原物；(3)妨害物权或者可能妨害物权的，权利人可以请求排除妨害或者消除危险；(4)造成不动产或者动产毁损的，权利人可以请求修理、重作、更换或者恢复原状；(5)侵害物权，造成权利人损害的，权利人可以请求损害赔偿，也可以请求承担其他民事责任。

(四)公司法律纠纷的可诉性

公司法律纠纷的可诉性主要体现在修订后的《公司法》的第20条、第21条、第22条第2款、第34条、第75条、第150条、第152条、第153条和第183条之中,大体上可以分为以下三大类:

第一类为股东直接诉讼(Direct Action),即指股东作为公司的投资人,其民事权利受到损害后所提起的诉讼。如当股东的知情权、参与管理权、经济利益受到直接损害时,股东可以依据《公司法》的规定,提起诉讼,请求法院依法判令被告通过撤销股东会、董事会决议,查阅、复制公司章程、股东会会议记录、董事会会议记录、监事会会议记录和财务会计报告,收购其股权,解散公司及损害赔偿等方式保护其上述股东权利。

第二类为股东派生诉讼(Derivative Action),即指当公司的利益受到他人,尤其是受到控股、实际控制人、董事等高级管理人员的侵害,而公司由于实际上受控于上述主体怠于追究侵害人的责任时,符合法定条件的股东就可以以自己的名义,为公司的利益对侵害人提起诉讼,追究其法律责任所提起的诉讼。

第三类为公司法人人格否定之诉(或“揭开公司的面纱”之诉),即当股东滥用公司法人独立地位和股东有限责任,逃避债务,严重损害公司债权人利益的,债权人有权诉请法院否定公司的独立人格,追究股东的民事责任的一种制度。公司法人人格否定或称为“揭开公司的面纱”,是对公司“有限责任”这一基本制度的一种补充,是对公司法律制度的一种完善,是我国立法与西方发达国家公司立法接轨的突出表现。

(五)公证纠纷的可诉性

我国《公证法》规定了两种情形的公证纠纷可以向人民法院提起诉讼:(1)当事人、公证事项的利害关系人与公证机构因赔偿发生争议的,可以向人民法院提起民事诉讼。《最高人民法院关于审理涉及公证活动相关民事案件的若干规定》第1条规定:“当事人、公证事项的利害关系人依照公证法第43条规定向人民法院起诉请求民事赔偿的,应当以公证机构为被告,人民法院应作为侵权责任纠纷案件受理。”(2)当事人、公证事项的利害关系人对公证书的内容有争议的,可以就该争议向人民法院提起民事诉讼。《最高人民法院关于审理涉及公证活动相关民事案件的若干规定》第2条规定:“当事人、公证事项的利害关系人对公证书所公证的民事权利义务有争议的，可以依照公证法第四十条规定就该争议向人民法院提起民事诉讼。”

（六）劳动争议的可诉性

根据《最高人民法院关于审理劳动争议案件适用法律若干问题的解释（二）》第2条规定：“劳动者以用人单位的工资欠条为证据直接向人民法院起诉，诉讼请求不涉及劳动关系其他争议的，视为拖欠劳动报酬争议，按照普通民事纠纷受理。”

（七）刑事附带民事纠纷的可诉性

根据《最高人民法院关于适用〈中华人民共和国刑事诉讼法〉的解释》第138条的规定：“被害人因人身权利受到犯罪侵犯或者财物被犯罪分子毁坏而遭受物质损失的，有权在刑事诉讼过程中提起附带民事诉讼；被害人死亡或者丧失行为能力的，其法定代理人、近亲属有权提起附带民事诉讼。”

（八）仲裁裁决的可诉性

仲裁裁决的可诉性有别于仲裁纠纷的可诉性。仲裁纠纷发生于当事人之间，而仲裁裁决针对的是仲裁机构。仲裁裁决的可诉性体现在以下两个方面：

1. 民商事仲裁。根据《仲裁法》第58条的规定：“当事人提出证据证明裁决有下列情形之一的，可以向仲裁委员会所在地的中级人民法院申请撤销裁决：(1)没有仲裁协议的；(2)裁决的事项不属于仲裁协议的范围或者仲裁委员会无权仲裁的；(3)仲裁庭的组成或者仲裁的程序违反法定程序的；(4)裁决所根据的证据是伪造的；(5)对方当事人隐瞒了足以影响公正裁决的证据的；(6)仲裁员在仲裁该案时有索贿受贿，徇私舞弊，枉法裁决行为的。人民法院经组成合议庭审查核实裁决有前款规定情形之一的，应当裁定撤销。人民法院认定该裁决违背社会公共利益的，应当裁定撤销。”

2. 劳动争议仲裁。根据《中华人民共和国劳动争议调解仲裁法》第49条的规定：“用人单位有证据证明本法第47条规定的仲裁裁决有下列情形之一，可以自收到仲裁裁决书之日起30日内向劳动争议仲裁委员会所在地的中级人民法院申请撤销裁决：(1)适用法律、法规确有错误的；(2)劳动争议仲裁委员会无管辖权的；(3)违反法定程序的；(4)裁决所根据的证据是伪造的；(5)对方当事人隐瞒了足以影响公正裁决的证据的；(6)仲裁员在仲裁该案时有索贿受贿、徇私舞弊、枉法裁决行为的。人民法院经组成合议庭审查核实裁决有前款规定情形之一的，应当裁定撤销。仲裁裁决被人民法院裁定撤销的，当事人可以自收到裁定书之日起十五日内就该劳动争议事项向人民法院提起诉讼。”

（九）其他特殊纠纷的可诉性

这些纠纷的特殊性在于基本上是各地法院在受理案件时把握不准向最高人民法院请示，最高人民法院批复受理的案件。

1. 根据《最高人民法院关于人民法院是否受理因邮电部门电报稽延纠纷提起诉讼问题的批复》（1999 年 6 月 9 日法释〔1999〕11 号），因邮电部门电报稽延发生的纠纷，当事人向人民法院起诉的，只要符合《民事诉讼法》第 108 条的规定，人民法院应当受理。

2. 根据《最高人民法院关于人民法院应否受理财政、扶贫办等非金融行政机构借款合同纠纷的批复》（1993 年 8 月 28 日法复〔1993〕7 号），财政、扶贫办等非金融行政机构根据国家有关规定，为扶持企业和农户发展生产，通过签订借款合同，发放支农款、扶贫金等，实行有偿使用，定期归还。这类合同带有一定的行政管理性质，如果发生纠纷，由有关行政部门解决为宜。但合同双方当事人的法律地位是平等的，且合同双方约定如发生纠纷可以到人民法院起诉。因此，如行政部门未能解决而起诉到人民法院，或一方当事人直接向人民法院起诉的，人民法院依法应予受理，并根据案件的实际情况，做好工作，妥善处理。

3. 根据《最高人民法院关于税务机关就破产企业欠缴税款产生的滞纳金提起的债权确认之诉应否受理问题的批复》（2012 年 6 月 26 日法释〔2012〕9 号），税务机关就破产企业欠缴税款产生的滞纳金提起的债权确认之诉，人民法院应依法受理。依照《企业破产法》《税收征收管理法》的有关规定，破产企业在破产案件受理前因欠缴税款产生的滞纳金属于普通破产债权。

此外，根据最高人民法院颁布的《民事案件案由规定》，具有可诉性的民事纠纷共有 10 个部分 43 大类 424 个案由。第一部分，人格权纠纷；第二部分，婚姻家庭、继承纠纷；第三部分，物权纠纷；第四部分，合同、无因管理、不当得利纠纷；第五部分，知识产权与竞争纠纷；第六部分，劳动争议、人事争议；第七部分，海事海商纠纷；第八部分，与公司、证券、保险、票据等有关的民事纠纷；第九部分，侵权责任纠纷；第十部分，适用特殊程序案件案由。具体可参考相关规定，这里不再赘述。

三、可诉性受限制的纠纷

根据我国相关法律及司法解释的规定，有些民事纠纷虽然本身具有可诉性，但是却受到一些条件的限制，不能直接向人民法院起诉，必须待条件成就后方可获得人民法院的受理。这些条件包括一些前置程序，如须经过仲裁机构仲裁或行政机关处理等。

(一)公证纠纷受限制的可诉性

根据《最高人民法院关于审理涉及公证活动相关民事案件的若干规定》第3条第2款的规定，具有强制执行效力的公证债权文书被人民法院裁定不予执行的，当事人、公证事项的利害关系人对公证债权文书的民事权利义务有争议直接向人民法院提起民事诉讼的，人民法院依法应予受理。但如果公证债权文书没有被人民法院裁定不予执行，则不予受理。

(二)证券民事赔偿纠纷受限制的可诉性

2002年1月15日，最高人民法院发布《关于受理证券市场因虚假陈述引发的民事侵权纠纷案件有关问题的通知》，目前暂只受理和审理因虚假陈述引发的证券市场上的民事侵权赔偿案件。但该通知第2条同时指出：该类案件必须经过中国证券会查处，当事人依据查处结果提起民事诉讼，人民法院方予受理。

2013年11月15日，最高人民法院发出通知，就光大证券股份有限公司“8·16”内幕交易引发的民事赔偿案件，人民法院是否受理和如何管辖等问题作出了明确的规定。通知指出，起诉人以中国证券监督管理委员会对光大证券公司作出的行政处罚决定为依据，以行政处罚决定确认的违法行为侵害其合法权益、导致其损失为由，采取单独诉讼或者共同诉讼的方式向人民法院提起民事诉讼的，人民法院应当受理。2013年12月2日，上海市第二中级人民法院受理了原告包巨芬诉被告光大证券股份有限公司证券内幕交易责任纠纷一案，被誉为中国内幕交易责任纠纷第一案。

综上所述，司法解释规定了诉讼的前置条件和前置条件文件(中国证监会或其派出机构、财政部等其他行政机关作出的处罚决定，法院认定有罪并生效的刑事判决)是我国审理虚假陈述证券民事赔偿案件及内幕交易责任纠纷案件的重要特征。

（三）劳动争议受限制的可诉性

根据《劳动法》第77条的规定："用人单位与劳动者发生劳动争议，当事人可以依法申请调解、仲裁、提起诉讼，也可以协商解决。"这说明法律赋予劳动争议可诉性。但根据《劳动法》第79条的规定："劳动争议发生后，当事人可以向本单位劳动争议调解委员会申请调解；调解不成，当事人一方要求仲裁的，可以向劳动争议仲裁委员会申请仲裁。当事人一方也可以直接向劳动争议仲裁委员会申请仲裁。对仲裁裁决不服的，可以向人民法院提起诉讼。"在这里劳动法为劳动争议的解决设置了一个前置程序——仲裁程序，也就是说当事人不能直接将劳动争议提交法院，而必须经过劳动仲裁以后，对仲裁裁决不服的，方可向人民法院提起诉讼。

（四）一般保证纠纷受限制的可诉性

《担保法》第17条第2款规定："一般保证的保证人在主合同纠纷未经审判或者仲裁，并就债务人财产依法强制执行仍不能履行债务前，对债权人可以拒绝承担保证责任。"对一般保证人提起诉讼的前提条件是主合同纠纷先经审判或者仲裁，并对债务人强制执行仍不能履行债务。

（五）仲裁纠纷受限制的可诉性

根据《仲裁法》的规定，仲裁纠纷并非绝对不具有可诉性，在以下情形即可获得可诉性：(1)仲裁协议无效的。《仲裁法》第5条规定："当事人达成仲裁协议，一方向人民法院起诉的，人民法院不予受理，但仲裁协议无效的除外。"(2)裁决被人民法院依法裁定撤销或者不予执行的。《仲裁法》第9条规定："仲裁实行一裁终局的制度。裁决作出后，当事人就同一纠纷再申请仲裁或者向人民法院起诉的，仲裁委员会或者人民法院不予受理。裁决被人民法院依法裁定撤销或者不予执行的，当事人就该纠纷可以根据双方重新达成的仲裁协议申请仲裁，也可以向人民法院起诉。"

四、完全不具有可诉性的纠纷

根据相关法律规定及最高人民法院的司法解释，下列纠纷不具有民事案件的可诉性：

(一)民事诉讼法的明确规定

《民事诉讼法》第124条规定的不属于人民法院民事案件主管范围的7种情形：(1)依照行政诉讼法的规定，属于行政诉讼受案范围的，告知原告提起行政诉讼；(2)依照法律规定，双方当事人达成书面仲裁协议申请仲裁、不得向人民法院起诉的，告知原告向仲裁机构申请仲裁；(3)依照法律规定，应当由其他机关处理的争议，告知原告向有关机关申请解决；(4)对不属于本院管辖的案件，告知原告向有管辖权的人民法院起诉；(5)对判决、裁定、调解书已经发生法律效力的案件，当事人又起诉的，告知原告申请再审，但人民法院准许撤诉的裁定除外；(6)依照法律规定，在一定期限内不得起诉的案件，在不得起诉的期限内起诉的，不予受理；(7)判决不准离婚和调解和好的离婚案件，判决、调解维持收养关系的案件，没有新情况、新理由，原告在六个月内又起诉的，不予受理。以上七类纠纷，不属于人民法院的受理范围，因此不具有民事纠纷的可诉性。

(二)公证纠纷的不可诉性

根据《最高人民法院关于审理涉及公证活动相关民事案件的若干规定》第2条的规定："当事人、公证事项的利害关系人起诉请求变更、撤销公证书或者确认公证书无效的，人民法院不予受理，告知其依照公证法第39条规定可以向出具公证书的公证机构提出复查。"此外，当事人、公证事项的利害关系人对具有强制执行效力的公证债权文书的民事权利义务有争议直接向人民法院提起民事诉讼的，人民法院依法不予受理。但是，公证债权文书被人民法院裁定不予执行的除外。

(三)房地产纠纷的不可诉性

根据《最高人民法院关于房地产案件受理问题的通知》第3条的规定："凡不符合民事诉讼法、行政诉讼法有关起诉条件的属于历史遗留的落实政策性质的房地产纠纷，因行政指令而调整划拨、机构撤并分合等引起的房地产纠纷，因单位内部建房、分房等而引起的占房、腾房等房地产纠纷，均不属于人民法院主管工作的范围，当事人为此而提起的诉讼，人民法院应依法不予受理或驳回起诉，可告知其找有关部门申请解决。"

(四)精神损害赔偿纠纷的不可诉性

根据《最高人民法院关于确定民事侵权精神损害赔偿责任若干问题的解释》第6条的规定:“当事人在侵权诉讼中没有提出赔偿精神损害的诉讼请求,诉讼终结后又基于同一侵权事实另行起诉请求赔偿精神损害的,人民法院不予受理。”另外,根据《最高人民法院关于适用〈中华人民共和国刑事诉讼法〉的解释》第138条第2款的规定:“因受到犯罪侵犯,提起附带民事诉讼或者单独提起民事诉讼要求赔偿精神损失的,人民法院不予受理。”

(五)刑事附带民事纠纷的不可诉性

《最高人民法院关于适用〈中华人民共和国刑事诉讼法〉的解释》规定在刑事附带民事诉讼中三种纠纷不可诉:(1)第138条第2款规定的精神损害赔偿纠纷;(2)第139条规定的情形:“被告人非法占有、处置被害人财产的,应当依法予以追缴或者责令退赔。被害人提起附带民事诉讼的,人民法院不予受理。追缴、退赔的情况,可以作为量刑情节考虑。”此外,《最高人民法院关于适用刑法第64条有关问题的批复》还规定:“根据刑法第64条和《最高人民法院关于适用〈中华人民共和国刑事诉讼法〉的解释》第138条、第139条的规定,被告人非法占有、处置被害人财产的,应当依法予以追缴或者责令退赔。据此,追缴或者责令退赔的具体内容,应当在判决主文中写明;其中,判决前已经发还被害人的财产,应当注明。被害人提起附带民事诉讼,或者另行提起民事诉讼请求返还被非法占有、处置的财产的,人民法院不予受理。”(3)第140条规定的情形:“国家机关工作人员在行使职权时,侵犯他人人身、财产权利构成犯罪,被害人或者其法定代理人、近亲属提起附带民事诉讼的,人民法院不予受理,但应当告知其可以依法申请国家赔偿。”

(六)证券民事赔偿纠纷的不可诉性

根据《最高人民法院关于涉证券民事赔偿案件暂不予受理的通知》(2001年9月21日),我国的资本市场正处于不断规范和发展的阶段,也出现了不少问题,如内幕交易、欺诈、操纵市场等行为。这些行为损害了证券市场的公正、侵害了投资者的合法权益,也影响了资本市场的安全和健康发展,应该逐步规范。当前,法院的审判工作中已经出现了这些值得重视和研究的新情况、新问题,但受目前立法及司法条件的局限,尚不具备受理及审理这类案件的条件。经研究,对上述行为引起的民事赔偿案件,暂不予以受理。

目前人民法院虽然有条件地受理虚假陈述证券民事赔偿案件及内幕交易责任纠纷案件，但仍旧对欺诈、操纵市场等行为引发的证券纠纷案件不予受理。

(七)注册商标纠纷的不可诉性

根据《最高人民法院关于审理注册商标、企业名称民事纠纷案件若干问题的规定》第 1 条第 2 款的规定："原告以他人使用在核定商品上的注册商标与其在先的注册商标相同或者近似为由提起诉讼的，人民法院应当根据民事诉讼法第 111 条(即今 124 条)第(3)项的规定，告知原告向有关行政主管机关申请解决。"另最高人民法院于 2005 年 2 月在给江苏高院请示的答复(〔2004〕民三他字第 10 号函)中也曾明确："根据民事诉讼法第 111 条第 3 项、商标法第 30 条、第 41 条的规定，对涉及注册商标授权争议的注册商标专用权权利冲突纠纷，告知原告向有关行政主管机关申请处理，人民法院不予受理。"

(八)劳动争议的不可诉性

根据《最高人民法院关于审理劳动争议案件适用法律若干问题的解释(二)》第 7 条的规定："下列纠纷不属于劳动争议：(1)劳动者请求社会保险经办机构发放社会保险金的纠纷；(2)劳动者与用人单位因住房制度改革产生的公有住房转让纠纷；(3)劳动者对劳动能力鉴定委员会的伤残等级鉴定结论或者对职业病诊断鉴定委员会的职业病诊断鉴定结论的异议纠纷；(4)家庭或者个人与家政服务人员之间的纠纷；(5)个体工匠与帮工、学徒之间的纠纷；(6)农村承包经营户与受雇人之间的纠纷。"这些纠纷不属于人民法院的案件受理范围，具有不可诉性。

另外，根据《劳动争议调解仲裁法》第 47 条的规定："下列劳动争议，除本法另有规定的外，仲裁裁决为终局裁决，裁决书自作出之日起发生法律效力：(1)追索劳动报酬、工伤医疗费、经济补偿或者赔偿金，不超过当地月最低工资标准 12 个月金额的争议；(2)因执行国家的劳动标准在工作时间、休息休假、社会保险等方面发生的争议。"上述终局裁决是对用人单位而言，即上述经仲裁终局裁决的劳动争议对用人单位而言不具有可诉性，不能向人民法院提起诉讼；但对劳动者而言却不构成终局裁决，仍具有可诉性，根据该法第 48 条的规定："劳动者对本法第四十七条规定的仲裁裁决不服的，可以自收到仲裁裁决书之日起十五日内向人民法院提起诉讼。"另外，《最高人民法院关于审理劳动争议案件适用法律若干问题的解释(二)》第 8 条还规定："当事人不服劳动争议仲裁委员会作出的预先支付劳动者部分工资或者医疗费用的裁决,向人民法院起诉的,人民法院不予受理。”

(九)离婚撤诉案件的不可诉性

根据《民事诉讼法司法解释》第 214 条第 2 款的规定:“原告撤诉或者按撤诉处理的离婚案件,没有新情况、新理由,6 个月内又起诉的,比照民事诉讼法第 124 条第 7 项的规定不予受理。”

(十)农村土地承包经营纠纷的不可诉性

根据《最高人民法院关于审理涉及农村土地承包经营纠纷调解仲裁案件适用法律若干问题的解释》第 2 条的规定:“当事人在收到农村土地承包仲裁委员会作出的裁决书之日起三十日后或者签收农村土地承包仲裁委员会作出的调解书后,就同一纠纷向人民法院提起诉讼的,裁定不予受理;已经受理的,裁定驳回起诉。”

(十一)公司纠纷的不可诉性

根据《最高人民法院关于适用〈中华人民共和国公司法〉若干问题的规定(二)》(2008 年 5 月 12 日法释〔2008〕6 号)第 1 条的规定,股东以知情权、利润分配请求权等权益受到损害,或者公司亏损、财产不足以偿还全部债务,以及公司被吊销企业法人营业执照未进行清算等为由,提起解散公司诉讼的,人民法院不予受理。另外第 6 条还规定,人民法院判决驳回解散公司诉讼请求后,提起该诉讼的股东或者其他股东又以同一事实和理由提起解散公司诉讼的,人民法院不予受理。

(十二)拆迁补偿安置纠纷的不可诉性

根据《最高人民法院关于当事人达不成拆迁补偿安置协议就补偿安置争议提起民事诉讼人民法院应否受理问题的批复》(2005 年 8 月 1 日法释〔2005〕7 号),拆迁人与被拆迁人或者拆迁人、被拆迁人与房屋承租人达不成拆迁补偿安置协议,就补偿安置争议向人民法院提起民事诉讼的,人民法院不予受理,并告知当事人可以按照《城市房屋拆迁管理条例》第 16 条的规定向有关部门申请裁决。

(十三)仲裁裁决的不可诉性

根据《最高人民法院关于适用〈中华人民共和国仲裁法〉若干问题的解释》(2006年8月23日法释〔2006〕7号)第13条的规定,依照《仲裁法》第20条第2款的规定,当事人在仲裁庭首次开庭前没有对仲裁协议的效力提出异议,而后向人民法院申请确认仲裁协议无效的,人民法院不予受理。仲裁机构对仲裁协议的效力作出决定后,当事人向人民法院申请确认仲裁协议效力或者申请撤销仲裁机构的决定的,人民法院不予受理。

(十四)名誉权纠纷的不可诉性

根据《最高人民法院关于审理名誉权案件若干问题的解释》(1998年8月31日)第4条的规定,国家机关、社会团体、企事业单位等部门对其管理的人员作出的结论或者处理决定,当事人以其侵害名誉权向人民法院提起诉讼的,人民法院不予受理。另外第5条还规定,公民依法向有关部门检举、控告他人的违法违纪行为,他人以检举、控告侵害其名誉权向人民法院提起诉讼的,人民法院不予受理。

(十五)交通事故纠纷的不可诉性

根据《最高人民法院关于审理道路交通事故损害赔偿案件适用法律若干问题的解释》(2012年11月27日法释〔2012〕19号)第26条第1款的规定,被侵权人因道路交通事故死亡,无近亲属或者近亲属不明,未经法律授权的机关或者有关组织向人民法院起诉主张死亡赔偿金的,人民法院不予受理。

(十六)其他不可诉案件

根据相关法律规定及最高人民法院的司法解释、通知,以及各地法院的司法实践,人民法院不予受理的案件还包括:(1)集资纠纷案件,包括机关、企事业单位内部为生产、经营、建房而向职工集资引发的纠纷案件以及未经依法批准向社会不特定对象进行的乱集资活动而引发的纠纷案件。(2)以"买卖"形式进行的非法"传销"活动而引起的纠纷案件。(3)因政府行政管理方面的决定、体制变动而引起的房地产纠纷案件。(4)因企业改制或者企业效益不好等原因出现的企业整体拖欠职工工资而引发的纠纷案件以及因劳动制度改革而出现的职工下岗纠纷案件。(5)政府及其所属主管部门进行企业国有资产调整、计划划转过程中的纠纷案件;因企业改制过程中违反民主议定原则或者因企业改制而引起的职工安置纠纷案件等。(6)村民因土地补偿费、安置补助费问题与农村集体经济组织发生的纠纷案件,但是直接支付给个人,未经集体经济组织安排发生的纠纷案除外。(7)政府部门对土地所有权(使用权)争议作出处理决定生效后一方当事人不履行,另一方当事人以民事侵权诉讼的案件。(8)地方政府根据农业产业化政策及规模经济的发展要求,大规模解除农业承包合同而发生的纠纷案件。(9)在合作化时期入社而参加裁缝社、铁器社、理发店、马车队等小集体经济组织的职工要求分割该集体经济组织积累的财产而发生的纠纷案件。(10)以"两会一部"为债务人的纠纷案件以及"两会一部"与农户间的纠纷案件("两会一部"即农村合作基金会、救灾扶贫互助储金会、供销社股金服务部)。(11)当事人申请破产但提交的申请企业破产材料不齐备,职工安置不落实的案件。(12)因操纵股价、内幕交易等证券违法行为而引起的证券侵权纠纷案件,但是因虚假陈述已经有关机关行政处罚或者人民法院的刑事裁判的,受害人提起侵权的案件除外。(13)葬坟纠纷案件包括因争坟地、争风水等引发的各种纠纷案件。(14)用人单位不缴、欠缴或者少缴职工社会保险费的案件。(15)国有企业按照地方政府的要求进行改制的案件。(16)涉及军产房的纠纷案件。(17)因企业产权制度和劳动用工制度改革而引起的职工下岗、买断工龄、内退、整体拖欠工资等纠纷;但用人单位未进行企业产权制度和劳动用工制度改革,或改制结束后以下岗、买断工龄等名义与职工解除劳动关系的,人民法院应予受理。(18)劳动者与用人单位为房改房买卖、住房补贴给付等执行国家房改政策问题发生的纠纷。(19)劳动者与用人单位为住房公积金的缴纳发生的纠纷。(20)涉及城镇企业缴纳基本养老费、基本医疗保险费、失业保险费、工伤保险费、生育保险费的争议,如用人单位已经整体参加社会统筹保险的,无论劳动者起诉用人单位还是社会保险机构。人民法院均不应作为劳动争议案件处理。但下列情形除外:①用人单位在缴纳社会保险费用时降低职工工资标准,导致职工退休以后不能足额领取保险金,退休职工与原用人单位之间因追索不足部分的养老金、医疗费等引起的争议;②用人单位未纳入社会统筹保险的事实劳动关系的职工与用人单位为缴纳社会保险费发生的争议。(21)事业单位与其工作人员因职称、职级、职务、考核考评等产生的争议。(22)事业单位与其工作人员因技术入股、知识产权的权属以及利益分配等产生的争议。(23)事业单位与其工作人员因承包问题产生的争议。

五、结束语

以上根据目前我国法律规定及法院系统对案件受理的实际情况，就我国民事纠纷的可诉性作了一些梳理，希望对广大法律从业者的司法实践有所帮助。

参考文献

[1]江必新、何东宁等:《最高人民法院指导性案例裁判规则理解与适用》(合同卷一)，中国法制出版社 2012 年版。

[2]江必新、何东宁等:《最高人民法院指导性案例裁判规则理解与适用》(民事诉讼卷上)，中国法制出版社 2012 年版。

[3]周伟编:《人民法院审判观点汇纂》，北京大学出版社 2011 年版。

民事诉讼中人民陪审制度的重构

——人民陪审制司法与政治功能的双重解析

丁西泠*

摘要：本文首先从历史的角度对人民陪审制产生的渊源、发展现状及缺陷进行阐述，论证目前陪审制的存在应得到更多的关注和重视。在明确了民事诉讼中的陪审制对国民性有重大影响，其加大了政治法律程序的民众参与力度，有进行国民教育的政治作用后，得出陪审制不仅是一种司法制度，更有其政治功能的结论。进一步重新审视和思考民事诉讼中陪审制的制度设计，如界定陪审员的参审范围，改进陪审员的选任条件，明确庭审中陪审员的权利义务等。

关键词：陪审制　政治功能　重构

2015 年 4 月，第十二届全国人民代表大会常务委员会第十四次会议决定，授权最高人民法院在北京等十个省（区、市）开展人民陪审员制度改革试点工作，对人民陪审员的选任条件、选任程序、参审范围等进行改革试点。这对进一步促进司法民主、司法公正意义重大。人民陪审制作为对国民性有重大影响的司法制度，为保证其更有效地实施，避免沦为制度摆设或出现功能异化，在此对陪审制度的设计提出若干意见。

* 丁西泠，女，广州科技贸易职业学院法学副教授，广东金轮律师事务所兼职律师。

一、对陪审制度存在价值的质疑

目前，对陪审制主要存在以下质疑：

1. 陪审员的任职条件存在缺陷，广泛性与代表性不足，陪审员业务水平不够，难以胜任司法日趋复杂、专业化的需要，往往沦为法官附庸。

2. 陪审员的产生程序不规范，权责范围不明确，组织管理不完善，职权与职责有时不相匹配。

3. 陪审员自身对陪审不感兴趣，应付差事、敷衍了事，“陪而不审”，流于形式。

综观上述观点，质疑陪审制的声音多从司法专业化、司法效率、司法公正的角度入手，切中时弊，说服力很强。而保留陪审制者多体现在意识形态化的政法话语上，由于历史的原因，这类“政治正确”的话语一旦作为党中央的宣传口号被推广传播，其中的道理反而容易被忽略，因这类政法话语缺乏分析论证的学理力量而无法应对反对意见的强大攻势。

对陪审制的理解，倘若局限于这两种视野，恐怕难免走向穷途末路。然而，若是跳出政法话语的脱离实际和管中窥豹的狭隘短视，我们将看到陪审制传统的司法功能在现代社会走向衰落的必然，以及随之而来必将承担的日益重要的政治功能和使命。由此笔者将通过分析论证，主张陪审制应当保留下来，予以重新审视和定位，并赋予其与时代相应的崭新活力和使命。

二、陪审制的产生、发展及缺陷

回顾陪审制的历史，它作为裁断纠纷的功能是有其产生、发展的渐进过程的。

(一)陪审制度的产生与发展

对于陪审制的产生，较为一致的看法是陪审制首先出现于英国，在诺曼人征服不列颠岛后，英王威廉一世丈量并重新分配全国土地时，利用陪审制作为发现非法占有的事实。陪审团最初并非要提供司法方面的正当程序，而只是中央权威利用社区司法的形式来获取有关案件事实的取证方式。到 10 世纪逐步发展为提起刑事诉讼的功能。[①] 由于近代以前陪审制或者司法审判活动都运作在以农业文明为主的传统社会，是在流动性较低的"熟人社会"里，陪审员的职责主要是告发作案嫌疑人，对涉嫌案件人员提出指控。而陪审员对被告作出有罪或无罪的判断，主要依据的是作为同一社区（如中世纪英国的村庄—百户—郡等地方单位，以村为主）成员的长期交往了解所形成的内心确信，或曰"地方性知识"，这种审理裁断对证据的要求程度很低，更谈不上依据或遵循什么专业司法知识。因此，陪审团的早期形式与今天相去甚远。理想的陪审员并不是不认识诉讼当事人的陌生人，而恰恰是他的社区邻居。法庭借助于他们的个人知识来进行审判。经历了长达五六个世纪的发展，陪审团才从依赖个人知识的社区目击证人，发展成为仅对正式呈交法庭的证据中的事实加以判决的现代意义的"陪审团"。[②]

（二）陪审制度的缺陷

随着工业进程的加快，社会进展逐步复杂化、现代化，陪审制最初存在并发展的诸多社会条件已经发生变化，陪审制也呈现出缺陷与不足。

1.陪审制度的传统功能日益退化

陪审制的传统功能在现代遭遇了它的尴尬处境：传统的由地方权威长者主持的纠纷解决方式日益为国家（通过司法制度，尤其是法院）垄断，日益成为专业职业集团的活动。同时，熟人社会的逐步陌生化，使得违法犯罪者的流动性增大，因而司法职业团体中的审判者也日益与案件当事人陌生化，无法或不愿通过"地方性知识"[③]判断案件真相。陪审制基于"常人"标准的适用条件受到了限制。

2.陪审制加大了司法运作成本

在纠纷大量涌现的现代工业社会，简易程序、辩诉交易及 ADR（Alternative Dispute Resolution 替代性纠纷解决机制）已经逐渐广泛地进入民商事乃至刑事纠纷解决的过程中，提高解决纠纷效率的要求对古老的陪审

---

① 王利明：《我国陪审制度研究》，载《浙江社会科学》2001 年第 1 期。

② 李猛：《除魔的世界与禁欲者的守护神——韦伯社会理论中的"英国法"问题》，载《思想与社会》（第 1 辑），上海人民出版社 2001 年版，第 203 页。

③ 人类学家吉尔茨认为所有的知识都是地方性的、具体的，休莫和哈耶克则认为至少有一部分知识是地方性的，转引自苏力：《法治及其本土资源》，中国政法大学出版社 1996 年版，第 18 页，注 38。

制构成了强有力的冲击。

由此可以推断，随着现代工业社会的到来，陪审制基于熟人社会常人理性来判断事实真相的传统司法职能，因社会的陌生化、流动性加大以及市场效率取向等因素而不可避免地受到了销蚀和削弱。

三、完善陪审制的必要性

然而，上述陪审制反对者津津乐道的事实和理由，却并不足以构成取消陪审制的充分理由，陪审制因具有独特的政治功能而应该保留并予以重新审视、思考、定位。

（一）陪审员制度能够以常人的理性弥补司法职业的形式理性之缺陷，理应得到进一步的重视

在司法专业化和审判效率成倍提高的同时，司法也正在走向其自身赖以维系之条件的反面，这首先表现在司法专业化导致的司法职业形式理性有违实质理性方面的缺陷。相同的处理对象、类似的思维方式以及共同分担的职业信誉，促成了职业共识以及职业群体利益的形成。职业群体内部的高度自我认同感在增强了行业内部凝聚力的同时，必然对行业外部的普通人对本行业知识的一般认识产生天然的不信任或排斥感。如英国著名学者、大法官柯克对国王詹姆斯一世的论辩中所言，司法断案并非人皆可为，作为一门技艺理性，需要长期的磨炼和熏陶。[①] 然而，德国著名的社会学家马克斯·韦伯指出，近代以来的法律发展亦是法律的形式理性化的过程，严格的职业逻辑推理很难保证不会导致按照法律的抽象命题来剪裁生活，造成形式理性与实质理性、职业思维逻辑与社会生活逻辑的矛盾冲突。因此，陪审员以常人理性弥补司法职业的形式理性之缺陷，其合法性不仅不应被驱除，相反值得受到重视。

上面的回答仅仅是陪审制履行司法职能的一个现代版的修正。在陪审制面临司法专业化等现代社会诸多挑战、陪审制司法功能无可置疑的走向衰落的前提下，如果把观察的视野扩大一步，重新审视陪审制的现代功能，我们便

---

① 李猛：《除魔的世界与禁欲者的守护神——韦伯社会理论中的“英国法”问题》，载《思想与社会》（第1辑），上海人民出版社2001年版，第174页。

会有新的发现。

(二)陪审制在实现司法意欲追求的社会等方面具有更重要的现实意义

市场化与专业化大潮不仅给司法带来了迥异的变化,也使整个社会日新月异,面临着前所未有的挑战。马克斯·韦伯在一个世纪之前就观察到:现代经济的发展必将促成社会的高度分殊化(social differentiation),从而使整个社会出现了日益多元分散的社会离心力倾向。地方、行业等多元利益主体的涌现,伴随着多元价值取向和各色社会思潮的迭起,使社会共识和一致行动变得困难,高度同质化的传统社会遭遇分崩离析的危险。因此,在这样一个容易"只见树木不见森林"的时代,政治整合的必要性大大提高。①

现代社会也是矛盾冲突公开显露的社会。在新中国成立以来多采用党委、行政手段解决"人民内部矛盾",但随着现代社会的陌生化、分殊化与争端的大量涌现,传统的解决方案变得捉襟见肘,不少社会问题、政治问题都将逐步转化为司法问题。② 私人与私人、私人与国家之间的种种矛盾冲突都在力图通过司法场域寻求解决。司法因此被动的推上了政治舞台的前沿,肩负起缓冲和排遣差异、矛盾与纠纷的社会调控和整合功能。

1. 陪审制应继续保留并发展的原因在于其加大了政治法律程序的民众参与力度

就中国的现实条件而言,长久以来"司法腐败、司法不公"的种种质疑谴责之声导致民众对法院的普遍不信任,因此比较通行的观点是通过陪审制来减少司法权力垄断、防止腐败现象发生。对此,汉密尔顿早在19世纪上半叶的《联邦党人文集》第83篇中即有相关论述:陪审员与法官的双重结合增加了贿赂的成本,从而降低了腐败的可能。据此,有必要通过陪审制的公众参与和审判程序的公开、公示作用,缓和并化解公众的疑惑和不满。尤其需要思考的是,在当代中国司法行业壁垒逐年抬高,司法职业群体呈现精英化或者贵族化倾向的时候,怎样保证它继续维护司法公正、不会沦为集团利益的代言人,怎样保证司法尊重民情民意、不会脱离大众基础而为少数社会权贵所利用?

---

① 甘阳:《走向"政治民族"》,载《读书》2003年第4期。

② [法]托克维尔在美国观察到了这一典型的特点,"在美国,几乎所有的政治问题迟早都要变成司法问题"。[法]托克维尔:《论美国的民主》(上卷),董果良译,商务印书馆1989年版,第310页。

然而问题是，解决司法遭遇的现代困境并不在于由“谁”来监督司法，“who watches the watchman”的悖论在理论上会永远争论不休，化解日益涌现的社会矛盾纠纷的关键在于设计并实施怎样的手段、程序和机制，以在司法的场域中提供充分而开放的途径与空间，为社会各阶层提供平等的对话、谈判、交流以及博弈的机会和自由，以促成社会多元价值、多元利益取向在司法平台上的妥协与共识。这便是现代社会立法、行政、选举等政治法律程序日益走向公开、透明和民众参与的合法性之所在。① 也只有在这样的基础上我们才能看清当代“衰而不绝”的陪审制应该继续保留并发扬光大的原因所在。

2.陪审制不仅是一种司法制度，而且有其政治功能

在上述的背景下考察陪审制的当代现实意义，我们可以看到托克维尔的天才预言，他在《论美国的民主》中专章论述了陪审制的政治功能。作为一名伟大的社会学家，他首先指出，把陪审制只看作一种司法制度是十分狭隘的，“要想知道什么人可以当选陪审员，那就只是把陪审制度当作一种司法制度，讨论参与审判工作的陪审员应当具备什么知识和能力就可以了。……在我看来，这是问题的无关紧要部分，因为陪审制度首先是一种政治制度，应当把它看成是人民主权的一种形式”。随后托克维尔对民事诉讼和刑事诉讼的陪审制之功能分别加以阐述。由于民事诉讼涉及的范围较广，与大多数公民的日常生活密切相关，“于是，它(陪审团的作用)深入到生活的一切习惯，使人的头脑适应它的工作方法，甚至把它与公道等量齐观”。托克维尔尤其强调了民事诉讼中的陪审制对国民性的重大影响，不仅把法官的思维习惯带进公民的头脑中，而且有助于培养公民的权利意识和责任感，赋予每个公民以“主政”的地位。“美国的司法人员之所以能把我所说的法治精神渗透到社会的最底层，借助于实行民事陪审制度之处最多。”而刑事立法由于关系到公民切身的安全、生命、自由，又较鲜明地体现国家政治政策，因而刑事诉讼中的陪审制“就把人民本身，或至少一部分公民提到法官的地位”。因此，托克维尔高度评价到，“我把陪审团视为社会能够用以教育人民的最有效手段之一”，“作为使人民实

---

① 以我国周边国家和地区进行的司法改革为例，都在强调“民众”，如日本推出的一揽子司法改革计划中明确提出国民的司法参与，在《司法改革白皮书》中明确规定“在刑事诉讼程序中，应建立广大普通国民与法官共同分担责任、相互配合，主动、实际的参与决定审判内容的新制度”。

施统治的最有力手段的陪审制度,也是使人民学习统治的最有效手段”。[①]

3. 陪审制有进行国民教育、培养责任公民的政治作用

托克维尔认为陪审制有进行国民教育、培养责任公民的作用,从而有助于提高社会的凝聚力,促成整个民族的政治成熟。推而广之,在韦伯所言的离心力倾向不断增强的多元社会里,陪审制也同样可以部分地担当起促进社会共识之形成的使命。韦伯将民族向心力的形成诉诸类似于发达国家全国普选的方式,以使中央权力直接获得社会大众的支持,并在定期选举的过程中为利益千差万别乃至彼此冲突的社会各阶层提供相互了解、谋求妥协、达成共识的机会。而托克维尔除了强调司法权要随着公民身份的扩大不断拓宽救济途径以外,还开出了其他一些解决方案,如民主社会里公民可以广泛行使的结社权(包括政治的和非政治的),报刊媒体的言论自由,在一定范围内以选举办法任用官员等等。[②] 不可否认,在中国目前的社会环境及政治条件下,提供这些政治权利的渠道还远未打通,那么较为切实可行的办法,不妨从现有法律规定的陪审制的改造和普及入手。托克维尔尤其指出陪审制的适用范围同现代民主的正向关系,“由于陪审制是人民主权的一种形式,就应当使陪审制度与该主权的各项法律协调一致。”“要使陪审员的名单随着选民的名单的扩大而扩大……这一点最值得立法机构经常注意”。

四、民事诉讼陪审制的重新设计

在明确了陪审制的政治功能的定位后,我们应当在保留陪审制的同时,对其制度设计重新予以审视和思考。从陪审制的政治角色出发,前面提到的质疑和反对之声便可迎刃而解。我国陪审制的首要问题是规范化、制度化的建立。

(一)参审范围的分析

人民陪审员参审案件的范围过于模糊。由于陪审制政治功能的定位等前

① [法]托克维尔:《论美国的民主》(上卷),董果良译,商务印书馆1989年版,第314～319页。

② [法]托克维尔:《论美国的民主》(下卷),董果良译,商务印书馆1989年版,第874～876页。

述原因，笔者认为其应适用于一审较为简单的民事纠纷，即便在这样的案件中，鉴于案情的紧迫程度，也应有所区分，例如有关税收案件的审理，未完税案件通常采用简单的财产扣押与拍卖处理，而以法庭审判方式拖延时日，诉讼费用也可能得不偿失。至于一些特殊案件，如涉外的国际公法、国际经济法案件，以及案情复杂需要衡平处理的案件，均不必采用陪审制。如同汉密尔顿指出的，陪审制的应用范围不可能予以确定，因为美国建国之初13州各地风土民情已经相差迥异，无法整齐划一。此理同样适用于中国这个“政治经济发展不平衡的大国”。据此建议在立法时采取排除性规定，列出不得采用陪审制的情形，此外由各地方立法机关权宜裁量，以应对各地特色及社会变化，而不宜写入法律强作一致规定。为保证具体案件中陪审制的落实，应当在法律中赋予相关案件的当事人以适用陪审制度的申请权，如当事人中有一人认为该案审理应适用陪审员制度的，按照法定程序向法院提出申请，法院则应当使用陪审员制度审理。这样，才更能体现陪审员制度的民主性内涵，保证审判的公正性。

(二)选任条件的改进

当人民陪审员的资格成为一种较为固定的社会地位，可以左右法官裁判的时候，我们就要警惕：陪审是否已经从权利异化为权力？这种势头难免不成为一个新的腐败点。另外，陪审制度的本质是民主，司法民主更是要在法律专业与朴素直观的百姓观点之间求得平衡。如果陪审员都是专业水准，按照专业的方式思考和工作，那么他们和法官将没有区别。[①] 应谨记托克维尔指出的“陪审员应当随着选民名单的扩大而扩大”。美国在19世纪上半叶即已对选举资格规定为：各州均要求选举人应在其参加选举的县居住过一定的期限，大部分州均要求选举人拥有一定的财产（或者履行了纳税义务或服过兵役的），[②]而凡在美国有选举权的公民都可以充任陪审员。由于在选举地居住过一定时间，对于当地人事民情会较为熟悉，且大多居住当地，参选或充任陪审员较方便。而拥有财产则是保障陪审员在经济和社会事务上较为独立自主的物质条件。这几条规定看似简单，但值得纳入法律法规加以效仿。

---

① 张曙光：《人民陪审：困境中的出路——河南法院人民陪审团制度的贡献和启发》，载《政治与法律》2011年第8期。

② [法]托克维尔：《论美国的民主》（上卷），董果良译，商务印书馆1989年版，第500～501、508～511页。

基于陪审制国民教育的政治功能，依据案情区分所谓专家型陪审员和普通型陪审员的意义不大。在某些专业性较强的案件中，根据审理需要由法院特邀专家、学者出席，实际上起到的是出具法律意见书、专业鉴定书的作用。而普通型陪审员占陪审制的主体部分，应当构成日常参与审判的主体。

(三)在庭审中权利义务的明确

2004年《全国人民代表大会常务委员会关于完善人民陪审制度的决定》及2010年最高人民法院《关于人民陪审员参加审判活动若干问题的规定》中对陪审员的权利义务界定可以进一步细化，建议可借鉴英、美国家陪审制的相关规定，做如下界定：

1. 赋予人民陪审员专门认定案件事实的权力。因为普通人在事实认定的能力上并不必然逊于职业法官，认定事实所依赖的大前提是经验法则，而经验法则来自于生活本身，而不是法律培训。①

2. 赋予人民陪审员对法律适用的建议权。对法律适用的陪审建议，对于法院应不产生硬性约束，而是仅供参考。毕竟人民陪审员的法律素质有限，对法律的熟悉程度不够，只凭自己对公平正义的理解及社会经验作出自己的庭审判断，如何适用法律，应是法律工作者的职责范围。

3. 继续完善人民陪审员的退出、监督机制。建立人民陪审员参审记录，对在聘用期内不积极参审的应视为不适合者予以辞退并不再聘用。② 防止人民陪审员在人际关系复杂的熟人社会里与当事人进行不正当交易，避免他们事前对案情的知悉和了解，保障陪审意见不受其他外界因素的影响。

参考文献

[1]王利明:《我国陪审制度研究》,载《浙江社会科学》2001年第1期。

[2]李猛:《除魔的世界与禁欲者的守护神——韦伯社会理论中的“英国法”问题》,载《思想与社会》(第1辑),上海人民出版社2001年版。

[3]甘阳:《走向“政治民族”》,载《读书》2003年第4期。

---

① 汤维建:《人民陪审团制度试点的评析和完善建议》,载《政治与法律》2011年第8期。

② 王平:《论推进人民陪审制度改革——以司法公信力建设为视角》,载《法律适用》2015年第2期。

[4][法]托克维尔:《论美国的民主》(上、下卷),董果良译,商务印书馆1989年版。

[5]张曙光:《人民陪审:困境中的出路——河南法院人民陪审团制度的贡献和启发》,载《政治与法律》2011年第8期。

[6][美]汉密尔顿:《联邦党人文集》,程逢如译,商务印书馆,1997年第83篇。

[7]汤维建:《人民陪审团制度试点的评析和完善建议》,载《政治与法律》2011年第8期。

[8]王平:《论推进人民陪审制度改革——以司法公信力建设为视角》,载《法律适用》2015年第2期。

论环境公益诉讼制度

谭日兴[*]　陈亚颖[**]

摘要：随着我国经济的快速发展，环境不断恶化，公民的法律意识的不断增强，对环境公益诉讼的呼声越来越高。本文主要针对我国现行有关法律规定和新出台的司法解释，分析我国环境公益诉讼制度这几年的发展历程，从而结合我国国情，借鉴国外环境公益诉讼的设计，对未来构建环境公益诉讼制度做了几点设想，力求实现经济与环境保护的和谐发展，建设生态文明、美丽中国的共同梦想。

关键词：环境公益诉讼　环境权　制度完善

近年来，因产业活动或其他人为原因导致环境的污染或破坏，并对他人人身权、财产权、环境权益或公共利益造成损害或有造成损害的可能的事实不断发生。改革开放三十年，虽然经济飞速发展，但是伴随着发展的同时也是对环境的破坏和资源的消耗。臭氧层空洞、水污染、雾霾、沙尘暴等一系列的环境问题越来越尖锐，公众的环保意识逐渐增强，环境公益诉讼应运而生。环境公益诉讼是国家以排除环境危害和赔偿破坏或污染环境所造成的损害为基本诉求，通过追究环境污染或破坏的责任人来保护和救济环境的公共利益。

---

* 谭日兴，男，广东金轮律师事务所专职律师。

** 陈亚颖，女，广东外语外贸大学法学院 2014 级法律硕士研究生。

一、环境公益诉讼的法理基础及其特点

(一)环境公益诉讼的法理基础

亚里士多德说过:“凡是属于最多人数的公共事务常常是最少受人照顾的事物。”环境就属于公共事务。它是人类生存、发展的物质基础,人人共享的公共财产。因此,环境具有公权性质,需要全社会共有人一起维护环境公共利益。

1.环境权

二战后,国家的环境污染问题就不断加重,环境权萌芽。在1960年,原联邦德国的一位医生向欧洲人权委员会控告北海倾倒放射性废物的行为违反了《欧洲人权条约》中关于保障清洁卫生的环境的规定,从此,引发了一场关于环境权的法律依据的国际性大讨论。[①] 雷诺·卡辛教授首次明确了环境权的概念,他认为环境权具体包括保证有足够的软水、纯净的空气等,最终保证人类得以在这个星球上继续生存。随后,1969年美国国会通过了《国家环境政策法》,最早对环境权进行了立法。1972年《人类环境宣言》宣示了环境权是人类有权在一种能够在一个有尊严和福利的生活环境中,享有自由、平等和充足的生活条件的基本权利,并且负有保障和改善这一代和世世代代的环境的庄严责任。[②] 此时,环境权作为一种人类的权利确立下来了。

虽然,我国的环境权没有明确写入法律中,但是我国《宪法》第26条规定:“国家保护和改善生活环境和生态环境,防止污染和其他公害。”由于宪法是我国的根本大法,它为我国的环境保护法治建设提供了重要的宪法依据。其次,《环境保护法》第1条规定:“为保护和改善环境,防治污染和其他公害,保障公众健康,推进生态文明建设,促进经济社会可持续发展,制定本法。”该规定的核心是通过保护环境来保障人体健康。而环境权是指公民在良好、无害的环境中生活的权利。由此可见,《环境保护法》的目的与环境权的概念一致。此

---

① 张翠梅:《环境公益诉讼制度构建的法理分析》,载《河北法学》2011年第4期。

② 刘晓:《环境公益诉讼的法理分析》,载《中北大学学报(社会科学版)》2006年第22期。

外,《环境保护法》第6条还规定公民环境权的基本内容,即一切单位和个人都有保护环境的义务,并有权对污染和破坏环境的单位和个人进行检举和控告。

综上所述,环境权是一项基本的人权,它是每个人与生俱来的权利,包括生存权、使用权、管理权、请求权和司法救济权等等。在我国,环境权可界定为环境法律主体就其赖以生存、发展的环境所享有的基本权利和承担的基本义务。[①] 另外,环境权是一项私益性与公益性相结合的权利,不仅体现了社会个体的利益,而且还体现了社会公众和国家的利益,兼具人权和国家权的双重属性。再次,所谓“程序是实体之母”,即没有程序保障的权利不是一种真正的权利,只能是纸面上的宣示性权利。而在一个法制国家,法院有权对一切问题作终极的司法审查。因此司法救济就是环境权的最终救济,环境公益诉讼制度就此产生,从此赋予了救济的主体环境诉讼的资格,这种资格意味着环境权从理论到实践、从法律规定到法律实施的突破。因此,环境权的确立是提出环境公益诉讼的前提。[②]

2. 诉权

西方有一句谚语是:“无救济则无权利。”诉权是国家法律赋予社会主体在其权益受到侵害或与他人发生争执时,请求审判机关通过审判方式保护其合法权益的权利。也就是说,国家司法机关的审判权和社会主体的诉权是诉讼得以启动和运行的基本前提,国家审判机关的审判行为和当事人的诉讼行为是诉讼程序得以存续和推进的必备因素。[③] 只有通过赋予权利人诉权,才能使环境权成为一种实在的权利。因此,社会主体拥有诉权是环境公益诉讼启动的前提。

3. 人民主权

我国《宪法》第9条第2款规定:“国家保障自然资源的合理利用,保护珍贵的动物和植物。”从该法条可得出,“国家保障自然资源的合理利用”是以人民享有“环境权”为先决条件的。因此,我国《宪法》第2条规定:“中华人民共和国的一切权利属于人民。”其中“一切权利属于人民”应当包括人民享有“环境权”。由于人民具有整体性,一般权利主体不能直接行使国家权力,而是通

---

① 李长健、朱维维:《环境权视野下公民提起环境公益诉讼的法理分析》,载《政府与法制》2013年第4期。

② 邢力文:《关于环境公益诉讼制度的思考》,载《科技视界》2014年第12期。

③ 刘晓:《环境公益诉讼的法理分析》,载《中北大学学报(社会科学版)》2006年第22期。

过委托国家机关以及公职人员的行使来实现国家权能。一旦国家机关没有按照人民的意志行使职权的情形，人民有权利去选择继续委托或者放弃委托。当人民选择放弃委托时，就可以对其违法行为提起诉讼。[①]

因此，对于人民主权，一方面，表现在要求公权力在运行时不能无视人民的权利而恣意行事。因为国家的权力来源于人民"权力"的让渡。另一方面，主要体现在赋予人民一定的措施和手段去督促、监督国家合法合理地行使权力，以维护自己在内的群体利益。这与环境公益诉讼的社会效果相一致，于是，我们发现环境公益诉讼体现的就是公众的社会责任，承载的正是人民主权这一理念。[②]

(二)环境公益诉讼的主要特点

环境公益诉讼是一种特别的诉讼，有其独有的特点：

1. 环境公益诉讼兼具预防性与补救性。环境是一种特殊资源，一旦受到损害，其损失是惨重的，有时是无法弥补和挽救的。所以，与传统的诉讼相比，环境公益诉讼的提起可不以发生实质性的损害为条件，只要根据合理判断具有损害社会环境公共利益的潜在可能，即可提起诉讼。若是已经发生了损害环境公共利益的事实，也可以提起诉讼，通过民事赔偿和国家赔偿进行补救。因此，国家行政机关的违法行为也可以成为环境公益诉讼的被告。

2. 环境公益诉讼与传统诉的讼最大不同在于：突破了以"利害关系"为适格诉权的相关限定。环境公益诉讼是指任何人包括公民、法人、社会团体或有关国家机关以自己的名义代表国家或社会公众将国家行政机关作为被告向法院提起诉讼。原告代表的是一种公众利益，是环境权与行政权两个公权之间的博弈，但行政诉讼是一种私权对公权的限制，这就说明了环境公益诉讼丧失了行政诉讼的本质特征。同样，原告因获得了国家或法律的特别授权，代表公共利益。原告作为一个公益主体，被告为私益主体，这也已不符合民事诉讼中的平等主体这一条件。但有的学者认为，环境公益诉讼应当分为环境行政公益诉讼与环境民事公益诉讼。而吕忠梅认为这种划分，单纯以被告是否国家行政机关为标准，忽略了原告的主体资格的问题。[③] 笔者赞成其观点。

---

① 杨斐：《构建我国环境民事公益诉讼制度的法理思考》，载《阿坝师范高等专科学校学报》2012年第3期。

② 孙元明：《论公益诉讼制度的法理基础和制度构建》，载《学术界》2012年第9期。

③ 吕忠梅：《环境公益诉讼辨析》，载《法商研究》2008年第11期。

3. 环境公益诉讼的目的是维护环境公共利益。本质上，环境公益诉讼是一种排除受害人的“第三者”诉讼。其目的不是为了个案的救济，而是督促政府或受管制的人积极采取一些能够维护公益的法定作为。

由于环境纠纷本身具有的复杂性和损害的广泛性，传统诉讼是无利益者无诉权，保护人与人之间的私人利益，而且其范围局限于眼前的、直接的利益，一般以经济利益为重。而环境公益诉讼寻求人与自然的和谐发展，偏重于环境公共利益。因此传统的诉讼已经难以解决，并且自工业革命以来生态危机的不断升级，环境公益诉讼是一种符合现代社会发展，协调人与自然关系的新型诉讼模式。[①]

二、我国现行环境公益诉讼制度及其不足

（一）我国现行环境公益诉讼制度的构成及其内容

1. 我国民事诉讼法的规定

2012 年 9 月，新修改的《民事诉讼法》第 55 条规定：“对污染环境、侵害众多消费者合法权益等损害社会公共利益的行为，法律规定的机关和有关组织可以向人民法院提起诉讼。”该条款标志着公益诉讼制度在我国成文法中的建立，也给公益诉讼程序立法提供了可能。我国环境公益诉讼制度的构建历程是“实践先行、立法跟进”。自 2007 年开始，国内许多地方法院根据国务院的环保政策制定了相关的地方性法规，进行了环境公益诉讼的试点工作，这为立法的完善提供了直接的实证根据。但该规定过于原则性，明显存在以下两大问题：

（1）没有明确环境公益诉讼的主体。从字面上看，法条中的“法律规定的机关和有关组织”太过模糊，涉及对“法律规定”“有关机关”“有关组织”的界定问题。如检察院是否有权提起环境公益诉讼；“有关组织”是否包括了“有关社会团体”。

（2）《民事诉讼法》没有规定公益诉讼的具体程序。环境公益诉讼是一种

① 刘益：《环境民事公益诉讼目的论——兼评最高法院〈关于审理环境民事公益诉讼案件适用法律若干问题的解释〉》，载《重庆理工大学学报（社会科学）》2015 年第 2 期。

“公权对私权或公权对公权”的诉讼，与传统的民事诉讼有巨大的差别。除此之外，诉讼法属于程序法，具体程序对一个诉讼制度来说尤为重要，需要法律规定明确的条件、证据的负担、诉讼费的负担、赔偿金的分配、调解、和解等程序性问题，否则即便有再多的原告，法院也处于一个尴尬的地位。

(3)《民事诉讼法》中对环境公益诉讼的规定并没有与相关法律相衔接。像《侵权责任法》《大气污染法》《海事特别程序法》《海洋环境保护法》《人民法院组织法》中都有可能涉及环境公益诉讼的相关问题。

《民事诉讼法》第 7 条规定，人民法院审理民事案件，必须以事实为根据，以法律为准绳。虽然环境公益诉讼制度已经建立，但是却无法用落到实处的法律尺度来衡量。在社会各界法律人士的努力下，时隔两年，新《环境保护法》出台，进一步完善了环境公益诉讼制度。

2.我国新环境保护法

2014 年 4 月，十二届全国人大常委会第八次会议以高票赞成通过了新修订的《环境保护法》，该法进一步细化了《民事诉讼法》关于环境公益诉讼的规定。主要包括了三个方面：

(1)明确了环境公益诉讼的主体，特别是细化了提起公益诉讼主体中社会组织的条件。新《环境保护法》第 58 条规定：“对污染环境、破坏生态，损害社会公共利益的行为，符合下列条件的社会组织可以向人民法院提起诉讼：(一)依法在设区的市级以上人民政府民政部门登记；(二)专门从事环境保护公益活动连续五年以上且无违法记录。符合前款规定的社会组织向人民法院提起，人民法院应当受理。提起诉讼的社会组织不得通过诉讼谋取经济利益。”一方面，该条款使目前国内有 300 个左右的社会组织因此享有了诉权；另一方面，确保了享有诉权的社会组织具有较强的专业性与较高的社会公信力。[①]

(2)明确规定法院应当依法受理合法提起的公益诉讼，从而保障了社会组织的诉权。《民事诉讼法》第 55 条只规定了原告可以提起诉讼，却没要求法院应当受理。而新《环境保护法》规定了原告不仅可以提起诉讼，而且规定合法提起的公益诉讼，法院应当受理。而从最大限度地保护了公民的公共环境权益。另外，明确了社会组织不得通过诉讼谋取经济利益。

(3)扩大了环境公益诉讼的范围。环境问题包括了污染环境和破坏生态，

---

① 张彬彬、张斗胜：《我国环境公益诉讼制度的不足与完善——以新〈环境保护法〉第 58 条为视角》，载《贵州警官职业学院学报》2015 年第 1 期。

一般污染环境的行为更受到人们的关注，而破坏生态则容易被忽略，如《侵权责任法》中仅对环境污染侵权作出规定，未纳入破坏生态的侵权责任。除此之外，《民事诉讼法》第55条也仅仅规定了对污染环境的行为可以提起诉讼，而对于破坏生态环境的行为能否提起环境公益诉讼也没有作出规定。而新《环境保护法》第58条将破坏生态环境的行为也纳入保护的范围内，有利于对环境进行全面的保护。

3.2015年最高人民法院发布的司法解释

在环境公益诉讼领域中，我国进行了诸多有益的探索，一层层地剥开环境公益诉讼的制度面纱。从新民事诉讼法的正式确立，到新环保法强化了对生态环境的保护力度，再到最高人民法院全面推进了环境司法审判工作，发布了《关于审理环境民事公益诉讼案件适用法律若干问题的解释》（简称《司法解释》），具体指引了如何展开环境公益诉讼的实践操作。

(1)放宽了原告的诉讼资格。对社会组织做了扩大解释，进一步明确了社会组织是指在设区的市级以上人民政府民政部门登记的社会团体、民办非企业单位以及基金会等。而对于设区的市级以上人民政府民政部门，《司法解释》第3条规定，包括设区的市，自治州、盟、地区，不设区的地级市，直辖市的区以上人民政府民政部门。这样一来，据民政部的统计，符合起诉资格的组织由300多家增至700多家。除此之外，此次《司法解释》第4条的规定并没有将“专门从事环境保护公益活动”作为限制性条件，而只是将其界定为社会组织章程确定的宗旨和主要业务范围是维护社会公共利益，且从事环境保护公益活动。而且第5条明确了“无违法记录”的概念，即要求社会组织在提起诉讼前5年内未因从事业务活动违反法律、法规的规定受过行政、刑事处罚的，使其具有可操作性。

(2)降低了立案的门槛。由于侵害环境公共利益涉及面较广，专业性较强，在管辖这方面，一般由行为发生地、损害结果地或者被告住所地的中级以上人民法院管辖，只有在中级法院认为确有必要并且经高级人民法院批准后，才可交由基层法院审理。而且中级法院管辖的环境民事公益诉讼案件的区域由高级人民法院确定，但前提还需经最高人民法院批准。

在这次《司法解释》中，法院还增加了诉讼请求明释制度。[1] 第9条规定，

---

① 常纪文、尹立霞：《创新值得点赞　缺憾瑕不掩瑜——评环境民事公益诉讼司法解释》，载《环境经济》2015第2期。

人民法院认为原告提出的诉讼请求不足以保护社会公共利益的，可以向其释明变更或者增加停止侵害、恢复原状等诉讼请求。即当不同的社会组织提出了不同的诉讼请求时，人民法院应当主动协调释明，尽量统一其请求；如果无法达成一致，社会组织可以针对增加的诉讼请求另行起诉。

(3)建立了环境公益诉讼的支持机制。在我国，难以提起环境公益诉讼还有一个原因在于缺乏社会资金和国家资金的扶持，许多环保组织因经费有限，技术力量不足。针对这个现实问题，此次司法解释给予了解决。一是明确了检察机关等单位和组织依据《民事诉讼法》第 15 条的规定，可以通过提供法律咨询、提交书面意见、协助调查取证等方式来支持社会组织依法起诉的地位。二是法院认为必要的，应当支持并且帮助原告调查收集需要的证据，并且法院可以委托具备资格的鉴定人进行鉴定原告需要鉴定的专门性问题。三是借鉴了美国的环境公民诉讼制度，对于原告请求被告承担检验、鉴定费用，合理的律师费以及为诉讼支出的其他合理费用的，规定人民法院可以依法予以支持。四是对于其他环境民事公益诉讼中败诉原告所需要承担的调查取证、专家咨询、检验、鉴定等必要费用，可以酌情从赔偿款项中支付。五是如果原告缴纳诉讼费用确有困难的，特别是败诉或者部分败诉的原告，人民法院会依照《诉讼费用交纳办法》的规定处理。

(4)实现了行为责任与给付责任的衔接。按照《司法解释》第 18 条的规定将仅针对侵权责任领域的赔礼道歉适用于不具专属性的社会公益，实属一大突破。其次，对于恢复原状，人民法院可以判决被告将生态环境修复到损害发生之前的状态和功能。对于无法完全修复的，可以准许采用代替性修复方式。再者，原告可以为停止侵害、排除妨碍、消除危险采取合理的预防、处置措施，与之发生的相关费用也纳入了环境赔偿的请求之列，这不仅鼓励原告有效地控制生态环境损害的发生和扩大，而且能够更有力地保护环境公共利益。[①]

(5)规定了司法监督制度。由于环境公益诉讼涉及的是不特定多数人的利益，为了避免原告与被告私下达成的协议损害环境公共利益，司法解释规定了公告制度和司法监督，如调解协议与和解协议至少需要公告 30 日，并且当事人不能随意撤诉，准予撤诉与否均由法院监督与裁判。

---

① 常纪文、尹立霞：《创新值得点赞　缺憾瑕不掩瑜——评环境民事公益诉讼司法解释》，载《环境经济》2015 年第 2 期。

(6)衔接了公益诉讼与私益诉讼。根据《司法解释》第10条的规定可以看出,环境公益诉讼与私益诉讼是相对独立的,但规定了对于环境民事公益诉讼对因果关系等作出来的认定,环境私益诉讼可以在此基础上提起诉讼,从而减少环境私益诉讼的诉讼成本和诉讼时间,支持了私益诉讼"搭便车"。

(7)最高人民法院、民政部和环境保护部在2014年12月联合出台了《关于贯彻实施环境民事诉讼制度的通知》,各部门之间的衔接也让环境公益诉讼制度更完善。一是人民法院既可以判决被告自行修复生态环境,也可以委托第三方,必要时还可以请负有监督管理职责的环境保护主管部门共同组织修复。二是人民法院可以委托具有环境损害评估等相关资质的鉴定机构鉴定生态环境损害修复的结果,必要时还可以请负有监督管理职责的环境保护主管部门协助审查。三是社会组织不仅有权提起环境公益诉讼,而且也有权对环境公益诉讼的判决结果的执行情况进行监督。

(二)现行环境公益诉讼制度的不足

就现行的法律、司法解释来看,我国的环境公益诉讼逐步地在发展,但受限于理论与实践经验的不足,仍存在许多需要完善之处。

1.环境公共利益的范畴不明确[①]

"环境公共利益"是环境公益诉讼的基础性权益,也是诉讼的根本来源。对于"公共利益"的概念,在法学中一直是抽象的,需要在立法和实践中予以界定。在我国,环境公共利益一般与国家环境利益与私人环境利益发生交集,但无论是《民事诉讼法》还是《环境保护法》,都没有明确"环境公共利益"的具体范围,也没有相关司法解释界定具体标准。这直接影响到环境公益诉讼的案件范围和司法机关对立案的标准,如果直接交由法院自由裁量,会造成立案的偏差从而导致不稳定,更不利于环境公益诉讼的长远发展。

2.环境公益诉讼的起诉主体的不足

首先,公民的缺位。在公益诉讼中,罗马法的公共信托理论和美国私人检察总长理论是环境公益诉讼原告确立的理论依据。[②] 其中环境公共信托理论奠定了环境公益诉讼原告资格的范围较为宽阔的基础,即公众以环境资源信

① 高然:《论我国环境公益诉讼现状及完善途径》,载《法治与社会》2015年第2期。

② 郭金虎:《试论我国环境公益民事诉讼原告确立的法理依据及影响因素》,载《重庆第二师范学院学报》2015年第1期。

托财产的委托人或受益人的名义提起环境公益诉讼。而美国私人检察总长理论指的是公民或者指定的非政府团体可以依据法律授权,针对损害公共利益的违法行为提起诉讼,给公民作为环境公益诉讼主体带来了有力的理论基础。公民的参与才是最为符合公益诉讼制度的设计初衷。

然而新《环境保护法》《司法解释》均没有规定赋予公民提起环境公益诉讼权利的条款。立法者解释,考虑到我国现行管理体制和减少滥诉风险,认为提起环境公益诉讼的主体不宜过宽,公民个人的滥诉容易导致司法资源的浪费,但笔者不赞成排除公民个人在原告范围之外。因为公民个人提起公益诉讼具有补充性和监督性,是人民主权原则的直接体现。况且环境公益诉讼与个人利益无关,对于公民个人来说,我国缺少诉讼传统,公民通过诉讼途径解决纠纷的积极性较低,滥诉的公民更是占少数,反而应当予以更多的支持。公民参与环保的缺位,也是导致我国环保领域"高关注,弱参与"现象的原因之一。[①]公民的参与不仅能最有效地提高其环境保护意识,还能促进国家环境管理的民主化,有助于公众与政府之间的交流与合作。至于对滥诉的担忧,也可以通过建立相关的预防、惩戒机制予以处理。

其次,法律规定的机关仍不明确。从我国当今的立法情况来看,环境公益诉讼的起诉主体主要局限于环保社会组织,仍然没有对"法律规定的机关"进行具体的解释,这可能影响维护环境公共利益的积极性。

其中检察机关作为一个公共利益的捍卫者,在环境公益诉讼中必然要占一席之位。但《民事诉讼法》和《环境保护法》均未对检察机关予以明确的地位,《司法解释》中也只规定了检察机关可以支持起诉,却没有明确其起诉主体的地位。

在我国,检察机关的起诉权是一种公诉权,体现的是国家意志性和公益性。理论界和实践中常常将检察机关的"公诉权"限制在刑事领域中,而随着经济、社会、诉讼制度的不断发展,民事和行政活动中也越来越需要专门的机关去维护国家和社会公共利益的行为,由于我国环境公益诉讼仍属于民事公益诉讼的范畴,要求诉讼主体具有平等地位,则应当明确检察机关作为起诉主体的身份是法律授权专门设定的公益代表人,而不是国家机关。

---

① 刘益:《环境民事公益诉讼目的论——兼评最高法院〈关于审理环境民事公益诉讼案件适用法律若干问题的解释〉》,载《重庆理工大学学报(社会科学)》2015年第2期。

3. 忽略了诉讼监督制度的建设[①]

《司法解释》没有赋予检察机关和社会组织诉讼监督权，对于原告、被告达成的协议，如果法官受到审判干预，共同损害社会公共利益的现象，检察机关没有抗诉权，社会组织没有上诉权。

4. 环境赔偿金缺乏监管[②]

关于责任形式，《司法解释》予以了细化，并且对侵权责任做了突破性的解释。在司法实践中，损害赔偿有一定的难度，而且在国外也没有相关的实践。而我国确定了环境赔偿损失的责任形式，但遗憾的是，没有对赔偿金的使用、监管等问题做进一步的规定。

三、完善我国环境公益诉讼制度的设想

虽然《民事诉讼法》和《环境保护法》都进行了修改，最高人民法院作出了一系列的司法解释，但是并不能给环境公益诉讼制度的立法画上句号，仍然还有许多现实问题需要解决。无论是理论上还是司法实践上，对环境公益诉讼的探索都不能停止脚步。对此，需要我们结合我国具体的司法制度和司法实践情况，借鉴国外关于环境公益诉讼的宝贵经验，构建符合我国国情的环境公益诉讼制度。

(一)明确"环境公共利益"的界定

有学者认为，"环境公共利益"是由不特定多数主体所享有的、具有整体性、层次性、多元性和发展性的环境重大利益。环境公共利益的享有者是多数人，并且是不特定的多数人，这是公共利益区别于集体利益等多数人利益的关键点，也是环境公益诉讼区别于传统民事诉讼的关键点。因此，可以从合理性、公共性、时空性三个标准来界定。

首先，合理性指的是比较受益与损害之间的比例关系，符合利益最大化原则；其次，公共性即环境利益属于不特定的多数人，是所有个体共同享有的；最

---

① 刘益：《环境民事公益诉讼目的论——兼评最高法院〈关于审理环境民事公益诉讼案件适用法律若干问题的解释〉》，载《重庆理工大学学报(社会科学)》2015 年第 2 期。

② 常纪文、尹立霞：《创新值得点赞　缺憾瑕不掩瑜——评环境民事公益诉讼司法解释》，载《环境经济》2015 年第 2 期。

后,时空性即环境公共利益产生于一定的时空背景之下,不存在永恒不变的环境公共利益。这三个标准,可以明确环境公益诉讼的受案范围,区分环境公共利益、国家利益、私人利益的界限,更好地发挥环境公益诉讼制度的作用。

(二)扩大享有环境公益诉讼诉权的主体范围

公益诉讼是人民当家作主,管理国家事务的体现之一。针对我国现阶段出现的环境污染、生态破坏的问题,因其危及不特定多数人的生命健康和财产安全,法律应当赋予公民个人诉权,当行政机关和社会组织不能完成社会的信托,行使环境公益诉权的时候,公民个人就可以直接提起环境公益诉讼,及时保护环境安全。这一方面,美国有关的做法有一定的借鉴和参考价值。美国不仅是现代公益诉讼的创始国,也是世界上公益诉讼最发达的国家。《联邦地区民事诉讼规则》第 17 条规定,在法定情况下保护别人利益的案件也可以用美利坚合众国的名义提起。经法律授权的当事人,可为未参加诉讼的诉讼受益人的权利以自己的名义起诉。从法条中可以看出,只要有多数人的利益受到侵害或者可能受到侵害,任何人包括检察机关、社会组织、公民个人等都可以提起公益诉讼。①

除此之外,《海洋环境保护法》第 90 条规定,对破坏海洋生态、海洋水产资源、海洋保护区,给国家造成重大损失的,由依照本法规定行使海洋环境监督管理权的部门代表国家对责任者提出损害赔偿要求。该法条赋予了海洋环境监督管理部门环境公益诉权,从法理来说,其他环境保护管理行政部门也应当享有与其一样的诉权。因此,可以将"法律规定的机关"定义为环境行政管理部门写入司法解释,完善环境公益诉讼制度。

(三)建立环境公益诉讼前置程序

虽然一方面诉讼主体的扩大以及有利于原告的制度设计能鼓励公众参与环境公益诉讼,但是另一方面也会加大滥用诉权的可能性。为了防止滥用诉权的发生,有必要设立一定的前置程序对原告的诉权加以限制,从而合理配置司法资源。

前置程序包括了通知程序和举报程序。公民或社会组织可以发出通知,

---

① 黄旖旎:《论我国环境公益诉讼制度的立法》,载《金卡工程·经济与法》2010 年第 12 期。

要求环境侵害人停止侵害、排除危险、恢复原状，如果侵害人在收到书面通知后超过规定期限未采取措施的，公民或社会组织可以向法院提起环境公益诉讼；公民或社会组织也可以选择向负有环境监管职责的行政机关举报，要求其履行职责，如果在规定期限内不作为，公民或社会组织可以提起诉讼。

第二，原告向法院提起环境公益诉讼后，法院应当设立特殊的严格审查程序，是否符合起诉的条件，是否经过了法定的前置程序，最后由法院裁定是否受理。

第三，环境公益诉讼一旦受理，原告就无权撤诉或要求调解，并且应当按照法庭的要求积极参加诉讼活动。

（四）建立原告奖励机制

由于提起环境公益诉讼的原告主要是出于保护社会公共利益，对社会的一份责任，如果没有一个合理奖励机制，很少人会为了维护公益而去牺牲自己的时间、精力、金钱。在奖励机制中，我国可以借鉴美国的“赏金猎人”制度，美国《反欺骗政府法》规定原告胜诉后，可以从法院判令被告支付的罚款中分得一部分，其比例为15％～20％。即在我国可以规定胜诉原告可以主张败诉被告支付的损害赔偿金的一部分作为奖励。由于我国环境公益诉讼在初步建设阶段，可以先规定支付一个相对较低的比例，但要从保证能够补偿原告的合理付出和激励更多的人维护环境公共利益的角度去设计。总而言之，它是环境公益诉讼不可或缺的环节。

（五）完善环境公益诉讼相关具体法律制度

环境公益诉讼作为一种诉讼类型，其立法和制度建设还存在一些问题。如国家在生态文明体制改革时，在中央可以设立“自然资源部”或“自然资源委员会”，在地方设立“自然资源厅”或“自然资源委员会”，代表国家行使对自然资源和生态资源的所有权，并且管理、使用和监督赔偿金。另外，在有关环境公益诉讼赔偿与行政处罚之间的关系应当予以明确，应当规定从赔偿费用中减去已经缴纳行政处罚的那一部分。最后，环境公益诉讼的积极性比较低不仅是缺少诉讼传统，而且在于起诉主体能力不足，很多社会组织存在内部组织体系不健全、缺乏资金来源、无固定办公场所、工作人员流动性大、法律与环境知识技能缺失等问题。在美国，大多数环境公益诉讼都是通过环保非政府组织进行的，如自然资源保护委员会、大西洋国家法律基金、地球之友等组织提起了大多数案件。[①] 随着社会组织的作用越来越突显,有必要对社会组织进行法律层面上系统的规定。在此,可以借鉴西方发达国家专门立法的经验,制定有关我国民间组织类的法律法规,使其拥有强而有力的后盾,增强其诉讼能力。

(六)设立环境公益诉讼基金会以及推行法律援助

环境公益诉讼中原告代表的是公权力,不涉及任何的私益,这样才可能减少在环境公益诉讼中所需考虑的利益关联,同时还能防止为了获得经济补偿而滥用诉权的现象,使提起环境公益诉讼的目的只在于纠正侵害行为和预防侵害的可能,因此特别需要设立环境公益诉讼基金会,处于一个中立的地位,每件胜诉的环境公益诉讼案件的赔偿都应当留一定的比例给基金会,同时,基金会还可以接纳社会捐款作为基金来源。当原告提起公益诉讼时,可以向基金会申请评估、鉴定等费用,基金会进行严格审查后,有正当理由与相应事实的,应当予以批准。环境公益诉讼基金会也是维持环境公益诉讼的"维生素"。

(七)推动环境污染责任保险

环境污染责任保险作为一个重要的环境责任承担的补充,能够更好地完善环境公益诉讼的责任形式。不仅能够分散企业的风险,而且可以在通过增加企业经营成本的基础上,一定程度地警示企业保护环境。在我国,虽然环境污染责任保险的试点推行取得了阶段性的进展,但是仍处于发展的初期。

因此,在发展的过程中,要保证安全激励和赔偿共同存在。如果过分突出环境污染责任保险的分散风险功能,是无法引起企业环境保护的重视的,也与环境公益诉讼的目的出现偏差。要在发展环境公益诉讼的过程中因势利导,可以建立几项合理政策予以支持。一是采取国际上的普遍做法,国家应予以税费减免,吸引更多排污企业购买环境污染责任保险。二是在运作成熟的情况下,保险企业可以给予一定保险费率的优惠来鼓励连续多年投保且未发生污染事故的企业,而对发生污染事故的企业上调保险费率,以此来督促企业加强事前预防,减少环境污染。[②]

---

① 郭珺:《我国环境公益诉讼进路探析》,载《环境保护》2015 第 1 期。

② 陈邦瑞:《环境公益诉讼制度对发展环境污染责任保险的影响及对策》,载《甘肃金融》2015 年第 3 期。

此外，在实践中，正是公益律师的参与和努力大大地推动了公益诉讼的发展。由于环境公益诉讼专业性要求比较高、诉讼比较持久等特点，公益律师更是不可或缺的。公益律师的专业操作和在社会生活中的特殊地位，也影响着未来公益诉讼制度、政策的制定和运作。

四、结语

这次《民事诉讼法》的修改，首次明文规定了环境公益诉讼制度。但该法规定得太笼统，与实践操作脱节，原告主体不明确，缺乏具体程序规则，相关概念的界定模糊等情况，这些问题都严重制约了环境公益诉讼制度功能的发挥。

针对以上问题，《环境保护法》进行了一次修改。其中的一大亮点是对环境公益诉讼制度作出了细化规定。如明确了享有诉权的社会组织的条件；扩大了环境公益诉讼的范围，将破坏生态环境的行为也列入保护的范围。然而，新《环境保护法》并未能从根本上解决环境公益诉讼中存在的问题。

而最高人民法院在诉讼程序方面，出台了相关的司法解释，填补了不少的法律空白，给环境保护更好的程序保障。但“罗马不是一天就可以建成的”。

最后，关于环境公益诉讼制度，我们应当实行渐进的改革，以循序渐进的方式逐步地建立该制度。从我国实际情况出发，借鉴西方国家的宝贵经验，取其精华，去其糟粕。相信在社会各界的努力下，相关法律、法规、司法解释的陆续出台和司法实践的推进，环境公益诉讼制度一定能在成就“中国梦”的过程中发挥出保护环境的力量。

参考文献

[1]张翠梅：《环境公益诉讼制度构建的法理分析》，载《河北法学》2011 年第 4 期。

[2]刘晓：《环境公益诉讼的法理分析》，载《中北大学学报（社会科学版）》2006 年第 22 期。

[3]李长健、朱维维：《环境权视野下公民提起环境公益诉讼的法理分析》，载《政府与法制》2013 年第 4 期。

[4]邢力文：《关于环境公益诉讼制度的思考》，载《科技视界》2014 年第 12 期。

[5]杨斐：《构建我国环境民事公益诉讼制度的法理思考》，载《阿坝师范高等专科学校学报》2012 年第 3 期。

[6]孙元明:《论公益诉讼制度的法理基础和制度构建》,载《学术界》2012 第 9 期。

[7]周枏:《罗马法原理》,商务印书馆 1996 年版。

[8]吕忠梅:《环境公益诉讼辨析》,载《法商研究》2008 年第 11 期。

[9]刘益:《环境民事公益诉讼目的论——兼评最高法院〈关于审理环境民事公益诉讼案件适用法律若干问题的解释〉》,载《重庆理工大学学报(社会科学)》2015 年第 2 期。

[10]张彬彬、张斗胜:《我国环境公益诉讼制度的不足与完善——以新〈环境保护法〉第 58 条为视角》,载《贵州警官职业学院学报》2015 年第 1 期。

[11]常纪文、尹立霞:《创新值得点赞　缺憾瑕不掩瑜——评环境民事公益诉讼司法解释》,载《环境经济》2015 年第 2 期。

[12]高然:《论我国环境公益诉讼现状及完善途径》,载《法治与社会》2015 年第 2 期。

[13]郭金虎:《试论我国环境公益民事诉讼原告确立的法理依据及影响因素》,载《重庆第二师范学院学报》2015 年第 1 期。

[14]黄旖旎:《论我国环境公益诉讼制度的立法》,载《金卡工程·经济与法》2010 年第 12 期。

[15]郭珺:《我国环境公益诉讼进路探析》,载《环境保护》2015 年第 1 期。

[16]陈邦瑞:《环境公益诉讼制度对发展环境污染责任保险的影响及对策》,载《甘肃金融》2015 年第 3 期。

[17]耿静雯:《中国环境公益诉讼制度初探》,载《法制园地》2015 年第 2 期。

[18]谢伟:《浅论中国环境司法专门化与环境公益诉讼》,载《经济研究导刊》2015 年第 7 期。

[19]钟卫红、赵朝辉:《公民环境权益实现途径的新分析——以公民环境权益的存在状态为视角》,载《甘肃金融》2015 年第 3 期。

[20]董雪烈、龚扬帆:《环境民事公益诉讼的三个潜在问题及其解决方法》,载《绿色科技》2014 年第 10 期。

论图表在法律文书中的重要性

林　芸*

摘要:"一图胜千言""字不如表,表不如图"已经成为互联网时代律师所秉持的观念,将已掌握的信息通过图形、线段、字体等搭配方式转换为可视化图表,"说文字之不可说,解语言之不可解",运用图表辨别主体性质、识别法律关系、理清案件事实、连接法官与律师、律师与客户之间的工作,图表在法律文书中发挥着重要的作用。

关键词:可视化　图表　法律文书　重要性

一、图表是可视化呈现的最为直接和最为实用的表现形式

在互联网时代,信息技术拉开各方的差距,如果能够精准地利用信息与技术无缝对接,就能发挥出信息技术的最大作用。信息可视化已经成为互联网时代各行各业最为瞩目的标志,那什么是信息可视化呢? 1989 年,Mackinlay 和 Robertson Card 在其论文《用于交互性的用户界面的认知协处理器》中第一次提出"信息可视化"这一概念。论文指出,由于科学技术的飞速发展,促

* 林芸,女,广东金轮律师事务所实习律师。

使在用户界面里使用硬件系统的速度和图形性能来探索3D以及动画的可能性提高，为了能够充分发挥其功用，必须研究新的软件结构来支撑复杂的多智能体实现异步交互问题。因此，数据信息的可视化是实现这一目标的关键点。[①]

通过网络检索，信息可视化是指利用计算机图形学和图像处理技术，将信息转化成图形或图像在屏幕上显示出来，并进行交互处理的理论、方法和技术。在法律行业也是这样，只有紧跟时代步伐，才能走在时代的前沿。信息可视化在法律文书中发挥着重要的作用，而图表是可视化呈现的最为直接和最为实用的表现形式，下面我们就来讲讲图表在法律文书中的重要性。

二、图表在法律文书中的重要性

(一)法律文书的类型和价值

法律文书根据制定主体的不同，可分为公、检、法等司法机关制作的司法文书和普通公民、法人、非法人组织等制作的具有法律效力或者法律意义的文书。前者比如法院的传票、判决书、裁定书等，后者比如起诉状、答辩状、法律服务意见书、合同等。

不管是哪一类的法律文书，对法律诉讼和非诉讼业务都有着非常重要的作用，法律文书是连接各方主体的桥梁，承载着尽可能还原事实的重任，甚至也有可能影响到法律关系是否成立、法律责任如何分担等重要问题。

(二)图表的类型

根据网络检索，图表是指在屏幕中显示的，可直观展示统计信息属性(时间性、数量性等)，对知识挖掘和信息直观生动感受起关键作用的图形结构，是一种很好的将对象属性数据直观、形象地“可视化”的手段。图表的类型多种多样，条形图、柱状图、折线图和饼图是图表中四种最常用的基本类型。

此外，图表类型还包括散点图、面积图、圆环图、雷达图、气泡图、股价图等，我们还可以通过图表间的相互叠加来形成复合图表类型。例如时间图、程

① 滕瀚:《可视化新闻的产生、建构和效果初探》，载《新闻窗》2014年第4期。

序图、对比图、关系图、柱状图、饼形图等等，每一张图都有它要表达的信息，绝对不是简单的框、线和字。

(三)图表在法律文书中的价值

1. 图表在诉讼/仲裁案件法律文书中的价值

诉讼/仲裁的本质是案件信息的传递。图表是传达信息的一种最为直接的手段，它比单纯的文字更有表现力，也更能让难以理清的法律关系一目了然。我们可以来做个实验，以我们团队代理的一个案件为例，是 A 公司和 B 公司之间建设工程设计合同纠纷的案件，下面我们分别用两种不同的表达方式来描述这个案件其中的一个争议点，一种是通过单纯的文字来描述，一种是通过图表来描述，如下所示：

第一种：文字

“被告在答辩中陈述单体方案因原告的工作不尽责而未能通过审批，这是与事实不符的。被告 2012 年 12 月 17 日向原告确认，原告的单体方案设计已做好审批准备，要求原告开展初步设计工作。被告本应在 2012 年 12 月进行单体报建，但被告直至 2013 年 5 月份才进行报建审批，而在 2013 年 4 月 10 日 XX 市国土资源和城乡规划局施行了设计新规范。由此事实可以知道，被告的迟延报建导致时间拖长，同时，被告的迟延报建导致未能在新规施行前进行报建，这个是导致报建不能通过的原因，如在新规施行前报建，原告的单体方案可以通过审批(因修建性详细规划已通过审批，通过审批的修建性详细规划已包括单体方案的规划控制要点)。”

第二种：图表

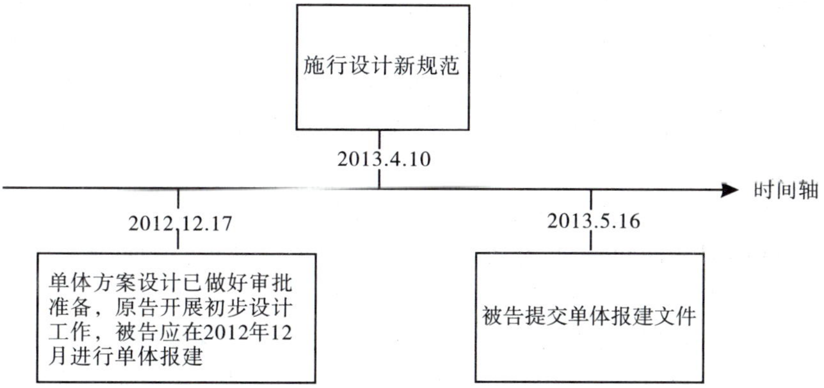

其实两者要表达的都是同一个争议焦点：单体方案是因哪一方的原因而未能通过审批？那么哪一种方式能够让我们快速地获取信息，得出我们想要的结论？如果是第一种方式，我们需要通过阅读上面的一大段文字，确定不同的主体，比较各个时间节点发生的事件，最后才能得出结论。但如果是第二种方式，通过上面的这个图表，我们能够快速地得出这个结论。上述图表使用了时间轴图，把案件中的信息，哪一个时间发生了什么事情清晰地呈现在时间轴图上，并利用不同的颜色突出案件信息的关键点，让受众对我们想要表达的信息一目了然。因为，诉讼/仲裁解决的就是各方之间的争议，每个案件都是要经过法院/仲裁委的审理之后，由他们来作出裁决的，所以我们应该把重点放在如何来说服法官和仲裁员上，让他们采信我们的说法而支持我们的观点。那么，图表就能起到连接桥梁的这个作用，我们把我们想要表达的信息呈现在图表上，法官和仲裁员通过阅读图表，就能把我们想要表达的信息快速接收。

上面举的例子只是案件中一个很小的争议点，这个案件既有本诉，也有反诉，代理意见和答辩意见各有满满的十几页，因为案件争议焦点较多，而且案件跨度时间长，案件中有很多时间点，单纯只是阅读代理意见和答辩意见的话相对比较错综复杂和枯燥，所以我们团队根据具体案情，制作了九张图表一并上交了法院。庭审时，法官围绕我们制作的图表进行开庭审理。庭审结束时，法官当着当事人的面高度赞扬我们制作的图表，充分肯定了我们对这个案件的准备工作，当事人对我们的工作也给予了高度的肯定。

当我们要彻底了解一个案件事实，在梳理案情时，多多少少都会在纸上圈圈画画，标记涉案的各个主体、行为和法律关系，如果我们能够做到把这些“圈圈画画”进一步精细化，把案件的每一个细节都用图表呈现出来，往往会取得事半功倍的效果。诚如上面所说，我们的工作重点是如何来说服法官和仲裁员采信我们的说法而支持我们的观点，那当我们把案件的每一个细节都呈现在他们面前时，我们既减轻了法官和仲裁员的阅卷负担，又把我们想让法官和仲裁员注意到的信息提炼了出来，这样就能够更有效地说服法官和仲裁员接受我们的观点。

2.图表在非诉讼业务法律文书中的价值

律师的非诉讼业务，指律师接受公民、法人或其他组织的委托，在其职权范围内依照国家有关法律、法规的规定，不与法院和仲裁委员会发生司法意义上的联系，直接为委托人办理某种法律事务的业务活动。比较常见的律师非诉讼业务主要有日常法律法规及政策咨询、法律文件的起草、出具法律意见书、尽职调查、商业谈判等等，这些业务的共同特征是涉及面非常广泛，所以最为重要的工作也是对这些法律服务的信息的提炼，形成规范的法律文书。

作为一个律师，难免会遇到朋友客户咨询法律问题、请求帮忙起草合同等出谋划策的事情，有时候很多人甚至认为律师就应该是万能的，律师懂得所有的事情，可以帮忙解决所有的事情，所以普遍的人都认为律师就是一个只需要靠一张嘴就有高收益的职业。其实现实并不是这样的，但有多少人能体会到律师那些繁复的工作背后的艰辛和看到律师"台上一分钟，台下十年功"的那些准备工作？所以，我们应该考虑如何把我们的工作有形化地呈现出来，才更能得到客户的理解和肯定。而传统的法律服务多依赖于律师个体的口述和纸笔，律师除撰写一些书面文书之外，多提供的是无形的口头服务。在此情况下，如果你面对的是一个通达的客户，他能够意识到你口头服务乃至专业知识的价值时，他自然不会对你的服务提出质疑，但如果你面对的是一个不太通达的客户，当他无法见到你提供的有形服务时，他可能就会质疑你的服务价值，比如，他可能会质问律师单靠嘴巴说话，凭什么收取那么高额的律师费。其实，客户的质疑不无道理，作为客户本身，其支付的律师费是为换取等值的服务，当然，我们都知道知识是无价的，但客户对律师服务的预期一定是有形大于无形，客户通常希望的是律师能够通过提供看得见的服务，一方面让自己摆脱困境；另一方面又能排除自己支付高额费用的心理不平衡感。①

接下来，笔者与大家分享本团队所撰写的一份法律服务意见书中的一个小小例子，让大家感受到图表的直观性和震撼力。

该法律服务意见书是针对我国国际货运业务中空运业务代理运输纠纷的现状及前景所作的分析报告，关于国际货运代理空运各类纠纷所占据的比例用文字表述如下："从《中国裁判文书网》检索可得：从 2014 年 1 月 1 日—2015 年 5 月 15 日，共有 96 份裁判文书涉及国际货运代理空运纠纷，常见纠纷为货运代理费纠纷、运费纠纷、保险纠纷。各类纠纷所占的比例如下：保险纠纷共有 9 件，占 9%；提单纠纷共有 3 件，占 3%；合同纠纷共有 5 件，占 5%；代理费、运费纠纷共有 37 件，占 39%；货损纠纷共有 16 件，占 17%；涉及刑事责任的共有 7 件，占 7%；劳动争议纠纷共有 6 件，占 6%；诉讼程序性纠纷共有 13 件，占 14%。"假如单纯只有这段文字，客户当然也能够从阅读这段文字中获取我国国际货运代理空运现在主要的各类纠纷及各类纠纷所占据的比例，但

① 潘波：《法律服务可视化八例》，载《法秀》2015 年版。

如果客户要将这些纠纷进行分析和比较呢？客户就必须重新从这些文字中提取各种信息，例如纠纷的种类、案件数量、所占比例等等，当客户重新去获取这些信息时，也许很难一下子就将这些信息牢记在脑海中，所以客户也有可能拿出笔和纸，将这些信息画在纸上进行对比。所以回到一个问题，客户请律师的目的是什么？是希望通过律师撰写的这份法律服务意见书，客户的需求能够快速得到满足。所以，客户不仅是希望自己的需求能够得到满足，还有一个前提，是“快速”。

如果我们把上面的文字信息转换为图表的模式，使客户阅读起来更加简洁清晰，那必然能够给客户带来震撼的效果。图表呈现如下：

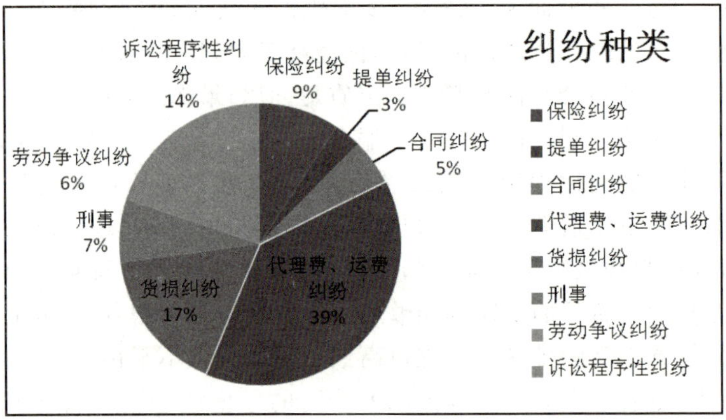

图表能够使复杂的问题简单化，能以直观的方式传达抽象的信息，使枯燥的数据转化为具有人性色彩的图表。当然图表还有很多种类型，我们常把图表分为关系流程图、叙事插图型、树形结构图、时间分布类及空间结构类五种类型。不管是哪一种类型，都是运用列表、对照、图解、标注、连接等表述手段，使视觉语言最大化地融入信息之中，使信息的传达直观化、图像化。

三、如何使图表在法律文书中发挥出最大的作用

将法律文书中的信息转化为图表是一个进化过程，问题的核心是，要如何使图表在法律文书中发挥出最大的作用。所以要考虑以什么样的方式去呈现信息，使信息能够自然地体现出来。图表是最为直观的方式，但是也要注意不能过度画图，不能机械地把所有的主体、行为、法律关系全部画到图表里面去，

而得到一张长长的更为错综复杂的图表。要认识到图表的根本，是案件思维的表达，而不是简单的画图。图表形成的过程就是对案件、材料线索进行梳理、对法律关系进行论证和对法律观点进行提炼的过程。

首先，要明确各方主体。不管是在诉讼案件还是在非诉讼业务中，我们首先要明确各方主体的法律地位，明确我们代表的利益方。如果单凭记忆中的主体去梳理案件和材料，就需要不停地转换记忆中的主体进行切换去代入案件和材料，当涉及的主体相对较多时，很容易就会产生混淆，所以首先必须对各方主体有一个明确的认识。

其次，要锁定各个时间点。时间的不可逆性能够在一定程度上还原在某个具体的时间点或者在某一个具体的时间段发生的事实。图表的最基本的方式之一就是时间轴图，可以让人对什么时间、哪一个时间段发生了什么事情一目了然。所以当接触到案件有多个时间信息时，可以通过制作时间轴图来锁定各个时间点，也许时间这个因素在案件或者业务中会具有决定性的价值。

再次，要将信息图形化。我们先将材料反映的信息呈现在图表上，再进行重新整理，比如重新进行排序、分类、汇总、筛选等，将我们掌握的信息转化成我们需要的图表。当然，在选择图表时，要根据信息选择合适类型的图表。

最后，要突显我们的关键信息。当我们的图表具备雏形时，我们要对图表的内容进行删改，并不是复杂的图表就是好的图表。要把跟案件、业务没有关系的信息删减掉，突出争议焦点，使受众容易获取信息。还可以对图表进行修改，通过调整图形、线段、字体的大小、位置、颜色，将我们要表达的关键信息突显出来。

四、结束语

图表直观、简单、易用，符合每个人的工作习惯，法律文书是连接法官与律师、律师与客户的桥梁，图表在法律文书中的出现，为法官审理案件快速传递有效信息，使律师代理业务更加专业化。而且图表对法官、律师原本各自分离的工作产生了奇妙的化学作用，如果图表能够成为法官、律师们共同使用的技术，职业共同体的氛围将越来越浓厚。图表将律师的法律服务有形地呈现在客户面前，让客户体验到有形的法律服务，从而肯定律师的服务价值。图表是信息可视化最为直接的表现形式，信息可视化是互联网时代各行业最为瞩目的标志，我们紧跟时代的步伐，就能走在时代的前沿。

参考文献

李杰臣、李建:《图表的力量》,电子工业出版社 2014 年版。

浅谈律师事务所法律业务投标项目前准备

马学信*

摘要:在我国,伴随着政府采购的不断深化发展、政府采购规模的不断拓展,在通过公开招标、邀请招标等方式在满足采购单位对服务的需求的同时,政府采购也吸引着越来越多的律师事务所参与其中。律师事务所全面进入政府法律服务市场,向政府投标法律服务将是律师事务所拓展法律服务领域、取得案源的常态方式。法律业务投标营销模式从来没有像今天这样被视为一块巨大的奶酪。因此,面对巨大的机遇以及激烈的市场竞争环境,律师事务所如何做好法律业务投标项目前准备工作,并取得实效则显得尤为必要和迫切。

关键词:政府采购　律师事务所　投标　准备

在我国,伴随着政府采购的不断深化发展、政府采购规模的不断拓展,在通过公开招标、邀请招标等方式在满足采购单位对货物、工程或服务的需求的同时,政府采购也吸引着越来越多的供应商参与其中。2013 年 11 月 12 日,中国共产党第十八届中央委员会第三次全体会议通过《中共中央关于全面深化改革若干重大问题的决定》(以下简称《决定》)为律师事务所作为供应商全面进入政府法律服务市场提供了机遇。《决定》提出切实转变政府职能,深化行政体制改革,创新行政管理方式,增强政府公信力和执行力,建设法治政府

* 马学信,男,广东金轮律师事务所律师助理。

和服务型政府。《决定》还提出推广政府购买服务，凡属事务性管理服务，原则上都要引入竞争机制，通过合同、委托等方式向社会购买，政府采购专业的法律服务将是未来政府采购的重要支出。向政府投标法律服务也将是律师事务所拓展法律服务领域、取得案源的常态方式。法律业务投标营销模式从来没有像今天这样被视为一个巨大的奶酪。

当然，机遇与挑战往往并存，律师事务所如何能在激烈的市场竞争活动中拔得头筹，立于不败之地。本文笔者试着结合金轮律师事务所投标工作实践，主要就投标项目前准备的工作方法及其重要性、注意事项浅谈几点体会。

一、投标前准备的重要性

标书是整个招标最重要的一环，而投标前准备是做好整个标书的关键和基础。要使整个标书清晰完整，商务、技术部分符合要求并具有针对性，经济部分报价合理又具有竞争性，就必须做好投标前准备。

在投标过程中，仍有很多律师事务所忽略或未意识到投标前准备的重要性，以至于往往在未进入资格审查或评标阶段便败下阵来。因此，“工欲善其事，必先利其器”，我们要想在市场竞争中拔得头筹，立于不败之地，就必须充分地做好投标前的准备工作。

二、投标前的准备工作

(一)优化投标工作环境

律师事务所投标负责人必须充分认识到投标工作的重要性，全面正确地理解投标过程中的投入产出关系，把投标工作当作一件大事来抓，创造一种良好的投标工作氛围。首先，建立一支人员充足、业务素养强、具有丰富投标经验和较好编标水平的队伍。编标人员相对稳定，避免“拉壮丁”和临时凑合的做法。其次，集思广益，分工协作，减轻编标人员的工作强度、提供工作效率。最后，做好舆论宣传，使多数未参与投标的人员了解投标工作的重要性、复杂性和艰巨性，不能因几次投标未中就对编标人员指责或非议，减轻编标人员的心理和思想负担，以良好的精神状态投入工作中。

(二)收集市场招标信息和资料

为了更好地拓展法律服务市场,律师事务所应该积极主动地建立信息管理系统。一方面,建立稳定、可靠的信息源,加大对信息市场的投入,拓宽信息渠道和信息领域。通过中介购买服务,行业协会、新闻媒体、社会关系、协助单位等途径获取法律服务招标信息,对招标信息进行筛选,做到有重点、有侧重、具体问题具体分析,以确定能发挥本律师事务所的优势,适合律师事务所特点的法律项目,有的放矢地开展投标工作。另一方面,充分了解同行业其他参加投标律师事务所的情况,分析竞争对手的技术实力、报价水平和报价习惯,做到知己知彼,心中有数。

(三)收集律师事务所内部资料

律师事务所内部资料是指律师事务所自身资质情况及以往的经验,主要用于评价律师事务所自身的能力是否能够满足招标单位的要求。律师事务所依据本所的基本资料,在作出投标决策前,要做好以下几个方面的分析:

1.对可投标项目的选择和决定。当只有一项投标项目可供投标时,决定是否投标。有若干项投标项目可供投标时,正确选择投标对象,决定向哪个或哪几个项目投标。

2.结合项目实际对本律师事务所的技术优势和实力作出合理的评价。

3.根据项目人员配置实际,能否抽出足够数量的、具有相应专业水平的律师投入服务。

4.着手收集、整理本律师事务所及投入服务律师资质证明,比如律师事务所有效的执业许可证、律师执业证以及行业主管机关、律师协会对律师事务所及律师投标前几年内未受到司法行政部门行政处罚或律师协会的行业处分的证明文件。同时收集、整理本律师事务所及律师获奖情况,以往对同类项目或重大项目的服务经验、合同案例。

(四)指定地点购买投标文件,按时缴纳投标保证金

律师事务所在作出投标决策后,一般需要在规定的时间内前往采购代理机构指定地点购买投标文件,从而正式获取投标文件,进入报名确认环节。根据投标文件的要求,应当留意是否需要缴税或截止至何时前缴纳投标保证金,逾期视为废标、无效投标处理。

实例1,某投标文件须知规定:“递交投标文件时须出具投标保证金收据。

以银行转账方式交纳投标保证金的，投标保证金必须提前一个工作日到达我中心账户。由于转账当天不一定能够到账，为避免因投标保证金未达账而导致投标被拒，建议至少提前两个工作日转账，并在投标截止日的前一个工作日到某某银行某路支行的营业大厅保证金专窗领取投标保证金收据。”面对如此温馨的提示，往往仍有少数粗心的编标人员将“工作日”误看作“时间日”，而逾期缴纳保证金导致无效投标。

(五)严格按照招标文件的要求、格式制作投标书

投标书就像剧本是电影、话剧的灵魂一样，是整个投标最为重要的环节，是事关律师事务所能否中标的关键。它既是采购单位的全部意愿或需求的表达，也是律师事务所投标编制投标书最重要的依据。律师事务所应当仔细阅读招标文件，严格按照招标文件的要求、格式进行一一响应，制作投标书，否则可能被判定为失分项或无效标处理，最后前功尽弃，错失机会。

在招标文件中，通常包括招标须知，合同的一般条款、特殊条款、价格条款，技术规范以及附件等。《招标投标法》第27条规定：“投标人应当按照招标文件的要求编制投标文件。投标文件应当对招标文件提出的实质性要求和条件作出响应。”这里的“实质性要求和条件”是指招标文件中有关招标项目的价格、项目的需求、技术规范、合同的主要条款等，投标文件必须对这些条款作出响应。这就要求投标人必须严格按照招标文件的规定填报，不得对招标文件进行修改，不得遗漏或者回避招标文件中提出的问题，更不能提出任何附带条件。投标文件通常可分为以下3类：

1.商务文件。这类文件是用以证明律师事务所履行了合法手续及采购单位了解律师事务所商业资信、合法性的文件。一般包括投标保函、律师事务所的授权书及证明文件、律师事务所的资信证明及获奖情况、以往同类项目经验等；投标保函一般为禁止联合投标，及投标律师事务所的履约承诺。

2.技术文件。这类文件是为投标律师事务所的法律服务方案设计的文件，方案内容一般包括服务内容响应、服务承诺、服务程序、保密制度和保密措施等，用以评价律师事务所的技术实力和经验。法律服务方案应当具有针对性和可操作性。

3.价格文件。这是投标文件的核心，全部价格文件必须完全按照招标文件的规定格式编制，不允许有任何改动。如有漏填，则视为其已经包含在其他价格报价中或作无效标处理。

在编制投标书的过程中，经常有一些容易被忽视或误解的问题存在。而

这些问题不加以重视，往往又导致最后投标无效或投标未能中标。

1. 招标文件的澄清和修改

采购单位或采购代理机构在发售招标文件后的一定时间，通常都会组织投标人进行招标文件的澄清或修改。在规定的时间内，根据已购买招标文件的投标人对招标文件的有疑问或争议条款进行质疑、回复后，形成一些必要的澄清、补充说明、错误的修正或者对投标文件有进一步的、具体的要求，并且通过公示、补遗书或答疑书书面发送各投标人。补遗书、答疑书和其他正式有效函件，均是招标文件的组成部分，与招标文件的其他内容具有同等地位，其内容、要求必须完全、切实地贯彻到投标书中。

实例 2：某招标文件的“澄清和修改”规定：交易中心对招标文件进行必要的澄清或者修改的，于开标前 15 天在某某市政府采购网和某某公共资源交易中心网上发布公告，并通知所有报名及购买招标文件的供应商，报名及购买招标文件的供应商在收到澄清或修改通知后应按要求以书面形式予以确认，该澄清或修改的内容为招标文件的组成部分；澄清或修改不足 15 天的，交易中心在征得报名及购买招标文件的供应商同意并书面确认后，可不改变投标截止时间。已报名购买招标文件的供应商如有异议，必须于投标截止时间三日前书面向交易中心提出。交易中心将拒绝没有对澄清修改文件予以书面确认的供应商的投标。投标人 A 虽收到采购中心通知查看网上澄清公告，但在规定的时间内未以书面形式澄清修改文件，而导致投标被拒。

对招标文件中的某些条款如有疑问，或对投标文件有不清楚处，应当在招标答疑会上提出，取得明确的答复，否则视为默认，中标后就无权再提。报价一旦报出就等于对招标文件的确认，它具有法律效力，中标后报价也成了合同价，是无法推翻的。

2. 投标须知的重要提示

“投标须知”是招标单位提醒投标人在投标书中务必全面、正确回答的具体注意事项的书面说明，可以说是投标书的“五脏”。因此，投标人在制作标书时，必须对“招标须知”进行反复学习、理解直至弄懂弄通。对于重要提示或暂未能填写的内容应该一一特殊标记，重点罗列，以免遗漏。

实例 3：某投标文件须知提示“请根据评分项目作索引表，即投标文件含评分项目内容作索引对应。请各单位认真对待，自行针对评分标准检查是否完备。”投标人 B 各项技术实力全部符合采购人的需求，并可能获得商务部分评分项目最高分。但是在制作投标书中因忽略招标须知提示，未制作索引表，降低评价专家在评标过程中的评标效率，最终评价专家未给出相应的最高分，导致投标未中标。

3.“实质要求”逐一响应

《招标投标法》第27条规定:“投标文件应当对招标文件提出的实质性要求和条件作出响应。”这意味着投标人只要对招标文件中的某一条实质性要求遗漏,未作出响应,都将导致废标。

实例4:某招标文件规定:“招标文件中,凡标有‘★’的地方均为实质性响应条款,投标人若有一项带‘★’的条款未响应或不满足,将按无效投标处理。投标人须对招标文件的对应要求给予唯一的实质性响应,否则将视为不响应。”若投标人C遗漏了标有“★”的地方对“投标人须在某某市司法局登记注册,年检合格取得律所执业许可证的合伙型企业,成立时间必须在2013年01月01日前”这一要求作出响应;投标人D在投标书中遗漏了对“本次招标不接受联合体投标”这一要求作出响应,则投标者C和投标者D,都将因“遗漏”而被淘汰。

4.“重要得分”分分必争

“标函”“项目实施方案”“技术措施”“服务承诺”等都是投标书的重要部分,也是体现律师事务所是否具有竞争实力的具体表现。倘若律师事务所对这些“重要部分”不重视,不进行认真、详尽、完美的表述,就会使投标者在商务标、技术标、信誉标等方面失分,以致最后落榜。

实例5:一些编标人员不重视写好“标函”,则就会在“标函”中不能全面反映本律师事务所的“名牌效应”,不能充分表述自身的业绩,甚至将获得的重要奖项,承建的大型重要项目等在“标函”中没有详细说明,从而不能完全表达本公司对此招标项目的重视程度和诚意。

实例6:一些编标人员对“技术措施”不重视,忽视对拟派出的项目负责人与主要技术人员简历、业绩的详细介绍,以致在这些方面得分不高而出局。

5.“细小项目”细心填写

在制作投标书的时候,有一些项目很细小,也很容易做,但稍一粗心大意,就会影响全局,导致全盘皆输。这些细小项目可能是:

其一,投标书未按照招标文件的有关要求封记的;

其二,未全部加盖法人或委托授权人印鉴的,如未在投标书的每一页上签字盖章,或未在所有重要汇总标价旁签字盖章,或未将委托授权书放在投标书中;

其三,投标者单位名称或法人姓名与登记执照不符的;

其四,未在投标书上填写法定注册地址的;

其五，投标书的附件资料不全，如提供合同复印件、以往经验证明等；

其六，投标书字迹不端正，无法辨认的；

其七，投标书上没有目录、页码，或文件资料装订顺序前后颠倒的等。

（六）确定合理、合规的报价明细及标价

投标人报价明细及标价是投标书的重要组成部分，且在评标时往往报价所占分值较高，这时报价的合理性显得尤为重要。为此，必须做好以下几个方面的工作。一是吃透经济部分定价章节说明，然后合理地套用评分标准。二是编制标价时应分清主次，抓住重点，对标书中已经明确制定的定价项目不要做任何更改，把主要精力集中在非指定分项项目上，在其上面下功夫，挖潜力，重点研究。三是在预算定价出来后，进行成本分析，这是报价前不可缺少的一步。经过上述三个方面的工作，再考虑律师收费依据、竞争手段的投标策略和本律师事务所对承接该法律服务项目的优势和弱势，进行综合分析研究，确定合理报价，才能提高中标率。

实例7：某国有企业通过公开招投标方式聘请常年法律顾问。招标预算为最高限价40万。价格分统一采用低价优先法计算，即满足招标文件要求（通过资格性审查和符合性审查）且价格最低的评标价为评标基准价，其价格分为满分。其他投标人的价格分统一按照下列公式计算：价格评分=（评标基准价/评标价）×20。投标人E通过互联网大数据，检索到以往该招标国有企业同类项目中标结果公告，中标价格为30万。在衡量成本分析及竞争优劣后，最终确定投标报价为30万。

（七）投标书定稿，核查无误

就是在投标书初稿完成后进行“回头看”，核查无误后再按照招标文件要求装订。这是避免投标书“出叉”的最后一道关口。主要看：

1. 该招标须知内容是否一一响应。

2. 该采购单位实质性资格审查要求是否一一响应。

3. 属于法律服务项目评分项是否填写齐全，有无漏项。

4. 审查有无错误，一查有无违规性错误，如该应用综合评分法的却用明确的最低评标价法；二查有无数据性错误，特别是有关规格、型号的说明中最容易发生数据性错误，务必审核好；三查有无文字或格式等一类的错误。最后，按照招标文件要求装订、提供正副本、电子文件、密封等。

实例8：某国有企业通过公开招投标方式聘请常年法律顾问。投标人F

通过互联网检索发现,竞争对手投标人 G 为该国有企业上一年度常年法律顾问服务单位,技术实力雄厚。而在开标当天唱标环节,投标人 G 投标文件中经济报价部分出现数据性错误,如"报价为￥3000000(大写人民币叁拾万元整)",而导致无效报价,技术部分得分 0 分,从而未能中标。

(八)提前踩场、按时送达

最后,招标前准备工作可谓"万事俱备,只欠送达"了。当然,为了确保投标文件须按照招标文件规定的时间、地点现场送达,投标人应该对送达地点提前做线路查询,必要时可提前踩场确定具体位置。同时现场递交投标文件一般应在开标当天提前二十分钟或半个小时到达,否则在投标截止时间后送达的文件将被拒绝接收。

实例 9,某投标文件规定:"请供应商特别留意采购文件上载明的投标截止和开标时间,逾期送达或邮寄送达的投标文件本中心恕不接收。投标截止时间一到(哪怕只过了 1 秒钟),本中心不接收任何投标文件,因此,请适当提前到达。"某投标人 H 不幸在开标当天唱标人宣布投标截止时间已到这一刻匆匆忙忙推门而入(刚好过 1 秒钟),理由为进大厦遇到上班高峰期电梯拥挤,上不了等了十几分钟,望唱标人与现场各竞争对手通融。唱标人当场果断拒绝,告知投标时间已过不再接受任何文件,要求其先行离开开标现场。

三、结束语

律师事务所投标政府法律服务市场竞争,在总的社会环境下,机会是均等的。随着《中华人民共和国招标投标法》《中华人民共和国政府采购法》的实施,招投标机制逐步完善以及社会的不断进步,政府法律服务市场对律师事务所提出了新的更高的要求。首先是价格的竞争,政府法律服务市场的竞争实质是市场主体之间投标价格的竞争,价格已成为市场取向的重要内容。其次是品牌和信誉的竞争,法律服务产品是一种特殊的商品,它向社会提供具有服务性的产品。中标单位必须信守合同,满足采购单位对产品质量、安全的需要。因而,品牌和信誉已成为市场对律师事务所要求的重要条件。最后,投标项目前的充分准备是贯彻整个投标文件各个环节的决定性条件。即便同时拥有价格竞争优势、品牌和信用竞争优势,没有投标项目前的充分准备做支撑,律师事务所在法律业务投标工作中仍可能捉襟见肘,大意失荆州。因此,律师事务所法律业务投标做好项目前准备工作尤为重要，宜未雨而绸缪，毋临渴而掘井。

参考文献

[1]中国共产党第十八届中央委员会第三次全体会议:《中共中央关于全面深化改革若干重大问题的决定》

[2]《中华人民共和国政府采购法》。

[3]李君友:《制定法律业务投标书的经验谈:细节决定成败》,http://www.acla.org.cn/html/lvshiwushi/20150601/21244.html,下载日期:2015 年 9 月 4 日。

论广东金轮律师事务所的行政管理

陈伟明*

摘要：广东金轮律师事务所经过20年的发展，专职律师的人数在不断增加，办公场所在不断增大及美化，事业蒸蒸日上。但伴着业务的不断开拓，律师事务所的律师团队(含实习律师、律师助理)不断壮大，随之而来的内部行政管理矛盾凸显。这使得律师事务所的公司化的管理也应与时俱进，进入一个新的阶段。完善后勤行政部、提倡科学的人力资源管理、重视办公室软件建设，将成为未来发展的必然。

关键词：律师事务所　行政　管理制度

前　　言

2015年，广东金轮律师事务所(以下简称本所)迎来建所20周年，回顾这20年，且看如下两组统计数字①：

---

* 陈伟明，男，广州大学法学学士、广东工业大学工商管理学士。

① 资料来源：1998年数据源自《广东金轮律师事务所律师简介》(律所2008年宣传简介)；2003年数据源自《广东省律师事务所执业律师公告手册(2003年度)》；2015年数据源自《广东金轮律师事务所内部联系录》(律所前台版本，更新至2015年6月)。另说明，该数据由笔者自行统计，或与准确数据会有出入。

1. 办公场所变化

表 1

时间	地点	面积	属性
1998 年	环市东路好世界广场	约 200 平方米	租赁
2003 年	广州大道中通讯楼	468 平方米	租赁
2015 年	珠江新城保利克洛维大厦	600 平方米	自有

2. 律师的变化

表 2

时间	律师数量	专职律师约占比例
1998 年	20	约 30%
2003 年	19	约 60%
2015 年	34	约 90%

从表 1、表 2 可知：本所经过 20 年的发展，专职律师的人数在不断增加，办公场所在不断增大及美化，且随着业务的不断开拓，本所的律师团队、实习律师及律师助理队伍还在不断壮大。

由此可以预见，在不久的将来，本所将成为一家立足于广州，辐射全省乃至于全国的办公现代化新型律师事务所！

成绩面前，切莫欣喜。且再看目前全行业的如下两组统计数字：

3. 2002—2011 年中国律师事务所数量及增长率变化①

见图 1。（单位：个，%）

4. 2002—2010 年中国律师事务所从业人员数量及增长率变化

见图 2。（表格中单位：个，%，资料来源，同上）

从图 1、图 2 可知：至 2011 年，我国已经拥有接近 1.9 万家律师事务所，超过 20 万的从业人员，主要集中在经济发达省市：其中北京拥有 1415 家律所，从业人员 22418 人；上海拥有 1078 家律师事务所，从业人员达到 12562 人；广州、深圳分列三四位。且截至 2010 年底，全国律师事务所从业人员数量

① 资料来源：《2012—2016 年中国律师事务所深度调研与投资预测分析报告》，前瞻产业研究院。

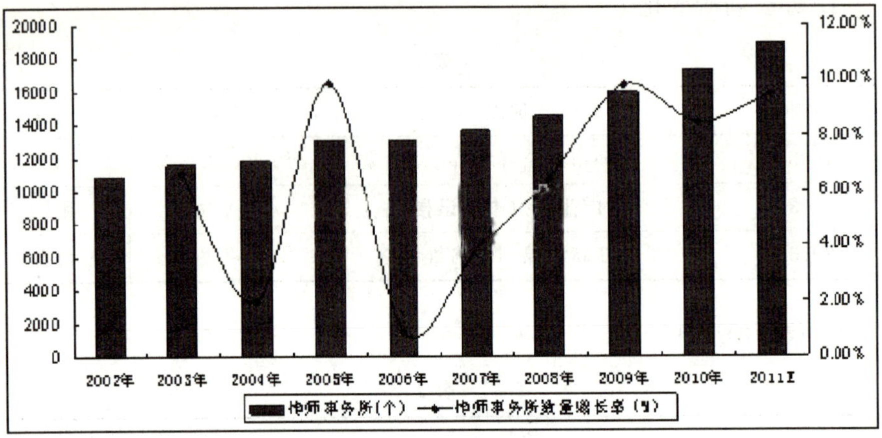

图 1

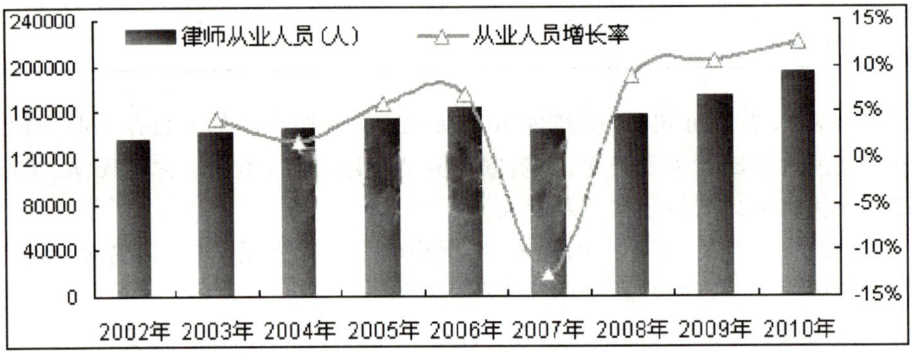

图 2

为 195170 人，较 2002 年的 136684 人增加了 58486 人，年均复合增长率仅为5.6%[①]。

由此可见，在本所发展的同时，律师业也在飞速发展，律师事务所的同行竞争也将越来越激烈！

那么，如何能在未来的道路上发展而不至于落伍，笔者认为，除了修好“外功”，即不断开拓业务、业务创新外，修好“内功”也很重要，即重视内部的行政

① 刘吉伟:《律师事务所:突破瓶颈须调整战略》,http://www.acla.org.cn/html/lvsuoguanli/20120620/1147.html,下载日期:2015 年 7 月 31 日。

管理。

笔者认为，本所经历了20年的成长之路，公司化的管理历程也应进入一个新的阶段，与时俱进，完善后勤行政部、提倡科学的人力资源管理、重视办公室软件建设成为发展的必然。

一、本所的管理架构

1. 根据本所网站的宣传资料，组织架构如下[①]：（见图3）

广东金轮律师事务所

组 织 架 构 图

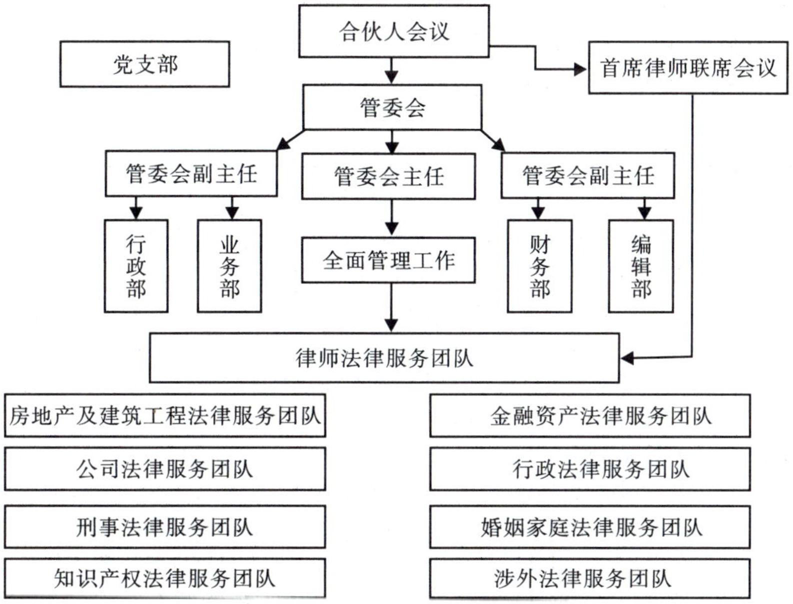

图3

① 资料来源：广东金轮律师事务所网站网页，http://www.genius-law.com/ShowSinArticle.aspx? InforID=3&Id=4，下载日期：2015年7月31日。

由此可知：本所的最高决策机构是合伙人会议，管委会由合伙人中3人组成，是合伙人的执行机构；而管委会下设4个部门，分别为行政部、业务部、财务部、编辑部。

2. 行政后勤管理人员的人数变化：（见表3）

表3

时间（年）	合伙人（名）	管委会	行政主管（兼办事员）（名）	前台文员（名）	出纳（名）	会计
1998	2	无	1	1	1	兼职
2003	5	有	1	1	1	兼职
2015	11	有	1	1	1	兼职

从上图可知：随着合伙人队伍的壮大，管委会也应运而生，但作为管理运作的行政后勤队伍一直没有改变，维持原有的编制及人数。

3. 行政后勤管理人员的工作①：（见表4）

表4

职　　位	职　　责
行政主管	1. 严格按照《公章保管人员岗位责任》规定的要求使用和保管公章。2. 专、兼职律师及员工入职、离职手续的办理，建立并妥善保管好每个员工的个人档案。3. 每个月月底统计本所考勤情况。4. 协助专、兼职律师及实习律师办理与市律师协会、区司法局、市司法局及省司法厅的相关业务。5. 律师对外签订代理合同时，必须使用所里同一合同文本，如有特殊情况需另行签订其他形式的文本合同，须管委会主任审批同意。6. 需盖公章的委托合同及其他以本所名义签订的见证书、法律意见书等，必须登记编号，按月份留档备查。7. 保管事务所对外以事务所名义签订的各种合同及一些重要资料，并做好“资料保管表”。8. 采取在事务所张贴公告、发邮件及短（微）信方式及时向事务所所有工作人员传达事务所、律协等上级主管部门发布的各种资讯，并做好通知记录。9. 负责购买及发放办公用品。10. 上报物价局及司法厅的半年报及年报。11. 社会保险及公积金的办理、登记、存档工作。12. 合伙人交代办理的其他事宜。

① 资料来源：《广东金轮律师事务所办公室管理办法》第一部分“各部门岗位责任”简介。

续表

职　　位	职　　责
前台文员	1. 对律师业务档案的管理：(1)前台文员在收集、整理、保管和统计律师业务档案时要确保档案的完整和安全，律师在交接档案归档时必须填写交接表。(2)积极开展档案的利用工作，为律师开展业务提供服务。(3)指导、督促、检查律师对律师业务文书材料的立卷归档。(4)律师已办结的案件材料按照立卷归档工作的要求整理后交前台文员登记归档。(5)原案件承办人因工作需要，履行借阅手续，可以调阅原承办案件已归档的档案。(6)设置档案“借阅登记表”，并履行好登记手续，一般借阅时间为5天，因特殊情况不能按期归还的，应办理延期手续。(7)同级或上级司法行政机关及其他部门须借阅和查阅我所的律师业务档案必须按照司律通字(1999)153号《律师业务档案管理办法》的通知办理。 2. 对日常工作的管理：(1)做好电脑、复印机等办公设备的使用、管理，打印每个律师的文件并做好记录存档，文件应加密码，未征得本人同意其他人不得复制。(2)热情接待来访客户，接听电话时要及时转接，记录、传达好客户的留言。(3)负责报纸、信件、传真文件的接收和派送。(4)下班后负责本所门窗及电源的关闭工作。(5)协助行政主管做好后勤工作。(6)协助财务做好报销及其他相关工作。(7)做好合伙人及律师吩咐的其他事情。
出纳	1. 负责银行账的收入和支出的记账。2. 现金的管理和收付及其记账的记录，配合会计人员的工作。3. 开具发票和收据，控制好空白支票的管理和签发。4. 律师费及其他到期费用的催收、登记、统计，律师提取律师费的登记。5. 随时向合伙人报告所内款项的尚存、结欠等情况。6. 审核律师助理的报销手续。
会计	1. 负责本所的财务核算工作，每天必须与出纳人员核对账目，对于本所的开支及每个律师的收入情况，要每月、每季、每年分项目做好报表，合伙人将会不定期向会计人员随时检查及了解情况。2. 每月月底向合伙人定期报告财务收支状况(包括收入、尚存、结欠，要列出明细)。3. 负责财务专用章和主管合伙人印鉴的管理和使用。4. 办理有关税务登记事项。5. 负责与税务管理部门和财务顾问的联系、沟通等工作。6. 向本所律师解释税收的有关规定。

从表4可知：在合伙人会议及管委会的大政方针的领导下，在日常行政后勤工作中，特别是行政主管、文员、出纳的岗位，职责众多，在人员(律师、实习律师、律师助理、实习生)不断增加，律所日常后勤琐碎事务不断加重的情况下，不胜负荷，这样直接导致的后果是行政后勤人员辞职、更替不断。

综上所述，本所总体制度完善，但决策自上而下落实下来时，由于人手不足，执行力出现了瓶颈现象，鉴此，需要部分环节深化管理，制定有效的管理制度。

二、完善行政部的人员配置

诚如上文所述，行政部是本所简介内早已构思好的一个部门，所以完善行政部，增加行政部的人员，各司其职，令合伙人会议/管委会的决策能尽快落到实处，例如：

1. 行政部的最高负责人坐班，根据《公章保管人员岗位责任》规定的要求使用和保管公章，基本可以解决盖章的问题。

2. 充足的人员，可以保障到从宾客接待、案件收转、票款收讫、公文审批，到会务保障、信息宣传、网络维护、档案查询、卫生安保等一系列日常事务的及时解决。

3. 配合本所各律师法律服务团队，高度融合了行政服务与业务管理的基本职能，为律所对外开展的法律咨询、公益慈善、社会服务和律师讲师团等活动进行配套安排。

三、建立综合评价体系

对于律师事务所、律师的评价，作为本行业的主管部门（司法局、律协），看重的是某律所及其律师有否被投诉，这就是一种评价。曾几何时，年审合格、律师不被投诉（即便律所、律师无过错），成为各家律师事务所的唯一评价标准。

笔者认为本所应建立综合评价体系。律所提供的是法律服务，对于这样的专业服务，社会综合评价尤其重要，其评价体系并非依据专业水平作为单一的评价标准，不仅仅是行业主管部门的态度，还包括了社会各界的看法态度、服务的质量、律师的人情味、感情投入以及服务有形性等多个方面（见图 4）。

实际上，评价体系的综合性所反映的正是律所、律师要做的工作：尽量向社会展示行业的全貌。揭示的正面越多，社会及客户对法律服务的了解越多，

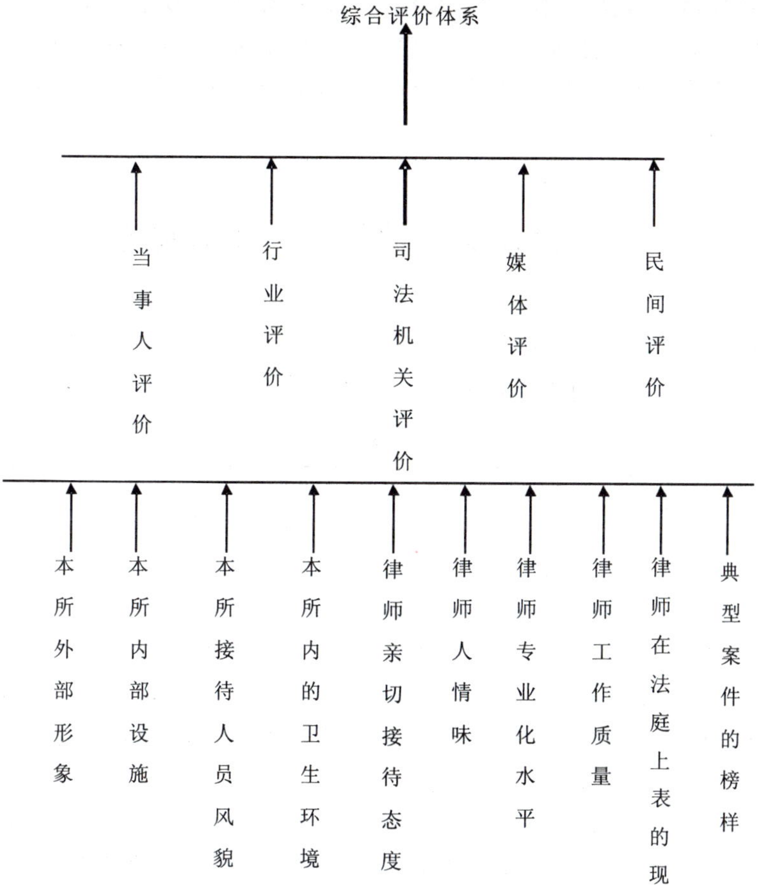

图 4

（资料来源：许小平：《创建律师事务所专业品牌　实施品牌发展战略》，http://www.64365.com/info/show.asp? id＝174&ipage＝6，下载日期：2015 年 7 月 31 日。）

评价体系越全面，服务就越增值，社会及客户自然就会为更高的价值付款。

该体系的建立及完善，需要在合伙人会议的领导下，行政部制定可行性方案，并通过编辑部在新闻媒体及自媒体（本所网站、微信、微博等）宣传，并持之以恒。

笔者认为无论我们是否接受，在实践当中，人们往往都是通过外表来判断事实本身的。例如客户要求律师对一份合同发表意见很简单，其实律师在审查合同过程中，首先要通读全文，然后发现问题，常常因为对某一个问题拿捏不准，还要翻查案例，调阅档案，所花的时间的精力之多并非外行人所能想象的。所以，必须将法律服务的无形（脑力劳动）变为有形（量化），就必须通过文件、服务态度以及媒体介绍等具体行动去向客户展示本所的风采，启发客户对本所服务优良和可靠性的想象和预期。

四、授薪人员的人力资源管理

授薪人员通常是特指律师事务所的行政后勤管理人员、授薪律师（含实习律师）、授薪助理，目前本所的具体人员分布情况如下[①]：（见表5）

表5

合伙人（名）	二级合伙人（名）	兼职律师（名）	提成律师（名）	授薪律师（含实习律师、授薪助理）（名）	行政后勤管理人员（名）
11	3	3	17	12	3（不含会计）

从表5可知：授薪人员约占本所的30%，由于本所的非诉讼业务不断增加，律师团队中的授薪律师（含实习律师、授薪助理）也在剧增；根据本所微信群的数据显示，目前的人员又比原来增加了13位了。

由于本行业的特殊性，上述两类授薪人员从事的是最基层的工作，但其薪酬、晋升、福利又往往是相对低廉的，从本所的《广东金轮律师事务所内部联系录》的近期离职人员一栏可见一斑，至于律师团队中的实习律师、助理的变更，更数不胜数。综上所述，笔者认为需在如下方面加强：

1. 在管委会的指导下，制定本所的《行政后勤管理人员薪酬、福利待遇管理办法》，然后向全所推广。

行政后勤管理人员基本上直接由律所选聘，服务于全所及全体律师，其团队的稳定性、服务的优质性将解决律师的后顾之忧，所以优秀的行政人员值得挽留，而挽留的手段之一，就是让他们看到在本所发展的预期。而制定上述规章制度，等于福利细化，留住人心。例如：

① 资料来源：《广东金轮律师事务所内部联系录》（律所前台版本，更新至2015年6月）。

(1)明确工作满N年,即取得N日有薪假期;

(2)有薪假期必须在当年补休,若手上工作不允许又或者员工提出以日薪来抵偿假期的,可以允许;

(3)明确年假、探亲假、婚假、产假的日期,而不是笼统的按国家法律规定享有;

(4)明确起薪后,加薪的年限及幅度;

(5)明确一年一次免费的体检。

2. 在管委会的指导下,制定劝谕式(不具有强制执行力)文件《律师团队中授薪人员的加班补贴福利管理办法》。

律师团队中的授薪人员,表面上由律所选聘(只是简单的人格、品德审查),具体服务于某位首席团队律师,开支上从首席团队律师(多为合伙人)的提成中支付薪酬;且授薪人员的薪酬是固定,即以固定的工资(办案没有提成或者提成很低)为团队服务。授薪人员一般为没有什么案源的年轻律师、实习律师或律师助理。

上述人员中,基本上在律师团队中从事一线工作,每接一个项目(诉讼的,如某楼盘的长期物业费诉讼催收;非诉的,某银行的不良资产包走访调查),加班加点就成为常态;但由于存在上文所述的服务对象及支付薪酬的特殊性,首席团队律师、律师事务所应适当体谅,并由律所制定劝谕式指导文件,以供全所参考,例如:

(1)加班可以补休;若手上工作不允许又或者员工提出以加班工资的形式来抵偿补休的,可以允许。

(2)加班到晚上9点后,员工回家可以打车并实报实销。

(3)超过2天以上的出差的适当补贴。

(4)明确一年一次免费的体检。

五、办公室的软件建设

1. 律师事务所的形象

律师、律师事务所的形象,通过电视、电影等文化作品的传播,已给大众一个潜移默化的形象,而且本所的《办公制度管理办法》里已对全体人员有着装、言谈举止的要求,在此不再赘述。

笔者只是建议在此基础上,可以适当增加如下细节:

(1)佩戴统一标识的佩章,内有本所名称及图标,只要在办公室内,均系于胸前,统一全所形象。

(2)对于新入职且过了试用期的同事(含律师、助理、行政人员),由律所定期搞一个加入仪式,好让新、老同事有一个认识的机会,也是律所的一种凝聚力的表现。

(3)增设文化墙建设,有类似于"墙报""贴吧",同事们可以将旅行、运动、生活照或一些生活点滴贴上、写上,让客户可以了解一下8小时以外的律师阳光、睿智的形象。

2. 律师事务所文化建设

每一家律师所都有自己的文化理念,本所网站中关于"文化理念"(资料来源①)一栏中,概述两点:

(1)经营理念:"以建设专业化、团队化、公司化、国际化的综合性律师事务所为目标。"

(2)执业理念:"金轮律师为您提供专业、诚信、优质、高效的法律服务。"

上述理念针对的是服务的对象客户及执业操守,必须提倡。另外,对内的文化氛围,笔者认为,还可以延展如下两个方面:

(1)以人为本的团队精神

笔者曾问过本所的创始人陈向斌律师、赵以敏律师"金轮"的含义,两位主任笑而不答,而是教本人在工作的过程中去揣摩。本人在律所工作了十几年,"金轮"的精神,就好像提笔写这两个字时的起手笔画"人",一切都是以人为本,人文关怀。

还记得2008年的汶川地震后,陈向斌律师第一个带头去捐血;还记得2012年同事莎莎不幸身患重疾之际,林瑜才律师牵头带领全所捐款送温暖,直到莎莎走完人生的最后一程;而在本所内部,同事间互助互爱的事情更数不胜数。借用李文海律师的一句话——"金轮所就像一个大家庭,我在这里安了家,结了婚,生了小孩,有了房子、车子"。虽说这与他本人的奋发努力分不开,但从一个侧面也可以体现出本所的人情味,以人为本的精神。

(2)心态平和的佛家理念

笔者曾去过几个顾问单位,如与赵以敏律师拜会过丰源集团、与陈联书律

① 广东金轮律师事务所网站,http://www.genius-law.com/ShowSinArticle.aspx?InforID=2&Id=4,下载日期:2015年7月31日。

师拜会过凯兴房地产公司，当事人（上到负责人，下至办事人员）的态度都比较平和，沟通顺畅。这与他们的董事长佛家理念不无关系。

2014 年 9 月，本所邀请广东省高级人民法院的法官给全所讲了一堂课，他的开场白很有意思，引用了佛法的一些观点来讲解现行的法律，字字珠玑。

笔者认为，撇开宗教迷信，佛家讲求平和的心态是值得法律人学习的。有人认为，优秀的律师，本就需要雄辩滔滔、咄咄逼人，但除此以外，作为律师，在为当时人设计诉讼或非诉方案时，冷静思考问题就成为重中之重。凡心态平和者，心思缜密，处事不惊，进退有度，不急不躁，还可以化解当事人的戾气。

平和的态度，就正如伍伟良、朱少波律师提议建茗茶室，并将《般若波罗多心经》镌刻在墙上，品茶论道，可度一切苦厄。如果律所的办公环境中，例如会客室可以增加一些安静宁神的摆设（如字画），为律师营造出平和的氛围，或许有意想不到的收获。以上仅供参考。

3. 离职人员的人文关怀

铁打的营盘流水的兵，人员流动是最正常不过的，而离职人员离职后从事各行各业，或许在某一天还会成为潜在的客户，所以与离职人员（个别闹翻脸的除外）保持联系成为当今企业（如腾讯、阿里巴巴）管理的一个项目。具体如下：

（1）根据入职、离职登记表，对工作满一年的离职员工建档。

（2）离职员工生日当天，本所系统管理员发电子生日贺卡到预留的电子邮箱。

（3）本所系统管理员不定期发本所的简讯到对方邮箱；若对方要求提供某方面的对口资讯，则马上由本所专业的法律团队负责。

结　语

当前中国律师业的发展已从单纯的买方市场转入卖方市场，律师的竞争从生存阶段逐步转移到发展阶段。随着市场竞争的加剧，律师的竞争趋于白热化、多元化、全面化，律师业的全面竞争已经开始，领先者，如北京君合律师事务所、北京金杜律师事务所、广东广大律师事务所已沿着专业化、规模化、品牌化、国际化等方向不断向纵深推进，对于如此庞大的律师队伍，笔者相信这与他们先进的管理经验及理念是密不可分的。

既然机遇与挑战并存，本所更应该正视管理问题，制定一套适合本事务所自身发展的管理策略。尽管在实施管理策略上不会一帆风顺，其中会有许多困难与曲折，笔者相信，只要在合伙人及管委会的领导下，与时俱进，集思广益，融会贯通到管理中，就会创造出有利于自身的竞争环境，使我们的事业再上一个新台阶！

参考文献

[1]刘吉伟：《律师事务所：突破瓶颈须调整战略》，http://www.acla.org.cn/html/lvsuoguanli/20120620/1147.html，下载日期：2015 年 7 月 31 日。

[2]许小平：《创建律师事务所专业品牌　实施品牌发展战略》，http://www.64365.com/info/show.asp? id=174&ipage=6，下载日期：2015 年 7 月 31 日。

"税权归民"与"税收法定"

徐松林*

一、税收的本质是老百姓花钱向政府购买公共产品

(一)"税收"的概念

税收就是政府向老百姓收钱。

老百姓为什么要交钱给政府?因为政府向老百姓提供了公共服务。老百姓需要安全,因而政府负责国防、外交等事务,为国民提供安全的国际环境;社会需要秩序,因而国家组建军队、警察、法庭等,以打击犯罪、维护治安、保护人民;国民需要教育、清洁、卫生,因而政府建立学校、保护环境、提供公共卫生服务,如此等等。

政府是向老百姓提供公共产品的机构、税收是老百姓掏钱向政府购买公共产品。这是目前国际社会对税收本质的一致认识。

(二)两大基本原则

基于前述共识,在税法领域便衍生出两大基本原则:

一曰"税权归民"。纳税人才是国家的主人,因为政府使用的是纳税人的

---

* 徐松林,男,华南理工大学法学院教授、院长,广东金轮律师事务所兼职律师。

钱。不是政府养活了百姓，而是百姓养活了政府。纳税人有权决定交何种税、交多少。

二曰“税收法定”。老百姓为购买公共产品而和政府进行交易，税收是公共产品的交易价格。任何交易价格的确定都应征得纳税人的同意，而不能由政府单方定价。

但老百姓人数多而分散，需要选出代表参与谈判、制定规则。这便是“议会”或“人民代表大会”制度。“人民代表大会”代表人民行使税收权利、制定税收法律。

(三)政府单方确定税收价格的两大危害后果

如果税收价格长期由政府单方确定，一定会出现两大危害后果：

一是过度征收。由于怎么收、收多少均由政府单方决定，所以当政府机构膨胀、财政吃紧时，就一定有多收的冲动。

二是财政浪费。反正收钱容易，花钱不珍惜、突击花钱、重复投资、“三公”费用居高不下也就在情理之中。

“如果没有制约，收钱的一方一定会想方设法尽量多收”，这是单方定价机制的规律，不以人的意志为转移，与好政府还是坏政府无关。

二、政府收税必须征得人民的同意

(一)“税权归民”“税收法定”原则

这些原则现在看来似乎是无须证明的公理。但历史上长期居于统治地位的认识却正好相反。

在中外历史上，基于“普天之下、莫非王土”“国家的一切属于国王”的理念，税收的一切权利归于皇帝或国王，人民只有服从的义务、没有任何谈判商量的权利。税收价格机制当然也是由“国王”或“皇帝”单方定价的体制。

但由于“单方定价一定会造成过度征收”的规律，中外历史上各朝代、王朝的后期，统治者无一不走上“横征暴敛”之路，继之而起的便是风起云涌的农民起义、阶级革命，接下来的便是统治崩溃、王朝更迭。中外历史、概莫能外。

(二)民变多由税赋而起

简单回顾一下中国的历史。秦末陈胜、吴广起义反抗的是秦皇暴政、隋末瓦岗军起义反抗的是隋炀帝的“征敛无度”、元末红巾军起义反抗的是元皇帝的“徭役无期”、明末李自成起义打出的旗号是“均田免粮”、近代的太平天国运动要求的是“均贫富”等等。反抗“横征暴敛”、要求“均贫富”“均田免粮”,几乎是农民起义永恒的主题。“杀牛羊,备酒浆,开了城门迎闯王,闯王来时不纳粮”,也是老百姓真实的心声。

中国的统治者似乎也意识到了问题之所在。从《尚书》“民为邦本,本固邦宁”的记载、到孔子“苛政猛于虎也”的警告、到孟子“民为贵,社稷次之,君为轻”的谆谆教诲,莫不体现出“民贵君轻”的民本思想。但历代思想家开出的药方均是让统治者走“勤政爱民”的“施仁政”之路。

因此,一个新王朝建立后,早期的统治者基本能做到“轻徭薄赋”、让人民“休养生息”,但由于“税权归王”的单方定价体制未变,最后都无一例外地走上了“暴敛无度”的灭亡之路。

(三)税赋是社会变革的助推器

税赋问题不仅是中国民变的根源,也是西方国家阶级革命、社会变革的助推器。英国资产阶级革命始于国会为反对查理一世国王开征新税而进行的长期斗争,美国独立战争始于北美殖民地反抗英国王室在北美开征“印花税”“食糖税”的斗争,法国大革命肇始于法国新兴资产阶级反抗“僧侣、贵族免税权”的斗争等等,西方国家历史上历次大的革命和变革的导火索也都是税赋问题。

西方资产阶级革命后,多数国家走上了“三权分立、权力制衡”的分权制衡之路。“无代表、不纳税”“税权在民”已成为普遍认可的宪法性原则。

三、税收事项必须由立法加以规定

(一)我国已确立两大原则

“税权归民”“税收法定”原则的确立是资产阶级革命的重要成果,也已成为现代法治化国家的重要特征。梁启超一百多年前便已指出:“议会的两大任务,一曰立法、二曰监督财政。”

新中国建立后，我国的《宪法》及《立法法》也已确立了这两大原则。《宪法》规定：中华人民共和国的一切权利属于人民；只有全国人民代表大会及其常务委员会才有权制定法律。《立法法》规定："财政、税收基本制度只能由法律予以规定。"这两个规定加起来就是"税权归民""税收法定"。

但《立法法》同时又规定：基于改革开放初期的特殊情况，全国人大及其常委会可根据实际情况授权国务院就某些应由法律规定的事项先行制定行政法规，即所谓"授权立法"。1984 年、1985 年，全国人大曾两次授权国务院对有关税收事项制定行政法规。虽然《立法法》规定，授权决定应当明确授权的目的、范围、期限，但是全国人大的这两次授权均未明确授权的期限。这就导致从 1984 年至今的三十余年间，行政权在税收领域日趋膨胀。

(二)我国关于税收立法的现状

目前，我国已经开征的 18 大税种中，只有车船税、个人所得税、外商投资企业和外国企业所得税 3 个税种是由全国人大以法律的形式加以规定的，其他如增值税、营业税、消费税等重要税种，均是由国务院以条例、暂行规定、试行草案的方式决定并颁布实施的。

更为严重的是，国务院又将制定税收条例之实施细则、施行办法的权利及解释税收条例的权利交由财政部、国家税务总局行使，甚至允许部分省市以试点的名义自行制定税收地方法规。这就出现了我们在实践中看到的种种乱象：财政部、国家税务总局可以自行决定某个税收事项或改革某个税制，甚至地方政府也可以就某些税收事项自行作出决定。这些年，有些地方政府擅自征收月饼税、馒头税、房产加名税等；有些地方政府为了吸引投资或限制某个产业可以自主决定税收优惠、少征或不征某个税种等等。

没有范围和期限的"授权立法"导致了行政权逐步侵蚀立法权，导致了全国人大对税收权利的失控。这就逐步走到了"税收价格由政府单方决定"的非常危险的境地。

因此，党的十八届三中全会将"落实税收法定原则"写入全面深化改革的决定中，是真正看到了问题之所在，非常及时、也非常有必要。

四、税外无费

(一)应推行“费改税”

其实,明确“税收法定”原则,只是走出了第一步。在我们这样一个行政权“一权独大”的国家,完善国家财政税收体制,更为关键的一步是“费改税”。因为长期来,政府向老百姓收取的,除了“税”以外,还有许许多多的“费”:路桥费、年检费、排污费、通行费、注册费、超载费、拥堵费、社会抚养费、社会保险费等等。老百姓真正不满与抗拒的,往往不是“税”而是各种各样的“费”。近年来,有律师因不满司法行政部门收取高额“年检费”而起诉、有车主因不满路政部门征收“超载费”而自杀、有外来务工人员因不满当地乡镇政府收取“暂住费”而骚乱……

“税外有费、费多于税”,是我国社会久治不愈的一个顽疾。早在2003年,时任国务院总理的朱镕基曾强力推动“费改税”,此后的几年时间,各级政府部门动辄以种种名义向社会收费的乱象有所收敛,但风头过后,一切如常。近些年,一些已被禁止的收费项目又有死灰复燃的迹象。

(二)遏制“收费”之手

“税收法定”后,税收项目要由人大制定法律,政府收税变得没有以前容易、不是想收就收了,但如果政府换个马甲、改个名目,将向老百姓收取的钱不叫“税”而叫“费”,那“税收法定”将变得毫无意义。因为收费可以由政府自行决定、不需要通过人大、也无须制定法律。“收费容易征税难”的自然结果便是:收税不会减少、而收费将大幅增加。因此,在“税收法定”的同时,如何遏制住政府伸向老百姓的“收费”之手,才是问题的关键。

解决问题的答案是早就有了的。这就是前些年我国曾试行的、早就为其他法治化国家的成功经验证实了的“费改税”:由全国人大经过充分论证后将政府应该、必须向社会征收的“费”改为“税”,如“社保费”改为“社保税”“注册费”改为“注册税”。除“税”之外,以法律的形式禁止政府再向社会征收任何费用。

因此,真正意义上现代法治化国家的财税体制应该是:税收法定、税外无费。政府能够向老百姓征收的只能是税,而税是经过严格的法定程序由全国人大以法律的形式加以规定的。

初出茅庐
——律师实务入门初探

蒋嘉晖*

摘要:律师是一个多数人认为有不错发展前景的职业,在不同的国家不同的地区,虽然律师受尊重的程度各不相同,但是仍然有很多人想要成为一名律师。然而做律师难,做一名好律师更难。以下,笔者将会从律师的概念,如何做一名好律师以及律师常见的错误谈一谈自己在实习过程中对这三个方面的感悟。

关键词:律师　客户　业务

2015年的7月,在学院老师的推荐下我进入了金轮律师事务所实习。时间在忙碌中不知不觉地过去了一个多月,在这短短的一个多月的时间里,我对律师行业又有了新的认识。这是我第二次到律师事务所进行实习,在这些实习的过程中,我对律师行业从刚开始的迷茫焦虑到现在的初步认识,我正在经历一个逐渐成熟的过程,而以下我将结合过往及现在的实习经历,从三个方面谈一谈我在律师事务所实习过程当中所得到的感悟。

---

* 蒋家晖,男,广东金轮律师事务所实习生。

一、律师是什么

(一)律师的定义

律师是什么？这个问题是每一个想成为律师的人必然会最先遇到的问题。以往对于这个问题我听到了各种各样的答案。有人会说:“律师是社会的医生,维护法律的公平公正,维护社会的稳定和秩序”;有人会说:“律师是帮当事人讲话,和法官拉关系,专门钻法律空子的人”;甚至有人说:“律师就是一帮牙尖嘴利,到法庭上和别人吵架的人”。不难看出,以上这些说法都带有了主观色彩,把律师行业打上了正义或者邪恶的符号。

而现在对我来说,我认为:律师是有着国家承认的专业资格,利用专业法律知识和实务技能,帮助当事人解决法律问题,并以此换取劳动报酬的服务者。是的,我认为律师既不正义也不邪恶,他们属于某个行业的服务者,也仅仅只是服务者而已。

(二)对律师行业的误解

以往,我和大多数人一样对律师行业存在三个误区,但经历过实习后,我认为这几个想法确实存在片面的地方。

首先,很多人认为律师是个一本万利的高薪职业。这是因为部分人不知道律师分为薪水制律师和提成制律师。薪水制律师的工资不高,而提成制律师如果一个月没有办案,那个月的收入就为零。有一本书名字叫作《穷爸爸和富爸爸》,里面把社会职业分为了四类:越闲越有钱、越闲越没钱、越忙越有钱和越忙越没钱。而律师行业就是上面的第三类。律师行业是一个靠出卖智力换取报酬的行业,而知识和经验的积累是需要时间和个人努力的,因此不要妄想只要加入律师行业就能迅速赚钱。一个刚拿到律师执业证的新人想要成为一个有案源、能独立办案的律师可能需要 3～5 年的时间。无可否认,有部分律师的确能够轻易地赚取到高额的报酬。但那些都是一些大律所或者是一些成功的老律师,在这些光鲜的表面可能往往有着不为人知的血汗和辛酸。

其次,很多人认为律师是个非常自由的职业。我认为律师行业的自由只是形式上的自由。表面上看,律师是一个自由职业,只要接受客户的委托办好事情就能获取报酬,对于自身工作有较大的自主权。同时律所里面的人际关系没有明显的上下级关系,也没有太多的利益冲突,人与人之间相对平等和谐。这些理由正是很多人选择进入律师行业的原因。但是实质上律师行业是服务业,律师是要为客户服务的,很多时候需要配合客户的工作进度。同时因为有些案件、手续和工作程序往往带有时效性,必须在限定的时间内处理好。基于这些原因,加班加点工作甚至通宵熬夜都可能会成为律师的家常便饭。而且前面也讲到律师是靠自身知识和经验来换取报酬的,而社会和行业的现实情况在不断地发生变化,这意味着律师需要不断地学习,不断地刷新自己的知识和经验。君合律师事务所的肖微律师曾撰文写道:"律师是一个终生受累的职业,想要保持优秀的竞争力,你需要一颗不断燃烧的心。"

再次,很多人认为律师行业就是靠拉人脉。这种说法主要是因为律师的收入提成全部来自于自身的案源。若没有案源,没有案件业务可以做,则意味着这个律师无法取得报酬,完全没有收入。人脉对于律师来说很重要,但是如果说人脉就是律师的一切,这种说法我认为肯定是片面的。就我所观察到的,两家律所的律师们大多数时间都是在律所里面处理案件、起草修改各类文件,还有就是外出与有关的人沟通、办理与案件相关的事务,而不是我以前想象中的整天陪着客户还有政法机关人员吃喝玩乐,努力地讨好别人。其实不难明白,一个客户不可能拿自己的业务和前途来开玩笑,把事情交到一个根本不能处理案件,无法解决问题的律师手上,即使他私底下和这个律师的关系再好。就我问过的律师前辈中,我了解到他们的案源基本上都是在他们处理好某些案件后,这些案件的客户认为他们能办事,能解决问题,然后又再把他们介绍给认识的人,就这样慢慢把案源拓展开来,而不是真的到处请人吃喝玩乐就能办到的。同时由于目前国内的反腐形势,再想学以前那样讨好政法机关人员以争取能办好案件这条老路恐怕也难以走通了。所以,我认为实力才是一个律师的根本,能办好案件,能解决问题的律师才能真正在律师行业站稳脚跟。在这个基础上再努力和客户还有其他人员保持良好的关系才是最正确的做法。"练实力,拓人脉"是相辅相成的;"人脉就是一切"则是本末倒置了。

二、律师是怎样炼成的

"怎样才能成为一名优秀的律师",这个问题的答案是每一个法学院学生和新人律师都想知道的，我也不例外。关于这个问题，我曾积极地翻过不少资料，[①]问过很多前辈，而以下则是我综合多方面信息得出的答案：

(一)多做案例研究

其实这方面的工作是每一个律师都需要做的事，不管是新人律师，还是资深律师和合伙人。对于诉讼业务来说，每一个案件都有着不同的背景和特殊性，只有多接触案件、多研究，我们才能保证在接触到类似的案件时能有足够的思路和经验去尽快处理相关的事务，而不是漫无目的地办理案件，想到哪办到哪，甚至有时过了时效都不知道或者根本无从下手。对于非诉讼业务来说，则要多参考点以前律所做过的业务案例，了解相关的操作流程及细节，以确保能有章法地进行相关的业务工作，及时提交成果给客户。既然案例研究如此的重要，那么我们应该如何进行呢？我认为有以下步骤：

1. 了解案件的基本情况。当拿到一件案例后，先不要急急忙忙地去找法条，而应该先全面了解这件事的基本情况。例如在一个诉讼案件里面，案件的性质该如何定性；里面出现的人有谁是与案件相关的，哪些是无关的；哪些行为对案件能产生效力和影响等等。这些与案件相关的要素都要先了然于心，搞清楚它们的关系后，找到案件的争议焦点才好进行下一步的工作。

2. 查找相关法律法规并分析。君合律所的著作曾有这样的提示："接受一个案子，马上就找谁参与过类似的案件，第一想法就是去询问，这是不对的。"[②]我认为这个提示的确很有道理，最主要是因为若长期这样做，则会削弱自己独立处理案件的能力，对别人形成依赖。最正确的做法应当是先自己查找相关的法律法规进行分析，在进行初步的研究后，再向有相关工作经验的律师询问有关的法条及细节，解决在初步研究时自己不确定的问题。

3. 多想几种解决方案。这样做的原因是在真正实际处理案件的时候，自己设想的计划往往与现实是有出入的，一旦原来的设想没有得到实现或者现实有变化，将会使自己陷入被动的境地。所以多想几种方案有时能够使自己及时摆脱被动的局面，至少不会太过于手忙脚乱。而这些方案我认为最好在

① 君合律师事务所：《律师之道——新律师的必修课》，北京大学出版社 2010 年版，第 30～38 页。

② 君合律师事务所：《律师之道——新律师的必修课》，北京大学出版社 2010 年版，第 30 页。

假定案例会发生最坏的情况时开始设想，尽量保证这种情况一旦发生就有对应的方案可以用，使损失不至于过大。

(二)多做实务工作

关于这方面，我们要解决一个问题，就是律师和法律学者的差别在哪里？例如上面所说的案例研究，实际上法学院的老师和学生也会做同样的事，那么律师会比学者们多做什么工作呢？我认为最大的区别在于学者们只需要进行理论研究，而律师们则是要进行实务工作，真正能帮客户解决他们所遇到的问题。而众所周知，理论和实践是有差距的，在实践中遇到的问题往往更为繁杂和精细。有时案件中一些很细微的地方没有处理好都会影响到整个案件的成果，甚至我还听说过某家律所代理的案件由于一个标点符号的原因而败诉。所以对于律师来说，多做实务工作来积累工作经验其重要性不言而喻。而做实务工作过程中应注意以下几点：

1. 注意工作态度。这方面的问题往往可能出现在新人律师的身上，因为刚入律师行业不太适应，同时加上急功近利的浮躁心态，新人律师们不是消极被动地对待自己的任务，就是毛毛躁躁地想要拉案源，最后结果多数是令自己的事业原地踏步。所以有律师前辈建议："做律师的只要能保持一份朴素的责任心做好眼前的工作，尽量不要犯同样的错，你就赢了。"

2. 注意工作细节。注重细节我认为有两个方面：首先是业务工作上一些细小不起眼的地方要照顾好，不管是诉讼业务还是非诉讼业务，每一个小小的错误都可能导致很大的问题；其次是准备要足够充分，做每一件工作，尤其是比较重要的工作，都要做好准备，以免真正开始着手时因为准备不足而手忙脚乱，导致损失。就如端州律所的一位律师前辈就曾经提示我需要注意这一个方面的问题，他说："细节不注意，问题就出来。例如这份起诉状我反复看了两遍，直到第三遍才发现自己把当事人的身份证号码打错了。"

3. 注意工作效能。如何能够提高工作效能，我认为最主要是要做到工作的体系化和逻辑化。就如金轮律所的律师团队每周都会固定在星期一开例会，总结上周的工作并提前对本周的工作做好安排，我认为这就是利用程序来管理工作，是逻辑化的一种体现。工作的体系化、逻辑化最大的好处就是能最大限度地节省时间、减少精力的浪费。例如我以前认识的一个助理，那时她需要帮律所送文件，在送完文件后才发现有另外一份文件需要送往前一个地点的不远处，结果第二天她还得跑去同一片地方。实际上，只要能在出发前花一点时间整理一下要做的工作，就可以避免这样的麻烦。同时，注意工作效能还应当及时完成自己的工作任务，不能拖延，尤其是有时效性的工作。

(三)学习法外知识

表面上律师只是处理客户法律上面的问题，但实质上处理这些问题往往涉及综合知识的运用。举例来说，当一个律师在为客户进行处理公司股权纠纷时，他就可能就要查看公司的会计账簿，这时就需要用到会计学方面的知识。当一个涉外律师处理涉外案件时，他就可能需要用外语跟国外的当事人沟通。当然，这并不意味着做律师就要变成一个全能型的人才，但是他需要掌握与其常做业务相关的法外综合知识，这样才能真正地完成好自己的工作。

(四)学会规控风险

我认为要做好这一点，首先要确立一个原则，就是自己的工作行为不能违法违纪。律师在处理业务，尤其是诉讼案件时，可能需要钻法律的空子，打所谓的“擦边球”，这时候律师就要清晰地了解到法律法规和行业纪律的底线在哪里，必须掌握好自己行为的限度，既要把案件办好，又要规控这件案件带来的风险。例如，在客户提出的方案和要求明显违法而对方又坚持的时候，律师就要坚决地拒绝这项业务。另外，在起草文件或者与有关人士沟通案件时，必须清楚地交代清楚各方的权利义务和责任，尤其是己方的责任。防止因为内容不清，使自己承受不必要的风险。例如当律师在对客户解释案件的代理方案时，就需要把方案的风险交代清楚，好让客户有心理准备。

(五)学会沟通交流

毫无疑问，沟通交流能力对于律师来说非常重要，尤其在中国，如果能给客户留下工作出色、为人也和善的印象，将有可能带来后续业务。而良好的沟通交流我认为应该做到以下几点：首先，聆听客户的话要有耐心，要善于提问总结。其次，对于不明朗的信息需要及时与客户沟通。再次，要从客户的角度出发，进一步思考是否有其他值得注意的地方。最后，要注意客户关注的重点，及时为客户解决问题。

三、律师执业的常见错误

一个律师在执业的过程中会遇到各种各样的问题，不管他愿不愿意，总会因为不同的原因而犯错误。面对这种情况，我认为作为一个律师唯一能做的事就是确保自己不会第二次犯同样的错误。律师会犯的错误有很多，而以下是我听一些律师前辈说过后，认为值得记住的其中两个错误：

(一)别人说什么就信什么

这种错误我认为主要是由于人的惰性思维引起的，律师每天对于面对许多纷繁复杂的案件和各类资料，时间一长自然容易心浮气躁，也就不想进一步去考虑手上正在处理的信息其真实性如何。这种情况最常见于新人律师。毫无疑问，这种懒惰的做法是很致命的。譬如，先不说诉讼案件中对方当事人有提供假资料的可能，就连己方当事人因为认识错误或者某些利益目的，都有可能提供有问题的资料给己方律师。所以，如果律师自己不耐心留意或调查一下，总会有吃亏的时候。

诚然，要求律师去查证案件中每一个信息的真实性也是不可能的事，但我认为针对一些比较重要的或关键性的信息还是应当留心一点，尤其是那些有可能引起自身法律责任的信息更是要小心再小心。

(二)只顾理论不顾现实

刚从法学院毕业出来的新人律师经常会在这个问题上栽跟头，因为在以前作为一名法律学者时，他们只需要关注在理论上能得出什么答案就足够了。但是当他们成为一名执业律师后，要关注的问题可远远不限于理论上，各种意料之内或意想不到的因素都有可能影响这件案件的解决。在这个问题上面吃亏，这既是新人律师长期以来形成的惯性思维的负面影响，也是律师实务经验不足的体现。

面对这个问题，我认为作为律师应该要：(1)思考问题需要全面一点，不能仅仅从理论角度思考，要考虑现实的其他问题。(2)情况不清楚不要轻易地下结论，了解情况分析过后再确定。

参考文献

[1]君合律师事务所:《律师之道——新律师的必修课》,北京大学出版社 2010 年版。

[2]龙著华:《美国高层次应用型人才校企联合培养模式及对我国卓越法律人才培养的启示》,载《探求》2014 年第 5 期。

[3]龙著华等:《中日研究生培养质量保障制度比较研究》,载《广东外语外贸大学学报》2011 年第 1 期。

后记:不依法办事,我们都是“弱势群体”

徐松林*

近年来,“弱势群体”这一概念颇为流行。

本来,“弱势群体”是指诸如农民工、留守儿童、孤寡老人等无权无势的群体,但这两年,一些向来被老百姓视为有权有势的人,也纷纷称自己是“弱势群体”。

报载,某市城管与小贩发生冲突,某城管队长酒后驾车赶到,浑身酒气的他对小贩挥拳便打,遭到小贩围攻。面对记者的摄像机,城管队长无奈地说“我们是弱势群体”。

2008年初,学界开始质疑“许霆案”,在一个讨论会上,某银行行长对我说:“教授你要笔下留情,我们银行也是弱势群体。”2010年,湖南某地官员在和交警发生冲突时被交警殴打,事后,该官员愤愤不平:“在交警面前,我们行政官员是弱势群体!”2012年,山西省侯马市,交警和刑警发生冲突时被刑警殴打,事后,躺在医院里的交警对媒体哭诉:“其实,我们交警是最弱势的一个警种!”

某种意义上,这些人说的都没错。在老百姓面前,他们一贯强势,但一旦遇到更强势的人群,他们又都成了“弱势群体”!

是的,也许你是官员,你位高权重,你只相信权力。你的信条是“权大好办事”“官大一级压死人”。但你应该知道,总有人官比你更大,总有你权力管不着的领域。看看周永康、徐才厚、成克杰、胡长清、郑筱萸以及类似

* 作者系华南理工大学法学院教授、院长。

难以计数的名字，你便知道“以权办事”的后果。

也许你是商人，你腰缠万贯，你只相信金钱。你的信条是“有钱好办事”“有钱能使鬼推磨”。但总有人比你更富有，总有金钱腐蚀不了的地方。看看周正毅、黄光裕等一个个近年从胡润中国富豪榜上消失的名字，你便知道用“金钱挤兑法律”的后果。

也许你是黑社会头目，你有众多喽啰，你一贯相信暴力，你认为暴力可以使任何人屈服。但总有更大的暴力等着你，总有暴力屈服不了的人。看看沈阳的刘涌、阳江的林国钦、许建强等一个个曾经令人胆战心惊的名字，你便知道“用拳头说话”的后果。

也许你觉得上面的那些人运气不好，刚好撞到枪口上了。你运气好，你现在很安全。但请你不要忘记，你同时也是儿子、丈夫和父亲。在你觉得安全的时候，你的父亲也许正吞下两片含有致癌物质的劣药，你的妻子也许正从市场上买回两斤含“瘦肉精”的猪肉，你的孩子也许正喝下一杯添加了“三聚氰胺”或别的什么“胺”的牛奶！你买的房子也许无缘由地“整体垮塌”，你交的社保基金也许正被人挪到境外去赌博。

也许这些你都没有碰上，但明天，谁敢保证被你欺压的“弱势群体”中不会出现第二个杨佳、第二个艾绪强？

一旦法律成了权势、金钱、暴力的婢女，我们便都是“弱势群体”，我们逃无可逃！

人类几千年的文明史已经一再向我们证明：只有公平正义的法律才能使我们每一个人都变得强大；只有人人遵纪守法，我们才能成为长久的“强势群体”！

因此，依法办事，从我开始、从现在开始，我们没有别的选择！

如果你是警察，请你依法讯问犯罪嫌疑人，即使你真的相信他们犯了罪；如果你是法官，请你坚守公平正义的司法理念，即使你正承受种种外来压力；如果你是医生，请你牢记“救死扶伤”的医德医风，即使这意味着你可能少拿奖金；如果你是行政官员，请你善待老百姓，尽管他们没有给你任何好处！

别人的不幸，就是我们的不幸；善待他人，正是善待我们自己。

图书在版编目(CIP)数据

法学前沿问题实务探析/伍伟良主编. —厦门:厦门大学出版社,2015.12
ISBN 978-7-5615-5856-0

Ⅰ.①法… Ⅱ.①伍… Ⅲ.①法学-研究 Ⅳ.①D90

中国版本图书馆 CIP 数据核字(2015)第 287165 号

厦门大学出版社出版发行
(地址:厦门市软件园二期望海路 39 号　邮编:361008)
总编办电话:0592-2182177　传真:0592-2181406
营销中心电话:0592-2184458　传真:0592-2181365
网址:http://www.xmupress.com
邮箱:xmup@xmupress.com
厦门市明亮彩印有限公司印刷
2015 年 12 月第 1 版　2015 年 12 月第 1 次印刷
开本:720×1000　1/16　印张:22.25
字数:388 千字
定价:88.00 元
本书如有印装质量问题请直接寄承印厂调换